キャリアに、地図を。

この本の使い方

一度に完読する必要はない。目次を見て、取捨選択してもらっていい。1～5章は万人向けだが、6～8章は〝まだ〟不要な読者もいるだろう（ただ、読めば必ず得るものはある）。

旅の岐路で日常で、迷うたびに手を伸ばす。そんな「地図」になれたら嬉しい。

徳谷智史
EggFORWARD代表

キャリアづくりの教科書［目次］

はじめに

第1章 私たちはどんな時代を生きているのか

第2章　自分自身を言語化する

第3章

市場価値

第4章 キャリアを選択する(前提編)

第5章 キャリアを選択する(実践編)

第6章

何が転職後の成功と失敗を分けるのか

第7章 他者のキャリアづくりを支援する

第8章 「個人」と「組織」の理想を両立させる組織づくり

はじめに　「人」が持つ可能性は、こんなもんじゃない

かつて、私が「コンサルタント」としてある大手製造業A社に派遣され、企業再生を担っていたときのことだ。不況で、A社の財務状況も厳しかった。私の派遣元のコンサルティング会社からしても、待ったなしの状況だった。

事業環境を考えると、組織の再編・縮小を行わざるをえなかった。A社全体を潰さないために、おそらくそれが、唯一最善の選択肢だったと今でも思う。雇用を守るべくベストは尽くしたが、不採算事業で働いていた多数の中堅以上の社員の方々には、組織を去っていただかざるをえなかった。入社以来、一貫して真面目に一生懸命尽くしてきた（教育費のかかるお子さんやご家族もいらっしゃる）方々は再就職を迫られた。しかし、次の進路を見つけるのは容易ではない。これまで、懸命に働いてきたにもかかわらずだ。

社外からの目線では市場価値が低く見積もられてしまい、ほとんどの人は、処遇面も仕事内容も、希望に沿う進路が採れなかった。

私は悩みに悩んだ。経営状況が改善すれば、私の派遣元や金融機関は喜ぶ。しかし、「この会社の未来のために」と働き続けた社員の方々を部門ごと切り捨てることが、「コンサルティング」なのか？　私は誰のために働いているのか？　この方々の未来はどうなるのか？「本人の責任だ」ですませていいのか？

何より、こうした出来事はこれからもあらゆる会社で繰り返されるのではないか？　本当にこのままでいいのか？

違う。この「真面目に働いたのに報われない」状況には、構造がある。

会社が社員を採用し、社員は会社の方針に沿って懸命に働く。必ずしも楽しい仕事ばかりではないだろう。しかし、生活を守るため、日々の実務をこなしていく。それらの仕事は、必ずしも社員の「市場価値」を高めるものではない、会社都合のものであることも多い。

人は組織で働き、「人生という時間」を費やし、年齢を重ねていく。待遇も徐々に上がっていくかもしれない。

しかし、かけた時間に見合うほどに市場価値が高まっているか？と聞かれると、胸を張ってイエスと言えない。「組織に染まっていく」とも言えるこのプロセスが、働く個人に幸福を約束し続けられるならばそれでもいいと私は思う。ただ、「染まっていく」なかで、知らず知らずのうちに個人の可能性が狭まっていく。入社当初に描いた自身の「やりたいこと」を表明する機会は、次第に減っていくことが多い。

そして、A社のように、外的環境が変わり、会社が個人を守れなくなったとき、人生の責任は誰も取ってくれない。そしていざ個人が市場に晒(さら)され、自分の選択肢が思ったより多くはないと知ったとしても、もはや時間を遡ることはできない。こんなキャリアの「不遇」を、私はあまりにもたくさん見てきた。

もちろん、人は誰でも、いつからでも挑戦はできる。成長の可能性は常にある。しかし、自分の価値を発揮しきれず、「こんなものだ、しょうがない」と、どこかで自身の可能性に蓋(ふた)をする人がいかに多いことか。個人の気質だけを責めることはできない。この社会は、人の可能性をまったく活かしきれていないのだ。

明日、いきなり会社の外に出されたら?

私は、これまで2万人以上の個人のキャリア支援と、1000社近くの組織変革に向き合い続けてきた。つまり、「今の会社に残っていいのか」などの働く個人の悩みの声を聞きつつ、同時に、企業側の「人がなかなか育たない」「採用が難しい、すぐ離職してしまう」などの悩みにも耳を傾けてきた。20年近く、個人と企業の両面からキャリアについて向き合ってきた私だから伝えられることがある。そして、それが、若き日の自分の「このままでいいのか?」という問いへの答えになるはずだ。

「人が本来持つ可能性を実現し合う」は私の人生のテーマでもある。

簡単にキャリアを紹介しておきたい。幼少期から、近親者の死を通じて「人生は有限だ」と実感していた。親の離別により環境が急に変わり、周囲にうまく馴染めなかったことや、社会人になってから途上国で教育すらまったく受けられない子どもたちを見たことなどによって、「人が本来持つ可能性」に強い関心を持った。

キャリアのスタートは、戦略コンサルティング会社だった。社会に影響力のある会社が変われば、人の可能性・社会の可能性を広げられるのではないかと思ったからだ。企業再生やM＆Aなどの現場で泥臭い体験も重ね、会社という組織の負の側面も数多く見てきた。

だが、戦略コンサルティングだけでは、本当の組織変革には踏み込めなかった。まして、社会はなおさら変えられない。人が本来持つ可能性を実現し合う世界を創る、その想いだけで、「エッグフォワード」という会社を創業した。

「会社と個人の幸福が両立するような組織構造・人材開発をどう成り立たせるか」については、誰よりも考え続けてきたと思う。

ただ、数多くの事例と現場に向き合うほどに、個人のキャリア形成の難しさが、余計に見えるようになった。

以前に比べ、個人の幸福を考える会社も増えた。だが、一方で、会社は、自社にとって価値の低い人は採用しないし、抱えることはできないという現実もある。個人1人の都合のためだけに、会社が犠牲になることはできない。

個人も悩む時代になった。入社当初の志は薄れ、成長が逓減（ていげん）している。しかし、それを自覚し悩みつつも、行動に移せない。転職に踏み切っても、転職先で活躍できるケースばかりではない。そうしているうちに、人生は進んでいく。

会社の短期ゴールへの最適化は、個人の幸福に必ずしもつながらない。収益のために、個人の人生を「使い捨て」にする会社もある。真面目に、一生懸命働いてきた個人が、その「落とし穴」にはまってしまう。

本来は、会社が、関わる全員の自己実現や長期的な幸福に向き合えれば理想だ。しかし現実には、10年単位で人材をスポイルして、ある種、思考停止の状態に染め上げ、環境が厳しくなった途端に外に追いやるケースも少なくない。

個人から見れば、自分の生き方を組織にゆだねる時代、つまり、どこかの組織に入りさえすれば将来が保証される時代は明確に終わった。

とはいえ、個人はどう生きたらよいのだろうか。所属する組織の中で違和感を覚えつつも、「きっとこれが正しいのだろう」と自分に言い聞かせているうちに、気がつけば若者ではなくなっていた。そんな相談を、私はあまりにもたくさん受けてきた。

起業も、独立も、転職も、メディアには「バラ色のサクセスストーリー」ばかりが取り上げられる。しかし、あまたの人とキャリア選択の現場を見てきた経験から断言できるが、バラ色のストーリーの裏では、多くの方が、キャリアづくりに苦労を重ねている。

危機感を煽（あお）りたいわけではまったくない。むしろ、誰でも、バラ色のストーリーにおさまればどれほどいいかと思う。だが、実際は自分のキャリアを意識して主体的に動くことなく、成長しようとしてこなかった個人に、手を差し伸べる企業はない。

私はこの、人の可能性が活かされない、会社と個人の幸福が一致しない構造を変えたいと本気で思っている。

2万人のキャリアに向き合った「臨床医」から、あなたへ

世の中には、無数のキャリア・転職支援サービスがある。中には、素晴らしいものもある。それらを通じて自己実現を果たしたり、ふさわしいキャリアを選択できる方も多数いる。だが、あくまで「ビジネス」である以上、儲（もう）かることが優先されるケースもある。つまり、あなたも1人の人間として扱われることなく、「転職の商材」にされてしまう可能性があるということだ。

実際に、こんな話がある。かつて、誰もが知っている、超大手人材エージェントの社長とお話しする機会があった。

「本音では、この人材ビジネスは工場みたいなものです。いかに人に歩留まり高く（ロスなく）、ステップを歩ませて無理やりにでも転職してもらえるかのライン管理なのです。徳谷さん、その効率化をさらに進めるための支援をお願いできませんかね」

私は、当然断った。誤解がないように伝えるが、転職業界そのものを否定するつもりはまったくない。志を持って、キャリア支援に従事する方々もたくさん知っている。ただ、業界で非常に大きな影響力のある立場にいる人が、人間をまるでモノのように扱い「工場」などという言葉を平気で使うことに衝撃を受けたのだ。

私は、思う。こんな社会は健全だろうか？と。

あなた自身も、自分のこれからについて、想いを馳せたり、悩んだことが1度や2度はあるだろう。しかし、「キャリアづくり」の方法については誰ひとり教えてくれない。私のもとへは、個人からも、企業からも、相談が増加する一方だ。

これからの時代のキャリアに、誰もに共通するゴールやものさしはない。ルートが決まった

「川下り」や、共通の山頂を目指す「山登り」ではもはやない。いわば、自らのキャリアを旅のように自律的に描き進む「キャリアジャーニー」の時代がやってくる。

「旅」の行き先、つまり自分の人生を見つめ直し、キャリアの方向性を描き、その過程を仲間とともに楽しみ、望む場所へたどりつくための武器（市場価値）を調達し、目的地に着いたら、そこで自分なりの価値を発揮する。そのうちに、また次の景色が見えてきて旅が続く。そんな時代になっていく。

私は元々キャリア支援の専門家になりたかったわけではなかった。

ただ、「人が本来持つ可能性を実現し合う世界」を実現するべく起業し、転職者と企業双方から相談を受けてきたなかで、他の誰にも見えていない立体的な「キャリアづくり」の視点を手にしたことに、あらためて気づいた。

だからこそ、すべての人が自分らしいキャリアジャーニーをデザインする時代の「キャリアづくりの教科書」をつくりたいと思い、本書を執筆した。

もちろん、私が主観をもとに書いた本書の内容だけが正解であるはずはない。そもそも、個々人の価値観、変化し続ける外部環境など、無数に変数があるなかで、キャリア選択のあり方を科学的に決めることなどできない。唯一絶対の正解などないのだ。

ただ、僭越（せんえつ）ながら、言うなれば筆者の「臨床経験」、医師に喩（たと）えるならば、初期症状から末期症状まで、漢方療法から根本的な外科手術まで、2万人のキャリアに向き合うなかで、共通して得られた示唆を本書では伝えていきたい。

正直、悩んだ。キャリア業界の構造を踏み込んで開示すれば敵もつくるかもしれない。ただ、より多くの方に届けば、そこからきっと社会の構造も、ひいては個人の人生もよりよいものになっていくはずだ。だからこそ、なかなか開示しづらい生々しい情報も織り込んだつもりだ。

最後に。

キャリアというものは、すべての人の人生に必ず関わり、大きな影響を与えるとても重要なテーマだ。にもかかわらず、大学でも、社会人になっても、誰からも体系立って教わる機会がない。本書が、変わりゆく時代の中で必死に働くあなたの、迷わないための「地図」となりますように。

筆者

第1章

私たちはどんな時代を生きているのか

これからの時代、キャリアは旅（ジャーニー）のように、自ら行き先を決め、方向性を見出し、必要な武器（市場価値）を身につけ、歩んでいく。中長期の方向性を常に意識しながらも、状況に応じてジャーニーのあり方を柔軟に描き直す。そんなイメージが当たり前になっていく。

ジャーニーに出るにあたって、まず、世の中の仕事や働き方、つまり外部環境がどのように変わってきたか、そしてどう変わっていくのかを考えていきたい。

結論から言おう。あなたをこれから迎えるのは、「キャリア３・０」の時代だ。この変化の流れは不可逆だ。

「キャリア3・0」時代の本質

一括採用、年功序列、終身雇用という、遠い昔にどこかで聞いた「三種の神器」は終焉（しゅうえん）を迎えて久しい。もう、会社があなたのキャリアの将来に責任を取ってくれる時代ではない。いや、会社側も存続することに必死で、「責任の取りようがない」と言うほうが正しいだろう。

つまり、どの組織に所属しているかにかかわらず、自らのキャリアは自らデザインすることが不可欠な時代になっている。わかりやすいように、大雑把ではあるがあえて「キャリア1・0」「2・0」「3・0」時代に分けて説明してみたい（次ページ図1－1）。

キャリア1・0

この時代は、「年功序列」「終身雇用」が前提だ。1つの会社・組織に入る。与えられた業務を通じて必要なスキルを学ぶ。レールに沿って経験を積めば雇用は保証され、転職する人も稀（まれ）だった。一生懸命に頑張っていれば報われた時代だ。

図1-1｜キャリアの考え方の変遷

時代	キャリア1.0	キャリア2.0	キャリア3.0
(1)会社との関係性	年功序列 終身雇用	年功考慮 転職含み雇用	**転職前提雇用 複数企業前提雇用**
(2)個人スタンス・価値の源泉	会社・組織内の適応 (会社の「看板」)	会社内での線形成長 (看板・ポジション)	**自己の非連続成長・キャリアレバレッジ (個)**
(3)働き方	メンバーシップ	半メンバーシップ	**目的型 ジョブ型**
(4)キャリア形成方法	P/L型	P/L型＆B/S型	**B/S型**
(5)学び続ける力	実務での学び	実務に紐づく 実務外での学び	**将来を見据えた 戦略的学習**

出所：エッグフォワード作成

大きな流れに逆らわずに身を任せ、進んでいく。いわば、「川下り」のようなものだろうか。会社が決めた道に適応していけば、未来は保証されていた。

キャリア2・0

終身雇用が少しずつ崩れ、転職も徐々に一般的になってきた。ただ流されるだけではなく、自身でキャリアを選ぶ人も増えてきた。

この時代は、自ら登る山を決め、山頂を目指し進んでいく「山登り」に喩(たと)えられるかもしれない。1つの会社に留まる場合は、昇進・昇格という頂を目指す。あるいは、転職をして登る山を変えた場合、その組織でまた新しい山頂を目指す。

選択肢は広がりつつも、まだ転職が当然とまでは言えないため、組織もある程度は社員が長く在籍してくれることを期待し守ってくれる、そんな時代だ。

キャリア3・0

そして、これからやってくる「キャリア3・0」の時代。キャリアは、「川下り」とも「山登り」とも違う、「旅（ジャーニー）」のようなものになる。

誰かの決めた道を「川下り」のごとく流されるのでもなく、あらかじめ定められた「山の頂上」を目指すのでもない。

もちろん、旅の過程で、川を下ってもよいし、山を登ってもいい。ただ、「誰かに決められたルートを歩むだけ」のキャリアとは、一線を画す。仲間とともに旅を続けるなかで、必要な力を身につけ、成長し、また新しい旅の目的地を見出し、新しい仲間と合流する。自身を成長させるなかで、風景も変わっていく。

いきなり「旅」と言われてもピンとこないかもしれない。本書の重要な概念になる「キャリアジャーニー」の構成要素について、もう少し補足しておきたい。

構成要素1：目的地

「どこに行きたいのか」、そして「自身はどうありたいか、どんな状態で働けることを目指すか」という目的地を、誰かに任せることなく自分で決める。最初はぼんやりとしていてもかまわない。

その出発点として、「自分は、自分のことをどう捉えているのか」という振り返りが大事になるだろう。これまでの人生はどんなものだったのか。それをふまえ、どこに行きたいのか。キャリアづくりの文脈で言えば、自分がどんな性質や志向を持った人間なのかを知り、理想の職場・業務内容を思い描くことにあたる。

構成要素2：武器

旅を望ましいものにするためには、武器や力が必要だ。それはスキルかもしれないし、一緒に行く仲間かもしれないし、語学力かもしれない。すべては目的地次第だ。キャリアづくりの文脈で言えば、どういう準備をして自身の価値を高めるかを考えることだ。

構成要素3：ルート

目的地に行くためのルートは1つではない。飛行機で行く人もいれば、船でゆっくり向かう人もいる。途中から電車や徒歩に切り替えたっていい。どういうステップで行くかを選ぶところから、旅は始まっている。キャリアづくりの文脈で言えば、「転職」なのか、「独立・起業」

なのか、「社内でチャンスを掴む」のかなど、目的地に到達するための意思決定が該当する。

構成要素4：終わりなきプロセス

旅に山登りのようなわかりやすい「終わり」はない。道中で出会う仲間とともに、想定しない出来事にどう対応し、どう旅を楽しむのか。見知らぬ土地での旅に伴う不確実性をどうくぐり抜け、目的地にたどり着けるか。着いたら、どんな日々を過ごすのか。

キャリアづくりの文脈で言えば、転職や起業は、スタートであってゴールではない。常に遠くの理想を見据えつつ、日々の仕事を楽しむ。そこで想像もしない経験を積めば、次の目的地ができることもあるかもしれない。

旅は1回の意思決定で終わりではない。どこまでも続いていくのだ。

さて、この「キャリア3・0」の時代、どんな環境変化が起こっているのだろうか。もう少し詳しく説明していこう。

変化1

会社との関係性：「1社」ではなく「複数社」で働くことが前提に

まず、企業の寿命や、個人が1社で働く期間が縮む。キャリアがより「流動化」していく。正確に言えば、仮に同じ会社で働き続けるとしても、仕事の中身や組織形態は大きく変わることが前提となる。

たとえば、製造業でも、商社でも、ＩＴ業でも、金融機関でも、同じ社名の会社の事業の中身が10年前と大きく入れ替わっていることはざらにある。新しい事業・組織が生まれ、その反面、過去の主要事業・組織が淘汰されていくこともある。

少なくとも、変化し続けないかぎり、事業・組織は生き残れない。そして、事業の変化に応じて、求められる人員もまた変化する。従来の事業でしか通用しない人員の入れ替えや適正化（リスキリング）、抱えきれない人員（正社員）を、柔軟に活用できる雇用形態の人員（業務委託・有期社員など）に置き換えるなどの流れは進まざるをえない。

図1－2は、いわゆる「安定企業」とされる上場企業における、2009年からの希望・早期退職者募集の社数と対象人数の推移だ。

図1-2｜主な上場企業の希望・早期退職者募集状況

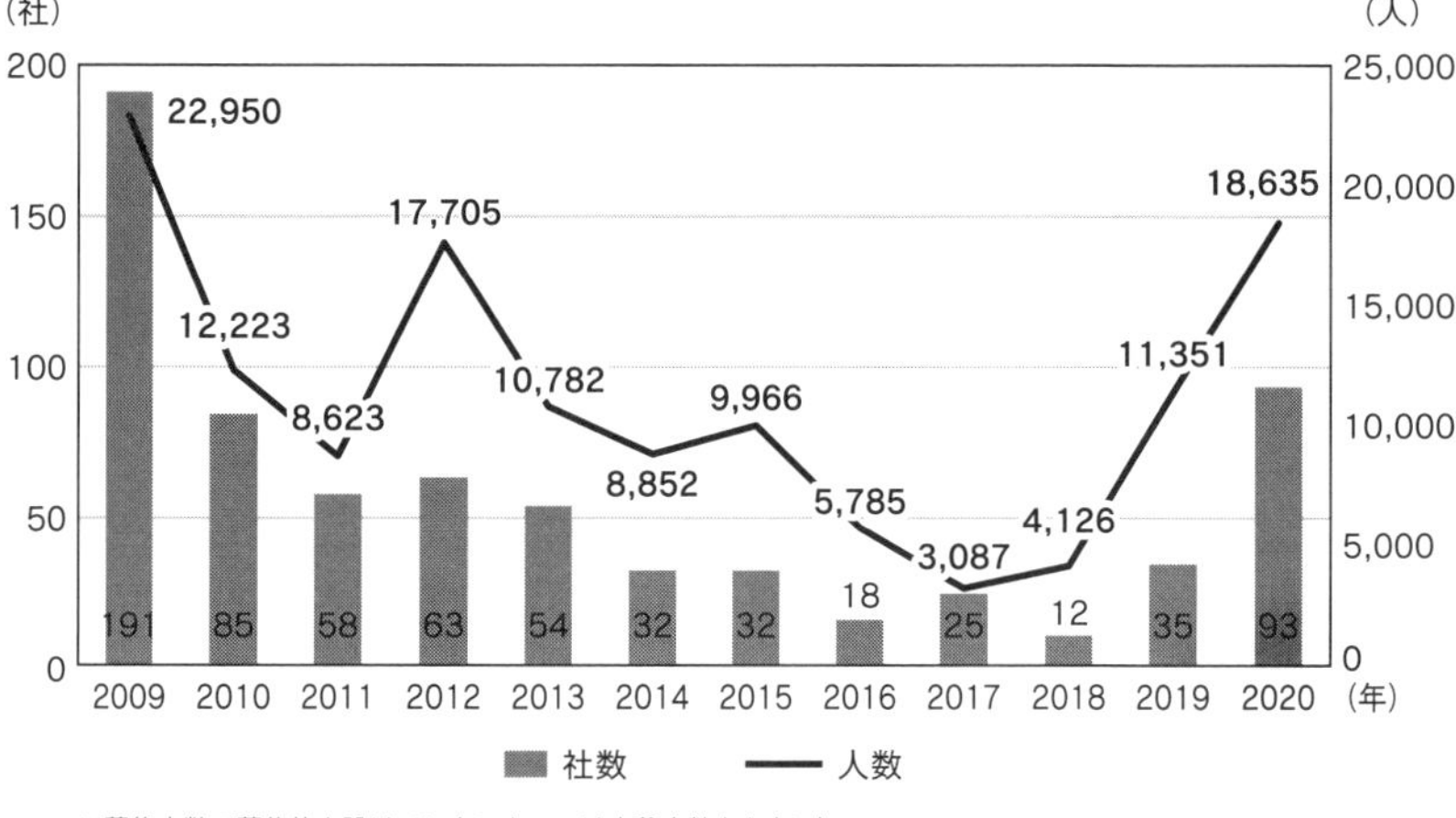

※募集人数で募集枠を設けていないケースは応募人数をカウント
※資料は「会社情報に関する適時開示資料」などに基づく

出所：東京商工リサーチをもとにエッグフォワード作成

リーマンショック後の例外を除くと、上場企業であっても、早期退職者は増えている。かつては早期退職者といえば給与水準が高い50歳以上がメインだったが、最近は年齢制限を設けないか、もしくは35歳以上などという形で対象年齢が下がっている。

いち経営者としての私の視点から見ても、今とまったく同じ事業で、変化を起こさずに会社を存続させられると考えている会社はまずない。そして、事業を変えれば、求められる人材も変わる。過去と同じマインドやスキルセットの社員を抱え続ける前提で経営するのは難しくなってきている。

働く個人の視点から見れば、生涯同じ会社で、あるいは同一の業務で働く前提はなくなり、複数の組織で複数の職種を経験し、転職や副業もさらに一般化していく。

実際に厚生労働省のデータでは、30代半ばまでの転職経験率は65％程度だ。就活で起こるミスマッチでやや数字が高く出ている可能性を考慮しても、もはや1社のみに勤めるケースのほうが稀になっているといえる。

何度か環境を変え、組織を渡り歩き働くことは今後もはや「前提」となる。働き方も流動化し、起業やフリーランスはもちろん、正社員として働きながら副業に携わる人は、すでに加速度的に増えてきている。

特に、エンジニアやデザイナー、広報やマーケティング、財務など専門性の高い職種、仕事が切り出しやすい職種の人の副業は、すでにわかりやすく活発化している。今後は、労働人口の減少により人手不足が進むため、価値の高い人材ほど、同時に複数の組織への関与が求められてくるだろう。

企業側の視点で捉えても、健康寿命がこれだけ延びると、終身雇用を保証することは、収益構造からみても難しい。費用対効果の悪い人材を抱えることも、年配の人材の好待遇を若手の労働で支えることも、もはやよほどの高収益企業でないかぎり不可能だ。

あくまで労働法制の範囲内でだが、「年次の高い、つまり費用対効果の悪い人材にどう円満に退職してもらうか」という相談を受ける機会が近年増えてきた。企業側も、人員のピラミッド、つまり年次別の構成割合を一定若くキープしたい、「年齢」よりも「付加価値」に応じて報酬を払いたいというニーズが強まっている。ただ逆に言えば、価値の高い人材には、年齢によらず非常に高い報酬を出す意向も強い。

一世代前までは終身雇用が珍しくなかったことを考えると、「なかなか厳しい時代になった」と思われるかもしれない。しかし見方によっては、個人にチャンスがある時代とも言える。複数社、複数組織で働くことが前提ということは、最初に入る会社を決めた後も、自らの意思決定次第で常によりよい環境を選び、自身の望む姿の実現に向かうチャンスが広がっているともいえるのだ。

変化2

価値のありか：会社の「看板」から「個」へ

複数の組織で働くことが一般的になれば、採用や働き方の形も劇的に変わっていく。ひとことで言えば、どこの会社に所属しているかという「看板」ではなく、「個」の価値が求められる時代になる。つまり「どこの会社にいたか、いるか」よりも、「個人として何をなしたか、何をなせるか」が明確に問われていく。需要の高い「個」に対しては、企業も、採用・報酬とも金額に糸目をつけないケースも多い。

これからは、「個」の価値で声がかかる流れが強まっていく。仮に今SNSで、「現職を辞めて、新天地を探そうと思っている」とあなたが書いたならば、「本気で、一緒に働きたい」という声がどこまでかかるだろうか。

実際、どこも欲しいという人材には、無数に声がかかる（正確には、辞める前から常に声がかかっている）。

しばしば誤解されているのだが、大手の人気企業や、有名スタートアップに入っていれば「個」の価値が高く評価されるわけではない。あくまで見られるのは「個人として何がなせるか」なのだ。

「個」の時代には、「就職人気ランキング」の罠に気をつけたい。こうしたランキングは、多くの場合、マス層に「どこに就職したいか」を聞いて作られたものだ。知名度やブランド力の高い会社や、個人向け（toC）にサービスを提供する消費者接点が多い企業が上位になりやすい。そう、入社した社員の中長期の活躍や、持続的な幸福度をふまえたランキングにはなっていないのだ。

人気企業は知名度のある大企業であることが多く、待遇や働きやすさなどは整っている傾向にある。その反面、規模が大きい分、誰でも対応できるように業務が細分化・標準化されすぎており、成長機会が少ないケースがある。

同時に、希望しない、あるいは想定外の配属や、ジョブローテーションにより専門性が身につかないなどの事態も起こりやすい。つまり個人にはコントロールできない不確定要素が多く、

図1-3｜ジョブローテーションの有無

	n	ジョブローテーション（定期的な人事異動）		
		ある	ない	無回答
全 体	1,852	53.1	46.2	0.8
〈正社員規模〉				
300 人未満	389	37.3	62.5	0.3
300 ～500 人未満	598	51.3	48.2	0.5
500 ～1,000 人未満	460	57.2	41.7	1.1
1,000 人以上	344	70.3	29.4	0.3

出所：独立行政法人労働政策研究・研修機構

社外から求められる「個」の能力が身につくとはかぎらない（それもあり、最近は、配属先を固定するケースも増えてきてはいるが）。

上の図1－3は、独立行政法人労働政策研究・研修機構が発表した、ジョブローテーションの有無のデータだ。規模が大きいほど、正社員のジョブローテーション比率が高くなることがわかるだろう。大規模ゆえ仕事が機能別に細分化されていることに加え、終身雇用制度がいまだ部分的に残っていて、複数職種を知ることが社内的に有益だとみられていることなどがその理由だ。市場価値を高めるジョブローテーションであればよいのだが、成長しやすい若手～中堅までの時間を「薄く広く」に充ててしまうことで、「何の力がついているか」が見えなくなるケースも多い。

実際、「就職人気ランキング」と、「転職市場で評価されやすい企業」が相関しているかというとそうでもない。むしろ、認知度の高い企業であっても、身につくスキルセットが明確でないために、その後の年収水準が低いケースも珍しくはないのだ。

誤解しないでほしいが、たくさんの経験が積める大企業を一概に否定しているわけではない。ただ、年収水準や福利厚生が相当に恵まれている傾向があるため、「外に出にくい構造」があることは知っておいてほしい。

特にこの構造の中で過ごした中高年の社員は、会社が雇用を守れなくなった場合、専門性が備わっていないために行く先が少ない。実際の事例を見てみよう。

就活では勝ち組と呼ばれる人気総合商社に入り、20代は上長にあたる人々とジョブローテーションの中で多様な仕事を、それなりに楽しくこなしていた。自社のシェアの高い資源領域のやり取りにかかわり、クライアントとの接点を持ち、会食なども経て一定の対人力はついた。結婚式の余興も何度企画したかわからない。

採用面接にも関与したし、学生に対して、世界を股にかける事業の意義を語ったりもした。トレーニー（短期海外赴任）として半年間、現地の日本人同士で楽しんだ海外経験もいい思い出だ。一定は仕事に打ち込み、充実した生活を送り、気づくと30代も半ばを越えていた。

最近、優秀な20代社員の離職が急速に増えているらしい。ふと、自分のこれまでを見つめ直してみる。いったい、何の力がついただろうか。事業経験も、メンバーのマネジメント経験も本格的にはまだこれからだ。現職の待遇には満足しているが、このままでいいのか、将来的な不安はある。40代半ば以上の先輩たちは、待遇もいいため「外に出るなんてもったいないさ」とうそぶいて辞めようとはしない。

本当にこのままでいいのか？　この先輩たちのようになりたかったのか？　考える機会は

増える一方だ。だが、そんな自分の疑問に蓋(ふた)をしているうちに、さらに数年が過ぎた。

大学時の同期を見ると、30代半ばでスタートアップの役員をしている人もいる。もちろんスタートアップは苦労も多そうだが、裁量は大きいようでいきいきして見える。大企業に所属していても、責任ある事業を任されたり組織をマネジメントするポジションにつく人もいる。翻(ひるがえ)って、自分はどうか。今の自分は、年収はいいが、それに見合う明確な強みがない気がしてしまう。

一応登録だけしてみた転職支援のダイレクトリクルーティングのスカウトメールも、20代の頃はよくきていたのに30代半ばを越えて急に減ったのも気になっている。

カジュアル面接をしてみたところ、現職の年収が、能力に対する相場よりも大きく上振れしており、年収を維持しての採用は難しいそうだ。大手のエージェント担当者とも面談をしてみたが、「その年収水準を維持する前提ですと、厳しいですね……」と、決まって反応が悪くなる。見込みが薄いのか、エージェントの人もあまり手間をかけたくなさそうだ。正直、ショックだった。

社内ではこれから中間層は減らす方向でいくという。早期退職の話も出るかもしれない。この先どうしようかと思いながら、また時間が過ぎ、もう40代にさしかかるところだ……。

非常によくある、リアルな例だ。こういうケースが急速に増えてきた。就活で「勝ち組」と呼ばれる企業に入ること、そして待遇に恵まれていることが、将来的にも絶対にいいことだと言い切れないことがわかってもらえるだろう。逆の事例も見てみよう。

大学を卒業後、有名とは言えない専門系の商社に入った。誰もが知る企業ではないだけに、会社の力に頼らず、自ら成長する機会を掴もうと意識してきた。特に、20代後半の仕事は印象的だった。

景気悪化の影響を受けた小売系の投資先企業の立て直しに関わり、小さいチームではあるが投資先の経営にも入りながら、成長を支えてきた。

慣れないなか、財務・経営企画の管理もしながら、営業側の戦略も練って、現場とともに動かしてきた。いつもリソース不足なうえ、上席からはときに叱責も受ける厳しい状況だった。しかし、投資先の経営陣との対話を経て、成長戦略を創り、一緒に実現してきた自負はある。

再生を果たした後、投資先の経営陣から「わが社に転籍して一緒にやってくれないか」と本気で誘ってもらったのも嬉しかった（結局転籍することはなかったが）。思えば自身の成長のきっかけとなった最初の小さな仕事も、しっかりやりきり、成果を出したことが始まりだった。機会はいつも自分の力で掴んできた。

元々地頭がいいとは思っていない。だからこそ、プロジェクトでは誰よりも価値を出そうと粘り強く取り組んだ。30歳を前にして海外赴任の機会を掴んだのもその努力が認められてのことだった。赴任先は、妻が行きたがっていたニューヨークではなかったが。

アジア赴任当時はＩＴ企業のインフラ構築に携わり、ローカルスタッフと苦楽を共にし、成長を実現できた。ときに修羅場もあったが、多国籍なメンバーでの議論の経験、日本本社との折衝から、経営視点を持つこともできたし、多様なステイクホルダーを動かす経験も積むことができた。

帰国後は、いくつか社内からの別プロジェクトの参画の話も来ている。社外にも機会はある。上場前後で一定の変化が求められるフェーズの会社から、複数声がかかっている。

2つの事例の違いは何だろうか。もちろん、本人の努力もあるし、それ以外の要因（関わった周りの方々、会社の方針、偶然の機会）もあるだろう。商社を例に出したが、業界は関係ない。事例の分かれ目となったのは、結局、「看板」に安住していたか、自らの意志で「機会」を掴み続けたか、そこに尽きる。

どんな個人も、最初は地頭の差などが目立つが、経験による成長の差がいつかはより大きく影響してくる。今の状況への違和感に蓋をして、看板に安住し、機会を先送りしているようでは明るい未来は望めない。

看板に頼ることができないなら、何を意識すればいいのか。わかりやすいのは外部、つまり転職マーケットにおける市場価値だ（第3章で述べる）。その会社に所属し、あなたの立場・役職で、同等の役割を担っていた人が、どの程度の価値とみなされているのか。

ただ悩ましいのは、個人が意志を持って動こうとしても、周りの人々や職場環境が、悪意なく「看板への安住」を加速させてしまうことだ。入社初期から、「看板に甘えよう」と思っている人はほぼいない。ここにも構造的な要因があるのだ。

まずは、事業やビジネスモデルが強い企業ほど、個人の能力に依存せず成果が出せてしまうこと。さらに、業務が標準化されており個人の裁量の余地が少ないこと。その結果、個人の力で仕事をしているようでいて、実は組織の歯車になってしまいがちなことだ。

さらに、対外的なブランドや待遇のよさゆえに外に目が向きにくく、「社内の周りの人も焦っていなそうだし」という理由から、健全な危機感を持ちにくいのだ。

ただ、大事なのは組織の大小ではない。よく「大企業かスタートアップか」という乱暴な議論がなされるが、本当に重要なのは、どんな組織であれどこまで主体的に個人の市場価値を高める機会を自ら掴み取っていけるかだ。

私は、この「看板」から「個」への変化はある意味フェアだとも捉えている。新卒時の就活の結果次第で将来が決まってしまうのではなく、自身の培ってきた経験と価値で戦える時代がやってきたのだ。

変化3

働き方：「組織」ではなく「目的」ありきに

これからは、「組織」ではなく「目的」ありきでの働き方にシフトしていく。

私は、これを社会的にとても大きな変化だと捉えている。

全体の流れとして「組織への所属ありきで、次に、何を、何のためにやるか（目的）を決める」から「目的の実現ありきで、有機的に組織が生まれていく」へ構造が逆転していく。

例を挙げれば、まずは副業や業務外から人を集めるプロジェクトもあるだろうし、目的に合わせて会社や組織を新設、統合することもより一般的になっていく。必ずしも、今の会社の「ハコ」を前提としない働き方がよりいっそう増えていくだろう。

平成以前の時代、企業と社員の関係性は、企業が「主」で、社員が「従」だった。採用する側である企業の立場が圧倒的に強かったからだ（特に人気のある業界・企業においては）。だから社員は、「個」としての価値を高めるより、企業に求められることを、言われるがままにやる構造が成り立ってきた。

ただ、時代は大きく変わった。圧倒的な人材不足、産業区分の流動化、ＳＮＳの普及による情報の透明化、ＩＴやＡＩによる人の代替など、変化が大きく進んだ。以前は後ろめたさを感じる人も少なくなかった転職は、徐々に当たり前になり、雇用は流動化した。

これからは、企業と社員の関係性は対等になっていく、もしくは労働力が不足する日本においては、特に高付加価値人材は、社員のほうが強くなる逆転現象すら起こっていく。

そんな時代においては、組織の存在意義も変わっていく。個人から見れば、もはや組織は「所属」する対象ではない。「目的」ありきで、何かを実現するために、それを実現できる能力や志向性を持った人が集まるための「場」にすぎなくなる。

企業側の視点でいえば、働く環境を選べる強い「個」が、それでもあえて自社に所属する、いや、所属「してもらう」意義や共感できるビジョンをいかに打ち出せるか。つまり「個が望む機会を提供できるのか」という視点が不可欠になる。これは未来の話ではない。実際に、この流れはすでに現実化している。

まだ主流とまでは言えないが、スタートアップへの転職が急激に一般的になってきたのも、この「目的」ありきの潮流の一部だ。スタートアップは、求心力のある企業であっても、一般的には待遇は低いし、働き方の安定感にも乏しい。ただ、そこには「目的」がある。成長機会の多さや裁量の大きさも魅力だが、企業が掲げるパーパスやビジョンへの共感が、優秀な人を集める重要な要因となっている。

資本市場も変わりつつある。大手企業であっても会社のパーパスを強く打ち出し、人的資本を開示することが、市場から求められている。資本市場の変化は、「目的」が事業成長における重要な要素であることを証明しているといってもいい。

正社員だけでなく、副業も然(しか)りだ。「どうせ副業をするなら、待遇だけではなく、共感できる組織の支援がしたい」という方が増えている。逆に、自社に所属する「目的」を打ち出せない組織には優秀な人は集まらず（あるいは流出し）、たとえ大企業であっても衰退していく。

この流れを受けて、大企業も変わり出した。たとえば、これまでガチガチの人事制度で運営してきたある超大手インフラ企業が、今後の社会インフラを支える新規事業を創出するため、コーポレートベンチャーキャピタル（CVC）と呼ばれる投資機関を創設。自社人材のみでは必要なスキルセットを満たせないため、ベンチャーキャピタルや金融出身の人材を集めた。

CVC設立時から、自社のインフラ資産とスタートアップの知見を掛け合わせ「社会の新しい生活のあり方を生み出す『構造』をつくる」という「目的」を強く発信した。金融業界にいながらそういった機会に関心のあった外部人材を惹きつけ、従来の人事制度とはまったく異なる待遇で招聘(しょうへい)。組織づくりからすでに「目的」ありきでスタートしている。こんな例も非常に増えた。

「目的」で人を集める組織もあれば、人が流出する組織もある。有名な企業からの若手〜中堅の離職が近年急激に増えている大きな要因の1つも「目的」の不在だ。終身雇用、年功序列というかつての武器は消失したにもかかわらず、相変わらず成長機会が訪れるのは遅い。自分は何のために、何を目指してこの組織にいるのか。この会社が実現したい未来や社会は、果たして自身が共感するものなのだろうか。そこに、自身の限られた職業人生を懸けてよいのだろうか。

あまりにも細分化された業務をこなす中で、個人は、日々の仕事の「目的」を感じづらくなっている。その問題意識に対応しきれていない組織はまだまだ多い。

この急激な変化の中を生きることに、少しハードルの高さを感じた方もいるかもしれない。しかし私は、これはとても大きな、前向きな変化だと思っている。企業の視点からすると、「目的」や思想に意義を感じてもらえれば、過去には参画してもらえなかった優秀な人材が仲間になってくれる可能性が、ひらかれている。

個人からすれば、「何のための仕事かわからない」現状をひたすら我慢しつづけるのではなく、自身の想いや意志とつながりやすい組織を選択しやすくなったともいえるのだ。

変化4

キャリア形成方法：PL型キャリアからBS型キャリアへ

特に個人の市場価値を高めるうえで重要になるのが、次のキーワード「PL型キャリア」から「BS型キャリア」への変化だ。

わかりやすく考えるために、自分のキャリアを1つの会社と見立ててみよう。

PL（損益計算書）とは簡単に言えば、「一定期間内で、売上から費用を差し引いた利益」を示すものだ。

キャリアで言えば、「短期」視点で得られるもの（収入など）と失うもの（時間など）に目を向ける、ある意味で刹那的で、フロー型の考え方だ。

今の仕事の報酬（売上）を得て、限られた人生の時間（費用）を投下したあとの差し引きが、自身の市場価値と幸福度（利益）として残るとでも考えればわかりやすいだろうか（図1－4）。

逆に、BS（貸借対照表）は、ストック型の考え方だ（図1－5）。短期ではなく、「中長期」

図1-4｜損益計算書（P/L）の考え方

会社における損益計算書（P/L）

会社における損益計算書（P/L）
売上
費用
利益

個人のキャリアにおける損益計算書（P/L）

個人のキャリアにおける損益計算書（P/L）
短期収入
人生の投下時間
市場価値・短期の幸福度

出所：エッグフォワード作成

の視点で捉える（以下、会計に詳しくない読者は、「短期ではなく『中長期』でキャリアの資産を増やす」ことだけ意識して読み進めてもらえれば、大意はつかめるので大丈夫だ）。

企業活動で考えてみよう。成長し続ける会社は「短期利益の最大化」のみを考えない。もし短期の利益だけを考えるなら、新規事業に投資もしないし、将来を見据えた採用もしないだろう。だが、それではいつか成長は止まることは簡単に想像がつく。

目先の状況のみにとらわれず、投資する。将来に備えて若手も採用し、組織の未来に向けてカルチャーづくりや基盤づくりへの投資も惜しまない。そして中長期での成長を意識し、自社の手持ち資金だけではなく、資産や信用にレバレッジ（テコと読み替えてもいい）を利かせて外部から戦略的に資金調達をし、さらなる成長を遂げていく。

個人も同様だ。「中長期」の成長、やりがい、持続的な報酬などを手に入れるためには、目先の収入（PLでいえば「短期」売上）の最大化のみにとらわれてはいけない。

持続的な幸福度や市場価値（資産）を積み上げるためには、一時的に収

図1-5｜貸借対照表（B/S）の考え方

会社における貸借対照表（B/S）

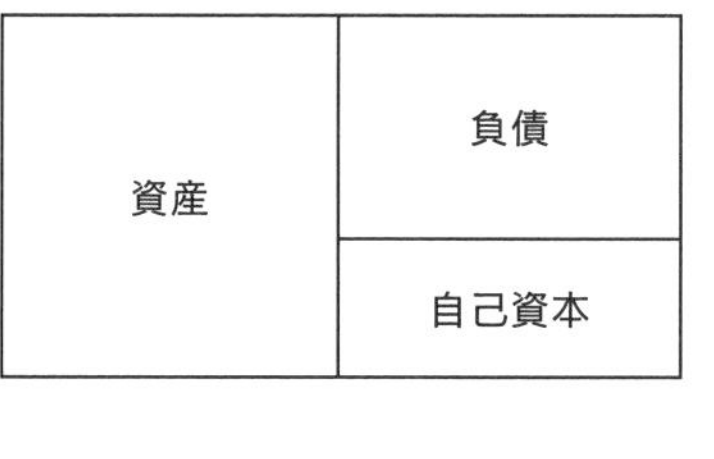

個人のキャリアにおける貸借対照表（B/S）

資産
（自身の幸福度/持続的に通用する市場価値/将来的な経済リターン）

負債
（他者から掴める機会、新しい挑戦への投下時間、短期待遇の低さ）

自己資本
（信頼残高、ネットワーク）

出所：エッグフォワード作成

入を減らしてでも他の成長機会を求めて転職したり、あるいは困難な体験にも時間を投資したりして（負債）、信頼や成長機会を掴むためのネットワーク（自己資本）を蓄積していく。そして、それをテコに、さらなる成長の機会を掴み、自らの価値を持続的に高めていく。このように、自分の「資産」である市場価値、つまりスキルや知識、経験を中長期視点で積み上げ、将来的な経済的メリットも享受する。

要は、自分の「いまできること」だけに注目して目先の報酬最大化を狙うのではなく、自分の「いまできること」にレバレッジを利かせ、チャレンジングな機会を掴み、自分の幅を広げ、成長することを目指していくのだ。

ただ、ここで上長の視点に立ってみてほしい。仕事を任せる側からすれば、「できるかどうか判断がつかない仕事」をアサインするのには当然慎重になる。その機会を任せてもらうためにも重要になるのが、今までの仕事への向き合い方や、どのようなプロセスで成果を積み重ねてきたかだ。「できるかわからないが、賭けてみたい」と期待される、自己資本の大きい人材になっているか。自己資本とは、要はその人の「信頼」だ。企業は自己資本があれば、それをテコに外部からお金を調達できる。個人は自己資本があれば、それをテコに新たな「機会」を調達できる。

そしていざ任されたら、困難に直面しても、積み重ねてきた信頼をベースに社内外の人材を巻き込み、達成し、さらに成長し、価値を高めていくのだ。

少し抽象的な話が続いたので、具体例で考えてみよう。「同じ年に新卒入社した同期と、2〜3年、5年と経つうちに大きな差が付いていた」と感じる人は、少なくないと思う。それが、10年も経てば、意識と行動の有無によって、さらに歴然とした差になる。

ある大手人材企業に同期入社で入った2人で考えてみよう。

1人は、入社当時は優秀で将来を嘱望されていた人材だ。学生時代からサークルの中心にいて、コミュニケーションは得意だった。営業もそこそこ楽にこなせ、入社1年目は上位の営業成績。賞与も出て待遇もよかった。同期の中でも目立っていた。

とにかく、よりインセンティブにつながりそうな商品を売り込んだ。成果も出て、周りからも認められ、報酬もよく、さしあたりは楽しく過ごせていた。

しかし、3年目から急激に伸び悩む。扱うメイン商材が変わったのだった。それまでと違って、経営者や発注者の課題を理解したり、ソリューションを提案する営業が必要になったのだが、そうした取り組みはしてこなかったため、能力が高まっていなかった。

驕った態度が出ていたのか、周囲からの信頼もあまりない。いまさら他者に頼れなかった。プライドの高い本人に上長も積極的に手を貸そうとはしなかった。営業成績も伸び悩み、次第に「他社よりも魅力的な商品がない」と、日々愚痴を言うようになっていった。いうなれば、ＰＬの短期を追うばかりで、自己資本と呼べる信頼関係が積み上がっていなかったパターンだ。

もう１人の同期。やや口下手で、最初は即興の営業ができるタイプではなかった。ただ、１年目から上長を捕まえては何度もロープレ（実践を想定した練習）をし、営業先に断られても、自身の何が課題でどうすればよかったのか、反省と改善を繰り返した。

商材ありきの営業しかしてこない他の営業との違いを、徐々に顧客企業の経営者から評価され、戦略面での課題や、その先の経営方針まで相談される存在になっていった。

最初はどん底だった営業成績も、２年目にはトップレベルになった。苦しいメンバーの気持ちもわかるため、マネジメントにも定評があった。４年目には、誰よりも早くマネジャーに昇格。その後その経験を活かし、営業から商品開発の部門に移り、さらに活躍している。

ＰＬ的な短期視点に陥らず、いかにレバレッジを利かせて資産を高められるか、そのための自己資本（他者からの信頼）をいかに築くかを意識し、一時的には困難を経験しながらも、他者から機会（負債）の調達を重ねて、成長を一気に加速させたパターンだ。

結局、キャリアレバレッジにおいて重要なのは、仕事における「機会」だ。具体的には「自分の責任で意思決定ができること」。その経験が成功体験となり、格段にスキルの幅が広がり、新たな機会につながっていく。

最初の階段を上がった人には、さらに大きな責任と権限が与えられ、1段上の経験を積むことで、さらに階段を上がっていく。そしていつしか、その負荷により筋力が増し、階段を1段飛ばしで上り始め、スピードそのものが加速していく。

一方で、最初に甘えが出たりすることで階段を上がれなかった人はその場で立ち竦む。もしくは他の人に抜かれていくことで自信を失い、視点を下げ、あたかも階段を下りているような感覚にすらなる。グッドスパイラルとバッドスパイラルの二極化が進んでいくのだ（図1－6）。

もちろん、人間は、いつからでも変わることはできるから安心してほしい。本書はその方法を指南するためにある。ただ、「中長期的でキャリアにレバレッジを利かせる」という考えは、常に重要なので、心に留めておいてもらいたい。

変化5

学び続ける：戦略的学習力

オックスフォード大学のマイケル・オズボーン教授による論文「スキルの未来（The Future of Skills）」で、2030年に仕事で必要とされるスキル120のうち1位となったのは「戦略的

図1-6｜二極化する2つの「スパイラル」

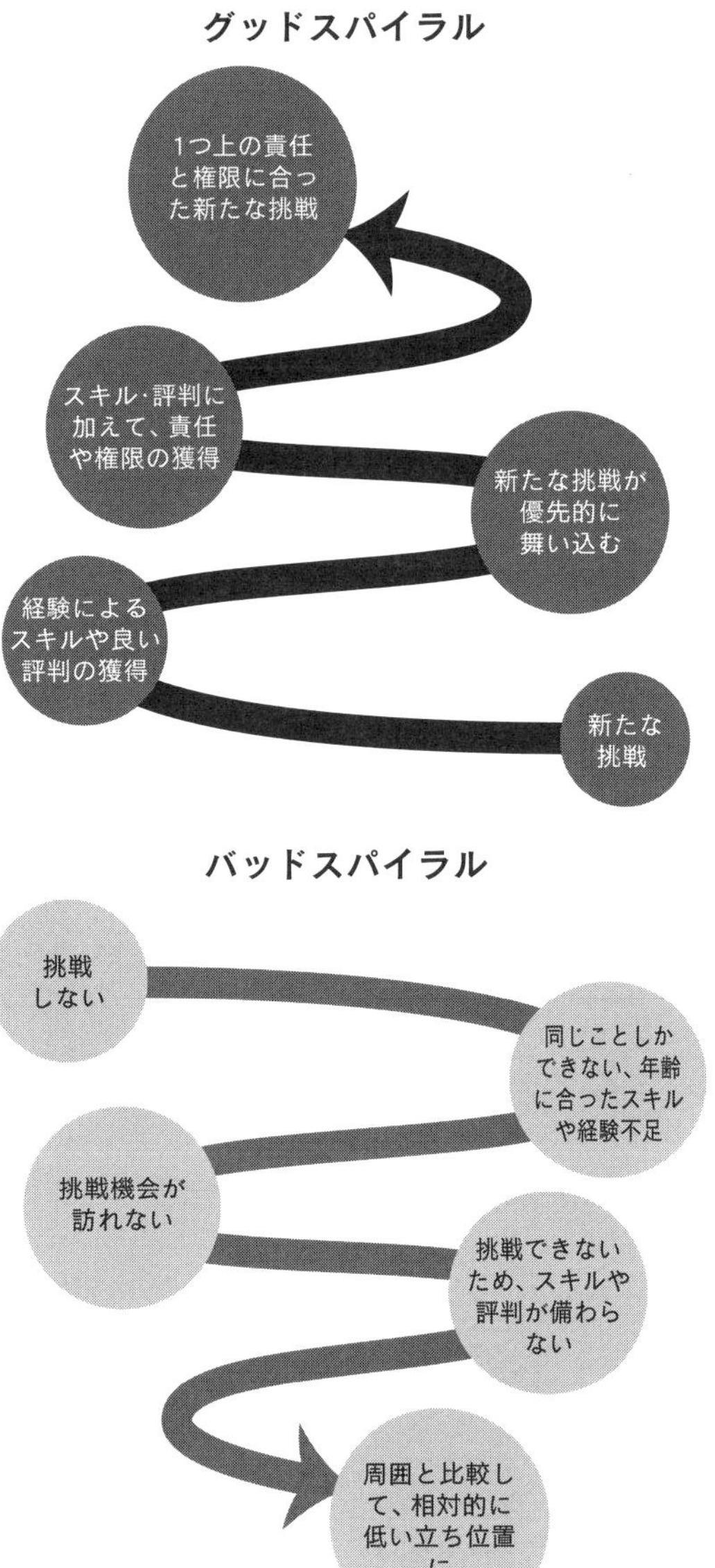

出所：エッグフォワード作成

図1-7|「2030年に必要とされるスキル」ベスト10

		分類	雇用との相関度			分類	雇用との相関度
1	戦略的学習力 (Learning Strategies)	スキル	0.632	6	教育学 (Education and Training)	知識	0.602
2	心理学 (Psychology)	知識	0.613	7	協調性 (Coordination)	スキル	0.571
3	指導力 (Instructing)	スキル	0.609	8	独創性 (Originality)	能力	0.570
4	社会的洞察力 (Social Perceptiveness)	スキル	0.605	9	発想の豊かさ (Fluency of Ideas)	能力	0.562
5	社会学・人類学 (Sociology and Anthropology)	知識	0.603	10	アクティブラーニング (Active Learning)	スキル	0.534

出所：「The Future of Skills：Employment in 2030」をもとにエッグフォワード作成

学習力（Learning Strategies）」だった（図1－7）。不確実な時代だからこそ、自身の未来を見据え「学習し続けていく」ことが重要だ。

ただ、過去多くの会社やビジネスパーソンを見てきて思うのだが、社会人になって「自ら学ぶ」方は、絶望的なまでに少ない。体感値で、10％もいない。レバレッジを利かせるべく学び、変化を起こそうとしていないのだ。

昨今、エッグフォワードに企業側からの「リスキル」依頼が急増していることが、その現実をよく表している。これまで会社で囲ってきた（言うなれば都合よく働いていてもらえるようにマネジメントしてきた）人材が、もはやその保有スキルが今後の事業にマッチしなくなったため「リ（再び）＋スキル（別の力をつける）」してもらえないかという相談だ。

人に投資するという点でポジティブな施策として見えるだろうが、実態はもっと残酷ともいえる。これまで論じてきたように、企業側はもはや、個人のキャリアをすべてお膳立てしようとは考えていない。期限を切って、これから必要なスキルセット強化に向けた学習機会を一定は提供する。これは、「学べる環境は用意したのであとはみなさん次第です」という意思表示だ。適応できない人は早期に出ていってもらいたいというのが会社の本音なのだ。

自社での労働時間を減らしてもいいという副業解禁も同じ見方ができる。体よく働き方改革と言ってはいるが、会社の視点から見れば、過剰な労働時間を減らし人件費を削減したいという意思表示であるケースも少なくない。

会社は、個人全員をもはや守る気はない。というか、現実として守り切れない。そして、個人がいざ外に出ると転職市場は非常にシビアで、誰も個人の人生に責任をとってはくれないのだ。

では、「何」を「戦略的」に学べばいいのか。キャリアにおける戦略とは、理想的には「戦い」を「略」すことだと私は考えている。つまりは、代わりの利かない人材になるということだ。戦略なく競争過多な領域に踏み込み、結局自らの市場価値を高められず、コモディティ人材(どこにでもいる人材)になってしまっては、せっかくの努力がとてももったいない。そのような方に共通しているのが「なんとなくのインプット」だ。

ＡＩやＤＸが大事と聞き、とりあえずスクールに通う。経営には財務が必要と聞き、経理を学んでみる。いつかしゃべれるようになりたいと英語のレッスンを受ける。もちろん、その努力を否定するつもりはまったくない。学習しないよりはるかに素晴らしい。だが、アウトプットの機会が不在だとしたら、それは大きな問題だ。

キャリアづくりの観点で捉えると、自身のキャリアや生き方を実現するための「ありたい姿（理想の状態）」と現在地の差分を見極め、実務でアウトプットの機会を作る。差分から、学ぶべきインプットを定めていく。実務のアウトプットありきのインプットが重要だ（「ありたい姿」の設定方法は第2章で述べる）。

自社内で、学んだ知見を身近なメンバーに共有する機会を創るなどの小さなことからでもいい。新しい実務機会に手を挙げることを見越して、インプットの内容を定められればより素晴らしい。ただ、学習は、業務に追われつい後回しになりがちなため、私は「収入の一定割合、給与の3〜10％ほどを自己投資に充てること（強制力を課すため、自己投資用に口座を分けておく）」をおすすめしている。

実務とつながる内容から始め、ゆくゆくは変わりゆく外部環境に対応するために、未知の領域に関する学びも織り込んでいけるとなお望ましい。

学ぶこと自体を目的化せず、何のために、どこを目指すかを明確にすること。そして、学びをアウトプットすること。学びの効果を最大化するにはこの2つが欠かせない。

このような時代に、まずは仮でもよいので目指す先を定め、自律的に道を選び歩んでいくのが「キャリアジャーニー」だ。次章からは、それぞれジャーニーの構成要素について説明していく。

第2章では、旅の目的地を設定する。そのためには、自分の「現在地」と「ありたい姿」の差分を知ることが重要になる。これまでの人生はどんなものだったのか。今の自分をどう捉えているのか。そして、どこに行きたいのか。

第3章では、目的地に到達するために必要な武器や力について整理する。どこに行きたいかによって、必要な持ち物は変わる。この章ではキャリアづくりにおける「市場価値」とその高め方について説明する。

第4・5章では、どういう「ルート」で目的地まで行くのかを整理する。キャリアにおける、働く場所や働き方（転職・独立・社内異動など）の選び方の前提と、それぞれの選択肢における方法論を説明する。

第6章では、目的地に着いた後の話をする。ここが非常に重要だ。目的地に着いても旅は終わらない。着いてからどう過ごすのかによって、その先に見える景色は変わってくる。

第7・8章では、視点を変えて他者のキャリアジャーニーを、マネジャーとして、組織としてどう支援するかについて説明していく。

ぜひ、旅の道中を楽しむような気持ちで、読み進めていってほしい。

図1-1｜キャリアの考え方の変遷（まとめとして再掲）

時代	キャリア1.0	キャリア2.0	キャリア3.0
(1)会社との関係性	年功序列 終身雇用	年功考慮 転職含み雇用	**転職前提雇用 複数企業前提雇用**
(2)個人スタンス・価値の源泉	会社・組織内の適応 （会社の「看板」）	会社内での線形成長 （看板・ポジション）	**自己の非連続成長・キャリアレバレッジ（個）**
(3)働き方	メンバーシップ	半メンバーシップ	**目的型 ジョブ型**
(4)キャリア形成方法	P/L型	P/L型＆B/S型	**B/S型**
(5)学び続ける力	実務での学び	実務に紐づく 実務外での学び	**将来を見据えた 戦略的学習**

出所：エッグフォワード作成

第2章

自分自身を言語化する

introduction

自分自身を知るところから、旅は始まる。そして「何を重視して働きたいのか」がわかれば、おのずと自分の向かいたい先が、おぼろげにでもわかってくる。

みんなの向かうほうになんとなく歩み出し、気が付けばもうずっとそのまま歩み続けている、そんな状態に陥るのは避けたい。

しかし、忙しい毎日を送っていると、意外と中長期の視点を忘れがちだ。

まず、今、自分自身はどこにいるのか、何をよりどころにしているのか、どういった方向に向かいたいのかを言葉にしていこう。

「自身の言語化」に必要な3STEP

自分自身のことを言語化するのは、思っている以上に難しい。主観が強すぎて、逆にできない。キャリア論は多くの場合「市場価値」、つまりあなたという存在が「外側からどう見られているか」の話が中心となる。そこももちろん重要なのだが、あえてその前に、「あなたが何を目指したいのか」をともに言語化することから始めたい。

市場価値の上げ方には、正攻法が存在するともいえる。しかし、「何を望み、何を目指してジャーニーに出るのか？」という問いへの答えは、あなたの内側にしか存在しない。転職、異動、独立、副業……数々の「道」が広がるなかで、自分にとっての幸せをきちんと理解しないままに市場価値の向上に勤しんでも、迷子になってしまうだけだ。

2万人のキャリアと向き合ってきた経験から、私は、まず自分と向き合い、自分自身を言語化するプロセスから始めることが何より大切だと感じている。

さて、これまで数多くの経営者と接してきたが、どれほど著名な方でも、巷で成功者と言われているような方でも、最初から自分自身のすべてを言語化し整理できている人はほぼいない。

では、どうするか。よくキャリアカウンセリングで実施される「キャリアの棚卸し」では、過去の事象を洗い出して整理するパターンが多い。もちろん、それも重要だが、人は過去の事実を表面的に見るだけですべて整理できるほど単純ではない、と私は思う。

図2－1の3ステップは、社会心理学者であり産業・組織心理学を専門とするクルト・レヴィンが、企業・組織変革を実行する際に用いる変革モデルを、個人のキャリアモデルに応用して、エッグフォワードが開発したものである。

STEP 1

解凍：本来の自分を紐解く

まずは、自分が「今のキャリアをどう捉えているか？」から始めよう。何事も現在地がわからなければ、進むべき道も見えてこない。「解凍」とは、凝り固まった自分自身を紐解くことだ。

図2-1｜「自身の言語化」に必要な3ステップ

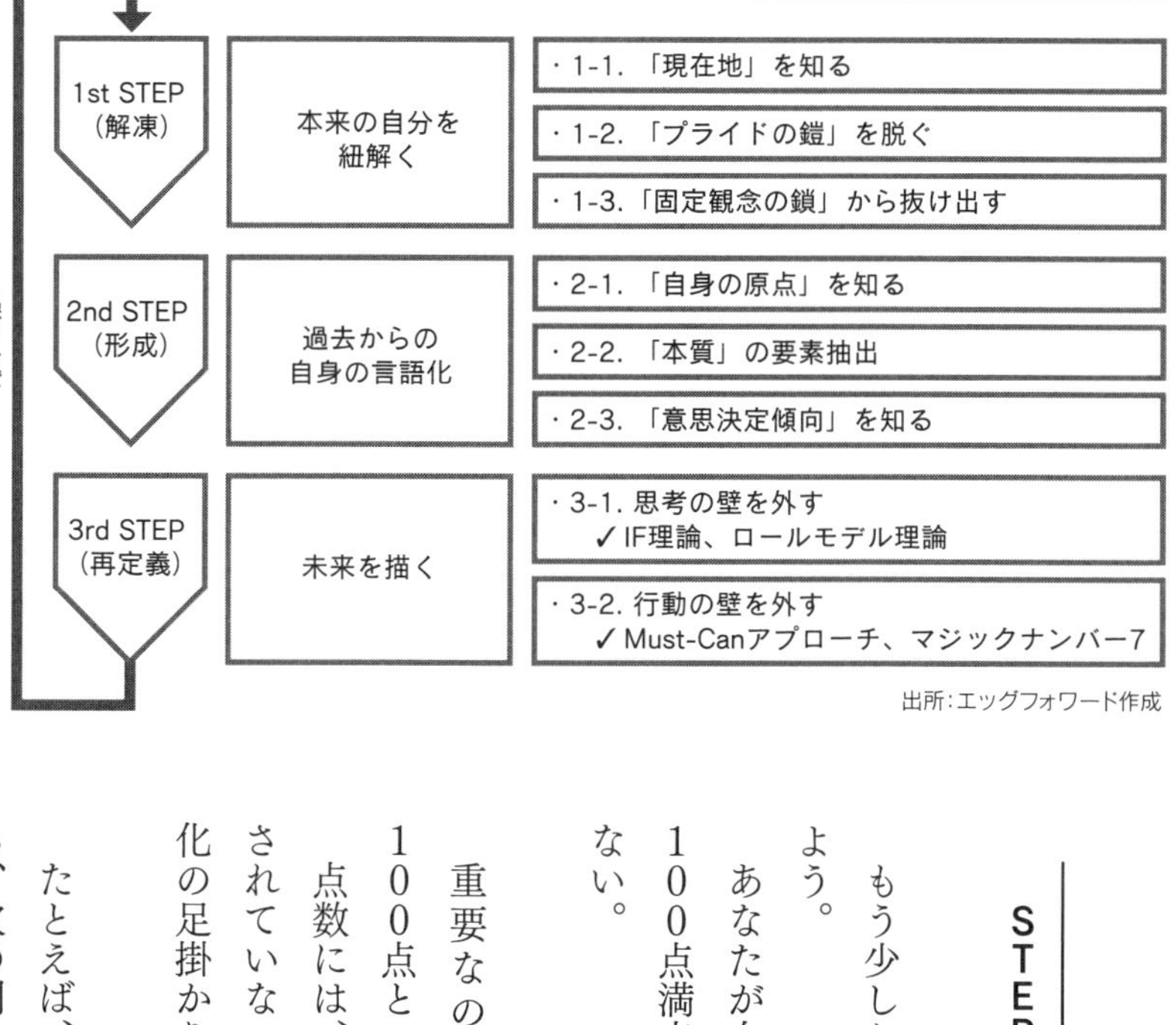

出所：エッグフォワード作成

STEP 1：解凍1-1 「現在地」を知る

もう少しわかりやすく、細分化した問いで考えてみよう。

あなたが自分自身のキャリアを点数化するとしたら、100点満点で何点だろうか。感覚的な数字でかまわない。

重要なのは人との比較ではない。現在の点数と100点との差分だ。

点数には、今の自分に何かが足りない、何かが満たされていないという直観が含まれている。そこを言語化の足掛かりとしよう。

たとえば、なんとなく60点をつけたとする。そこから、次の問いに進んでほしい。

・あなたの「60点」を積み上げている加点要素は何だろうか？
・それは具体的にはどういうものだろうか？　他にはないか？
・100点との差分である「40点」の要素は何だろうか？
・それは具体的にはどういうものだろうか？　他にはないか？
・差分の要素が仮に一とおり実現されたら、その他に備えたい要素はあるだろうか？

人によっては答えに窮するかもしれないが、それでもまったくかまわない。自身のキャリアにおいて、満足している部分は何か、そして不満足な部分は何なのか。ここを少しずつでも言葉にしてみることが、次に進むためのきっかけや足掛かりになる。しかし、考えるにあたって邪魔になるものがある。

STEP 1：解凍1-2 「プライドの鎧」を脱ぐ

キャリア支援をしていくなかで、自分自身の言語化に頭を悩ませる方の多くは「プライドの鎧」をまとっている。「自身を認めたいという願望」と言ってもいいかもしれない。プライドや自身のこれまでの経験値が邪魔をして、本来の自分が見えていない。いや、無意識に目を逸らしているケースは意外と多い。

「何のことだろう?」と疑問に思われた方もいるかもしれない。要は「素」の自分になってほしいということだ。逆に言えば、私たちは往々にして、自分で思っているほど「素」ではないのだ。

自分を見つめようとするとき、他者との比較など「外」を意識した、ノイズが入った状態になってしまっていることは多い。比較で生まれる「プライド」は、冷静に自分を見つめる邪魔をする。

人は人との関わりの中で生きているため、相対的に比較してしまうのは自然なことだ。また、自分の人生を否定したくないがために、これまでの生き方やキャリアを意味のあるものとして肯定しようとするのもまた自然な心情と言える。ただ、この「自己正当化バイアス」が強すぎると、自分でも気づかないうちに本音をごまかしてしまう。言語化にゆがみが生じ、結果として幸せとは言えない未来を招くケースが多いのだ。

私の経験上、この「プライドの鎧」に真正面から向き合いきれていない方は多い。「鎧」を身につけた状態だと、適性検査も自己分析も意味をなさない(「私は鎧をつけていない」と断言する方が実はそうではないことも意外に多いので、少し慎重になって、「鎧があるとすれば」という前提で考えてみてほしい)。

あえて「エリート」と呼ばれるキャリアを歩んできた方の事例を紹介しよう。

有名大学を出て、新卒でプロフェッショナルコンサルティングファームに入社。コンサルという響きのかっこよさ、年収の高さ、成長可能性に惹かれて入った。学生時代から優秀と言われ、入社してからの成長も早かった。昇進を目指し、ガムシャラに働いてきた。同世代の友人と話す際には、口にこそ出さないものの、相対的に高い自分の給料や、社名のステータスに喜びを感じていた。年齢の割にいいマンションに住んでいることも誇らしかった。だが、実態はと言えば、プロジェクトが始まれば朝から夜まで仕事に追われ、プライベートの時間はほぼなかった。キャリア面では、早くマネジャー（管理職）にならないといけないという固定観念にどこかでとらわれていた。

本当は、就活のときには「社会に意義のある事業を創り出したい」との思いもあった。しかし、何をしたいかまでは具体化できなかったため、ある程度成長が見込め、世間の評価も高そうで、まずは広くさまざまな業界を見られるコンサルティングファームに入った。

相応の経験を経て、中堅が見えてきた。

スキルセットはある程度高まったし、そこそこ仕事はできるようになったし、一定の出世も果たしたと思う。ただ、ずっとこのままコンサルを続けるのは違うのではという思いが、心のどこかでくすぶっている。会社の看板の強さや、給料は魅力的だった。社外からはうらやましがられるし、社内での評価も悪くない。

しかし……。なんとなく残る違和感がある。本当にこの仕事が好きか。転職も考えた。それでも、やっぱり今の評価や待遇は魅力的だ。今さら新しい環境で慣れないことを積み上げていくことには抵抗を感じるし、カッコ悪い気がしてしまう。結局、会社に留まることにした。

その後、3年が経った頃、あるきっかけが訪れた。ハードワークがたたり、身体を壊したのだ。心のどこかで、義務感で仕事をしていたことも影響したのかもしれない。

体調が戻れば、また評価と待遇を基準に生きていく世界に戻るのか。

心のどこかではわかっていたが、もう限界だった。

身体を壊して、ようやく少しずつ、プライドの鎧を脱ぎ、自分が何を実現したいか、どんな環境を望むのかに向き合えた。もっと早く自分と向き合っておけば、過去の同じ仕事にも違う意味を持たせることができたのかもしれない。

その後、最終的には、掲げるミッションに共感する環境に移る決断をした。一時的に苦労はしたものの、元々持っていたスキルセットと、転職後に新天地で身につけた強みも活かせている。待遇は一時的に下がったが、結果としては、やりがいを持って、自分の人生とキャリアを誇りを持って歩めているという感覚を手に入れることができた。

伝えたかったのは「報酬を捨てるべきか」などの意思決定の是非ではない。無理やり自分に言い訳をし続けると、いつかどこかでゆがみが表面化するということだ。数多くの方のキャリアを見てきたが、こういう事例は山ほどある。

知り合いと話すときに今の会社名を言いたい、所属している有名企業の名前が書けなくなるのはカッコ悪い。そんな方ほど、キャリアが終盤に近付いてから「自分のやりたいことはこんなことではなかった、もっと自分に正直に歩めばよかった」と漏らすことが非常に多いのだ。

せっかくなので、私自身の事例も紹介させてもらおう。先ほどの例より、はるかにひどかったと今では思う。

私が最初に入社したのは、コンサルティングファームだった。スマートで仕事が早い先輩方とは違い、不器用だった。若手の頃は「使えない」と罵(ののし)られ、「明日から来なくていいよ」とプロジェクトから外されたこともあった。365日中360日は会社に入り浸(びた)り、一生懸命頑張ったが、優秀な周囲との差は開く一方だった。「プライドの鎧」をまとう以前に、まず仕事をさせてもらうことすらできなかった。

だからこそ泥臭く、人の何倍もの努力をした。別に、カッコいい話ではない。そうするしかなかっただけだ。本音では、クビになりたくなかっただけかもしれない。

人より遅い昇格を経て、プロジェクトリーダーになった。ようやく相応の立場になったことに、当時は喜びもあったと思う。スマートなコンサルタントではなかった分、泥臭く、寄り添うスタイルであったことが奏功してか、クライアントである、ある大手オーナー社長からの信頼を掴み、一緒に海外事業への挑戦をサポートしてほしいというリクエストをもらった。当初は会社から認められなかったが、あの手この手で機会を掴んだ。

まったく使えなかった「ダメコンサルタント」の私が、少なくとも肩書は「海外責任者」になったのだ。人よりも苦労した分、嬉しさも大きかった。

しかし、これが崩壊の始まりだった。何を勘違いしてか、現地のローカルスタッフの方々に「べき論」を振りかざすことが増え、クライアントに対しても、「自分には現地の知見があるから」と上から目線の態度を取っていた部分があった。

変化はすぐに訪れた。ローカルスタッフ中心の組織は崩壊し、クライアントからの信頼も損なわれた。本社に対しては「現地の苦労がわかってないんだ」と文句を言い、気づけば、周囲との距離は広がるばかりだった。

そこではじめて気づいた。私は、「プライドの鎧」を着ていたのだ。長い期間プライドを持てなかった分、今思えば「鎧」も逆に強固だったのかもしれない。

組織崩壊してスタッフがいなくなったアジアのオフィスで、私は1人考えた。

何のために、コンサルに入ったのか。

なぜ海外事業の立ち上げに挑戦したのか。

コンサルに入社したのは、「影響力がある会社が変われば、人や社会が変わっていくから」という理由のはずだった。ただ、実際の私は現実離れした「べき論」を周囲に押しつけ、掴んだ立場に背伸びをしてすがりつき、強がっていたにすぎなかった。

ここで私ははじめて「プライドの鎧」を脱いだ。仕事に向き合う姿勢を改め、1つひとつのクライアント企業を心から尊重し、対話を重ねた。

次第に、顧客や組織は戻ってきた。ただ、今思えば、その成功体験がまた、私の「コンサル会社の海外代表」としてのプライドを強化し、守りに入らせた気もする。

その後しばらく経った頃、幼少からお世話になった大切な身内が亡くなった。海外赴任中の私は、死に目に会えなかった。「人生は有限だ」。その人の死はそんな当たり前の事実に向き合うきっかけをくれた。たしかに、目の前のクライアント企業に喜ばれることは嬉しかった。ただ、それは目指す「人や組織の可能性を最大化し、社会を変える」方向とは乖離していることも、心のどこかでわかっていた。

私は、思った。「プライドの鎧」を脱ぎ捨てたつもりでいて、結局は、今、自分が価値を発揮できる「コンサルティング業務」に無理やり意味付けをしているだけだったと。一定のやりがいがあったことは確かだ。だからこそ「この仕事を続けるべきだ」と自分に言い聞かせていた部分があったと思う。そして、周りからの賞賛や承認がその支えとなっていた。

今一度、自分に問い直した。

コンサルタントとして偉くなり、肩書を得たところで、それが人生の何に役立つのか。影響力のある組織を変え、いや、それにとどまらず、社会全体を変え、人の可能性を最大化したいのではなかったのかと。私は、2度目にしてようやく本当の意味で「プライドの鎧」を脱ぐことができた。

私は、起業することに決めた。多くの方から、もったいない、せっかくの立場なのに、待遇が下がるんじゃないか、うまくいくのかなど、多くの声を寄せていただいた（実際に待遇は劇的に下がったので、アドバイスは正しかったのだが）。不安がなかったといえば嘘になる。ただ、自分と向き合って出した結論を変えるつもりはなかった。

起業してからは、語り尽くせぬ大変さが待っていた。毎日がうまくいかないことの連続。ただ、私は会社のミッションとして掲げた「いまだない価値（Egg）を創り出し、人が本来持つ可能性（Egg）を実現し合う世界を創る」をぶらさず進み、たくさんの企業や個人の方々を支援し続け、なんとかここまできた。ようやく今、自分らしい生き方を掴めたように感じている。

先ほどと同様、伝えたかったのは「とにかくリスクを取れ」のような意思決定の是非ではない。生存者バイアス（失敗した例を無視し、生き残った例だけをもとに判断すること）も考慮しなければならないだろう。ただ、わざわざ自分語りを聞いてもらってまで伝えたかったのは、自分の気持ちから目を背けていると、「いつしかそれが当たり前になってしまう」ことのリアリティだ。

キャリア支援をしていて、いかにこのパターンが多いことか。ごまかし続けると、いつか自分ですら、自分の気持ちに気づけなくなる瞬間がやってくる。そうなる前に、向き合ってほしいのだ。

「プライド」という言葉にピンとこない方は、自身の「ザワザワ」に目を向けてもよいかもしれない。たとえば、実名SNSでの発信。投稿内容には、「自分はこう見られたい」という意思、つまりはプライドが多かれ少なかれ表れている。

誰をフォローしていて誰をしていない、あるいは外したか。誰のどんな投稿に「ザワザワ」するのか。誰かの投稿に「いいね」をするときとしないときにどんな感情の差があるのか。タイムラインからは、嫉妬の感情も浮かび上がってきたりする。

あなたのまとっている「プライドの鎧」の正体は何だろうか。その鎧をまとっていることによって得られていること、自分を納得させている（自分に言い聞かせている）ことは何だろうか？　そこから逆に、「受け入れられていない自分像」や「ごまかしている本音」について、ぜひ考えてみてほしい。

今のままの自分で5年、10年を過ごしたとき、未来のあなたはどう思うだろうか？

STEP 1：解凍1-3 「固定観念の鎖」から抜け出す

自身の「プライドの鎧」を少しだけでも脱げたら、次のステップに進もう。

鎖につながれた象の話を知っているだろうか。

小さいうちから鎖につないで育てられた1頭の子象がいる。小さいうちは力がないため、鎖を引き抜くことはできない。何回かトライするが、毎回ダメ。すると、もうこの鎖は抜けないと諦めたのか、子象は鎖の範囲内で淡々と生活するようになる。

そして、子象は成長し、大きくなる。すさまじい力があるので、鎖など簡単に引き抜ける。しかし、過去の経験上、「鎖は抜けないものだ」と学習してしまっているため、もはや引き抜こうとすらしない。

これは、多くのビジネスパーソンにも当てはまることだ。あなたにとっての「鎖」は何だろうか。過去の失敗経験や思い込みなどにより、自分の可能性を意図せず狭めてしまってはいないだろうか。

「自分は行きたい環境から求められるような人材ではないだろう」

「手を挙げても機会をもらえる会社じゃないだろう」

「これまでの自分の経験ではとてもできないだろう」といった自分への「鎖」もあれば、

「同じ職種でしか転職できないだろう」

「異業種では通用しないのでは」といった選択肢の「鎖」もある。

自身の能力への諦め、周囲や組織への諦め、そして何かを目指すことそのものへの諦め。キャリアを再考する際には、思い込みの「鎖」を見つけ出し、その外へと範囲を広げて考えてみることが重要だ。転職相談でよくある実例を挙げてみていこう。


結婚し子どももいる30代後半の男性の方だ。大手有名企業に入り管理職ポジションに就いているが、上意下達な組織で機械的作業が多く、やりがいを感じていなかった。転職を考えたそうだが、妻が自分の会社やポジションをよく思っていることは知っていたので、「きっと反対すると思います」と最初から諦めてしまっていた。しかし、「プライドの鎧」を脱ぎ、本音で対話するほどに、社外に出ることが望ましいように思えてならなかった。

私は「1度ご家族と腹を割って話してみては」と伝え、1週間後に再度会う約束をした。1週間後、彼は開口一番、奥様の話をした。「『もちろん大手企業にいるのは嬉しいけれど、あなたがやりがいを持って毎日楽しく働いているほうがよっぽど嬉しいわ』って、妻が。思い込みってよくないですね」と少し恥ずかしそうに話した。彼にとっては「大手企業の管理職ポジション」「家族への思い込み」こそが「鎖」となっていたのだ。

こんなケースもある。

営業として働いている女性からの相談だった。内容は、「自身のやりたいことと働き方から考えて人事ポジションに就きたいので、未経験で人事として採用してくれる会社を探して転職したい」というもの。

私はまず「現在の会社で人事ポジションに異動できるとしても、転職したいですか？」と聞いた。すると、「会社自体は大好きで自身のビジョンとも合っているので、人事ができるなら転職しません。ただ、今まで営業からの異動の事例はないので、無理だと思います」と言う。だが、詳しく聞いてみると、「事例」と言っても、自分の知る範囲に加えて先輩２人に意見を聞いただけ。早々に諦めて、軽率に外に出ようとしていた。

重要なのは、「事例がない」という事象だけから結論を出すのではなく、なぜ異動した例が過去なかったのか、その理由は現在にも当てはまるのか、そもそも異動の仕組み自体はどうなっているのかなど「構造」までさかのぼって考えることだ。

私はその方に「人事に求められるスキル」や「その経験を積むための方法」、そして「自分を人事に異動させることのメリットの整理やその伝え方」を話した。すると、少し後には異動なったものの、社内異動が叶ったのだ。結果的に、むしろ営業で培ったスキルセットは異動先でも活きる部分が多かった。

彼女にとっては、「先行事例がない」ことが「鎖」になっていたようだ。

「プライドの鎧」や「固定観念の鎖」によって、どこかで自分の気持ちに蓋をしたままのキャリアを選択している人は、私の経験上（自覚できていない人も含め）とても多い。体感値では60〜70％の人が該当する。十分なキャリアを重ねた後になって、あらためてそこに気づく人がいかに多いか。ここまで読んで、いつか後悔する日が来る気が少しでもしたのなら、今、きちんと向き合ってみてほしい。飾った自分のままでは、将来について、本当にいい選択はできない。

STEP 2

形成：過去からの自身の言語化

「素」の状態になることができたなら、いよいよあなた自身の言語化に移っていこう。

まず、過去からアプローチするのもやり方次第で有効だ。あなたのこれまでの人生には、必ずこれからの人生を導くヒントが詰まっている。

1つの手段として、ぜひ簡易でもいいので「ライフラインチャート」を作ってほしい。

「ライフラインチャート」とは、縦軸に充実度、横軸に過去から現在までの時間軸を取ったグラフのことだ。自身のこれまでの変遷と感情の推移が可視化される（次ページ図2－2）。

今、あなたはこう思ったかもしれない。

「ちょっとめんどくさそうだなあ」

「いまさら自己分析？　学生じゃないんだから」

私はスタートアップから老舗企業に至るまで、経営者のエグゼクティブコーチングや企業変革コンサルティングに従事している。その際、初回のセッションでは、経営トップに対して必ず「なぜ、あなたはこの会社の経営をしているのか」「何を成し遂げたいのか、何を大切にしたいのか」「そもそも、前提としてどんな人生にしたいのか」を聞くことから始める。

「正直、もっと喫緊の課題を話すのかと思っていたので、驚きました」「最初は抵抗がありました」と言われることも多い。

それでも必ず聞くのは、過去の自分と、今の自分のつながりを知ることが未来を描くにあたってのいちばんの手がかりとなるからだ。

企業のコンサルティングでは、「経営陣の間で衝突が多発している」と支援依頼が来ること

図2-2｜ライフラインチャート

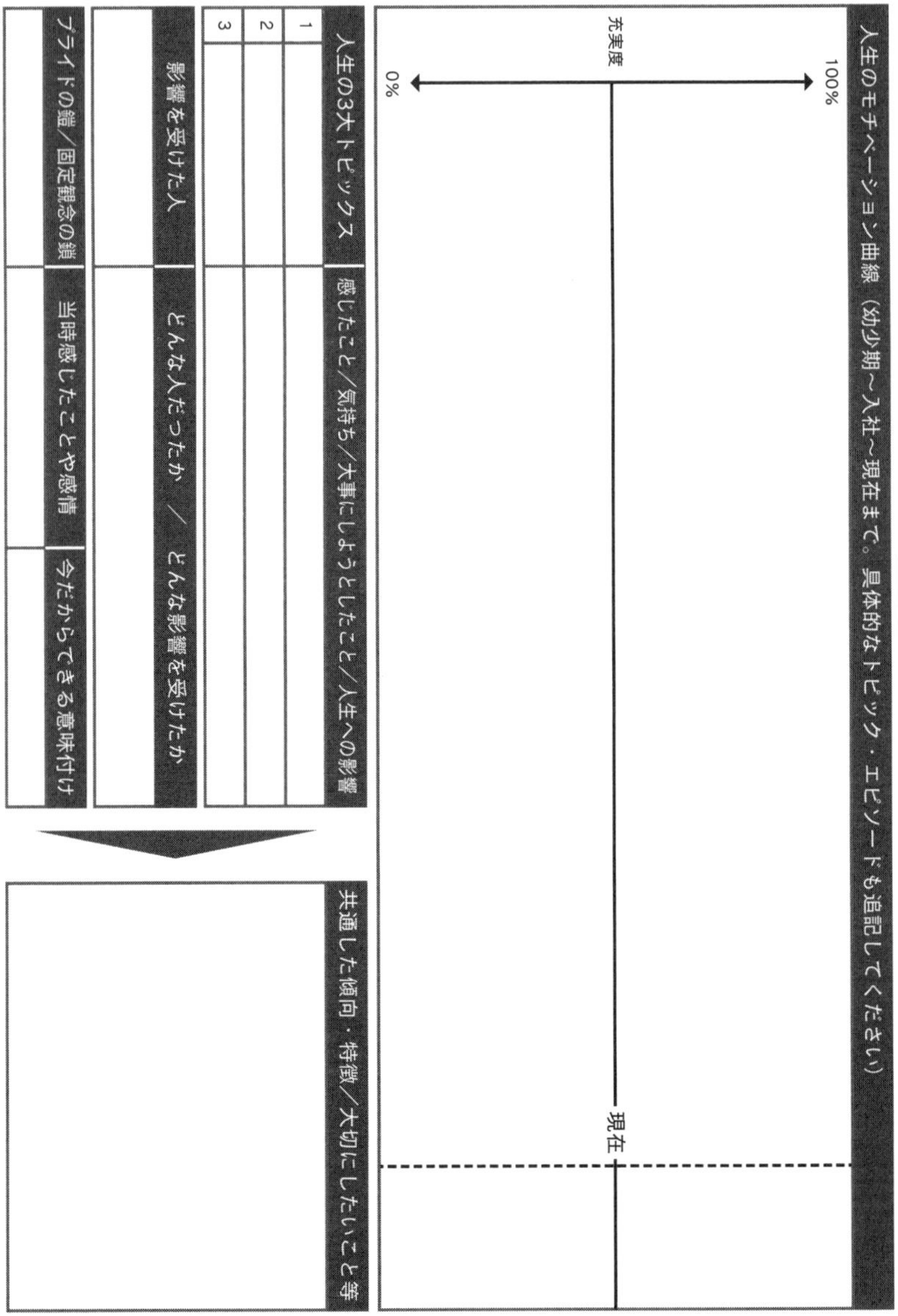

Egg FORWARD Life Line Chart　　日付：　　氏名：

人生のモチベーション曲線（幼少期〜入社〜現在まで。具体的なトピック・エピソードも追記してください）

100%

充実度

0%

現在

	人生の3大トピックス	感じたこと／気持ち／大事にしようとしたこと／人生への影響
1		
2		
3		

影響を受けた人	どんな人だったか　／　どんな影響を受けたか

プライドの鎧／固定観念の鎖	当時感じたことや感情	今だからできる意味付け

共通した傾向・特徴／大切にしたいこと等

出所：エッグフォワード作成

DLはこちら（https://eggforward.co.jp/careerdevelopment/lifeline-chart.pdf）

も少なくない。それらは、表面上は、経営上のリソース配分や数値認識のズレなどに見えるのだが（実際その側面もあるのだが）、前提として、個々人の価値観や意思決定基準に齟齬（そご）が生じているがゆえに、互いの言動に掛け違いが生じていることも多い。

だから、経営合宿の初日にあえてこのチャートを書いてもらい、その相互シェアを実施することも多い。キャリアとは少し離れるが、「いかに人が過去に影響されて思考し、行動するか」をわかっていただくために、あるスタートアップの例を挙げよう。

今やだれもが知る大手上場企業の経営者に関する実話だ（細部はデフォルメしてある）。

その企業は、とある有名なプロダクトによって著しく成長していた。私が支援を開始したのは、上場を間近に控えたタイミング。売上は伸びているものの、幹部社員の離職が止まらない。だが、社長は「売上がすべてを癒やす」という売上至上主義的な考えで、社員に対する向き合い方を変えなかった。そのため、経営陣から「なんとかしてほしい」と切実な様相で私のところに相談がきたのだった。

社長は、最初は私との対話にすら強い抵抗感を示していた。ただ、少しずつ言葉を交わし、ライフラインチャートを共有し、コーチングをしていくなかで、あることがわかってきた。「幼少期の友人関係のもつれ」「創業初期の社員の裏切り」などにより、社長は人に対して信頼や期待ができず、心を閉ざしてしまっていたのだ。

このスタートアップの社長は、実は大きな孤独感を抱えていた。

幼少期は、完璧主義の父親と、父親の顔色をうかがう母親（と本人からは見えていたそうだ）のもとで育った。本人は無意識のうちに両親の期待に応えようとし、本音でのコミュニケーションを避けるようになった。

今思えば小学校時代に仲のよかった親友とも、持っていくと喜ばれるおもちゃやゲームを媒介にコミュニケーションを取っていただけで、本音を交わせてはいなかった。おもちゃやゲームがなくなると、自分の居場所はどこにもなかった。

彼はその後も周りの期待に応える人生を歩み、進学し、有名企業に入社した。周りからの賞賛を得られたことに、一定の満足感もあった。その後、大学時代の優秀な友人から声をかけられスタートアップを立ち上げた。そのとき「初めて、本当の仲間として必要とされた気がした」という。「この友人となら、一緒にやっていける」と。

しかし、一時的にはうまくいっていたものの、資金調達が難航した。決定的だったのは事業上のトラブルによる対立だった。

「お前が、この会社がうまくいかない原因だよ」共同創業者である友人から、そう言われた。結局、ともに創業したにもかかわらず、その友人は辞めていった。

結局、人は裏切る。そんな固定観念を無意識に持っていたのかもしれない。どこかで自分が孤独になることを恐れ、社員やメンバーには本音を伝えずに、強い自分だけを見せていた。崇高な理念を掲げてはいたが、本当に欲しかったのは、「自分が無条件に必要とされる居場所」だった。

その後、事業は成長した。しかし、経営メンバーを心の底から信用できない。必要以上に自身のパーソナルな部分に踏み込まれると、無意識に攻撃した。

また、人に向き合うことから逃げるように事業の成長にすべてを注いでいたため、会社を批判されると、自身を否定されたような感覚になり、ときに社員を罵ることもあった。だが、この構造が何度も繰り返されていることに、本人はまったく気付いていなかった。

私は社長にあらためて、「なぜ会社を経営しているのか、誰とどんな関係で経営したいのか」と問い、ともに深く潜り、洗い出していった。そこから、本音が少しずつ出てきた。まず、ご本人の原体験を深掘りし、時間軸ごとに出来事を整理していった。

加えて、社長と、過去の経営陣・古参社員とのコミュニケーションや関係性のあり方に目を向けていった。社員を信頼しすぎないように意識していたが、彼の本音は逆だった。孤独になりたくない。仲間と経営したい。しかし、離れていかないであろう、都合のいい人（忖度の得意な人）ばかりを周りに並べるほどに孤独感は増す。

過去を振り返り自己理解を深めたその社長は、少しずつ少しずつ、相手が自分に対して踏み込んでくる経験を積み、慣れていった。キーになる経営メンバーとは、私が間に入り、セッションをすることで融解した。その後、新たな組織体制のもとコミュニケーション設計、制度の導入がなされ、離職状況は劇的に改善した。そして、見事上場を果たし、今でも成長を続けている。

あくまで1例だが、「現在の思考や行動が過去の事象に引っ張られていること」は誰にだってある。ただ、過去の持つ意味は、時間の経過とともに、常にアップデートしていけるものでもある。

私が対峙する多くの経営者やマネジメント層は、どれほど多忙でも、自身のよりどころや軸を定期的に振り返り、見直し、アップデートし続けている。1つひとつの事象や経験から意味を抽出し、定義し直しているのだ。

1人でやってみるのが大変に思えるなら、理屈をつけて誰かを巻き込んでもよい。転職エージェント、あるいは同じ組織の誰かや、コーチングを受けているのならばコーチとやってみてもよいかもしれない。

就職活動時の自己分析のように見えるかもしれないが、その効果は大きい。

エグゼクティブコーチングだけでなく、キャリアコーチングをする際も、私は基本的にまずライフラインチャートを書いてもらっている。

参考までに、ライフラインチャートの書き方を記載しておこう。

- 人生を思い出す
  - □自身の転換期となった出来事、人との出会い、よかったこと、悪かったこと、印象深い体験など、人生に大きな影響を与えた事象をじっくりと思い出す
- 事象を点として書き、キーワードを記載する
  - □横の時間軸と縦の点数軸を意識して、事象を点で書き、その事象に紐づくキーワードやエピソードを記載する
  - □すぐに出てこなくてもかまわない。時期別にゆっくり考え直して書く（過去から現在までを一括りにするのではなく、幼少期、小・中・高、大学、就職という形で分けて考える）
- 点を線でつなぐ
  - □人生の山と谷をひとつなぎで描く
- 印象的な出来事の背景を深掘りしていく
  - □3つ程度の主要な出来事、影響を受けた人、上昇時・下降時に共通する要素をライフラインチャートを見ながら記述する
  - □可能な範囲で、辛かったことやコンプレックスについても向き合ってみる

STEP 2：形成2-1　「自身の原点」を知る

あなたの過去には、大いなる財産とヒントがある。自身の原点をまず棚卸ししてみよう。ポイントは2つある。①自身にとって重要な事象（ターニングポイント）を見出し、②その本質や背景を探ることだ。

自身にとって重要な事象（ターニングポイント）を見出す

「あなたの人生のターニングポイントはどこだろう？」そういきなり問われても答えづらいかもしれない。まずは、あなた自身に大きな影響を与えた体験や出来事、意思決定などを振り返ろう。

- 大きなプラス、つまり最高に充実した体験や、やりがいがあった経験、楽しかった経験は何だろうか
- 自身の感情の振れ幅が大きかった経験は何だろうか。人生を走馬灯のように振り返るとしたら、何が見えるだろうか

・本当に苦しく、厳しかった体験は何だろうか。その出来事と影響しているコンプレックスは何だろうか

主観的な感情や、自分ならではの感じ方にも目を向け、チャートの上下の振れ幅に反映させてほしい。私のライフラインチャートも載せておこう。少しでも参考になれば幸いだ（図2－3）。ライフラインチャートは誰かに見せるものではない。自分のためのものだから、思いつくままに書いてみてほしい。ただ、それでも本当に苦しく、厳しかったことや悲しかったことには、簡単に向き合えない方も多いだろう。

コンプレックスにこそ目を向ける

ライフラインチャートを作成する過程で「コンプレックス」にも目を向けてもらえるとよりよい（ただし、思い出すと頭痛などの身体的変化が起きたり、精神が不安定になったりするレベルのトラウマ体験については、もちろん無理をしないでほしい。仮に「向き合いたい」と思ったとしても、専門の心療内科や精神科医などと連携することを強くおすすめする）。

私の経験上、特に男性に多いのだが、幼少期のコンプレックスや経験を引きずり、誰にも言えないまま、ビジネスシーンにも影響を及ぼしているケースは意外と多い。そして本人は、その事実に気づいていない。

図2-3｜筆者のライフラインチャート

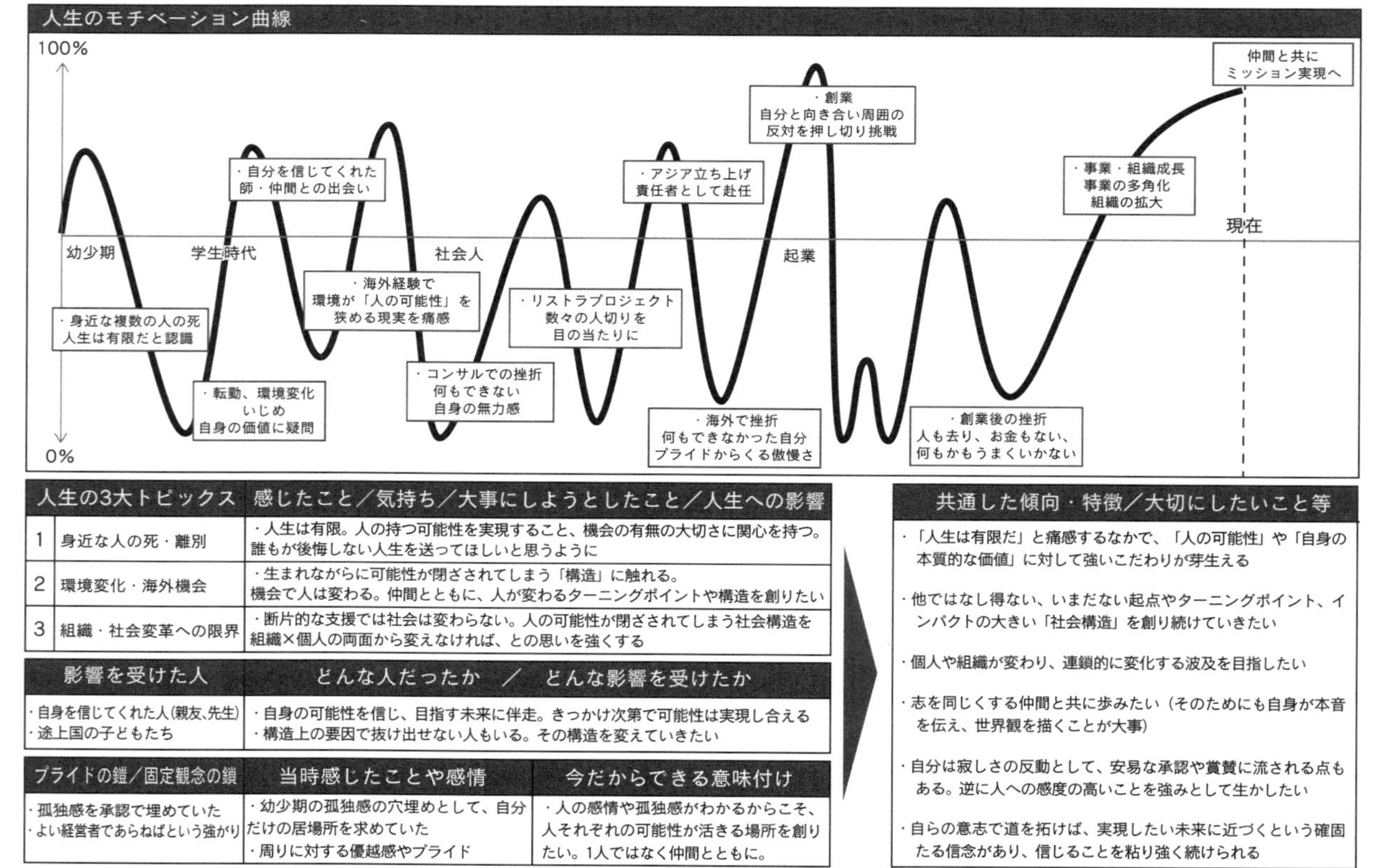

	人生の3大トピックス	感じたこと／気持ち／大事にしようとしたこと／人生への影響
1	身近な人の死・離別	・人生は有限。人の持つ可能性を実現すること、機会の有無の大切さに関心を持つ。誰もが後悔しない人生を送ってほしいと思うように
2	環境変化・海外機会	・生まれながらに可能性が閉ざされてしまう「構造」に触れる。機会で人は変わる。仲間とともに、人が変わるターニングポイントや構造を創りたい
3	組織・社会変革への限界	・断片的な支援では社会は変わらない。人の可能性が閉ざされてしまう社会構造を組織×個人の両面から変えなければ、との思いを強くする

影響を受けた人	どんな人だったか ／ どんな影響を受けたか
・自身を信じてくれた人(親友、先生) ・途上国の子どもたち	・自身の可能性を信じ、目指す未来に伴走。きっかけ次第で可能性は実現し合える ・構造上の要因で抜け出せない人もいる。その構造を変えていきたい

プライドの鎧／固定観念の鎖	当時感じたことや感情	今だからできる意味付け
・孤独感を承認で埋めていた ・よい経営者であらねばという強がり	・幼少期の孤独感の穴埋めとして、自分だけの居場所を求めていた ・周りに対する優越感やプライド	・人の感情や孤独感がわかるからこそ、人それぞれの可能性が活きる場所を創りたい。1人ではなく仲間とともに。

共通した傾向・特徴／大切にしたいこと等

・「人生は有限だ」と痛感するなかで、「人の可能性」や「自身の本質的な価値」に対して強いこだわりが芽生える

・他ではなし得ない、いまだない起点やターニングポイント、インパクトの大きい「社会構造」を創り続けていきたい

・個人や組織が変わり、連鎖的に変化する波及を目指したい

・志を同じくする仲間と共に歩みたい（そのためにも自身が本音を伝え、世界観を描くことが大事）

・自分は寂しさの反動として、安易な承認や賞賛に流される点もある。逆に人への感度の高いことを強みとして生かしたい

・自らの意志で道を拓けば、実現したい未来に近づくという確固たる信念があり、信じることを粘り強く続けられる

人が人生に求めるもの（キャリアのように明確なものから潜在的なものまで）や感情を揺さぶられるものは、実はコンプレックスの裏返しに近いことが少なくない。

人生それぞれ、さまざまなケースがあるが、幼少期の環境、学校や部活での挫折経験、そして意外に多いのが、親や家族との関係性。母親にもう少しかまってほしかった、兄弟姉妹と比較され、強い自分を演出しないといけなかった（あるいは自己否定が深まった）、厳しい父親を、結果を出すことで見返そうとしたが最終的に和解できなかった。言葉にこそしないが、そういった家族関係のコンプレックスを大人になっても抱えたままの人は多い。

特に親や家族との関係について、自分の中で消化しきれていないまま、上塗りでごまかしていることはないだろうか。

補足しておきたいが、経験自体にいい悪いはない。事実は事実だ。

ただ、その事実をどう意味づけるかは、自分の人生にとって大きな意味を持つ。いちばんやっかいなのは、かまってほしい、愛情がほしいといった欲求を、仕事やキャリアに持ち込み（しかし本人は論理を後付けして気付かず）、その構造を理解しないままに放置してしまうことだ。

原因を自覚しないままに不足分を埋めようとすると、そのアプローチはどこか歪（いびつ）になる。経験と向き合ったうえで、「手放す」プロセスが大切となる。

職場で生まれるコンプレックス

コンプレックスは、幼少期だけでなく、社会人になってから生まれることもある。仕事に支障が出てしまっていた、ある方の例だ。

最初に入社した会社で、とにかくプロジェクトを円滑に進めることが求められ、毎回厳しくパフォーマンスを評価された。予定どおりに成果を出せなければ叱責され、場合によってはクビを切られる同僚もいた。彼自身も何度も叱責を受け、苦しい思いをした。そんな日々を過ごし、失敗しないこと、一定の及第点を取ることを最優先にする仕事の仕方が染みついてしまっていた。

その後、自分が実現したいことを考え、転職をした。新しい環境で、本当は挑戦したいことがたくさんあったはずだった。ただ、彼はもはや自分のやりたいことをどう実現させればいいのか、まったくわからなくなっていた。「どんどんチャレンジしてほしい」という周囲の期待は理解しつつも、縮こまってしまう。結局、何の成果も出せないままどんどん自己嫌悪に陥り、メンタル不全になりつつあった。

私が対話を通じて振り返ってみたところ、前職の「失敗してはいけない」という固定観念があまりにも強すぎて、「失敗すれば、周囲からの信頼をすべて失うのでは、クビにされるのでは」とどこかで怯えていた。

だが、上長や周囲のメンバーと、過去の経験も含めて相互に自己開示する機会を設けると、その怯えは不要だとわかった。「失敗や改善について感度が高いのはいいことだ。積極的に新しい取り組みにトライして、高速で改善してむしろその経験を活かしてほしい」と。

ここから、彼は劇的に変わった。

無くすのではなく手放す

「手放す」というのは、単になかったこととして葬り去ることを意味しない。

まず、当時の出来事や自分の抱いた感情から目を背けることなく、きちんとそれが「あったのだ」と認める。「あの人が私に辛く当たったから」「他の人には当たり前のものが自分にはなかったばかりに悲しかった」など、いろいろな思いがあるだろう。それらを、善悪のジャッジなく認める。

そして、「今振り返るなら」と、第三者的な視点で、当時の関係者の立場を俯瞰的に眺めてみる。

それぞれの立場に置かれている人の状況も、今なら当時より多少は理解できるかもしれない。傷や憤りに無理に蓋をすることはない。ただ、時間が経った今の自分なら、当時の自分に何か声をかけてあげられはしないか。少し気持ちが落ち着いたら、解釈につなげていけるとよい。

これからの人生につなげられることは何だろうかと。

コンプレックスを抱え、誰かにネガティブな感情を抱いたまま生きていくことが悪いわけではない。ただ、あなたの人生の可能性はこれから先もひらかれている。経験をどう解釈して、どう生きていくかはあなた次第だ。

STEP 2：形成2－2　「本質」の要素抽出

ここまで、鎧を脱ぎ、鎖を外し、ライフラインチャートで自身の人生を再認識した。チャート上に現れた事象からいくつかを選び、深掘りしていくのが次のステップだ。ここに、自分の大切にするものが表れる。やや重たい話が続いたので、実務に近い事例でも考えてみよう。

ある営業職の方にライフラインチャートを書いてもらった。すると、長く苦労を重ねた末に、ついに所属する営業チームで大きな成果を出して、全社で表彰されたことが自分のターニングポイントだと判断したようだった。

この場合、どう解釈するか。「1位になったことで感情が高ぶったから、とにかく1位を獲(と)

図2-4｜自身に影響のあった事象の要素抽出

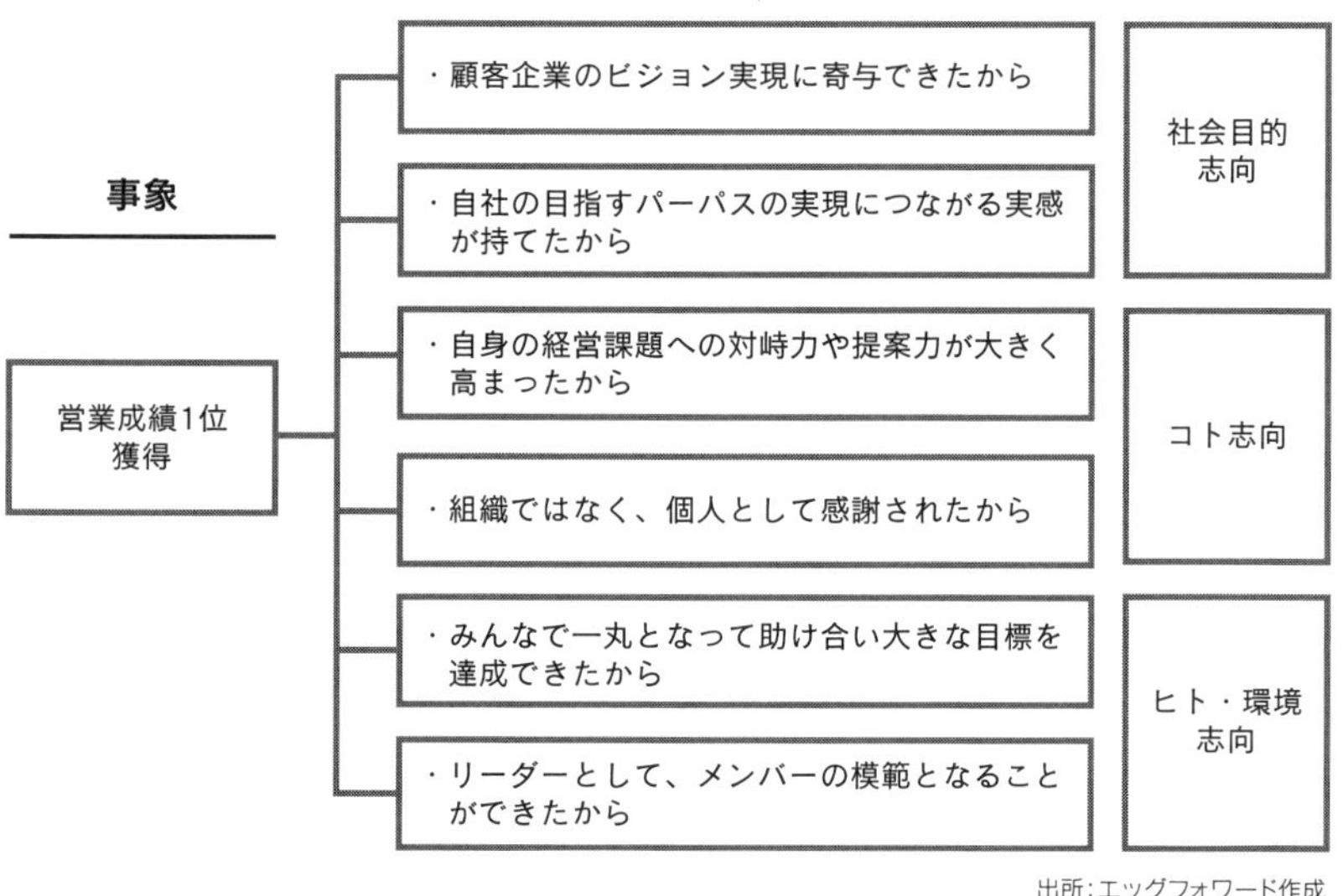

出所：エッグフォワード作成

ることが自分にとっての幸せなのだ」と決めつけるのは、あまりに早急だ。まずは、次のように要素分解をしてみてほしい（図2－4）。

「営業チームが表彰された」という事象の裏側には、それが「印象的」だと感じられた要因が複数存在する。そこに表れる「何を自分が大事にしているか」を掴むことにこそ意味がある。

過去、さまざまな方のキャリア支援をしてきたが、人が大切にすることは大きく「社会目的志向」「コト志向」「ヒト・環境志向」の3要素に分類される。

社会目的：顧客企業のビジョン実現に寄与できたからだったのか？　自社の目指すパーパスの実現につながる実感が持てたからだったのか？

コト：自身の経営課題への対峙力や提案力が

大きく高まったからなのか？　組織ではなく、個人として自分に感謝されたからなのか？　ヒト・環境：みんなで一丸となって助け合い大きな目標を達成できたからなのか？　リーダーとして、メンバーの模範となることができたからなのか？

「なぜ、それが自分にとって印象的だったのか、充実感や嬉しさ、逆に悲しさなどの感情が生じた背景は何か？」と問いを投げ、要素分解・構造化をしてみてほしい。その中でもっともあなたにとってインパクトが大きいものは何だろうか。

① 社会目的志向

社会目的志向とは、「社会に対して価値を提供し、貢献できている実感」が仕事のやりがいに大きく影響する考え方を指す。おおよそ、「社会課題解決への感度の高さ」と言い換えてもよいだろう。社会課題といっても、壮大なテーマにかぎらず、「身近な誰かの抱える課題や悩み」も含まれる。

私自身の体感値としては、近年、社会目的志向が高い人の割合はかなり高まっている。新卒や20代の方はもちろん、今後の人生を何に費やすかをあらためて考えるタイミングにいるミドル（30歳前後〜）やシニア（40代〜）の方も同様だ。

社会目的志向の実現度合いは、「自身の仕事が社会に与えている影響」を感じられる環境にいるかどうかに左右される。ある金融機関の例だ。

ともに、営業成績1位を獲得したことがある2人の社員がいた。だが、やりがいの源泉はまったく異なっていた。

1人目のAさんは、親の家業の経営が苦しかった際に銀行の融資によって延命し、再成長した経験から、中小・中堅企業の支援をしたいと考えていた。融資の営業実績1位は顧客からの感謝の声が集まった結果だし、何より、世の中の中小・中堅企業の成長に関われていることを示すため、とても印象的な出来事だと捉えていた。

一方、もう1人のBさんは、清々しいくらい出世にこだわっていた。営業成績1位は自身の昇進・昇格に反映され、それが裁量の大きさにもつながるためやりがいを感じるという。

これらの動機に、いい・悪いはまったくない。ただ、自分が何を大事にしているのかは、それぞれ自覚できているほうがいい。

社会目的志向が強い人の場合、まず、「世の中によい影響を与えたい」だけでなく、「誰の」「どんな社会課題に」「どのように」役に立ちたいかを言語化することから始めてみてほしい。

イメージしづらい場合は、特にこれまででいちばん、やりがいや喜びを感じた経験のパターンを分類してみてほしい。仮でもかまわないので、自身のこれまでのライフラインチャートをふまえて、誰のどんな「負」が解消できると望ましいか、自身がもっとも解決したい課題は何かを具体化していく。

そのうえで、日常の仕事がどのようにその誰かの「負」とつながっているか、あるいは所属する組織全体が掲げるミッションやビジョンと「負」の解消の方向性が一致しているかを考えてみる。そこがあまりにもつながっていないようであれば、別の組織を探したほうがいいだろう（場所の選び方は第4章で述べる）。最後に、あなたの「社会目的志向」を知る質問を挙げておく。難しく考え込む必要もないし、もちろんすべてに答えなければならないわけでもない。自身の言語化の参考にできそうならば、使ってみてほしい。

あなたの「社会目的志向」を知る8つの質問

1	あなたが、これまで「他者・外部のために特に頑張れたとき」はそれぞれどんなときですか？特に頑張れた理由は？
2	あなたが、これまで「他者・外部のために夢中になれたテーマ」はありますか？特に夢中になれた理由は？
3	あなたが関わった人や大切な人に「(漠然とでも) どんな人生・日々を送ってほしい」ですか？そう考える理由は？

4	あなた自身や身近な人の人生に「影響を与えたテーマや社会課題」はありますか？それを選んだ理由は？（幼少期〜今で、人生に影響のあったことなど）
5	あなたが、これまでの人生で感じた「世の中の不条理・不合理や社会課題」はありますか？そう考える理由は？（身近な経験からでも、社会的な視点からでも）
6	あなたが、特に「共感するビジョンを持つ組織や人」はどこ、もしくは誰ですか？特に共感する理由は？
7	あなたの次の世代になったときに「どんな世の中や社会であったら理想」だと思いますか？そう考える理由は？
8	あなたが「（漠然とでも）今後実現したいと思える社会像や、未来のイメージ」はありますか？そう考える理由は？

② コト志向

次に、コト志向は「やりたいコト」、「自分が得たいコト」が達成できているかを重視する考え方だ。「自分の能力を高める」「経済的に豊かになる」などが該当する。

ともすると社会や他者に意識が向く「社会目的志向」の人のほうが崇高（すうこう）で、「やりたいコト」に向かうコト志向の人は自己中心的かのように見られることがあるが、そんなことはない。

私がこれまでたくさんの方に対峙したなかで得た実感値として、利己がある程度満たせていないタイミングでは、本質的な利他は生まれえない。まずは自身の「やりたいコト」や「自分が得たいコト」を実現する。その先に利他に向かう人もいる。「社会目的志向」という利他と

「コト志向」という利己は、二項対立ではないのだ。

最初から無理をして利他的であろうとしすぎると、過去の狭い経験をベースに役に立とうとすることになりがちで、結果的に、自身の価値提供の幅が狭まってしまうことがある。

学校を例に見てみよう。学生時代、塾講師をしていた私からしても、教師自体は素晴らしい仕事だと思う。一方で、組織変革の依頼を受けて教育現場に足を運ぶと、過去の知見や経験だけを押し付ける、時代と合わない教育をする先生も一定いることも否めず、残念に思う。これも、「過去の狭い経験をベースに役に立とうとする」1つの例ともいえる。自身の成長なくしては、立派な志があってもよい価値提供はできない。

先ほどの金融機関で出世にこだわっていたBさんに話を戻そう。

Bさんは昇進・昇格のため融資実績を積み重ねていくうちに、まずは自身が強めたかった企業の財務経営能力に対する理解が高まり、何より仕事自体をとても楽しんでいた。さらに、「融資によって再生する企業事例」や「逆に融資が重荷になって企業の足かせになった事例」などの経験も積んでいった。そのなかで、企業活動における金融の役割を実感し、次第に金融の機能を仕組みとして広げる意味や社会的役割を見出していくことになった。

伸ばしたい能力を高めるうちに、コト志向から社会目的志向に徐々に移っていった例だ（社会目的志向に移る例もある、というだけで移らなくてはならないわけではない）。

コト要素がいちばんのモチベーションになっている人は、社会目的志向の人に対してまったく引け目を感じなくていい。「社会のためになることをやりましょう」というメッセージを、私はことさらに強調しようと思わない。多くの方のキャリアカウンセリングを経て、何より重要なのは「自分の本心をごまかさないこと」だと感じているからだ。

ぜひ自らの価値を発揮しながら、あなただからこそ「やりたいコト」、「自分が得たいコト」にしっかりと向き合ってほしい。コト要素を実現することが、次章で述べる「市場価値」を高めることにもつながってくる。

とはいえ、「その『やりたいコト』や『自分が得たいコト』がわからないんです」と言う方も多い。その場合、シンプルに過去を振り返ってみればいい。誰かに指示されなくてもやってきたコト、没頭できるコトなど、次の8つの質問に答えて棚卸しをしてみてほしい。

人と比較せず、自身が夢中になれる、好きで取り組める、力を伸ばしたいと思える、そこにあなたの「コトの種」が埋まっている。スキルや能力と呼べるようなわかりやすいものでなくてもまったくかまわない。

あなたの「コト志向」を知る8つの質問

1	あなたが、仕事の中で、特に「好きなことや、やっていて楽しいテーマ」は何ですか？ 好き・やっていて楽しい理由や要素は？
2	あなたが、仕事の中で、特に「たくさんの時間をかけてきたことやテーマ」は何ですか？ たくさんの時間を費やせた理由は？
3	あなたにとって、仕事の中で「時間を忘れて取り組めたことやテーマ」は何ですか？ 時間を忘れて取り組める理由は？
4	あなたが、仕事の中で「お金をもらわなくてもやりたいくらいのことやテーマ」は何ですか？ そう思える理由は？
5	あなたが、仕事の中で、特に「得意なこと、強みやセンスがあると言われること」は何ですか？ そう言われる理由は？
6	あなたが「待遇や条件がよくても、やり続けたくないことや嫌いなこと」は何ですか？ その理由は？
7	あなたが「憧れる人や優秀だと思う人はどんな人で、その人が兼ね備えている能力」は何ですか？ そう考える理由は？
8	あなたが、特に「これから得てみたいことや、身につけてみたい能力」は何ですか？ そう考える理由は？

③ヒト・環境志向

あなたの「社会目的要素」「コト要素」が理解できたら、最後に「ヒト・環境要素」について目を向けてみたい。

ここで言う「ヒト」や「環境」とは、自身が所属し、働きかけることが可能な範囲のものを指す（環境といっても「環境問題」のような地球規模のものではない）。ちなみに、私が対峙するなかでは、3つの中で、この「ヒト・環境要素」を最重要視する人がもっとも多い（これらの「志向」は3択ではなく、それぞれのウェイトのバランスが人によって違うだけである点に注意）。

「ヒト・環境要素」が強いタイプは、人との関係性に対する感度が高い。どんな想いの人と働けるか、人から感謝や労いなどの形で感情を受け取れるか、人から日常的にどんな声をかけてもらえるかにもっとも影響を受けるタイプだ。「何をするか」ではなく、「誰と働くか」を大事にしている。

「ヒト・環境要素」が強い方は、さらに踏み込んで考えたい。「どんな人」だけではなく、「どんなカルチャー（組織文化）」「どんなバリュー（価値観）」を重視する職場、重視する人々と働きたいだろうか。

◉「どんなカルチャー（組織文化）」「どんなバリュー（価値観）」か

同じ業界であっても、会社によって、カルチャーの違いは大きい。

個人で成果を出すことが求められるのか、チームで一体となり進むことが求められるのか。与えられた枠の中で責任をしっかりと果たすことが重視されるのか、自ら枠を拡大し機会を創り出すことが重視されるのか。

粗くてもスピードが求められるのか、ゆっくりでも正確に遂行することが求められるのか。

昨今の会社では、「バリュー」や「行動規範」、「価値基準」などの言葉で明文化されている場合もあるが、その内容に自身が共感できるかは、「ヒト・環境志向」の人は特に重視したい。自分が大事にする価値基準や行動規範は何だろうか。これまで、関わってきた人や組織の中で、「望ましい」「自分に合っている」と思った要素を言語化していく。社会に出てからだけでなく、学生時代のチームや組織でもかまわない。逆に、今の組織に違和感を覚えるところはどこだろうか。その違和感も、1つのヒントとなる。

◉人と人との関係性

加えて考えておきたいのは、組織内で築かれている人と人との関係性だ。これもカルチャーの1つの要素といえる。

人間関係の距離感は近いのか、あるいは一定の距離を保つのか。

個人同士が切磋琢磨し合う状態を理想とするのか、それともチームで補完関係を築くことを好むのか。

上下関係が明確な上意下達の組織か、フラットな組織か。

いくらビジョンや事業に惹かれても、フラットな関係性を心地よく感じる人が上意下達の組織に入るとかみ合わない。チームワークを好む人が個のプロフェッショナリズムを重視する組織に入るのも同様だ。

また、ヒト・環境志向の方にとっては社外、つまり顧客との関係性も重要な要素だ。1回の売り切りか、継続的利用に基づく長期的関係か、ビジネスモデルによっても築かれる関係性は異なる。実際のケースで考えてみよう。

営業として活躍していたある男性のケースだ。

「長く社会で通用する、営業のスキルを高めたい」という思いから、「優秀なソリューション営業の人材が多い」と聞いたA社に入社した。面接時は、「プロダクト提供を通じて、社会の生産性を上げ、人間らしい豊かな暮らしを実現する」といった会社の思想にも共感を持てていた。面接に出てきた人事の方や、事業責任者もみな優秀そうに見えた。

しかし、だ。入社してみると、会社のミッションはお飾りで、全員が数字に追い立てられ、殺伐としていた。本人は学生時代の経験から、切磋琢磨し成長し合い、かつ助け合うときは互いに助け合える集団に所属したい、加えて、自分たちの提供するサービスに自信と誇りを持っていたいと考えていた。

だが実際は、個人単位での営業中心で助け合う雰囲気はなく、顧客視点よりも、数字を上げるためだけのアップセル（重ね売り）が奨励されていた。たしかに営業として優秀な人は多い。だが、カルチャーとしては、ナレッジを共有し合うよりもむしろ自分で抱える傾向が強かった。自分の目指す「切磋琢磨」はこうではない。組織内の関係性は、理想とはまったく異なっていた。

結局、お互いに助け合うカルチャーがあり、そして何より自分たちのサービスに誇りを持てる近い業界の別会社に早々に転職した。

もちろん、いいところばかりではない。スキルセットの向上などの観点では、前の組織のほうに利があるかもしれない。しかし、ヒト・環境要素を重視するタイプなので、足りない点については納得して入社したため、充実した日々を送れている。

全員にとって理想の職場はない。人によって「正解」は変わるからこそ、まず自分が何を大事にするのかに向き合うことから始めてみてほしい。

あなたの「ヒト・環境志向」を知る8つの質問

1	一緒に働くことで、「あなたが充実していた／成長したと思える人」はどんな人でしたか？ その特徴や要素は？
2	あなたが、「これからも一緒に働いてみたい人や仲間」はどんな人たちですか？ その特徴や要素は？
3	あなたが、今まで「所属して充実したと思う組織やコミュニティ」はありますか？ その特徴や要素は？
4	あなたが、「所属して自分らしく自然体でいられた組織やコミュニティ」はありますか？ その特徴や要素は？
5	あなたが、「理想的だと思う組織の例、あるいはカルチャーの例」はありますか？ その特徴や要素は？
6	あなたが、「一緒に働きたくない人や、所属したくないコミュニティ」は何ですか？ その理由は？
7	「あなたと一緒に働く人たちに共通して持っていてほしいビジョンや価値観」はありますか？ その理由は？
8	あなたが、働くことにかぎらず、「大事にしていきたい価値観や行動規範」はありますか？ その理由は？

さて、ここまで、鎧を脱ぎ、鎖から抜け出し、ライフラインチャートを描き、ターニングポイントを特定し、そこから自分が社会目的・コト・ヒト・環境のどんな要素を重要視するかについて考えてきた。次はあなたの「意思決定の傾向や癖（くせ）」に迫ってみたい。

STEP 2：形成2-3　「意思決定傾向」を知る

人生は、意思決定の連続だ。

学校、人間関係、就職や転職、結婚に至るまで、さまざまな意思決定があり、その結果によってライフラインチャートに1本の線がつくられる。

重要なのは、「意思決定には往々にして共通した傾向や特徴、つまりパターンがある」ということだ。そして、この「意思決定のパターン」は、キャリアジャーニーを描き望ましい人生を送るうえで、とても重要となる。

振り返って、よかったと思える意思決定と、葛藤や後悔が残る意思決定はどのようなものだろうか。対立軸として出てきやすいのは次のような観点だろう。

- 自身での意志を持った意思決定 ⇳ 他者の意見に影響を受けた意思決定
- 過去や現在の制約条件をベースにした意思決定 ⇳ 未来や理想をベースにした意思決定
- 論理性を重視した意思決定 ⇳ 感情面を重視した意思決定

- 強い意志や覚悟を持った意思決定 ⇕ 現在の延長線上に近い意思決定
- 次のチャレンジに向かう意思決定 ⇕ 自身のできる範囲で業務をし続ける意思決定

そして、それらの意思決定をどう判断するかだ。

- 人生にプラスの影響を与えたと思える意思決定と、その結果は何か？
- 人生に後悔の残る意思決定と、その結果は何か？
- その意思決定にもっとも影響を与えた要素は何か？
- 今後の意思決定により強く活かしていきたい要素は何か？

「キャリアの臨床医」として一言加えさせてもらうならば、「意思決定は自分でしてきました。他人の意見なんかで決めませんよ」と思われる方のほとんどは、実はそうではない。

「せっかくいい会社に内定もらったのになんで聞いたこともないベンチャーに行くの？」

「もう少し経験を積んでからのほうが結果的に早く成功するんじゃない？」

「私はその道を選んで大変だったな。悪いことは言わないから、止めたほうがいい」

などのもっともらしいフレーズに引っ張られて、自分で考えを深め切らないうちに流されてしまうケースは意外なほどに多い。特に新卒や若手は流されやすい。実際にエッグフォワードが、さまざまな業種の新入社員を対象に統計をとったところ、「新卒時に戻れたら最初の会社は選ばない」と答えた人は約70％もいた。

後悔しない選択をするためにも、今一度自分の意思決定の癖を客観視してみてほしい。人は意識しないかぎり、過去と同様の意思決定を重ねてしまう生き物だ。自分の意思決定の癖や傾向を把握しておくことは第4章で論じるキャリアの選択の大前提になる。

「過去を知る」アプローチは、キャリアジャーニーをよきものにするきっかけとしては有効だ。ただし、万能ではない。なぜなら、過去からのアプローチで見えるのは、あくまで「経験したことの範囲内」のものにすぎないからだ。ここからは、未来をどう描き、どう判断軸を定めるかを説明していく。

STEP 3

再定義：未来を描く

過去を再認識したことにより、自分のことが前より少しずつわかってきたのではないだろうか。ただ多くの方は、「過去の経験からどう理想の未来を描くのか」で悩む。そこにはジャンプが必要になる。未来を描くには、「思考」と「行動」を分けて捉える必要がある。まずは、「思考」から考えていこう（図2－5）。

図2-5｜未来を描くステップ

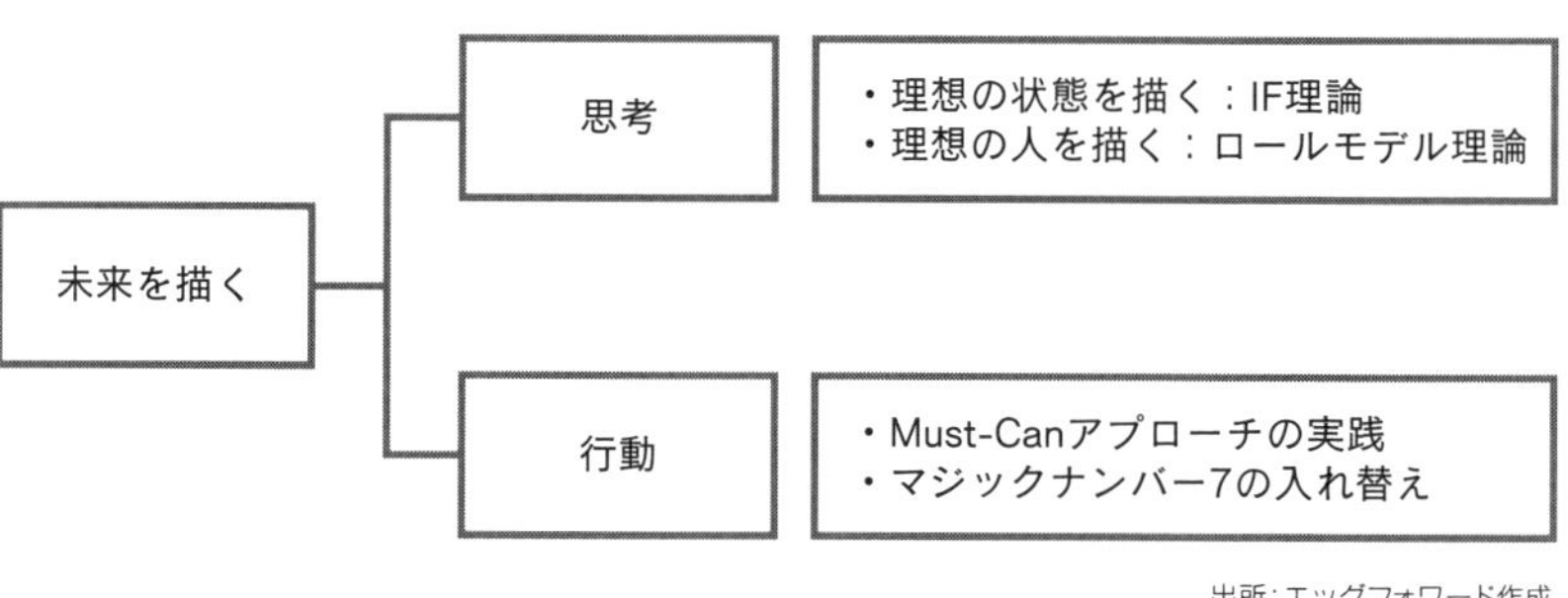

出所：エッグフォワード作成

STEP３：再定義３-１　思考の壁を外す

①ＩＦ理論

未来を描くときに最初にやるべきは「思考の壁」を外すことだ。人は経験を積めば積むほど、理想ありきではなく、現実を起点に未来を描いてしまう。それは人としての成熟である一方、ときに不要な「思考の壁」を自らの内側につくり上げる。

しかし、シンプルに結論を言えば、多くの「理想の未来」は実現可能なのだ。もちろん完璧にとは言わないが、熱意と具体的戦略が伴えば、部分的には実現できることも多い。そして、それなのに、自分の可能性に蓋をしてしまっている方の数もまた、歯がゆいほどに多い。

ほとんどの方は、本来持つ可能性よりはるかに狭い範囲でしか未来を描こうとしない。

「人が本来持つ可能性」を追求し続けてきた人間として、断言してもいい。大胆に理想を描くことは決して無駄ではない。最初は「無理だよ」と思うくらいでちょうどいいのだ。

できない理由はいくらでもある。が、いったん脇に置いておこう。ここでは、「ＩＦ」、つまり「もし」今あなたに何の制約条件もなかったとしたら、やりたいこと、実現したいことは何かを考えてみてもらいたい。次にキークエスチョンを示してみる。

・もし自由に社会課題を解決できるとしたら、どんな課題を解決できると嬉しいか？
・今の実務に、リソースや時間の制約がないとしたら、どんなことを実現できたら嬉しいか？
・もし、今の実務上の役割にとらわれなければどんなことを実現できたら嬉しいか？
・もし、生活の心配がないとしたら、世の中のためにやってみたいことは何か？
・もし、どんな人とどんな組織でも一緒に働けるとするならば、どんな人と、どんな組織で働きたいか？
・もし、理想の5年後、10年後を思い描いたように実現できるとするならどうするか？
・あなたのお葬式があるとしたら、参列者から、どんな人だったと言われたいか？

こうして意識的に「壁」を外さないと、非連続（現在の延長線上にはない）な未来は描けない。もちろん難易度は高いだろうが、「制約条件があるから」と現在地に留まるのではなく、大胆に「ＩＦ」を描き、現在地から少しでも歩み寄れないか、現実解を見出していこう（図2－6）。

図2-6｜「現実解」の導き方

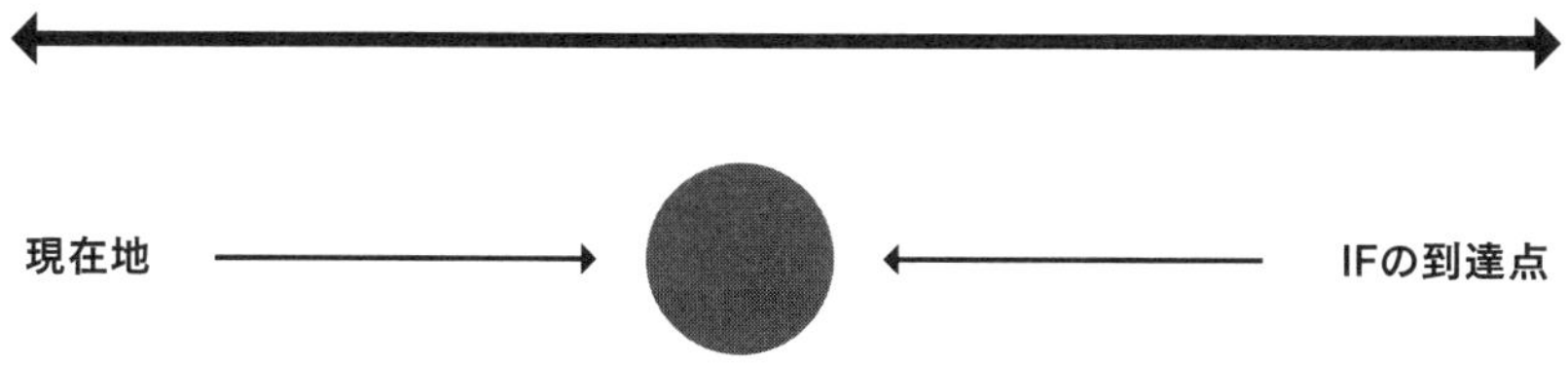

現在地 → ● ← IFの到達点

出所：エッグフォワード作成

さまざまな方のキャリアに寄り添ってきたが、大抵のことは、「意志（もっと言えば「本気」）」の強度が高ければいずれは実現できるというのが、偽らざる実感だ。

キャリアが長くなるほど守るべきものが増え、挑戦が難しくなると思われる方も多いだろうが、そんな「思考の壁」を取り払うため、具体例を紹介しよう。

ある保険会社で営業職として働いていた方がいた。まさに転職活動中で、同業他社でより福利厚生がしっかりしている会社を探しているという。

その人の「ＩＦ」を聞いていくと、「実は……もしスキルがあるなら、ＩＴエンジニアになって世の中で使われるサービスづくりに関わりたいんです。ただ、今の職場は保険会社ですし、到底かなわないのはわかってます。だから、同業界で少しでもいい条件の会社へ移りたいんです」とのことだった。

たしかにエンジニアへの転向のハードルは低くない。ただ、ご本人は、昔からプログラミングに興味があり、独学である程度すでに学んでいた。「好き」の素養は十分にあった。

私は、「最近では、年次が若い方を中心に、エンジニアに転向する事例はたくさんあります。一般の方向けのプログラミングスクールも多いですし、それほど興味があるなら、本気でやれば職種転向も不可能じゃないですよ」と自分の考えをお伝えした。その方は目を輝かせ、自腹を切ってスクールに通い、不断の努力を積み重ねた結果、エンジニアとして転職を果たした。今はやりがいを強く感じながらエンジニアとして働けている。

こんな例もある。

ある製薬会社でＭＲ（医薬情報担当者）として働いていた女性。ご両親の「安定した資格を」という意向に従い、薬学部に入り、薬剤師の資格を取った。ＭＲで病院回りをして働きながらも、他の同期とは違い、どこか仕事に違和感を覚え続けていた。

もしも時間やお金があったらＭＲの仕事を続けたいだろうか？　彼女の場合は、明確にＮＯだった。もちろん、薬を患者さんに届けることの意義は感じていたが、「自分が心からやりたいことだ」とまでは実感できていなかった。

本心では気候危機の時代を見越して、環境負荷が低いことをきちんと証明できる製品を社会に届けたいと思っていた（まだ今ほど気候危機が日常的に話題になっていないときだった）。「そんなものは仕事にならないだろう」と考えなかば諦めていたが、実際にしっかり調べてみたところ、いくつも存在した。「仕事にならない」は思い込みに過ぎなかったのだ。

何社か紹介を受け、まさに同じ志で創業され、複数国でグローバルに展開する企業に移ることに決めた。

マーケティングの知見のあるメンバーも多い中でもまれ、最初こそ苦労はしたものの、その後は非常にいきいきと働き、いまやその領域で著名な存在になった。

②ロールモデル理論

ロールモデルを描き、その人を1つの理想形として設定するのも、未来の「ありたい姿」を考える糸口として有効だ。

ただ、知っておいてもらいたいことがある。それは、「完璧なロールモデルになる人物はほとんどいない」ということだ。

私が企業支援に携わるなかで、「ロールモデルはいますか？」と聞くと、だいたい10％くらいしか手を挙げない。ここには、いわゆる「ロールモデルの罠」が存在する。

あなたには、ロールモデルはいるだろうか？

◉ロールモデルありの場合

まず、ロールモデルがいる方。これはこれで素晴らしいことだ。

その場合、大事なのは「あの人のようになりたい」と漠然と思うにとどまらず、どういったところに憧れたり、素晴らしいと感じたりするのかを言語化してみること。

そのうえでもし可能なら、ロールモデル本人と話す機会をつくれないかトライしてみよう。もしも話ができるならば、その方がどんな機会や経験を通じてそれらの要素を獲得してきたのか、直接探ってみたい。どんなに素晴らしく見える人も、ある日突然そうなったわけではない。その方の「今」をつくった経緯に目を向け、対話ができれば素晴らしい。

「あの人が私のために時間をとってくれるはずがない……」と思っていても、ダメ元で相談してみれば、意外と応えてくれることもある。あまりに遠い存在であれば、イベントなどに登壇していることもあるだろう。過去のインタビュー記事や著書に目を通して会いにいき、熱意を伝えれば、質問する機会を得るのも不可能とは言い切れない。

◉ロールモデルなしの場合

逆に、明確なロールモデルがいない場合。こちらが多数派だろう。そんなときは、あなた自身が「規範となるロールモデルは1人じゃなければいけない」という「ロールモデルの罠」にとらわれていないかを考えてみよう。

多くの人は、「自分と思想や価値観はほぼ同じ」でありつつ、一方で「すべてを兼ね備えた完璧な人」という矛盾したイメージを持ってしまう。結論から言えば、模倣・学習したい技術や行動ごとに、ロールモデルは複数人を設定してほしい。実例で話そう。

営業職で女性管理職候補のAさんに、「ロールモデルはいるんですか？」と聞いてみた。すると、「管理職として活躍する女性のSさんでしょうか……でも、スーパーウーマンすぎて、とても私にはマネできません。ロールモデルだなんて思えません」と言う。「Sさんは対外折衝も、社内調整も、バイタリティも素晴らしいし、仕事と家庭もうまく両立していて、はるか遠い存在なんです」とのことだった。

しかし、もう少し話を掘り下げるために、「取り入れることができるとすれば、どこを見習いたいですか？」と焦点を絞って聞いてみると、「社内外を巻き込みながら仕事ができる」、ポジションを得ながらも「プライベートと両立ができている」の2点が挙がった。

「なぜSさんは社内外を巻き込むのが上手なのですか？」とさらに聞いたところ、初期の動きだしの時点から巻き込む工夫や、信頼の掴み方が重要だとわかってきた。私はAさんに、「実際にSさんにその点をヒアリングしてみてはどうですか？」と提案してみた。

そこでAさんが勇気を出して聞いてみたところ、Sさんとて最初から今のスタイルでやってきたわけではなかったらしい。同じ営業職と切磋琢磨し、新しい商材を顧客に信頼してもらおうと努力するなかで徐々に「巻き込み力」を高めてきたという。

また、自分には無理と思えたプライベートとの両立も、Sさんも最初はなかば諦めていたそうだ。しかし、調べてみると、柔軟に対応してくれるシッターの方の存在や、一時保育の活用などの可能性を知り、うまく組み合わせてきたのだという。Aさんと家庭環境は違うとはいえ、家族での分担なども、部分的には取り入れられそうな要素があることがわかってきた。

企画職の男性Bさんの例だ。聞いてみると、若手管理職として活躍するTさんを意識しているが、「ロールモデル」と呼ぶには違和感があるらしい。

Bさんいわく、「Tさんは地頭もよく優秀だし、資料作成能力などビジネススキルも高い。社内からも社外からも信頼され、プロジェクトではリーダーシップを発揮し、人望もある。まさに『スーパー管理職』で、とてもああはなれないな、と思う」とのこと。

「では、Tさんのやり方を全面的に取り入れたいですか？」と聞いてみたところ、「すべてがそうだとは思えないですね」との返事だった。

Tさんのやや強引なマネジメントの方法については、自分には合わないという。

「では、特に取り入れたいと思うのはどこですか？」と聞いてみたところ、「自らビジョンと企画をセットで打ち出せる点は特に見習いたい」とのことだった。

また、対話の中で、マネジメントのスタイルについては「幅広い人間の意を汲んで進められるXさんのようなスタイルが自分には合っている」とBさんが考えていることもわかってきた。

企画の打ち出しについてはTさんを、マネジメントはXさんを見習うのがよさそうだ。

誰かをまるごとコピーする必要はない。個々人ごとに取り入れたい点を言語化し、学んでいけばよいだけだ。

完璧な人はいないのだから部分ごとに学べばいい。ということは同時に、細分化していけば誰からも学んで得るものがあるということでもある。あなた自身にも、あなたにしかない強みがあり、それが誰かにとってのロールモデルになりうることも、どうか忘れないでいてほしい。

STEP 3：再定義3 - 2　行動の壁を外す

① Must-Canアプローチ

自分のことを知るステップとして、理想の未来を描くために「思考」と「行動」を分け、まずは「思考の壁」を外す方法について語ってきた。考えるだけで「ありたい姿」が見つかる人ばかりではない。むしろ行動することで「ありたい姿」がより明確になることも多いのだ。

そこで最後に、実務を通じて自身の「ありたい姿」を見つける方法を紹介しよう。

図2-7｜Will-Can-Must

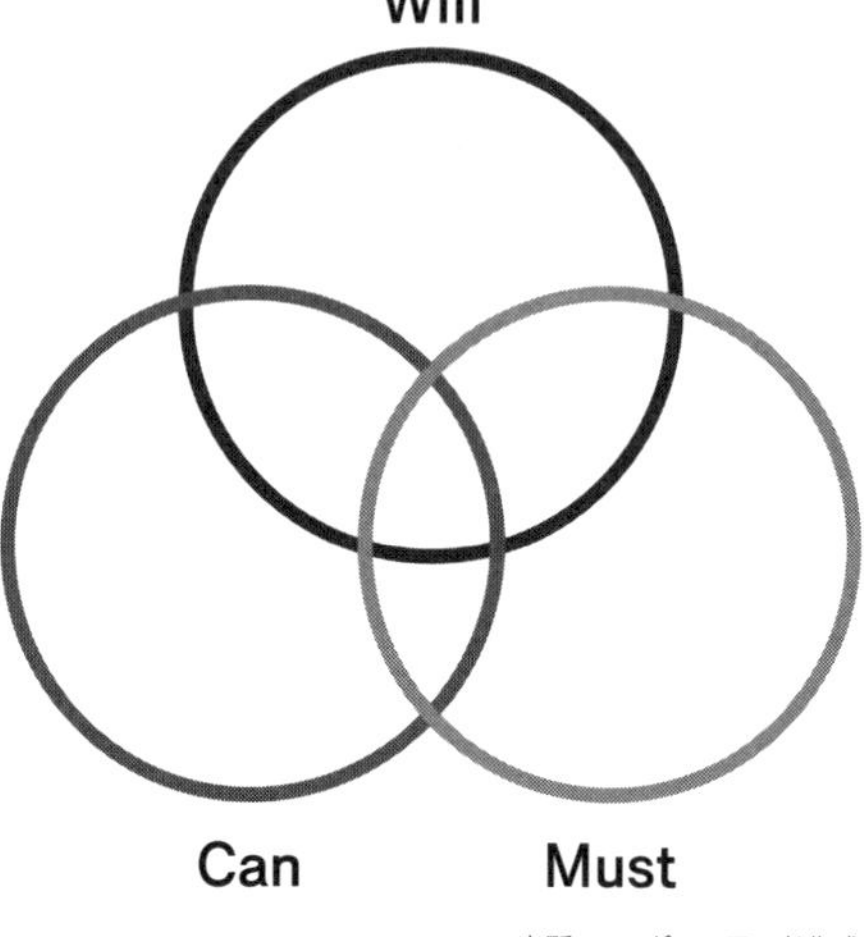

出所：エッグフォワード作成

エッグフォワードが支援するリクルート社などでもよく用いられる、Will-Can-Mustという枠組みがある（図2-7）。

・Will：自身の実現したいこと
・Can：自身のできること、能力
・Must：組織に求められ、やらねばならないこと

この3つの円の重なる部分が、もっともやりがいのある領域だ。ただ、多くの方は、「自分にはWillがない、もしくはわからない」と答える。

その場合は、最初から無理に「Will探し」をしすぎなくてもよい。ここまでの話からすると意外に思われるかもしれない。

正確に言えば、「無理やり今あなたが思いつく範囲のみでWillをひねり出す必要はない」ということだ。まずは、与えられた業務（Must）に対して、できること

図2-8|「Willのスパイラルアップ」

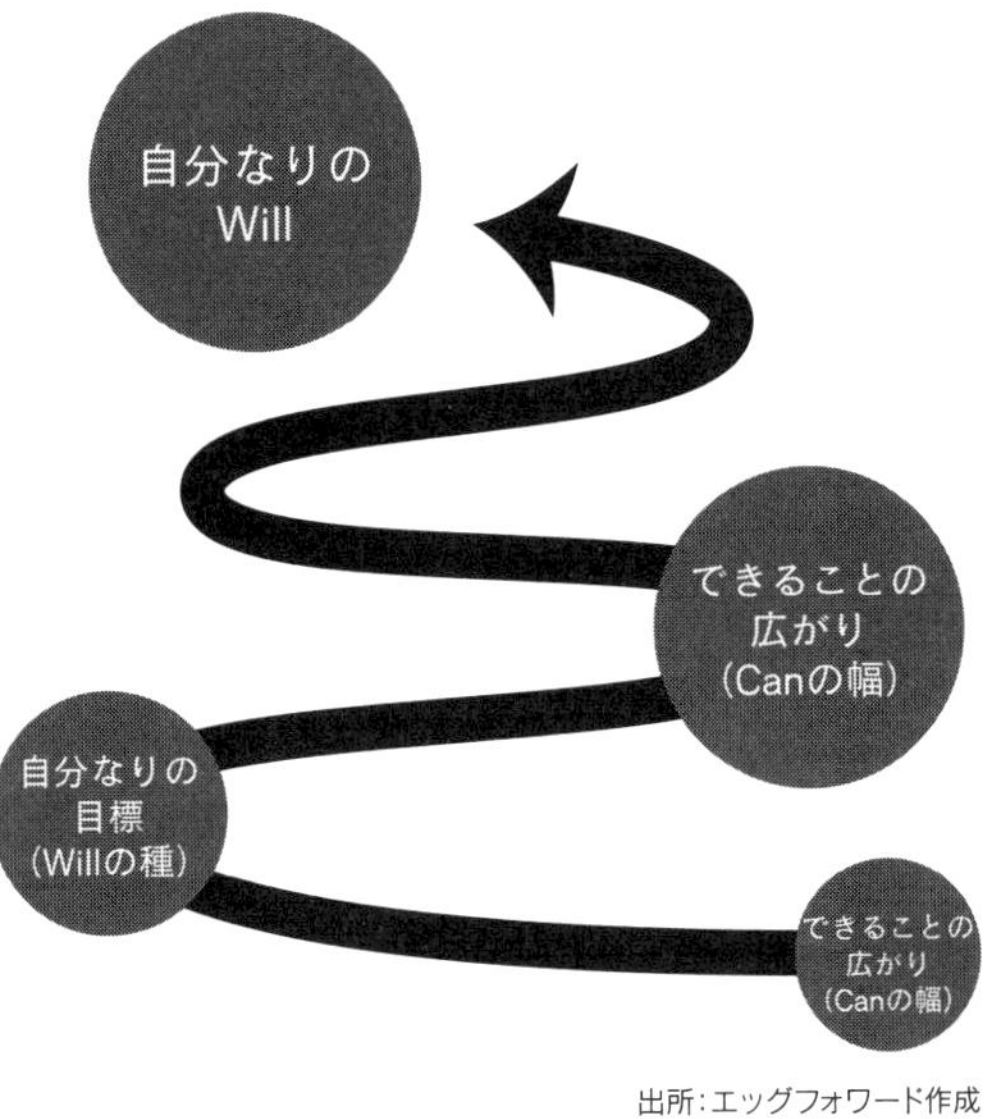

出所：エッグフォワード作成

（Can）を増やし、成果を出す。そうすると、次の目標や業務（Must）ができて、それに向かって取り組んでいくうちにできること（Can）が大きくなり、次に目指すものが見えてくる。これが「Must-Canアプローチ」だ。

自身のCanに目を向けてみよう。今までしてきた仕事の中で、大きく成長してできるようになったこと、少しでも感謝されたことは何だろうか？
「こういったことがもう少しできると嬉しいな」ということは何だろうか？　その方向に、Canの幅をまず広げてみてほしい。その結果、円が広がり、Willはまたアップデートされていく。

Willというのは、小さな目標や想いから、できることを増やし、順に育っていく。私は、これを「Willのスパイラルアップ」と呼んでいる（図2－8）。

どんな著名な起業家も最初から未来の「ありたい姿」を明確に描けているわけではない。ある程度の方向性を仮で置いて起業し、ビジョン（Will）を掲げ、経験を積み力がつく（Canが広がる）なかで、ビジョンがより具体的にアップデートされていくことも多いのだ。

私が以前キャリアカウンセリングを担当した方の例だ。「自分が何をやりたいかわからないんです」と悩み始めたのだという。複数の転職エージェントと面談しても、「何がしたいかわからない」と繰り返すうちに行き詰まってしまったそうだ。私にはその方が、誰かが答えを出してくれることを、どこかで期待しているように見えた。しかし、転職エージェントの方も、「私の『やりたいこと』を、あなたが教えてください」というスタンスの人にはどうにも手を打てない。

「やりたいこと」が曖昧だからと行動をすることもなく、社内外で何か新しいことをする様子もなかった。そこで、私なりにCanの幅をどう広げるかを軸に話をしてみた。無理して現時点で「Will探し」に追われることはないと。

それからは、これまで無理に意味を見出そうとしていた仕事に、真っ向から集中し、成果にこだわるようになった。すると、今までは顧客に単に提案するだけだったのが、次第に組織課題を一緒に整理し、解決していくまでになっていった。

また、その経験により、特に自分が興味のある人材領域について、経営者とともに課題を解決したいと考えるようになった。そうして成長を実感するなかで、「働く人の喜びが増え、組織の人材領域の課題をも解決するサービスをつくることに関わりたい」と、徐々にWillが具体化されていった。

Canが広がるからこそ見える景色がある。Willが問われる風潮が強まってきた時代だからこそ、伝えておきたいことの1つだ。

② マジックナンバー7

「マジックナンバー7」という言葉がある。

人間は「環境の奴隷」と言われるほど、環境に大きく依存する。人で言えば、常に周りにいる7人に大きく影響を受けるのだ。ならば逆に、この「影響を受ける7人」をシャッフルして、自分自身が変わっていくきっかけとすればいい（「7」という数字はあくまで参考として捉えてほしい）。

私は、シリコンバレーで起業家の支援に携わったこともあったが、彼・彼女らにとって起業は当たり前だ。それは、単にまわりの人が当たり前のように、起業を志し、実践するからだ。逆に、入社時に目を輝かせていた日本の新卒学生が、数年も経つと、目の輝きが次第に失われ、いかにもその業界っぽくなる、その会社っぽくなるというのも環境による影響の典型例だ。

まずは、「未来を描いている人たちとの接点」を意識的に増やしてみてもらいたい。

◉ハードルを下げて、「本当に小さな1歩」を

本書を読んで「頭」では理解できても、実際に行動しないと、あなたの景色は変わらない。自分の未来や、やりたいことは、待っていても迎えに来てはくれないのだ。しかし、そう伝えてもなお、行動に移せる人は多くない。

「臨床医」としてアドバイスさせてもらうならば、最初は本当に小さなことから始めてみてほしい。順番も、本書のとおりでなくてかまわない。

過去をもう1度振り返ってみることからでもよい。

これまでの仕事で嬉しかったこと、自分にとってのCanを洗い出してみるのでもよい。

なんとなくのロールモデルの洗い出しだけでもよい。

自分の原体験やターニングポイントの洗い出しから入るのが楽なタイプの人は、そこからでもよい。

逆に、「変化を」「行動を」と気負い、「何か大きくインパクトのあることをしなければ」と意気込むあまり、動き出す前に挫折してしまうパターンが散見される。

究極的には、「最近なんとなくモヤモヤしてるんだよね」と、整理すらしないまま誰かに話

図2-1｜「自身の言語化」に必要な3ステップ（再掲）

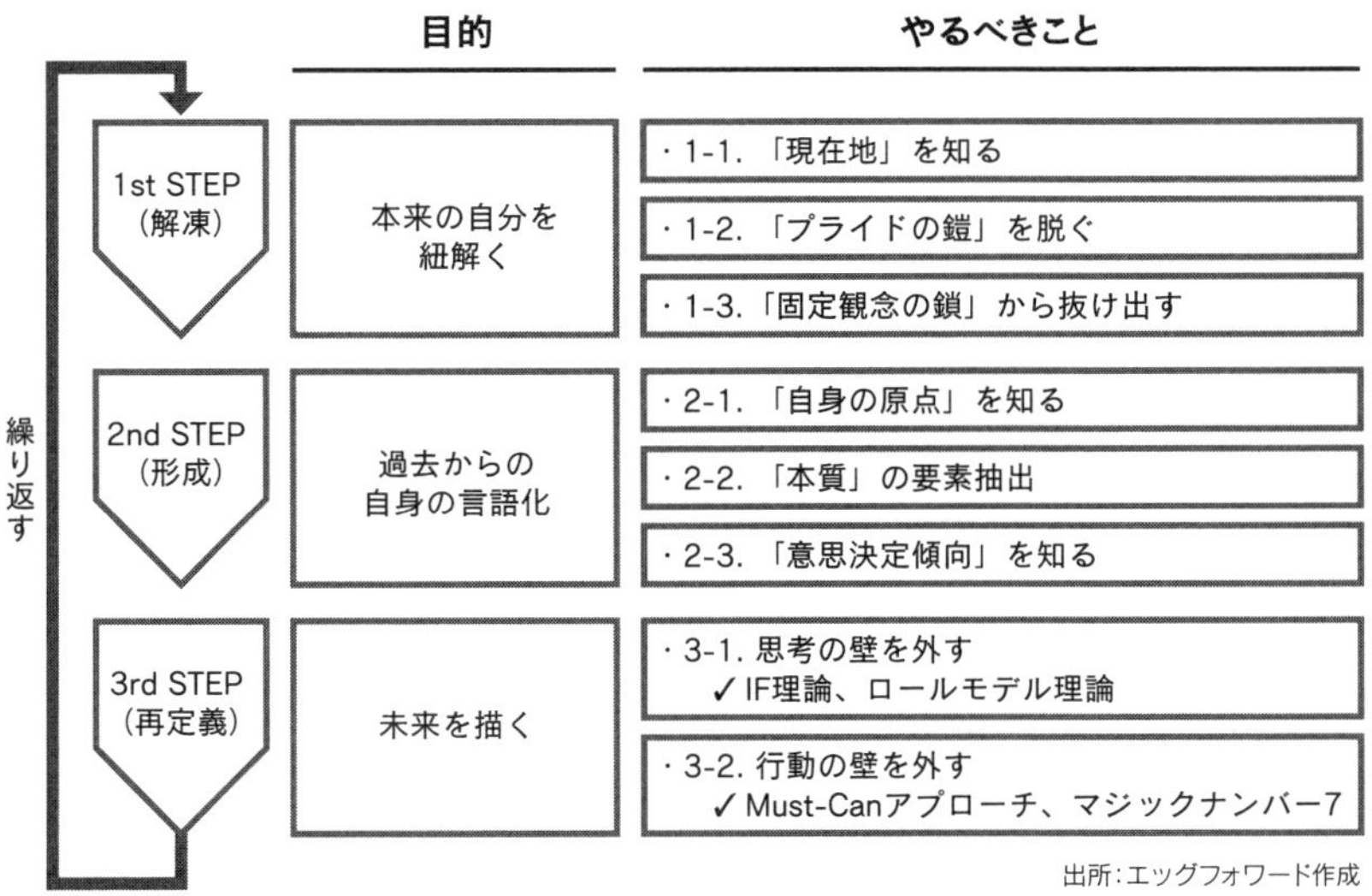

ステップ	目的	やるべきこと
1st STEP（解凍）	本来の自分を紐解く	・1-1.「現在地」を知る ・1-2.「プライドの鎧」を脱ぐ ・1-3.「固定観念の鎖」から抜け出す
2nd STEP（形成）	過去からの自身の言語化	・2-1.「自身の原点」を知る ・2-2.「本質」の要素抽出 ・2-3.「意思決定傾向」を知る
3rd STEP（再定義）	未来を描く	・3-1. 思考の壁を外す ✓IF理論、ロールモデル理論 ・3-2. 行動の壁を外す ✓Must-Canアプローチ、マジックナンバー7

繰り返す

出所：エッグフォワード作成

すことから始めたって全然いいのだ。

最初は「こんなことで変わるのか？」と疑問に思うくらいのことでいいから、何かを始めてみよう。積み重ねることさえできれば、きっと数ヶ月後には見える景色が変わってくる。そんな自分にワクワクしながらやってみてほしい。

長くなったので、本章をまとめておこう（図2－1も再掲しておく）。まずは、自分自身を言語化するためのステップだ。

1：知らず知らずのうちに凝り固まった、自身の価値観を紐解く

2：過去の経験を振り返り、自分の思考や行動の癖・軸を言語化する

3：思考と行動の壁を外し、描く未来を「仮置き」し、行動に移す

どんなに立派に見え、多忙なキャリアを歩んでいる方も、定期的に自分自身の棚卸しとアップデートをしている。だから、「1度で完璧にしよう」と思わずに、まずは小さくとも行動に移そう。仮置きでもいい、うっすらとでもいい。見える景色が変われば、描く未来も変わってゆく。

自身の「ありたい姿」の種が見えてきたら、次章では、いよいよあなたの「市場価値」について論じていこう。

第3章

市場価値

introduction

前章では、過去と向き合い、未来を見据えながら、自身の「ありたい姿」を考えてきた。その「ありたい姿」を実現するためにも、考えておかないといけないことがある。あなたの中長期的なキャリアにおける「市場価値」についてだ。

一生懸命頑張っていればすべての人が報われ、報酬も高まっていく世の中であれば、市場価値について考える必要などなかった。だが、「はじめに」で示したように、そういった時代は終焉に向かっている。そしていざ会社の外にでたとき、「社内の評価」と「市場の評価」のギャップに悩む人を、職業柄、あまりにもたくさん見てきた。

「頑張ること」と、「市場価値が上がること」は必ずしもイコールではない。キャリアジャーニーを円滑に進めるために、いうなれば、旅をあなたらしく続けるための武器（市場価値）を強化する、その方法を考えていこう。

市場価値を把握する5つのSTEP

自身の市場価値の捉え方は、次の5つのステップに分けられる（図3－1）。

◉無関心期

所属した会社で一生懸命働く。まだ「市場価値」について深く考えることはない。入社初期に多い。無関心だからこそ、ある意味平和でもある。

◉過大評価期

慣れや適応により、徐々に仕事ができるようになる。組織内におけるポジションが確立され、少しずつ評価されていき自信が出てくる。自己評価が高くなりがちで、自身を客観視するのは難しい。

◉現実認識期

だんだん、自身の今後を考えるようになる。今のままこの仕事を続けていいのだろうか、このまま年齢を重ねたら、いざ会社を出たとき思ったほど通用しないのではないだろうか、などと考え始める。

周りに転職する人が出始め、かつ組織内での自分の将来もイメージしきれず、徐々に危機感や焦りが出てくる時期だ。ようやく自身を少しずつ客観視できるようになる。

◉無視期

ぼんやりした課題感はあるものの、自身の市場価値を具体的に把握するには至らない。先送りしたり、目を背けようとしたりして、現実を無視してしまう。「今の組織にいてよいのだろうか」と思いながらも、自分で自分の疑問に蓋をする。このまま数年が経ってしまい、後で悔やむケースは多い。

◉葛藤・行動期

今まで慣れ親しんだ組織に後ろ髪をひかれる葛藤や、残るメンバーなどからの反対もありつつも、やはり今のままではまずいと、徐々に動き出していく時期だ。

あなた自身、当てはまるフェーズはあっただろうか？

図3-1|「自身の市場価値の捉え方」5つのフェーズ

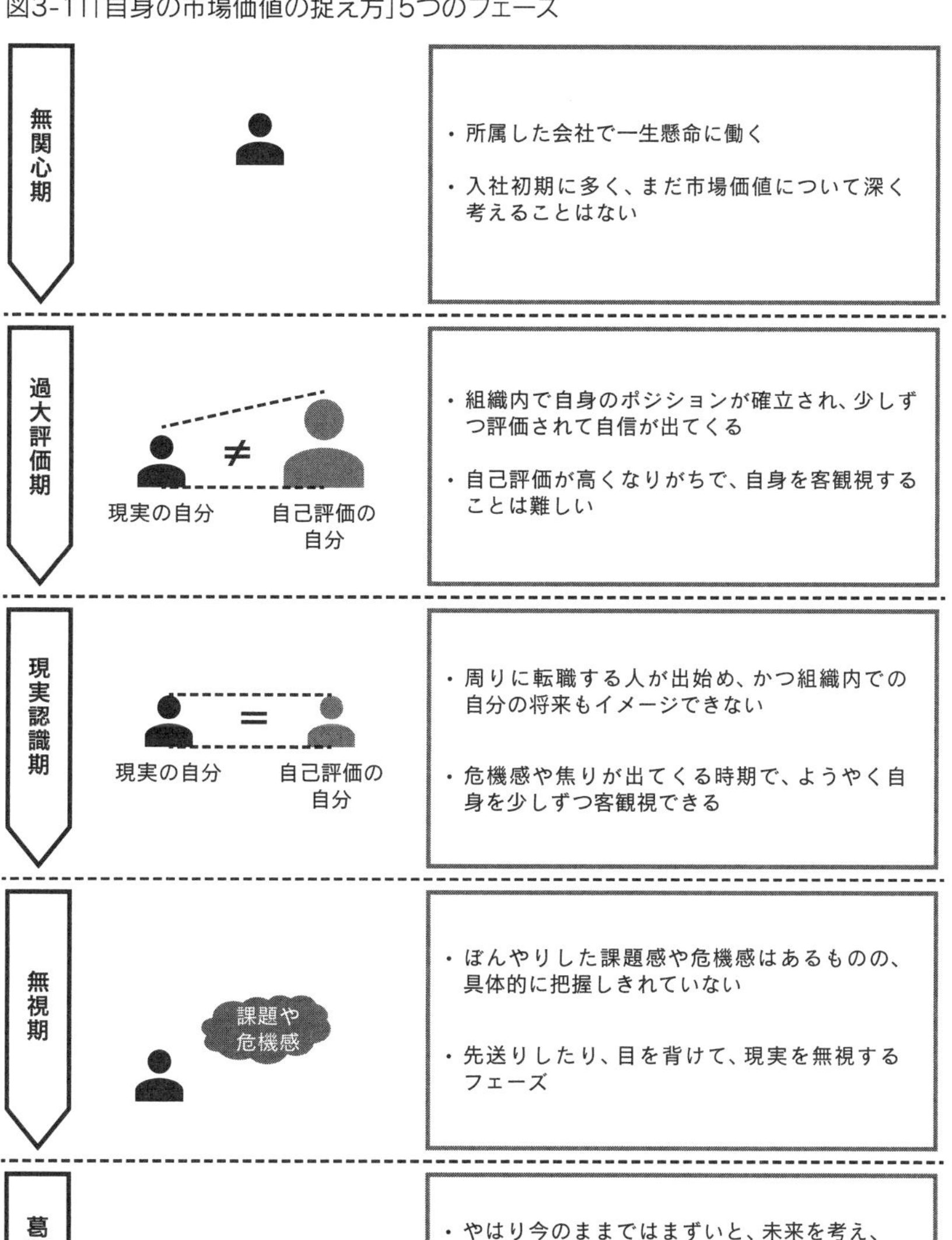

出所:エッグフォワード作成

さて、おわかりのように、自身を客観視するのは楽しいことばかりではない。市場価値に向き合うということは、要は自身の「これまで自分は成長できたか」を見つめることでもあり、ときには「これまでの延長線上のやり方だけでは戦えない」という厳しい現実を受け止めることも意味する。

一方、現在の組織に所属しているかぎりは、一定の報酬ややりがいは保証されている。だからこそ、多くの人は、市場価値に対する危機感はありつつも、現在の延長線上にある日々を過ごしてしまう。ただ、その先送りこそが、市場価値の停滞を招き、さらには将来の選択肢を狭めてしまうこともある。つまり逆に、早めの意思決定が未来の市場価値を高め、キャリアの選択肢を多様に広げることもあるのだ。

「自分の市場価値」を答えられますか？

そもそも、あなたは、「自分の現時点の市場価値」がどの程度かを考えたことがあるだろうか？　たくさんのキャリア支援にかかわっていても、体感値で90％以上の方が「自身の市場価値」を認識・把握できていない。いや、それ以前に「しようとしてこなかった」方が多い。なぜだろうか。

ここにも、構造上の問題がある。組織にそれなりに長く所属する前提、「終身雇用・年功序列」的な従来型の日本企業の制度と、近年になって意識され始めた市場価値という概念は、かみ合わせが悪いのだ。

会社が雇用と、年齢による昇進を保証してくれるのであれば、社外視点で自分の市場価値を見る必要はない。逆に、従業員を抱え込みたい会社からすると、社外を見られるのは都合が悪いことだった。

働く人も、時代の変化にどこかで気付きつつも、市場価値を意識する方法論も知らなければ、自分から確かめに行く積極性もほとんど持っていなかった。

しかし、ここにきて企業側の考え方も人事制度も大きく変わってきた。

業務内容を限定せずマッチする人材を採用する「メンバーシップ型雇用」から、明確なジョブディスクリプション（職務要件定義）に基づき採用する欧米型の「ジョブ型雇用」へ（図3－2）。いまだ途上の会社も多いが、移行は少しずつ進みつつある。

従来の日本企業は、メンバーシップ型雇用を取り入れている企業が大半だった。しかし、業界再編、なによりも「個人の労働寿命が企業寿命よりも長くなってきたこと」によって、この制度の合理性は急速に失われてきた。

図3-2|メンバーシップ型雇用とジョブ型雇用

	メンバーシップ型雇用	ジョブ型雇用
対象	人材	職務
職務・役割	曖昧	明確
評価基準	職能水準・能力発揮	職務内容・職務成果
専門性	ジェネラリスト寄り	スペシャリスト寄り
人材流動性	低い (終身雇用前提)	高い (転職・外部調達前提)
価値基準	社内価値	社外価値(=市場価値)

出所:エッグフォワード作成

リクルートキャリア社による『ジョブ型雇用』に関する人事担当者対象調査」次ページの図3－3だ。

ジョブ型雇用の「導入済企業」と「導入検討中企業」は合わせてすでに40%に迫る勢いだ。大企業ほど数字は高い傾向にあり、5000人以上の企業に限れば50%に近い。

日本企業は「右へ倣(なら)え」の風潮があるので、この働き方に関する流れは、一定レベルまで達すると、ドミノ倒しによう[sic]に一気に変わっていくだろう。特に有名企業の切り替えが鍵を握る。

職務上の専門性を重視するジョブ型雇用が主流になれば、自然とどこの会社に所属するかという「看板」は効力を失う。問われるのは「何ができるか」だ。だからこそ、社外視点を持ち、能力を形成していく姿勢が必要となる。例を挙げよう。

有名な外資系スタートアップ企業にいたAさん。海外育ちということもあり、英語ができたため、外国人

図3-3|ジョブ型雇用の導入状況

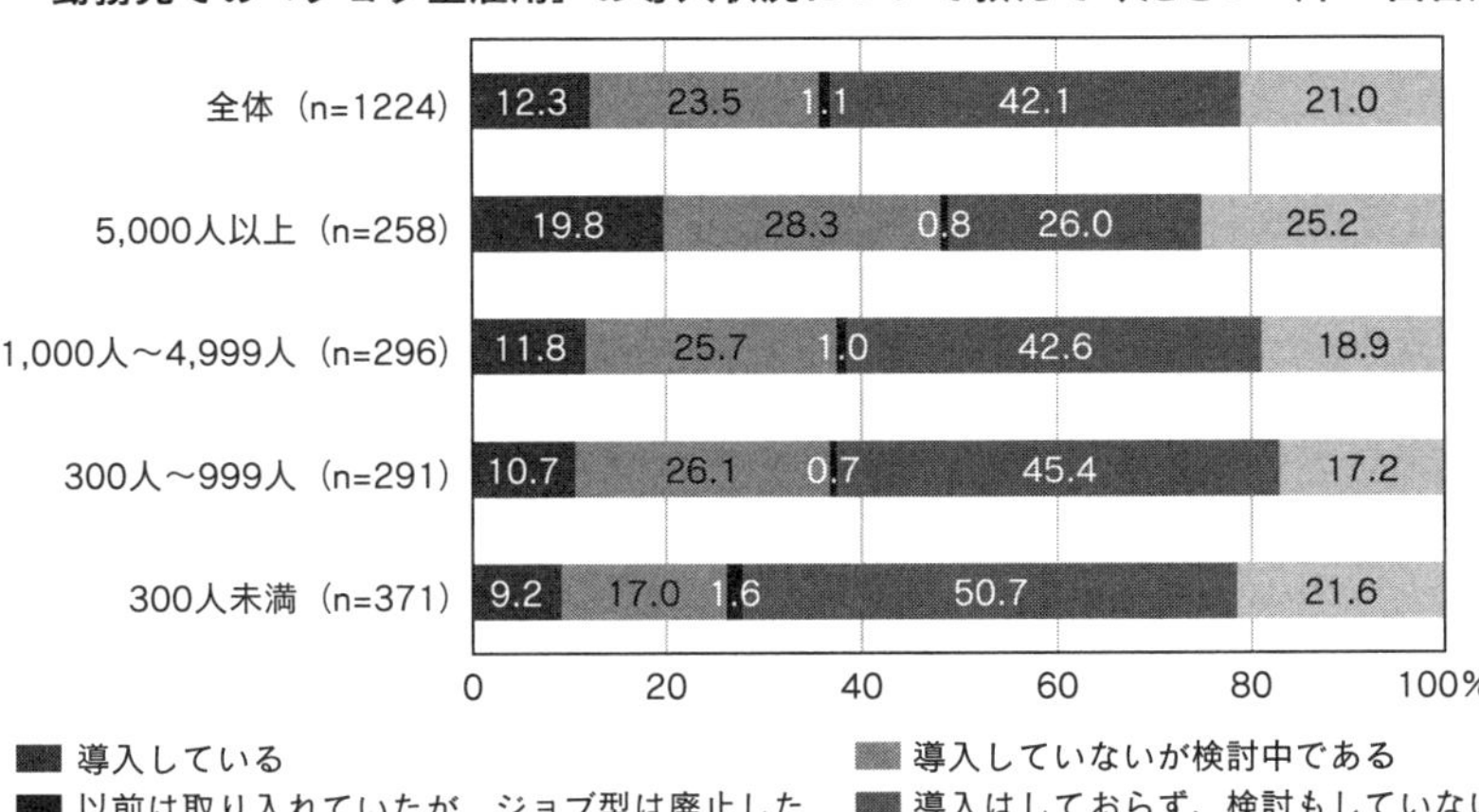

出所：リクルートキャリア「『ジョブ型雇用』に関する人事担当者対象調査 2020」をもとにエッグフォワード作成

も含めた上長からは特に気に入られており、マーケティング担当の部署で相応のポジションに就いていた。しかし、30歳を過ぎたところでその日本法人は撤退となった。

有名企業であるがゆえに、次の職もすぐ決まるかと思ったが、面接で仕事の中身について突っ込んだ質問をされると、エピソードも乏しく、プロセスも語れず、面接官にもスキルがないことを見透かされた。

Aさんは、ほぼメンバーに任せきりだったためマーケティングの実務には疎く、やってきたのは上長との英語での関係構築のみ。いわば政治力で渡り歩いてきたのだった。

まっとうな企業であれば、採用を見合わせる。そんななかでも、Aさんは、前職の看板も駆使し、経験も「盛り」ながら、ようやく同様の外資系企業でのマーケティングポジションへの採用が決まった。しかし、実務能力がないなかで入社したのだから、そのポジションで求められる能力を満たせないことは火を見るより明らかだった。結局、まったく価値を出せずに、退職せざるをえなくなった。それでもAさんは、次も「最初に所属していた企業の看板」を振りかざし、転職活動を進めていた。

このスタイルを貫いた場合の、この方の未来は想像がつくだろう。

スキルがない人は稀。多くは「あるが、自社でしか通用しない」

煽りたいわけでは決してないが、さらに危険なパターンがあることを知っておいてほしい。自身では、明確に「市場価値がある」と思っているにもかかわらず、それが特定企業内でしか通用しないケースだ。

いわゆる有名企業のビジネスパーソンならなおさら、自己のスキルに一定の自信、いや、自信とまではいかなくとも、ある程度の「安心感」を持っている方が少なくない。実際の事例だ。

金融業界（大手銀行）、40歳前後のBさん。学生時代の成績は優秀で、20代から行内で頑張って仕事に取り組んできた。社内の組織力学やルールをふまえ、定められた範囲を守り、管理、営業業務などで成果を上げてきた。営業支店の中ではそれなりにきちんと業務をやり遂げてきたし、最近は本社で企画業務に従事もしている。20代から上長にも可愛がられ、同期の中では出世も早かった。

しかし、この会社にも人員削減の波が来はじめた。営業支店も減少させ、全体の人数削減も決まり、組織別に早速、削減人数のノルマが通達されたという噂だ。

自分には遠いと思っていた肩たたきや転籍の話が、急に身近になってきた。見知った上長たちが相次ぎ出向、突然の副業解禁と、労働日数の削減。まだ十分活躍している世代が、待遇が下がる形で出向・転籍になった話も聞こえてきた。

副業解禁も、会社の建前としては「多様なキャリアを尊重する」ためらしい。それ以外にも、希望者は週休3日以上も取れるようになるとのことだ（当然その場合給与は減る）。人件費の削減目標が組織ごとに下りている話はすぐに回ってきた。もはや受け皿となる子会社のポジションすら用意できないらしく、今回の施策も、実質的には段階的なリストラ措置の側面が強いそうだ。

かつてはぼんやりとしか考えなかった転職をいよいよ本気で考えざるをえない。まだ独り立ちしていない子どもの教育費など生活面の心配もあるため給与面などの待遇は守りたかったし、守れる自信はあった。

しかし、転職活動で現年収の維持を条件としたところ、書類選考ですら厳しいという回答が予想以上に、いや、予想をはるかに上回るほど多く、愕然とした。

たしかに世間的には、自社の待遇は恵まれているほうだ。とはいえ、自身はそれに見合う仕事はできるはずだ。だからこそ、社内でも評価されてきたんじゃないか。

なぜ反応が悪いのか、転職エージェントの方に詳しく聞いてみる。すると、言葉を濁して はいるが、採用側は、40歳という年齢に期待される即戦力スキルや明確な提供価値がなく、希望する年収水準には見合わないと判断しているようだった。

「よそで通用するスキルや価値がない？」にわかには受け入れがたい現実だった。一方で、たしかに「あなたの強みは何か？」と問われて明確に答えきれない自分にも、うっすらと気づいていた。腹を括った。年齢もふまえると、自分は市場からは年収に見合うほどの即戦力だとは評価されないのだ。

とはいえ、年収を大きく下げれば家族の負担は増すだろう。「入ってから価値を出せれば給与は上げられる」という周囲の話は聞くものの、自身の価値に自信を失いつつある今、思い切って踏み出せない。

エージェントの方の「20代の時点でしたら引く手あまたではあったのですが……」という言葉に、考えさせられた。たしかに20代の成長実感に比べ、30代は行内の調整や、稟議回り、他組織との調整が多く、成長したと胸を張って言えない自分がいる。

もっとも、今さらそう言ってもしかたがない。ここから、過去にとらわれずチャレンジしていくしかない。

これは、完全なる実話である。みんながみんなそうだとは言えないが、こういったケースは年齢が上がるほど多くなる。

本来なら、年収が高いということはそれに見合う価値を発揮できているはずだ。なぜ、このようなケースが多発するのか。ここで、多くの方が勘違いしがちな「年収と市場価値」との関連を考えてみたい。

「市場価値＝年収」ではない

たしかに市場価値が高い人材であれば、年収も高い傾向にある。しかしその逆、つまり「年収が高ければ市場価値も高い」かというと、答えはNOだ。どういうことか。次の図3－4は、平均年収トップ20の企業リストだ。業界に一定の偏りがあることは一目瞭然だろう。

M&Aとコンサルとベンチャーキャピタルを広義の金融サービスと捉えると、

図3-4|平均年収トップ20の企業

順位	社名	平均年収(万円)	平均年齢
1	M&Aキャピタルパートナーズ	2688	32.2
2	キーエンス	2182	36.1
3	ヒューリック	1803	39.5
4	地主	1694	39.6
5	伊藤忠商事	1579	42.2
6	三菱商事	1558	42.8
7	三井物産	1549	42.1
8	ソレイジア・ファーマ	1490	51.4
9	丸紅	1469	42.3
10	ストライク	1432	35.3
11	住友商事	1406	43.1
12	レーザーテック	1379	41.5
13	霞ヶ関キャピタル	1311	37.5
14	ジャストシステム	1309	39.3
15	東京エレクトロン	1285	44
16	マーキュリアホールディングス	1282	41
17	三井不動産	1274	40.4
18	三菱地所	1264	42.7
19	ジャフコ　グループ	1252	44
20	ファナック	1248	40.3

出所:東洋経済オンライン
「「平均年収が高い会社」ランキング全国トップ500」

・金融サービス5社
・商社5社
・不動産4社

となる。そう、年収は、「どの業界に所属するか」に大きく左右されることがはっきり見てとれるだろう。

「業界インフレ」の罠

年収の基本水準が業界に左右される。これが多くの方が陥る「業界インフレの罠」だ。

個人から見た「給料」を、会社側から見てみよう。給料は会計用語で言えば「人件費」であり、人件費の原資は「粗利」、ざっくりと言えば売上－原価＝利益のことだ。

そのため、収益性が高い、価格競争にさらされに

図3-5｜業界インフレの罠が起こる要因

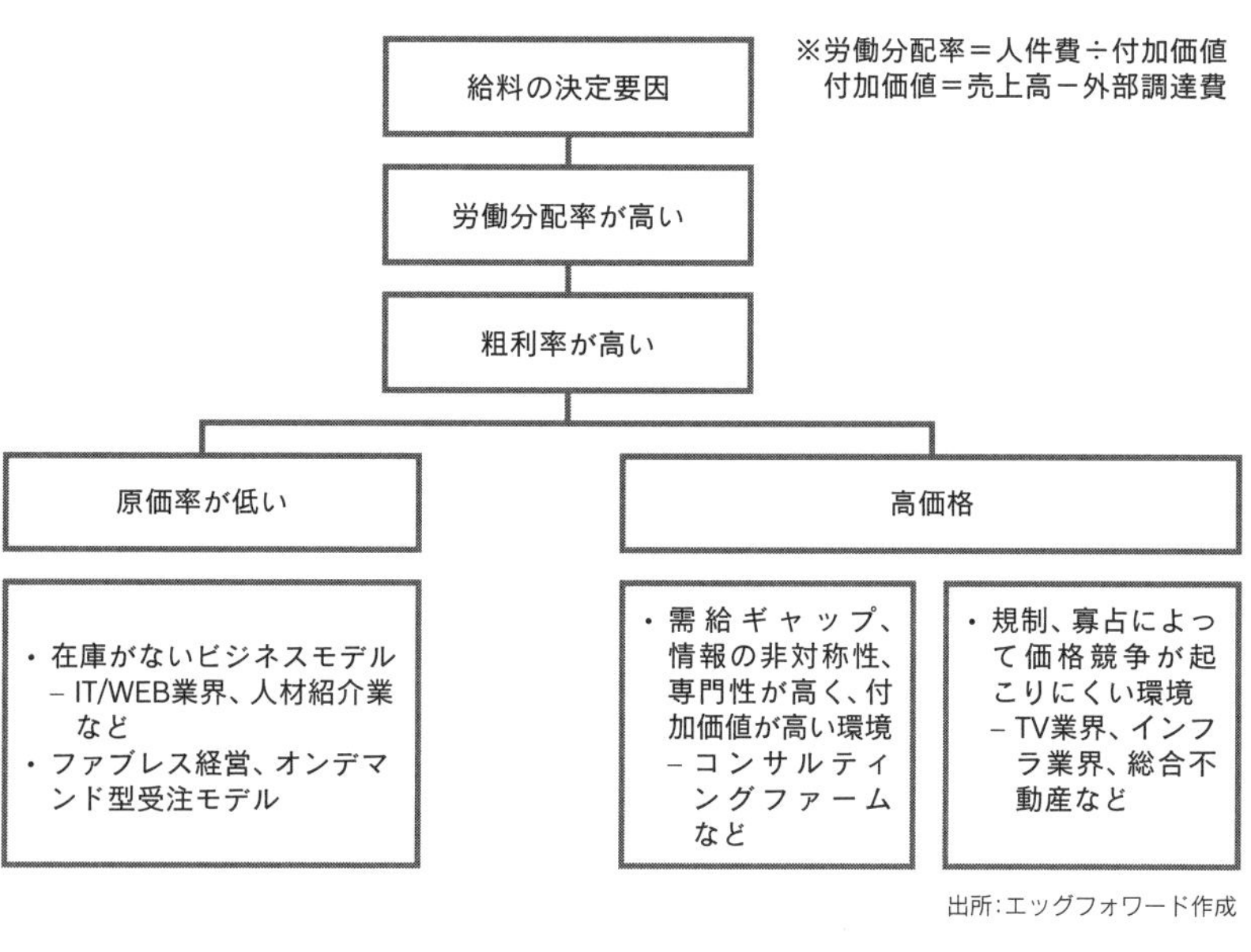

出所：エッグフォワード作成

くい業界だと、人件費の「原資」となる粗利が多くなる。そのため、人件費が高い、すなわち給料が高くなりやすい。

つまり、年収は、能力だけではなく、業界の構造、ビジネスモデル、バリューチェーンなどに基づく収益性によって変わってしまう（図3－5）。逆に言えば、どんなに個人が優秀でも、年収が一定以上は上がらない業界もあるということだ。

「よし、じゃあ給与水準の高い業界にいけばいいんだな」と思った方、少し待ってほしい。それはあくまで「短期的な正解」にすぎない。実例を挙げよう。

高収益で有名な某外資系のＩＴ・システム会社は、シェア最大手で、強いビジネスモデルを構築し、高い収益性を維持する構造がつくり上げられている。業界でも、年収が高く待遇もよいことで有名だ。

しかし興味深いことに、転職マーケットでこの

会社は、「個人の能力以上に年収が上振れている」ことで有名で、大きく敬遠されているのだ。

「短期的な正解」が長期においても正解とはかぎらないことがわかってもらえるだろう。給与水準が高いこと自体、まったく悪いことではない。だが厳しいのは、先ほど挙げたように、会社としての収益性が強固だという理由で、個人の能力の有無がさほど問われず、年収が上がって「しまう」場合だ。

もしその業界・個社の収益性が下がったら何が起こるかというと、経営側から見て人件費が重たい、つまり「年収が高い人材」ほど、一気に外に放出される。

実際にそうした状況が目立ってきている。順調に収益を上げてきたとある外資系企業が、突然人員の3割カットを打ち出し、強制的に各組織に削減目標を下ろす、といった例もいまや珍しくない。外部環境の変化によって、業界の構造や収益性が瞬時に変わってしまうのがこの時代だ。そのとき、「前職の給与水準でもぜひ来てほしい」と言われる方と、「その水準であればまったく必要ない」という方に、残念なまでに二極化してしまうのだ。

では、キャリアづくりの観点では何ができるのか？

目先の年収（PL）にとらわれることなく中長期の市場価値（BS）を高め、業界構造や自社の状況が変化した際に備え、いつでも外部から求められる力を身につけておくことだ。

市場価値が高まれば、業界やポジションの選択肢の幅は広がる。その状態をつくれれば、結果的に、年収への不安はなくなるだろう。

20代のうちは、まだ給与差も少なく、ポテンシャルで見られるウェイトも大きい。しかし、特に40代以上は二極化が顕著だ。業界構造によって給与が上振れしていた人は、その数字がもはや幻想にすぎないことを、転職活動時に初めて知る。40代以上になると、経営にも相応にインパクトを与えられる即戦力が求められ、その価値がない人は書類選考で弾(はじ)かれ、面接に進むことすら難しい。

年収と市場価値がイコールで結ばれ、業界構造が変化してもキャリアジャーニーを望みどおりに歩んでいけるのは、「個人として(看板に頼らず)、自分がどういう価値を生み出せるか」を言語化できる人に限られるのだ。

最後に加えておくと、「業界インフレの罠」が起きやすい業界は、ある程度の寡占・独占が起きるか、規制に守られている産業に多い。総じて競争が少ない割に収益性が高く、人件費のウェイトが相対的に高い業界は、要注意だ。

「35歳転職限界説」は本当か？

巷ではよく「35歳転職限界説」がささやかれる。しかし、ここまでお読みいただければわかるとおり、求められる人材は何歳になっても求められる。ただしここには、知っておいたほうがいいある「傾向」がある。

法律上、年齢を明示して募集をかけることは禁じられている。ただし、実態としては書類段階で年齢によって容赦なく落とされる。その一般的な区切りが「35歳」だというのは、転職市場では一定の事実と言っていいだろう。いや、より正確に言うならば「ポテンシャル」を評価されるのは35歳が上限ということだ。実際には、成長するには時間がかかるため、35歳よりもう少し手前と想定しておくのがよい。ポテンシャルではなく、評価される経験やスキルを持っている場合には、この「35歳説」はまったく当てはまらない。

35歳までに市場価値を高めれば、あなたのキャリアジャーニーはより自由なものになる。逆に、市場価値が認められにくい場合は、企業からの求人内容に偏りが出る（あるいは来づらくなる）。40代以上になると、転職エージェント側が支援に丁寧にリソースを割いてくれない確率が大きく上がるのはそのためだ。もちろん、先の例のように、40代だからもう選択肢はないか

図3-6|置かれている市場環境のタイプ

	タイプ	①業界の年収水準	②業界・自社の成長性	③自身の成長可能性（裁量・経験）
1	期待の星	○	○	○
2	ぬるま湯	○	×	×
3	夜明け前	×	○	○
4	沼地	×	×	×

出所：エッグフォワード作成

といえば、まったくもってそんなことはない。ここは、何度でも強調しておきたい。ただ、相応の意志と努力は求められるだろう。

自分の市場価値早見表

ここまでの話を経て、「自分には市場価値があるのか」と不安を覚えている方もいるかもしれない。客観視するために、それぞれの置かれている環境を簡単な軸で整理してみよう（図3－6）。

重要なのは①現在所属する「業界の年収水準」、②「業界・自社の成長性」、③「自身の成長可能性（裁量・経験）」の3つの要素だ。

パターン1：機会にあふれる「期待の星」タイプ

①業界年収、②業界・自社の成長性、③自身の成長可能性、いずれも高い。つまり、高い報酬を維持しながら、成長も実現しやすい、望ましい環境と言える。

たとえば、高成長のインターネットセクター、高度なファイナンシャルセクターやファンド（M＆A系など）、成長市場のメガベンチャーなどが当てはまりやすい。

基本的には、業界が成長していくなかで、自分も成長機会に恵まれやすいパターンであり、機会を通じて成長する意識を常に持っていれば、外部からも声がかかりやすいタイプだ。現職場において、しっかり経験を積みながら、ステップアップしていくことが望ましい。

パターン2：居心地のよさが危険な「ぬるま湯」タイプ

①業界年収は高いが、逆に、②業界・自社の成長性、③自身の成長可能性が低い環境だ。最終的には個別の企業によるためあまり乱暴な議論をしたくはないのだが、転職業界では、テレビ業界や新聞などの従来型のマスメディア、大手だが成長が鈍化している製造業、硬直的な金融機関などがこのパターンに当てはまる傾向にあると言われている。

転職市場に出ると、先ほどの「業界インフレの罠」にはまり、中長期的には選択肢が少なくなる可能性が高い。自身が置かれている環境と構造について自覚を持ち、常に社外から見た自身の市場価値を意識し、業務外でも自己研鑽(けんさん)をしておくことで、いざというときには外に出られるスキルと経験を積んでおきたい。

パターン3：中長期的に果実を得る「夜明け前」タイプ

①業界年収は低いが、②業界・自社の成長性、③自身の成長可能性が高い。

起業直後で勢いのあるスタートアップや、あるいは現場での裁量経験が多いＩＴ・サービス業などが当てはまることが多い。現時点での年収は低いものの成長機会は存分にあり、チャレンジングな機会や責任ある立場を掴むことによって、将来的には希少な人材になれる可能性が高いため、現年収は気にしないほうがよい。

パターン4：今すぐ外を見たほうがいい「沼地」タイプ

最後は、①業界年収、②業界・自社の成長性、③自身の成長可能性のいずれも低いパターンだ。衰退しているレガシー産業で、かつ自社内にも変革機会がない場合などが当てはまる。今のままだと力も付かず、自身のキャリアがじわじわ沈んでいき、ジリ貧になることが容易に想像できるため、外を見始めたほうがよい。

あなたは、自分の状況をどう捉えただろうか。パターン2、3、4に該当する方は特にこの章を注意深く読み進めながら、自己を客観視してみてほしい。

キャリア1・0および2・0の時代においては、所属する会社が「主」で個人が「従」の関係だったため、優先順位は「①業界の年収水準」＞「②業界・自社の成長性」＞「③自身の成長可能性」の順番だった。つまり、「どこにいるか」が重要だったと言える。

一方、キャリア3・0の時代においては、会社と個人の関係がフラットもしくは逆転しているため、優先すべき順番は、「③自身の成長可能性」＞「②業界・自社の成長性」＞「①業界の年収水準」になりつつある。つまり、「どんな人であるか」がより問われていく、と言えるだろう。

あくまでパターン1〜4は分析のための粗い切り口にすぎないが、あなたの市場価値を客観視する際の参考にしてほしい。

年収が上がるキャリアに共通したこと

たとえば、ここに数万円の初任給の高低「のみ」で、最初のキャリアを選択しようとする新卒学生の方がいるとする。あなたは、何と言うだろうか？

きっと、「目先の初任給数万円だけじゃなくてさ、もう少し他の観点から検討してもいいんじゃない？」とアドバイスするだろう。しかし、中途の転職においても本質的には同じことがよく起こっている。

転職時に「短期」、つまり目先の年収のみを追ってしまうPL型キャリアの考え方だ。

最近、エッグフォワードは、複数の転職エージェント会社と共同で、1万人以上のキャリアについて、転職時だけではなく、転職の一定期間後まで追跡してデータを取り研究を行った。すると、「30代後半〜40代以降で年収水準が大きく上振れていく人」には明確に共通点があることがわかった。

キャリアのどこか（20代、30代のいずれか）で、目先の年収にとらわれることなく（つまり、一時的に年収が下がるリスクを取ってでも）、自身の能力が上がるような経験を選択し、ＢＳ型のキャリア形成に成功しているのだ。

逆に危険なのは、特に転職時、「目先の年収水準のみ」を追ってしまい、「中長期の能力向上（キャリアの広がり）」の機会を逸することだということもわかった。たとえば、こんな方がいた。

大手企業で年収や待遇もよく、業務は営業管理職。過去に蓄積したスキルの切り売り、ここまで築いた関係性だけで一定は仕事ができてしまっていた。関係の強いクライアント社長と懇親会を重ねることで顧客メンテナンスを行い、営業の成果も出し、インセンティブも得ていた。ただ、コロナ禍で、会食がしづらくなった。顧客とのウェットな関係性をベースにした営業は、一気に効力を失った。

自社のサービス製品力が必ずしも優位でないなかで、競合サービスはどんどん攻勢をかけてくる。ここにきて、はじめて、危機感を覚えている。

今、活躍しているとしても、関係性や、得意の営業パターンだけに固執すると環境が変わったときに対応できなくなる。

同じ営業でも、顧客の質や難易度を上げ、レベルを常に高め続ける、あるいは企画や戦略寄りの別領域の仕事をする、出向によって裁量ある経験を積みにいくなど積極的な姿勢が必要だ。

図3-7｜P/L型とB/S型キャリアの生涯年収イメージ

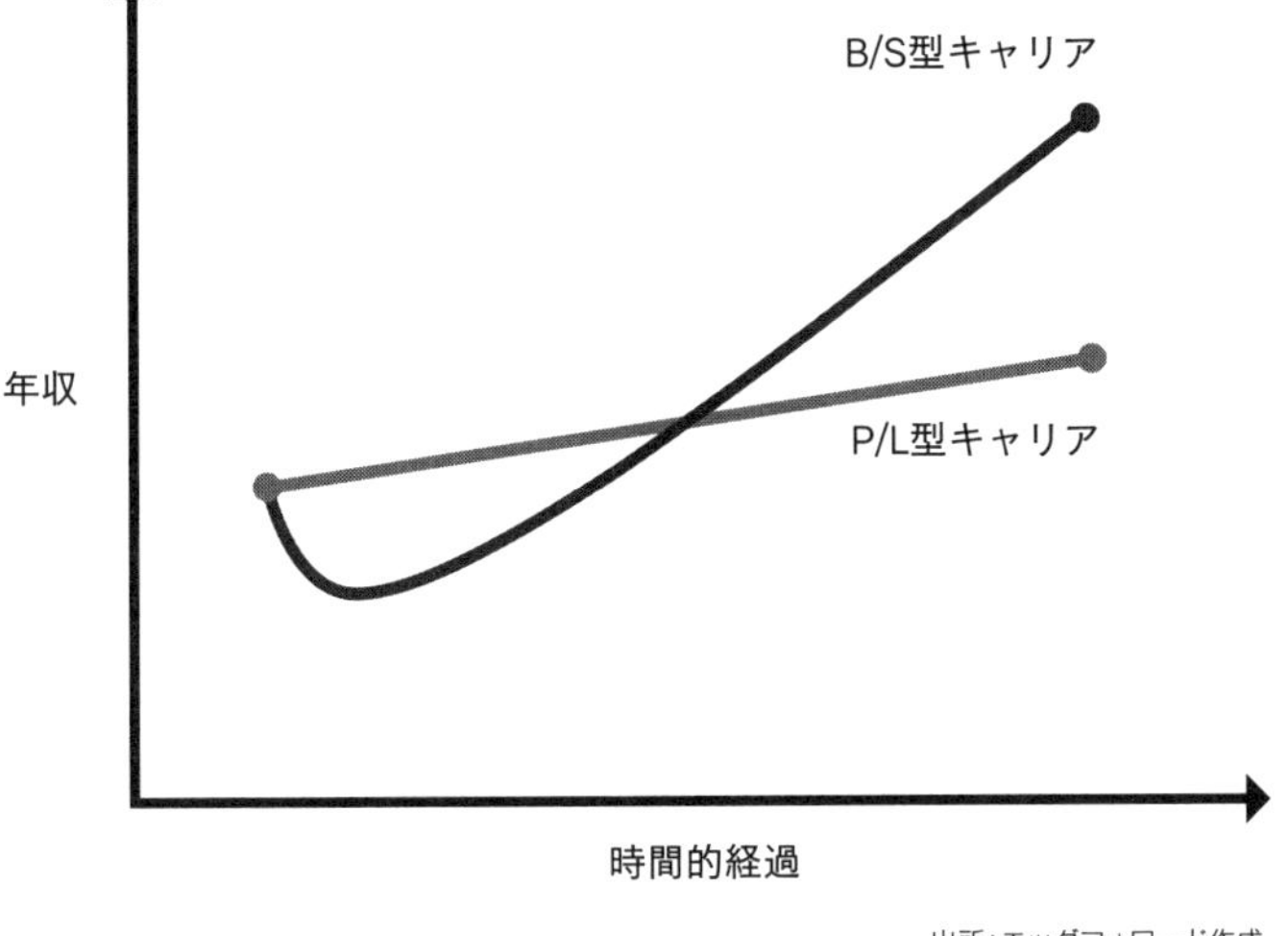

出所：エッグフォワード作成

新たな機会や経験を獲得できれば、一時的な年収や待遇が低下しても、3～5年後には市場価値が高まり、きっと取り戻せるはずだ。追うなら「短期年収」よりも、「生涯年収」なのだ（図3－7）。

「若い時の苦労」は買うべきか？

生涯年収は取り戻せる、と言ったからには、若い時期の過ごし方についても触れておきたい。

「若い時の苦労は買ってでもせよ」という言葉がある。職場でも、昔は「とにかく若いうちはがむしゃらに量をこなせ」という風潮があった。しかし、ライフスタイルも多様化した現代、誰もが「苦労を買う」必要はないと私は思う。ただ一方で、キャリアの観点から言えば、1つ知っておいてほしい「構造」がある。

キャリア1・0時代には終身雇用が前提だった。しかしキャリア2・0の時代、制度としては崩れつつあった終身雇用の「気分」だけが残り、多くの人が突如として会社の外に出され、転職マーケットで評価されない、という事態が頻発した。これは個人だけのせいではなく、「構造的問題」だ。

私は、直近の労働時間規制について、もしも個人が意識を変えなかった場合、また新たな「構造的問題」を生むのでは、と心配している。

今は、法律によって労働時間は多くの職種で規制されている（過去起きた痛ましい事件の数々を考えれば、当然そうあるべきだ）。しかし、「成長しない人材を企業は守ろうとしない」という根本の「構造」自体は変わっていない。

であれば個人は、「限られた時間の中でいかに成長するか」を考えていけばいいわけだが、現実には、「自分に今できることをそのまま続けていけば、このまま働いていける」、つまりは、「会社が守ってくれる」という「気分」は、まだ抜けきっていないのではないだろうか。

働く人は、「過重労働から守られている」のであって、「雇用そのものが守られている」わけでは決してないのだ。

昔に比べ職場が「ホワイト」になってきていること自体は喜ばしいこととはいえ、市場価値を高めないまま個人が外に出れば、また同じ「構造」が繰り返される。

また、「若い時」について一歩踏み込んだことを言えば、やはり時間的、そして物理的にも（海外での仕事など）20代がもっとも自由が利きやすい傾向はある。30代、40代とだんだん体力も落ちてくる。その意味でも、もしキャリアジャーニーの中で仕事に打ち込む時期を設けるなら（もちろん法律の範囲内でだが）、やはり20代が最適だ。

時間という「量」に頼って働く時代が終わったからこそ、なおさら目の前の仕事の「質」に目的意識を持って、市場価値を高めていく必要があると思うのだが、いかがだろうか。

市場価値＝「希少性」×「市場性」×「再現性」

市場価値は年収に比べ抽象的なので、もう少し細分化して定義しておきたい。一般的に、市場価値とは次の3要素で整理することが可能だと私は考えている。

市場価値＝「希少性」×「市場性」×「再現性」（次ページ図3－8）

図3-8｜市場価値＝「希少性」×「市場性」×「再現性」

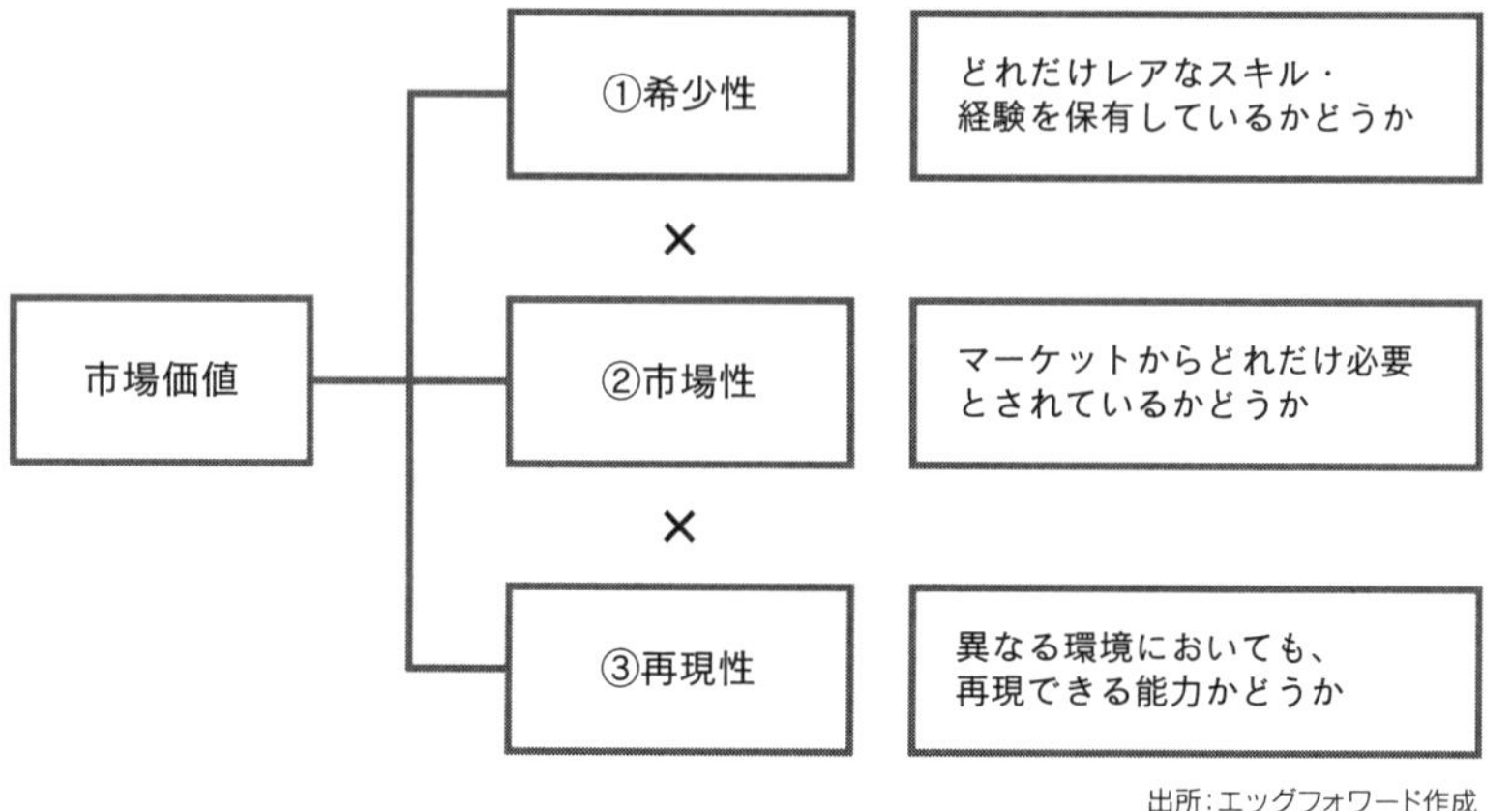

出所：エッグフォワード作成

① 希少性

まずは、「希少性」だ。希少性とは、他者との差別化の結果生まれる。代わりが利く人の希少性は低く、余人をもって代えがたい人の希少性は高い。まず全体像を整理してみよう。これは、あなたの希少性を考えるための「能力マップ」とも呼べるものだ（図3－9）。

スタンス

スタンスとは、仕事に対する姿勢や考え方のことを指す。ビジネスシーンで言えば「向上心」「素直さ」「成長意欲」「主体性」「やり切る力」などだ。新卒や第二新卒など比較的若いうちは、特に強く求められる。

なぜなら、スキルはある程度、後天的に身につけることが可能だが、スタンスは生き方や性格など個人の特性とも関連する

図3-9|希少性を考えるための能力マップ

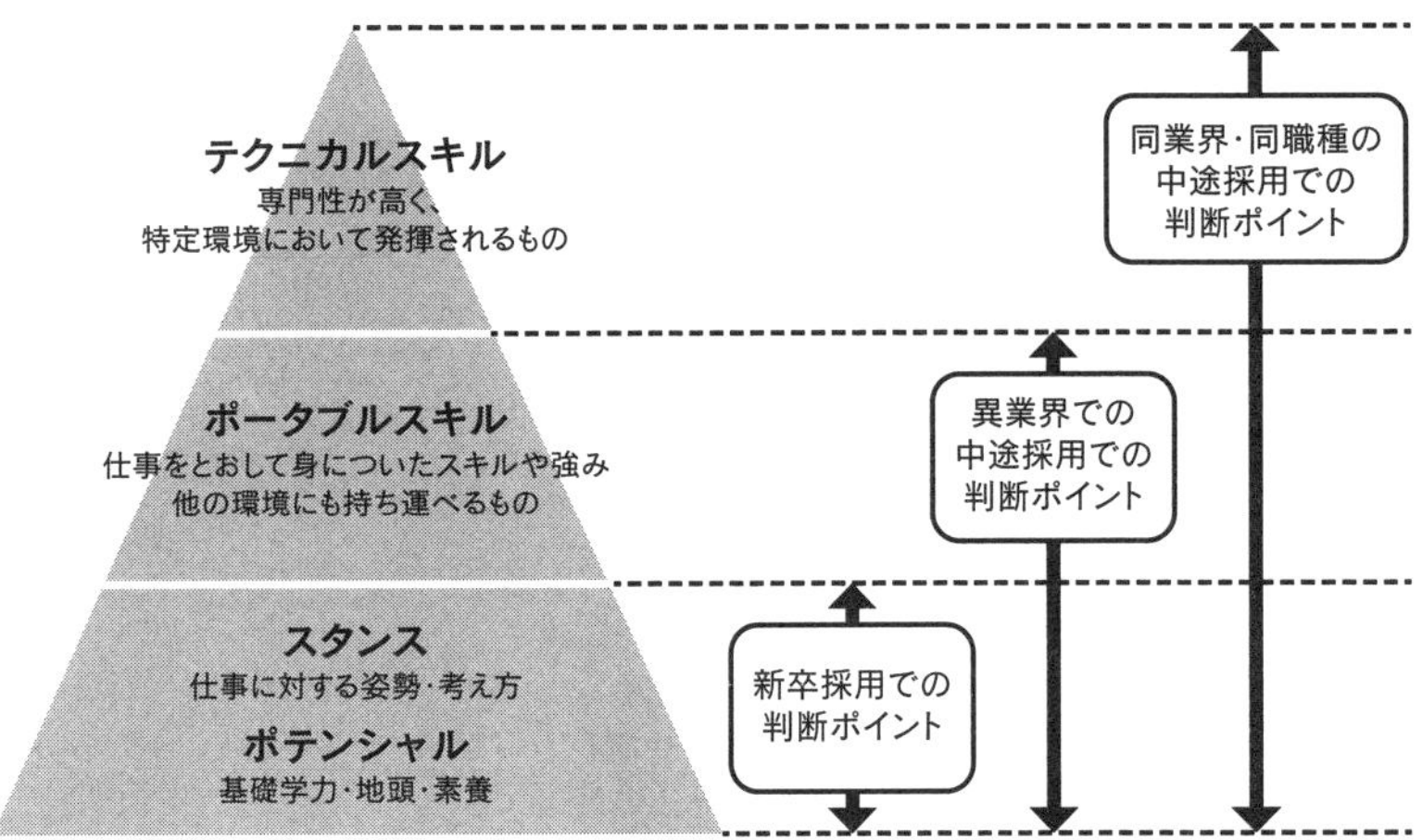

テクニカルスキル	専門性が高く、特定環境下において発揮されるスキルのこと (例:高度な法務・会計スキル、ITエンジニアリング、デザインスキル、コンサルティングスキルなど)
ポータブルスキル	仕事を通じて身についたスキルや強みで、他の環境にも持ち運べるもの (例:論理的思考力、プレゼンテーションスキル、コミュニケーション能力、語学力、ソフトウェアスキルなど)
スタンス	仕事に対する考え方や姿勢、価値観 (例:主体性、素直さ、向上心、やり切る力など)

出所:エッグフォワード作成

図3-10｜4つのスタンス

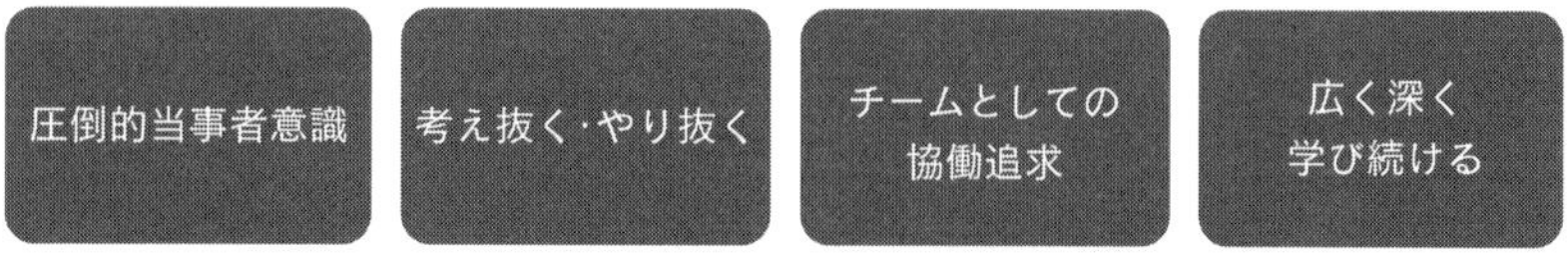

圧倒的当事者意識	考え抜く・やり抜く	チームとしての協働追求	広く深く学び続ける

出所：エッグフォワード作成

ため、習得や矯正に時間がかかるからだ。

スタンスこそが、将来的な成長に大きなレバレッジをかける。このレベルが一定以上であることは希少性がある。

1度、若手で活躍する方たち全員を構造的に分析したことがあった。その結果、実はスキルよりもスタンスが高い方のほうが成長しやすいというデータが、非常にクリアに表れた。20代は特にだ。

参考までに、リクルート社などでよく使われる、4つのスタンスを紹介しておこう（図3－10）。「元リク」という言葉もあるほど、一般にリクルート出身人材の市場価値は高いと言われるが、そのゆえんは、この「スタンスの希少性」にある（その他のスキルセットや人的ネットワークなどもあるが）。

常に「あなたはどうしたいのか？」が問われ、自分自身の頭で「考え抜き」、「圧倒的な当事者意識でやり抜く」姿勢が求められることに加え、「チームメンバーとの連携」や、自分自身が「広く深く学び」ながら成果を最大化することが徹底されている。

数々のビジネスパーソンのキャリアを見てきたが、このようなスタンスを持っている方は、どのような業界・職種であっても、しっかりと活躍している。ただ、この「スタンス」は当事者の自覚と周囲の認識がズレやすい。具体例で示そう。

前職では、上長に言われたことを期限内に遂行しきれば、「主体性と当事者意識が高い」と評価された。逆に勝手に「枠」をはみ出すことは、奨励されていなかった。しかし、新しい職場では早々に「そもそも言われたことだけやっているなんて受け身だよ」と言われ、「自分から枠を広げて提案し、他人を巻き込んで動かさなきゃ」と、より積極的な姿勢が求められた。

自分では「主体性と当事者意識が高い」と思っていたが、組織によって求められるレベル感がまったく違うことを痛感した。

このようなケースはよく見られる。スタンスは、特に若手のうちは希少性とみなされうる。ただ、やや精神論的である感も否めない。もう少し具体的なスキルセットについて見てみよう。

ポータブルスキル

ポータブルスキルとは、異業界・異職種へも持ち運べる強みのことだ。ビジネスパーソンである以上、どこでも求められる普遍的スキルと捉えてもらえばよいだろう。

スキルベースで言えば、論理的思考力、プレゼンテーションスキル、コミュニケーション能力、課題解決能力、交渉力、語学力、ＰＣ・ソフトウェアスキルなどがよく挙げられる。いわゆるプロフェッショナルファーム出身者が比較的市場から重宝され、「つぶしがきく」のは、このポータブルスキルが総合的に高いためだ。

ただ、ポータブルスキルとは、その定義上「汎用的」であるわけだが、何が「汎用的」かが、過去と現在で大きく変わってきていると私は感じている。図３－11にその移り変わりを整理した。

傾向をまとめるなら、「与えられた状況を効率的に遂行していく能力」ではなく、「自ら未来を描き、変化を創造していく能力」がより求められていく。

スタンス、スキルともに共通することだが、やはり、何がよりレアなのかを、常日頃から意識しておく必要がある。

図3-11｜ポータブルスキル・スタンスのこれまでとこれから

		「これから」のポータブルスキル・スタンス	「これまで」のポータブルスキル・スタンス
自己への向き合い方		・圧倒的当事者意識 （広く自分事だと捉える） ・自律的コミット力 （自ら枠を広げ推進しきる） ・自己革新力 （非連続な機会を創り、自己革新する） ・メタ認知力 （俯瞰的に自己を知る）	・受動的主体性 （決められた役割を確実に果たす） ・他律的コミット力 （所与の手順を確実にこなす） ・現状改善力 （現状・延長線上を確実に守り、改善する） ・相対的認識力 （他者の視点から自身を知る）
コトへの向き合い方	ゴール設定	・ゼロベース思考力 （常に前提を疑う） ・課題設定力 （課題を与えられるのではなく自ら設定する）	・ゴール認識力 （ゴールと所与の条件を理解する） ・課題解決力 （与えられた課題を解決する）
	計画推進	・プロジェクト設計力 （未来を予測し、解決方法を自ら再設計する） ・本質的思考力 （構造と本質を捉える）	・プロジェクト推進力 （手順どおり正確に推進する） ・論理的思考力 （論理的に思考し、物事を整理する）
	意志決定実行	・意志を持った決断力 （不確実ななかで決断する） ・高速PDCA力 （推進しながら高速で改善を図る）	・慣習的決定力 （前例や立場を守り正しく決定する） ・分析・改善力 （結果を確認し、確実に改善を行う）
ヒトへの向き合い方	目的共有	・ビジョン発信・浸透力 （自ら未来・志を描く） ・組織変革力 （組織のあるべき姿を再定義できる）	・目標伝達力 （上意下達の目標伝達をする） ・個別最適力 （関係範囲内での最適解を見つける）
	巻き込み	・多様性活用力 （嫌われる勇気を持つ、多様性を活かす） ・パートナー創造・構築力 （新たな関係を構築する）	・妥結力・折り合い力 （関係者と調整しながら着地させる） ・関係維持力 （従来の関係性を守り、維持する）
	育成動機付け	・変革コーチング力 （メンバーのやる気を引き出し自律的行動を促す） ・創発・共創力 （多様な強みを活かし価値を生み出す）	・指導・評価力 （部下を基準に沿って正しく指導し、評価する） ・個別加算力 （同質的な強みを足し算で活かしていく）

図3-12｜テクニカルスキルの代表例

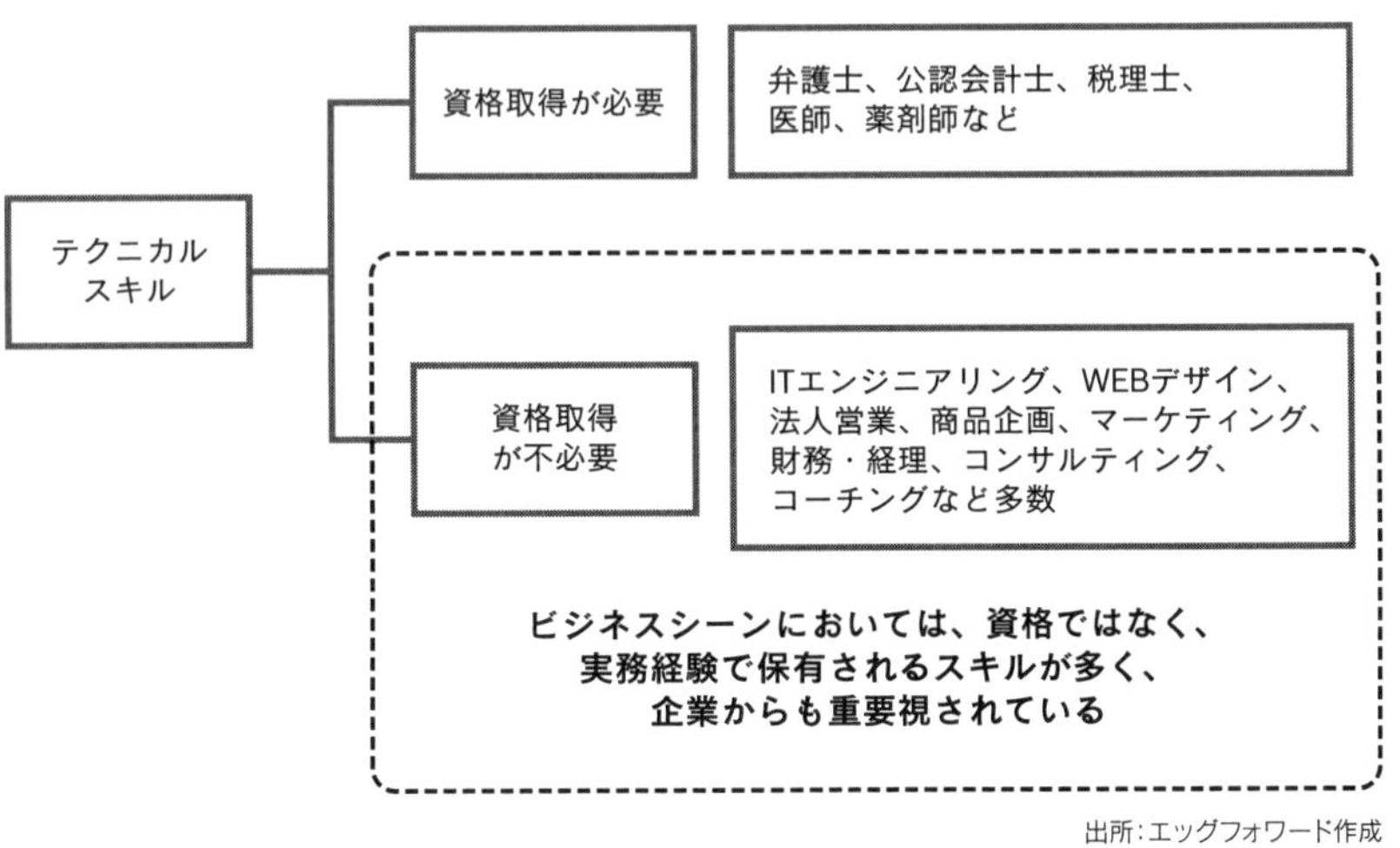

出所：エッグフォワード作成

テクニカルスキル

テクニカルスキルとは、特定領域やシーンで発揮される専門性の高い能力のことだ。習得には相応の時間や労力を要し、だからこそ希少性の裏付けとなる。

専門性というと、「弁護士」「公認会計士」といった資格に目が行きやすいが、必ずしも資格が必要なものだけをテクニカルスキルと呼ぶわけではない。

図3－12に代表例を挙げた。すべてを網羅しているわけではないので、自分がテクニカルスキルを持っているか、判断がつかない方もいるかもしれない。その場合、「その単発のスキルで、相応の対価を得られるか」を基準にするのがよいだろう。いくつか具体例をあげよう。

「営業力」は、テクニカルスキルか？　答えはイエスだ。ただ、単に「営業をしたことがある」だけでは不十分と言える。

発注者側の視点で「自分に、相応の対価を払って営業支援や代行を依頼するか？」「自分はその対価に見合った成果を出せるか？」を考え、うまくいくイメージが持てるのであれば、それは希少性と言っていいレベルだ。

「経理財務」はどうだろうか？　専門性のある業務だが、その深さはケースバイケースだ。経理の仕訳処理を経験したくらいでは希少性はまだ低いが、外部から資金調達するにあたってのエクイティストーリーづくりや、調達の支援業務まで経験していれば非常に専門性は高く、したがって希少性も高いと言える。

「マーケティング」も同様だ。クライアントのＳＥＯ支援をした経験がある程度では希少性は高くないが、商品の提供価値の再定義、マーケティング全体戦略の検討とリソース配分、デジタルマーケティングのＰＤＣＡが回せる組織づくりのような経験まで持っていると希少性はかなり上がってくる。

「ＭＢＡホルダー」はどうだろうか？　かつては、非常に希少な存在（特に海外ホルダー）だったため、「語学×高いビジネススキルの素養」があたかも印籠（いんろう）のように機能した。今は取得者がかなり増え、当時ほどの力はなくなったが、それでも一定の語学力や素養、人的ネットワークも含めて相応の希少性とみなされることは間違いない。

また、あくまで参考だが、働きたい企業群の求人票には、満たさなければならないMust条件と満たしていると優遇されるWant条件が書かれているケースが多い。現時点で自身が何をどこまで満たしているかを知ることも、テクニカルスキルの現在値を測る1つの手だ。

すでに少し触れたが、テクニカルスキルでありがちな失敗は、「資格のみ」に走ってしまうパターンだ（戦略的学習力における「アウトプットなきインプット」に近い）。

もちろん、学ぶこと自体は何もしないでいるより素晴らしいことだが、あくまで「資格を取得した先に何があるのか」が明確になっていることが重要だ。

これらの希少性を実際のビジネスシーンに落とし込んで考えるなら、「守・破・離」のサイクルが回る程度に当該業務を経験できたか、が1つの目安となる。

はじめは、上長や先輩から「型」を学び（守）、次いで、他の上長や先輩、ときには社外の方からもよい部分を取り入れ、自分なりの工夫をするようになり（破）、その後は自ら独自の新しい「型」を創り、確立していく（離）。

希少性というからには「自分だからこそできる（離）」と明確に言えるよう、上位1割の成果を出せるくらいになっておきたい。「会社や組織、チームで持続的に価値を発揮できた経験がある（MVPなどの表彰経験はその1例）」あるいは「自分の代名詞と言えるような象徴的な成果を繰り返し出している」場合は、（目安だが）上位1割の基準に達していると言っていいだろう。

図3-13｜スキルの掛け算の例

	スキル1	スキル2	スキル3
パターン1 営業×営業×営業	法人営業 （有形商材）	法人営業 （無形商材）	個人営業 （有形商材）
パターン2 営業×戦略	法人営業 （中小向け有形商材）	法人営業 （大企業向け有形商材）	営業戦略策定・管理
パターン3 営業×戦略×組織	法人営業 （中小向け有形商材）	営業戦略策定・管理	営業組織立ち上げ、 マネジメント

出所：エッグフォワード作成

掛け合わせが「インパクト」を生む

ここまで主に単一分野での希少性について論じてきたが、今後、より大事になっていくのは複数分野での掛け算だ。

身近な例で考えてみよう。図3－13の3パターンのうち、どれがもっとも「希少性が高い」と言えるだろうか。

どのスキルも一定だと仮定して考えれば、パターン3がもっとも高く、次にパターン2で、もっとも低いのはパターン1だろう。

3から順に、

・合わせ技でできる人が非常に少ない
・その掛け算によって組織全体に与える「価値のインパクト」が大きい

からだ（逆に、ジョブローテーションで「薄く広い」スキルを3要素掛けても、大きなインパクトは生み出せない）。ただ、「インパクトが生み出せる」と言われてもピンとこないかもしれない。具体例を挙げてみよう。

◉法人営業担当の例

「売るだけではなく、売る仕組みを創る」「決められた仕組みの中でワークするだけではなく、仕組みを創り上げていく」人材のほうが、単に自分が売るだけ（パターン1）よりも、企業成長へのインパクトは大きい。そのためには、営業戦略を立てる、周囲を巻き込み部署の営業成果を最大化できる人材（パターン2）になる必要があるのだが、法人営業×営業戦略策定・管理×営業組織立ち上げのような複数領域をまたぐ経験をしている人はさらに少なく、希少性もおのずと高くなる（パターン3）。

◉企業採用担当の例

ただ「採用のオペレーション（例：候補者との調整や折衝対応）ができる」だけでは、そこまで希少性は高くない。

自社の採用ポジションの明確化や戦略の検討、採用チャネル・戦術（KPIの設計とエージェント、メディア、リファラル活用など）の整理、各施策のプロジェクトマネジメント設計、社内外ステークホルダーの動機づけ・マネジメント、コスト管理と業務改善、候補者への対応とクロージングなどが幅広くできると掛け算でさらに希少性は高まる。

また、中途採用という業務においても、若手と幹部層両方を担当できるか、さらには、中途採用だけでなく新卒採用、ややターゲットや手段が異なるエンジニア採用などにまで候補者の領域が広がれば、より希少性は高まっていく。

さらに広く捉えれば、採用後の人材配置、活躍できる環境づくりや昇格への道筋、モチベーション管理といった側面にまで目を向けて中長期的な成長を設計できれば、「採用スキル×育成スキル×制度設計スキル」を保有していることになり、かなり希少性が高い。

◉マーケティング担当の例

マーケティング担当も同様だ。ただ、マーケティングは全体戦略の一部なので、各事業の事業戦略の組み立てや推進にも関係する。かつ財務活動ともリンクするため、一口に「マーケティング」といってもどこまでの領域に精通しているかは他の職種以上に幅広い。

「事業戦略・事業管理×マーケティング（オンライン・オフライン）×財務」といった経験を持っていれば、企業としての全体戦略への最適化、PLも意識したマーケティング立案ができるため、インパクトは大きい。業務別にはこんなところだ。

経営にインパクトがある業務というのは、言い換えれば経営層や上位者層がやっている業務そのものだ。ぜひ、そういった人たちが何をし、どういうスキルセットの掛け合わせを持っているかを見てほしい（ただし、社内政治による昇進者などは除く）。

社外にも目を向けよう。いわゆる経営層や、CxOと呼ばれる人物のインタビューは、調べればいくらでもある。自分と同様の業界や職種にいる人を見るだけでもヒントは見つかる。

発注者の罠

希少性に関して、1つ気をつけてほしいのが「発注者の罠」だ。発注者、つまりアウトソースをする（＝お金を使うクライアント側になる）立場にあまり長く身を置くことはおすすめしない。発注側は、相手からすると「お客様」なので、こちらの意図を汲んで動いてもらえるケースが多く、またフィードバックも得られにくい。

仕事のアウトプットを見れば希少性があるかのようにみえるが、実は手を動かしているのはすべて外部ということもある。しかも、それを自身の価値や能力だと勘違いしてしまいやすいのだ。仮に立場が逆転したときに、発注者側にいた個人に価値が出せるかと言うと、ほぼ出せない。発注者の立場に身を置き続ける危険性は、常に認識しておきたい。

また、働き方改革で労働時間を削減するために外注を増やし、コンサルタントにずぶずぶになり、社内の知見と能力が一気に弱体化した例は少なくない。

さて、「希少性」がスタンス＋ポータブルスキル＋テクニカルスキルにより構成されること、そして、その固有性（深さ）と広さ（幅）の掛け算が重要であると理解できたら、次に移ろう。

② 市場性

希少性に続く2点目は「市場性」だ。どれほど希少性が高かったとしても、そのスキルに需要がなければ、声はかからない。あなたの持っている力は、世の中でどの程度のニーズがあるだろうか？

年収のところでも述べたが、市場性は個人だけでなく、所属する業界の成長性も大きく影響する。

成長性を考えるにあたって重要となるのは、次の3つの要素だ。

1：業界・領域の成長率を捉える
2：背景にある構造を捉える（マクロ）
3：必要とされる人材要件を捉える（ミクロ）

業界は成長しているか？　成長し続けられるか？

直近で成長している業界や産業は、〝その構造が維持されるかぎり〟において、成長性があると言える。

「成長性」の目安は、年平均3～5％以上。なお、市場成長率は、各業界や総研が定期的にレポートを出しているので、それを参考にするのが基本だ。ただ、業界の定義がそれぞれ異なるなどの理由により厳密性を欠くので、より具体的には、「同一業界内の複数の主要企業が成長しているか」を見るのがわかりやすい。

業界や産業が伸びているかぎり主要プレイヤーは成長基調にあるが、衰退産業の場合は、現状維持が精いっぱいだ。ただし、この伸び率は「目安」であって、「答え」そのものではない。重要なのは「伸びている背景や構造」を理解することだ。

「過去伸びてきたから、これからも伸びる」はこの時代において正しくない。伸びている背景や構造には何があるのか？ その構造はこれからも続くのか？ ここが、まさに2の「背景にある構造（マクロ）」と、3の「必要とされる人材要件（ミクロ）」につながる。

2のマクロな構造とは、業界や産業の成長の背景にある要因、つまりは、社会動向を見ること。一般には、「PEST分析」などと呼ばれる。フレームワーク（図3－14）を覚える必要はないが、「マクロ動向を捉えることが重要」というメッセージのみ頭に留めてほしい。

たとえば、「政治」だと法規制、「経済」だと為替による仕入れ構造の変化、「社会」だと少子高齢化による高齢者マーケットの伸長、医療産業の発展、「技術」だとGenerative AI、ロボティクスの発展などが1例だ。

図3-14｜外部環境を捉えるためのPEST分析

P: Politics （政治的要因）	法規則など、市場のルールを変化させるもの （法律・法改正、税制、裁判制度など）
E: Economy （経済的要因）	景気や経済成長など、価値連鎖に影響を与えるもの （景気動向、消費動向、物価変動、為替など）
S: Society （社会的要因）	人口動態など、需要構造に影響を与えるもの （人口動態、老齢人口、少子化、流行・世論など）
T: Technology （技術的要因）	ITなど、競争環境・ビジネスモデルに影響を与えるもの （IT、新技術、特許、イノベーションなど）

出所：エッグフォワード作成

このような観点から、あなたが志望する業界はどんな影響を受けるだろうか。

どんな業界であれ、時代の変化に晒される。

かつては、メディア（テレビや新聞などのマスメディア）、エネルギー（石炭・石油含む）、運輸（鉄道、航空）が成長産業の筆頭だった。それゆえ、有名テレビ局に入ることは圧倒的に有利と考えられていたし、高度経済成長期には、石炭を含むエネルギー産業は花形だった。だが、現在はそれらの業界の低成長が続いているのは周知のとおりだ。

未来を完全に予測することは、どんな天才にも不可能だ。ただ、変化の速い時代だからこそ、世の中のマクロトレンドを押さえ、どんな需給の変化が生じるのかというアンテナの感度はより重要になってきていると言える。

変化が速い時代ほど、「自分の頭で考える癖」をつけていく必要があるのだ。

どの経営者も欲しがる人材の要件とは？

ここまでは産業の内部に目を向けてきたが、ここからは産業を横断する、つまり「どの企業でも共通して求められる」スキルセットについて見ていこう。

図3－15は、一般社団法人日本能率協会が発表した「日本企業の経営課題」だ。

5年後に注目してほしい。「事業基盤の強化・再編、事業ポートフォリオの再構築」「新製品・新サービス・新事業の開発」が大きな課題となっている。

実際、私が支援するどの企業の経営者も、「新規事業を創れる人材が欲しい」「既存の事業を拡張できる人材が欲しい」と口をそろえる。環境変化やテクノロジーの進展によって、ビジネスモデルは短命化している。常に新たな事業創造（攻め）と既存事業の成長（守り）が求められ、この課題を解決できる人材は、喉から手が出るほど求められている。

具体的に言おう。「新規事業の創造」については、ゼロイチで新たな事業を創った経験や能力、あるいはM&Aなどの手段によって事業を買収し、買収後のPMI（合併・買収後の統合プロセス）を成功させる能力だ。市場性も高いうえ、こうした領域を高いレベルで実施できる人は非常に希少だ。市場価値は高く、どの会社も高待遇で迎えたいと思っている。

また、「既存の事業を拡張できる人材」については、具体的には「DXによる既存事業の収益性改善」「（戦略立案・実行による）競争優位性の再構築」「人材マネジメントによる社員の生産

図3-15｜日本企業の経営課題

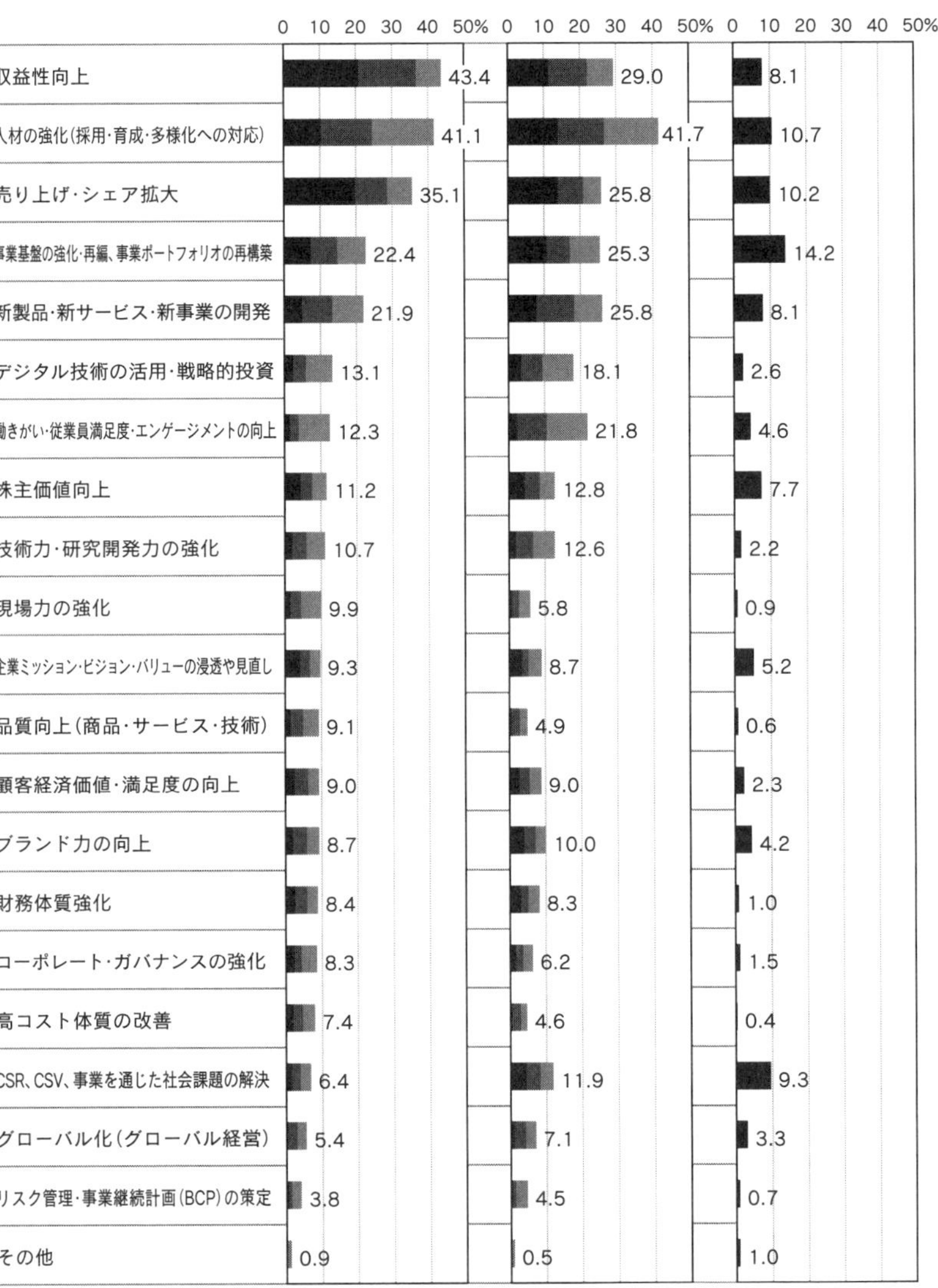

＊「現在」「3年後」は上位3つまで、「5年後」は1つだけ回答(n=689)
出所：一般社団法人日本能率協会「日本企業の経営課題2022」

性向上」などだ。一口に「既存の事業を拡張」と言ってもさまざまなアプローチがありうることがわかるだろう。

ハードルが高いと感じられたかもしれないが、現時点で「自分はこれらのスキルセットを備えています」と自信を持って言える人は多くない。大丈夫だ。ただ、「こんな経験が求められているのだな」とはっきり理解したうえで、現在の環境でも、これらに資する経験を積み重ねていってほしい。

「AIによる代替」を恐れない人がしていること

先ほどは、需要の「拡大」側面から求められる人材要件を考えたが、併せて認識しておきたいのは、テクノロジーによる代替によって、需要が「縮小」していく領域だ。

ＡＩで代替されるのは、なにも単純作業のみではない。いわゆるホワイトカラーと呼ばれる知的労働であっても、人間が介在する価値が低い業務は容易に代替されやすい。専門性が非常に明確というイメージの強い弁護士や会計士ですら、私のもとにキャリア相談に来るケースが、直近で増えている。

「リーガルテック」と呼ばれる事業が多数展開され、単純な契約書の法務チェックなどの機能はすでに代替が大きく進んだ。「今の経験の延長線上だと、私の仕事はなくなります。価値ある人材になるためにはどうすればいいのでしょうか？」という相談者の声も多いが、心配になるのも無理もない。

以前相談に来た方は、最初は中堅法律事務所に勤務し、ルーティーン業務が中心だった。が、まずは総合商社の法務に移り事業買収に関与、その後、ビジネスサイドに入り事業再生の経験を積み、最終的にはPEファンドに行きM＆Aや買収の実務にまで関わった。さらに国を横断したクロスボーダー案件に関与するようになり、希少性も市場性も大きく増した。年収も上がり、非常に活躍している。少なくとも当面はAIで代替されづらい人材だと言えるだろう。

なぜ、この方の市場価値は大きく上がったのだろうか？

まず、企業法務に精通しているというテクニカルスキルに加え、「中長期的には企業の淘汰やM＆Aの流れが進む」「だから、財務アドバイザリーとリーガルアドバイザリーと企業再生のスキル、つまり法務面と事業面と財務面を横断するスキルを持った人の需要は必ず増える」と見込んだからだ。

あくまで1例だが、技術トレンドから自社の将来を読み、先回りして行動することの重要性が窺い知れるだろう。

また、重要な論点として、ＡＩの進展はもはや不可避だ。

リクルートワークス研究所が発表した、「代替されやすい職と代替されにくい職」（図３－16）は非常に参考になる。ホワイトカラーと呼ばれる職種であっても、いわゆる単純作業やルーティーンを繰り返す業務は早期に代替が進むと明示されている。

ＡＩで代替される職種の多さに、悲観的になる必要はない。「ＡＩが業務を代替することにより、人には何が求められるか？」をセットで考え、行動すればいいだけだ（図３－17）。

人でなければできない3つの領域（創造・変革・コラボレーション）

図３－17で言う「人でなければできない仕事」とは何か。あえてシンプルに言えば、大きくは「創造」と「変革」と「ソーシャルコラボレーション」の３つだ。順を追って説明しよう。

◉課題を設定し目的を描き出す力（創造）

機械やＡＩは、指示された作業をこなすのが得意だが、一方、ゼロから目的を創り出すことは苦手だ。「キャリア３・０」でも挙げたが、今後必要とされるのは「決められたテーマの課題解決」より、むしろ「ビジョン」を掲げ「目的」を定め、解決すべき「対象」を設定していくことなのだ。

図3-16｜代替されやすい職と代替されにくい職

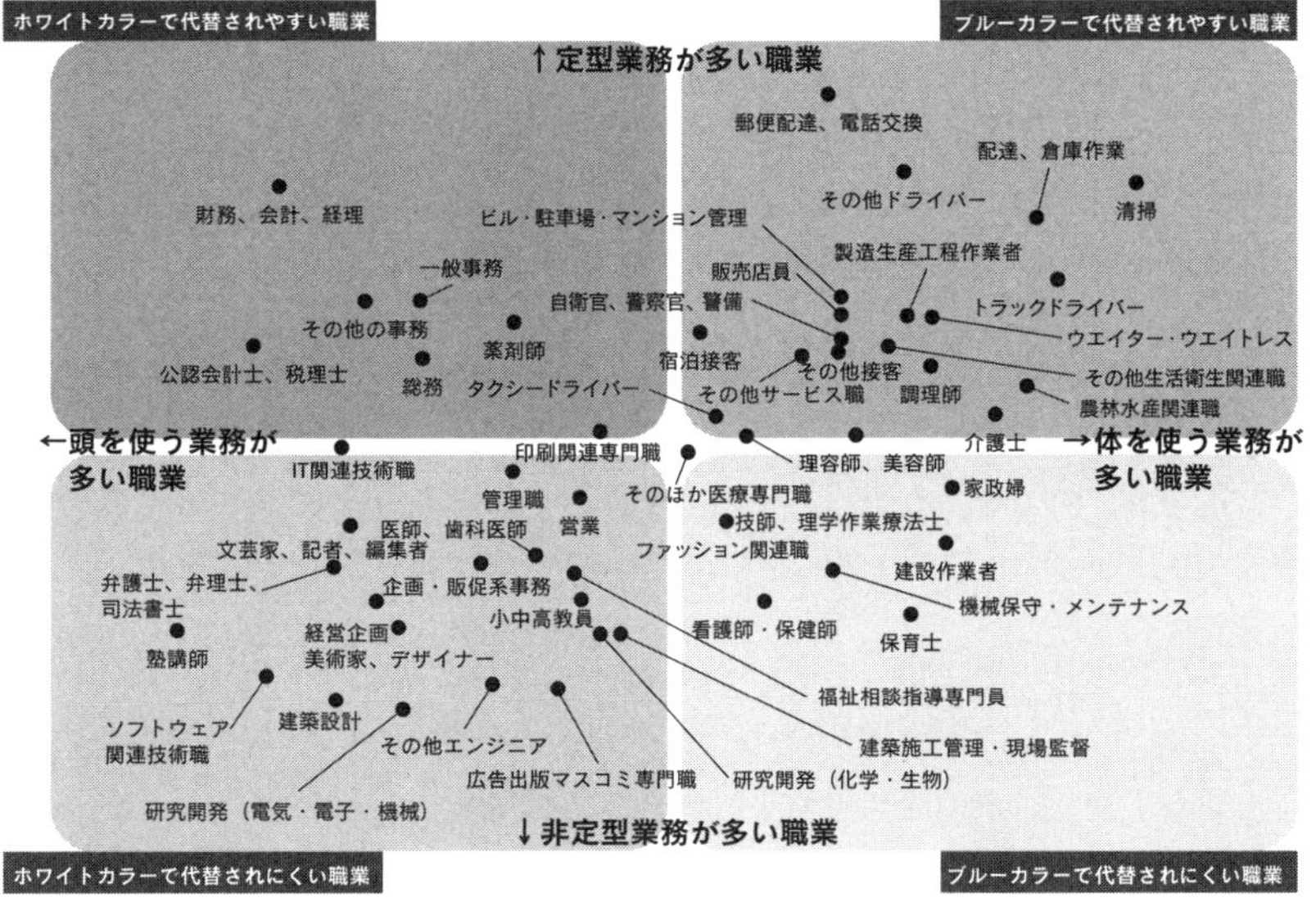

出所：リクルートワークス研究所「全国就業実態パネル調査2020」

図3-17｜AIに代替されるのか、共存するのか？

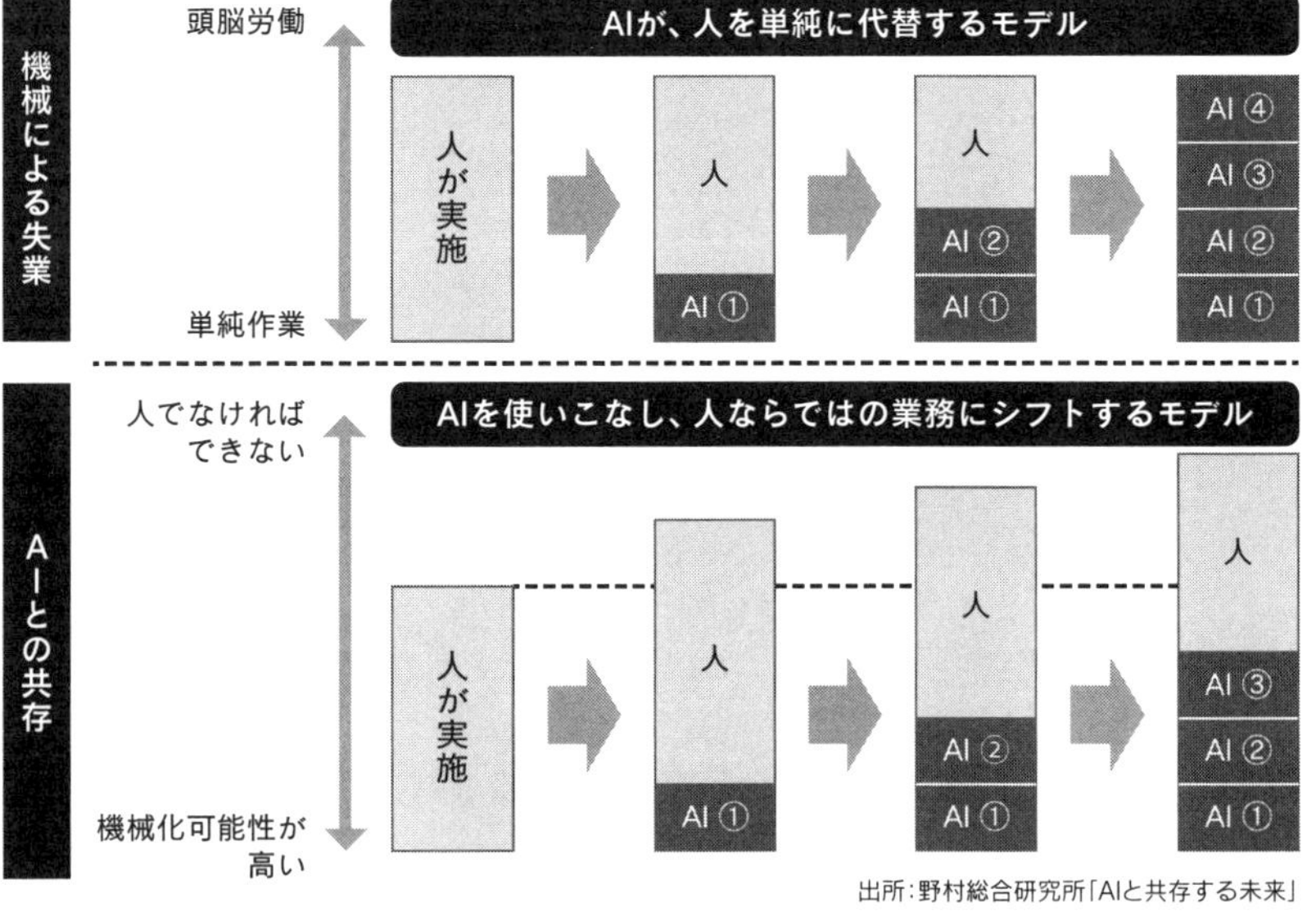

出所：野村総合研究所「AIと共存する未来」

これからの時代においては、「課題解決力」よりも、そもそもの課題を設定する、「課題設定力」のほうが重要になる（コンサルティング会社の若手の仕事の価値が急激に下がっているのもその証左だ）。

◉変化を生み出す力（変革）

ここで挙げている「変革」とは、「改善」と一線を画す。改善は既存の延長線上にあるが、変革は、すでにあるものをベースにするのではなく、そもそも論に立ち戻り、姿や形を新たに創り変えることを指す。

よりイメージをクリアにするため、イノサイト社のスコット・D・アンソニー氏による変革の3分類をふまえつつ、例とともに紹介したい。

①オペレーション変革

現在の取り組みを、より巧みに、より速く、より安くする。たとえば、製造業の現場で機器に設置したセンサーからデータを取得し、AI分析により故障を検知したり、稼働状況、人員配置の最適化を果たすなどだ。

②事業モデル変革

現在の事業の枠組みを根本的に変える。たとえば、コンテンツ事業者が、コンテンツの売り切りからサブスクのストリーミング配信事業に変わる。あるいは、ＥＣ事業者が、モノの物販から、個人の特性に応じたライフスタイル提案型のサービスに変わるなど。

③ 戦略変革

事業のみならず、会社の本質的な部分を変える。たとえば、商社が、流通事業から投資事業へ変わる。ＩＴ広告事業者が、広告事業者から、データ事業者へ変わるなど。会社のあり方すらも抜本的に変えてしまう。

これほど大規模なものでなくとも、通常業務から変革は始められる。

営業1つとっても、これまでの営業のあり方、アポ訪問のあり方の「当たり前」を疑い、業務プロセスを効率化する。クライアントの御用聞きモデルから、顧客の事業成長をサポートする、高次の課題を整理し解決するソリューションモデルに転換するなどは十分可能だ。

重要なのは、現状に健全な危機感を持ちながら、既存の枠組みや慣習にとらわれることなく行動していくことだ。大きな変革は慣習にとらわれない小さな1歩の先にしかない。

◉多様な志向や職種を束ねる力（ソーシャルコラボレーション）

特にこれから市場性が高まる力として、多様な志向や職種を束ねる力（ソーシャルコラボレーション）を挙げておきたい。

機械やＡＩは、人と人との関係性や感情面に配慮して業務を進めることが難しい。ここそ、まさに人がやるべき仕事なのだ。多様な他者とコミュニケーションを取り、相互理解、交渉といった高度なコミュニケーションを重ね、ビジョンや志を示し、協調を得つつ人々を束ねていく。

前述の弁護士も、定型かつ個人で完結する業務は、徐々に代替されると言われている。逆に、同じ弁護士業務でも、このソーシャルコラボレーション力を組み合わせたＭ＆Ａアドバイザリーは、希少性も市場性も増すのだ（実際に報酬は極めて高い）。

ここまで、需要と供給を軸に市場性を解説してきた。常にアンテナを張り、業務の将来的な需給ギャップを意識しておくことが、長いキャリアジャーニーを歩むには非常に重要となる。

③再現性

さて、いよいよ最後の再現性だ。ぜひ自身の現状と紐づけながら考えていただきたい。

再現性とは、一言で言えば「違う組織・環境に移った際、同等の価値を発揮できること」だ。

ややイメージを掴みづらいかもしれないので、再現性が「ない」ケースから説明しよう。

たとえば、本人はこれまでの成果をもとに「自分には市場価値がある」と思っていても、実は会社の看板や、周囲のメンバーからの支援、商材やサービスの力などあってのもので、場所が変わったとたんに成果が上げられなくなった。これが、再現性がないケースだ。

では、何が再現性を担保するのか。「成果」そのものは、環境や、周囲のリソース、会社の「看板力」などに左右される。大事なのは、どのような環境でも達成に向けて思考・行動できるか、異なる環境でも成功できる「ポータブルスキル、スタンス」があるのかだ。

特に、「『看板力』も強くリソースが豊富で、上長からの指示を受けて動く大企業」から、「『看板力』が弱く、乏しいリソースで、自ら動く主体性を求められるスタートアップ」へと環境を移した場合、つまずくことが多い。

自身の再現性を考えるには、上長やメンバーなど一緒に働く人が変わったら、商材や顧客が変わったら、カルチャーや社内ルールが変わったら、自分はどの程度の価値をもたらせるかを想像することから始めよう。そこから自分が再現性高く成果を上げるために「外せない要素」が見えてくるだろう。そこが、重要だ。

再現性は「プロセス」に宿る

再現性についての解像度をより高めるために、重要なキーワードとなるのが「プロセス」だ。

結局は、どんな成果を出してきたかではなく、どんな環境で、どんな人がいて、どんな障壁があるなかで、どう考え行動したのかという「プロセス」にこそ、本人のスキルやスタンスが表れる。そこから、再現性が見えてくるのだ。

再現性を棚卸しするには、自身が上げた成果について、次の3点を明確に言語化してみてほしい。

「成果は何だったか？」だけではなく、

・過程（プロセス）：あなたは「何の取り組み」をしたのか？
・深掘り：なぜ、どう考えてその取り組みをしたのか？　その取り組みには、具体的にはどんな工夫があったのか？　何が他の人と違ったのか？（スタンス、スキル）
・必須要素：あなたはどんな環境・要素があれば、他の組織でも同様の力を発揮できるのか？

再現性の有無について、実際の法人営業のケースで見てみよう。

Ａさんは、営業が強いと言われる会社の法人営業でＭＶＰを獲ったことがあり、書面上は優秀な人材に見える。ただ、どうＭＶＰを獲ったのか、その背景や工夫を聞くと、「上長のアドバイスをふまえて、担当するクライアントの数を増やし、行動量を増やすことを心掛けた」「受注率向上に向けて、説明資料をベースに上長や周囲とのロープレを繰り返した」とのみ答えた。

Bさんも、同様に法人営業でMVPを獲った人材だ。その背景や工夫を聞くと、「限られた稼働のなかでの成果最大化」を常に意識し、「営業プロセス（アポ取得、訪問、初回提案率、受注率）」を要素別に自ら分析し、各プロセスにおいてPDCAを週1で回し、「セグメント別顧客の受注率や、顧客への過去の販売タイミングから逆算したリプレイス時期の把握」などの分析をベースに成果を上げていた。

加えて、そこからもっとも効率的な営業プロセスを創造し、ナレッジを部内に展開し、教育の仕組みまで整え、部全体の売上をも倍増させ、チームの成果最大化に取り組んでいた。

もちろん、Aさんの「行動量」や「ロープレの繰り返し」も、素晴らしい。

ただ、どちらが再現性高く、幅広い組織でプロダクトや商材を売れる法人営業なのかは一目瞭然だろう。プロセスに再現性が宿るとはこういうことだ。多くの企業は、面接で「あなたが異なる環境でも成果を出せる人材か」をシビアに見極めているのだ。

「エア転職」のすすめ

ただ、「自身にどの程度の再現性があるかが、よくわからない」という方も多い。答えは簡単、外部に聞いてみるのがいちばん手っ取り早い。自身の経験、スタンス、スキルやバックグラウンドのうち、どの力が通用して、どの力は通用しないのか。

実際に転職まで行かなくとも、転職「活動」をすると、自身の再現性はすぐにわかる。再現性だけでなく、希少性も、市場性も同時に見えてくる。

これを私は「エア転職」と呼んでいる。客観的に、フラットに向き合ってくれる転職エージェントには、自身のキャリアはどう捉えられるのか？　実際に受け入れる側の人事担当者や企業経営者はどうだろうか？

自分は、自分に甘くなる。無意識に都合のよい面ばかりを見てしまう。マーケットに出て、晒され、自分に向けられた声に真摯(しんし)に向き合おう。

再現性でつまずくケースは、本当に多い。あなたがそうならないためにも、もう少し具体的にイメージを掴んでおいてもらいたい。

大企業の情報システム部門で新卒から活躍してきた30代の方。自社内でとても重宝されているため、さらなる活躍フィールドを求めて転職活動をしてみたところ、思った以上に、選考に通らない。

理由を聞いてみると、現職の社内システムは、自社のために独自にカスタマイズされていて、そこで得た経験や専門スキルは他社で転用しづらく、再現性がなかった。そのため、即戦力ではなくポテンシャルで評価されざるをえず、30代であることをふまえると高い評価は付きにくいとのことだった。

次に、社内の企画部門で活躍していた方。大企業で重要な社内調整や根回しに長けていて、「彼女のおかげで円滑に仕事が進む」と評価も高かった。

しかし、転職してみると評価が芳しくない。なぜなら、彼女が仕事をうまく回せていたのは、会社の全事業部の業務を広く理解し、ネットワークも構築できていたから。しかし、これらは転職先に「持っていけない」資産だった。

このような例はいくらでも挙げられる。会社の「看板力」があったから、競争力のある商材だから営業成果が出ていただけ。予算がたくさんあるマーケティング部門だったから成果が出ていただけ。規制業界にいたから過去を踏襲するだけで一定の成果が出ていただけ。減点主義の会社なので上長に言われたことを正確にこなせば成果とみなされていただけ、などだ。

すべてに共通しているのは「特定の環境下だからこその成果」を理由に「自分はどこでも活躍できる人材だ」と思ってしまっている点だ。このギャップは時間が経てば経つほど色濃くなる。対策はシンプルだ。「エア転職」で、外部に自身の再現性を聞こう。

市場価値への感度チェックシート（10個のキークエスチョン）

参考のため、あなた自身の市場価値に対する感度を把握するキークエスチョンを10個用意した。直感でかまわないので、当てはまるものに、「○」を付けていっていただきたい。

Q	チェック項目	セルフチェック
1	現在の年収の妥当性を、業界の水準、業界・自社の成長性、自身の成長可能性などをふまえて把握・説明できる	
2	ジョブ型雇用が進展した際でも、自身の市場価値や強みを、対外的に納得感を持ってもらえるように説明できる	
3	自身のポータブルスキル／スタンスのレベル感を、事例やプロセスをもって対外的に説明することができる	
4	自身のテクニカルスキルのレベル感を、事例やプロセスをもって対外的に説明することができる	
5	単一の能力を高めることと、複数分野での掛け算の両方の観点を持ちながら、キャリアを形成してきた	
6	会社の看板がなくとも、副業などで自身に対して対価が払われるレベルの能力を有していると思う	
7	20～30代のうちに従来の延長だけではない、非連続な成長機会を意図的に掴んできた／掴む予定だ	

8	マクロな業界構造変化と、ミクロに求められる人材要件についてのアンテナを張り、自分なりに言語化できている	
9	対外的にも説明できる、自身の代名詞と言えるような成果がある	
10	自身の能力のうち、何が組織外部でも通用して、何が通用しづらいのかについて区分して説明ができる	

現時点の○の多さ少なさそのものに一喜一憂する必要はない（○が1個もつかないことも珍しくない）。大事なのはここから、どうあなたの市場価値を高めていくかだ。

市場価値を「高める」3つのSTEP

ここまで市場価値を「市場価値＝希少性×市場性×再現性」の方程式に落とし込んで語ってきた（図3－8を再掲しておこう）。では、実際にどう市場価値を高めればいいのだろうか？　全体像は図3－18のとおりだ。

図3-8｜市場価値＝「希少性」×「市場性」×「再現性」（再掲）

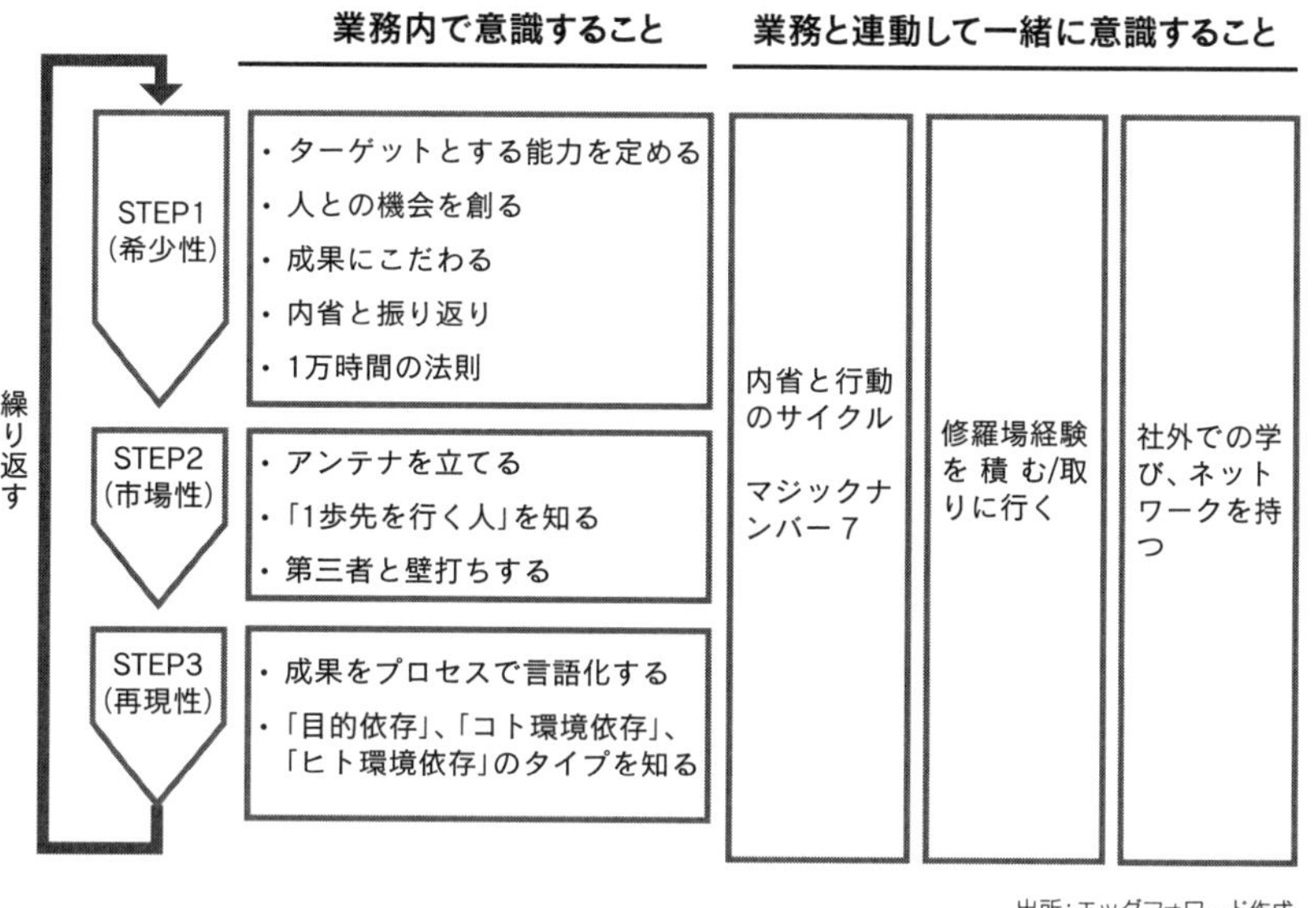

出所：エッグフォワード作成

図3-18｜市場価値を高める3STEP

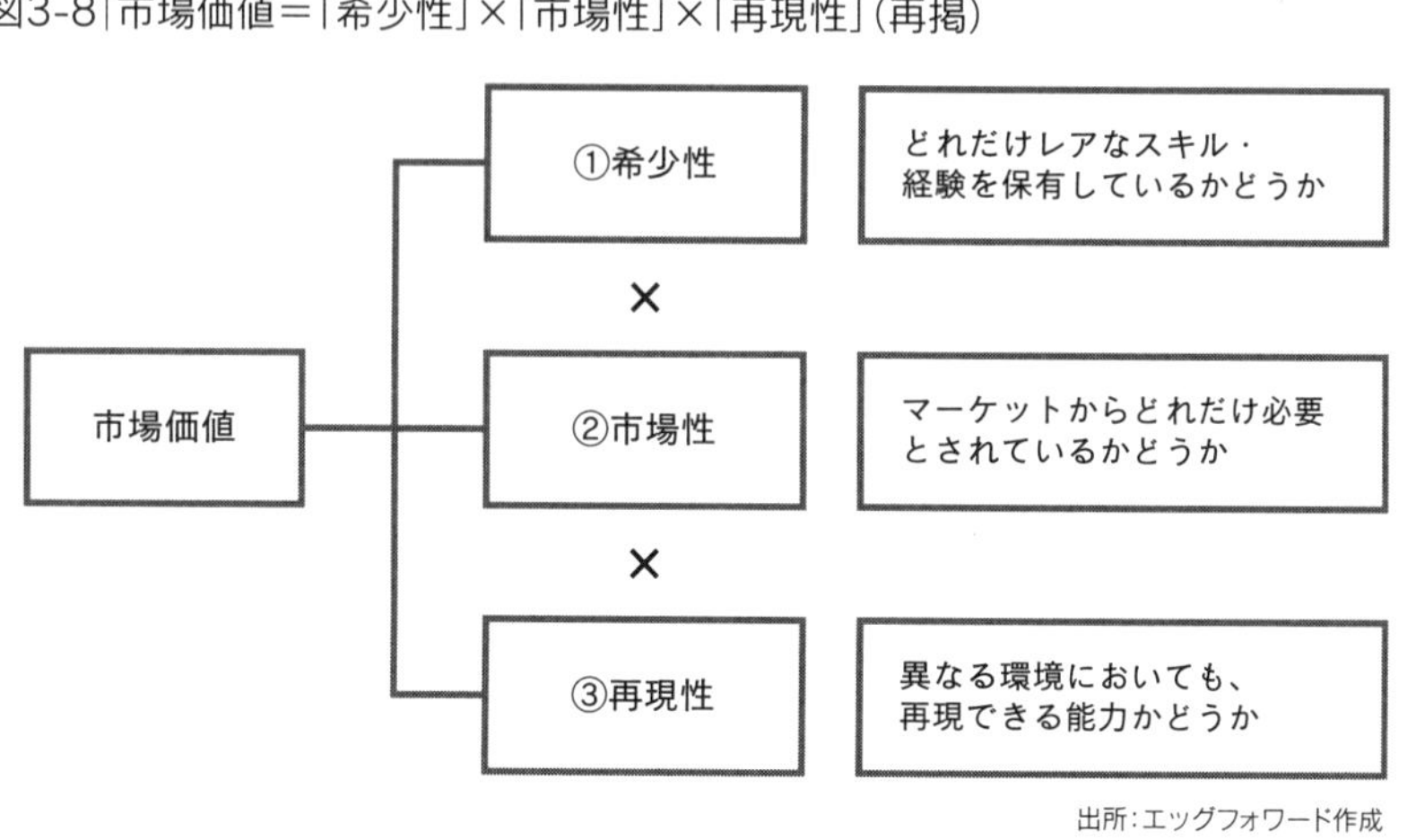

出所：エッグフォワード作成

STEP 1　希少性がある能力を高める

希少性の高め方については、特に多くの方から相談を受ける。

おさらいすると、希少性は「スタンス」、「ポータブルスキル」、「テクニカルスキル」によって構成されるのだった。まず言っておくと、これらは一朝一夕で高まるものではない。だからこそ、PL型ではなく、BS型のキャリアを意識して、日々積み上げることが重要になる。

スタンス、ポータブルスキルを高める4つの方法

スタンスやポータブルスキルは、いわばビジネス基礎力であり、ビジネスパーソンとしての「足腰」ともいえる部分だ。テクニカルスキルについ目が行きがちだが、何よりもまずこの「足腰」を大事にしてほしい。これらを高めるために、4つの観点から考えていこう。

①ターゲット能力を定める

1点目は、「高める能力を決め、目的意識を持つ」ことだ。

目的意識次第で、同じ業務からでも成長幅はまったく異なる。あなたは、今の業務でどの

ポータブルスキルを、どのレベルまで高めようと意識しているだろうか？

たとえば、営業1つとっても、漠然と日々の実務をこなすのではなく、具体的に、「顧客の課題を整理する力を高める」と決める。

より上位の経営レベルの課題を整理するくらいのつもりで毎回の商談に臨むか、定型的なトークに終始するかどうかで、日々の成長幅は大きく異なる。

プレゼンテーション1つとっても、流暢（りゅうちょう）に話せれば十分、というレベルに甘んじるのか、共感を得て、その場で意思決定までしてもらうのか、どんな質疑にも受け答えができるよう準備するのか。どの能力をどこまで高めようと目標設定するかで、準備や臨み方もまったく異なる。こうした、「ターゲットとする能力」と「どのレベル感を目指すか」の目標がないかぎりは、意味のある振り返りもできないはずだ。

②人との機会を創る

2点目は、「スタンス・スキルレベルの高い人との機会を意識的に創る」ことだ。

周囲の基準が高ければ、自身も自然に引き上げられる。先の「元リク」のスタンスや、コンサルティングファームのポータブルスキルに対する転職市場の評価が高いのも、それぞれの組織内の基準が高く、現場において高いレベルでのフィードバックが、密に行われているからだ。

逆に、「お山の大将」として現職のトップを維持し続け、著しく成長した人はほぼ見ない。

あなたの周りに、スタンス、ポータブルスキルが高い人は思いつくだろうか？　もしいれば、意識的にプロジェクトなど仕事をともにできる機会を創っていく。社内であれば、まず話してみるところからはじめる。幸運にもプロジェクトをともにできる機会があれば手を挙げてみる。社外であればセミナーやミートアップなどで個別に話してみることで、自分との差分を感じられれば、そこが成長のスタート地点となる。

「社内にそんな人はいない」という方。本当にいないのであれば、それは、転職を視野に入れるべきタイミングだともいえる。特に、指導を受ける機会が多い20～30代前半に基準値が高い組織で働けるかどうかは、成長速度に大きく影響するからだ。

③ 成果へのこだわり

重ねて大事にしてほしいことは、「成果へのこだわり」だ。

当たり前に聞こえるかもしれない。しかし、あえてしっかりと伝えるのは、「成果が出ないことを職場環境や同僚、上長のせいにして、自分と向き合うことを避けるケース」が実際には非常に多く見られるからだ。

シビアなようだが、ここではないどこかに行けば、自分以外の誰かが環境のお膳立てをしてくれ、自分のスキルと希少性を高めてくれることなどありえない。どんな環境であれ、成果にこだわる姿勢は成長のためには欠かせない。徹底的に成果にこだわると、あるべき姿（目標）と現状の差分、身につけなければならないスタンスやポータブルスキルは、自ずと見えてくる。

ただ、1つだけ注意してほしいことがある。成果にこだわると、特に優秀な上位者が近くにいるときなど、つい自分と周囲を比較してしまいがちだ。しかし、再現性でも触れたように、大事なのは成果に至るまでの「プロセス」だ。何をしたのか？　なぜそれをしたのか？　成果に至るプロセスを言語化し、比較するのではなく、自身にその優秀な人のプロセスを取り込んでいくことだ。

④内省と振り返り

最後の4点目は、「内省と振り返りのサイクル」だ。

人材を輩出していることで有名なある企業やプロフェッショナルファームで、早期に成長する人とそうでない人の違いを徹底的に調査したことがある。

成長する人に共通する特徴は、自身の「伸ばすべき強み」、「克服すべき課題」を明確に意識していること、そしてそれを実務に連動させて業務に取り組んでいることだった。

大事なのは、まず伸ばすべき、活かすべき強みに目を向けること。全部が平均点になっても、希少性は高まらない。

ただ、そう伝えても「自分の強みが何か、何が足りていないのかわかりません」という方も多い。そういうときは、自分なりの仮説は持ったうえで、上長や先輩に、あるいは社外の方でもいいので、率直に自分の強みが何かを聞きにいってみてほしい。

「伸ばすべき強み」がある程度わかったとして、悩ましいのは「組織制度（目標設定や昇格条件）と自分の成長したい方向が合わない」ケースがよく見られることだ。

「強みを伸ばしたところで、どうせ評価されないし……」という気持ちはわかる。ただ、評価制度が変わるのを待って、あなたの限られた時間を浪費するのはあまりに惜しい。会社の評価とははっきり別軸で分けて考えて、自ら「伸ばすべき強み」を週次（場合によってはデイリー）といった短い時間軸でチェックするサイクルを回していこう。

優秀な方と仕事をする機会を創れたら、内省し、差分を感じ、その差の埋め方を相談し、アクションをする。この「当たり前」を積み重ね、サイクルを回し続けられる人が、最終的には強い。自分より優秀な人はいくらでもいる。誰だってそうだ。その人と自分を比べて諦めるのか、1周でも多く、サイクルを回してみるのか。本当に望むキャリアジャーニーを歩めている人は、才能で勝る人ではない。地道な行動を厭わず、積み重ねられる人だ。

最後に注意点として、ある程度の段階までは「質より量」が大事であることを伝えておきたい。多くの人は「質」ばかりを意識して、選択や意思決定に時間がかかり、結局行動が遅くなりがちだ。目的意識を持ち、内省と振り返りのサイクルを回していれば、量はいつしか質に転化する。

テクニカルスキルの高め方

続いて、テクニカルスキルだ。

テクニカルスキル＝資格でないことはすでに述べた。ビジネスパーソンである以上、実務がすべてだ。実務経験につながらない資格は役に立たないといっても過言ではない。

ここも、よく相談を受けるのが「テクニカルスキルと呼べるものが思い当たらない」だ。安心してほしい。順を追って考えていこう。

人間は、偏りのある生き物だ。だから、希少性と呼べるレベルに到達するには、全部を平均点にすることを目指すのではなく、強みを尖らせることを優先し、課題の克服は最低限にとどめるほうが、トータルとして希少性は高まるというのが私の結論だ。なお、ビジネスパーソンの「足腰」にあたるポータブルスキルについてはある程度の課題克服も必要だが、特にテクニカルスキルについては、強みに寄せたほうがいい。

第2章の「自分自身の言語化」での棚卸しによって、経験やスキルから自分の強みはある程度見えてきているだろう。ただし、それはあくまで自分目線なので、それを他者、特に社外の人との対話の中で見つめ直すことが重要だ。

社内の普段の業務で関わるメンバー「以外」の同じ職種の人、あるいは同業や同職種の集まり、転職エージェントの方などと対話して自分のことを整理するうちに、意外な強みが見えてくることもある。イメージが涌きづらいかもしれないので、具体例で話そう。

営業で成果が上がらず、「自分には強みと呼べるものなんてない」と悩んでいる方がいた。あるとき、直属の上長ではない社内のメンバーと対話する時間があった。その中で過去を振り返ったところ、「これまで熱中できたこと」「圧倒的に成果が出るときと出ないときの差」がだんだんわかってきた。

どうやら、過去に成果が出ていたときは、「自社の商材が本当に顧客のためになっていると思えていたとき」のようだった。導入してから顧客の喜びの声も聞けたし、その会社がよくなっていく手ごたえを得られたのも、本当に誇らしかった。だからこそ、誰よりも顧客の会社のことを考え、カスタマイズした提案をする力が発揮できていたように思う。

さらに、受注が増えた後、効率的かつ確実に価値を届けるために、そのプロセスをモデル化するのも好きで、受注後のプロセスを体系的に整理までしていた。ミスも減り、社内外ともに喜ばれる、営業管理のような仕事もできていた。

逆に、現在成果が出ていないのは、今扱っている商材が、顧客のためになっていると本音では思えていないからだった。カスタマイズした営業も、「マニュアルにない余計なことをするな」と上長から指摘が入っていた。

自分の特性に気づいてからは、まず社内で異動の機会を掴み、自分でもいい商品だと思えるトライアル段階の新規商材の営業に転換。ここで顧客ニーズの把握とモデル化の強みを活かし、一気に圧倒的なレベルにまで突き抜けた。

さらに、営業管理やプロセスのモデル化の経験を「財務回りの数値分析やＩＲにも応用できるのではないか」と捉え直し、営業から財務へ、その後ＩＲに異動して活躍している。

過去の業務の中から見つけた小さな強みの種を育てていけばよいのだ。最初から明らかに専門的なテクニカルスキルはなくてもいい。

同職種の人とでも、対話し自己の整理をしていくなかで、「新規アポイントで断られることがまったく苦ではない」や「アポイント獲得は苦手だが、提案資料を作るのは好き」など、思考特性や行動特性の違いが見出せるケースもある。自分には当たり前だと思える行動や思考の習慣が、他者から見ると特異だということはけっこう多いのだ。

1人で考えこみすぎずに、ある程度自分のことを棚卸しできたら、次は他者と話して、自分自身を捉え直してみてほしい。

◉1万時間の法則

「人は何かを習得するのに1万時間の鍛錬（たんれん）が必要である」という説がある。いわゆる「1万時間の法則」だ。

正直、何を習得するのかにもよるので、「1万時間」という数字そのものに絶対的な意味はないだろう。ただ、何かを深く極めていくには相応の時間を投下しなければならないという考えには、私も同意する。1万時間は1日8時間を毎日費やしたとして約3・5年だ。1ヶ月の労働日数を20日とすれば、約5年ほどの計算となる。

この3~5年というのは、ちょうど業務における「守・破・離」の「離」のフェーズに到達し、自分なりの型を確立して成果を出しやすくなる期間ともリンクする。逆に、ジョブローテーションで複数の業務を兼務していたり、2~3年で異なる部署に異動があったりでは、専門性が高まらない。

ここははっきり伝えたいが、現実として、テクニカルスキルを上げるには時間がかかる。誰でもすぐに身につけられるとすれば、それは希少ではない。時間がかかるからこそ、優位性につながるのだ。

まずは1つ、地道に研鑽（けんさん）を積み確固たるテクニカルスキルを確立すること。そのうえで、さらに希少性を高めるには、本章前半でも説明した「スキルの掛け算」が重要になる。少し高度な事例を挙げてみよう。

会計・経理の仕事をしている方がいた。公認会計士などの資格があるわけではないが、実務経験は5年以上と非常に豊富で、自分でも好きな仕事だと認識していた。ただ、当該スキルは守破離の離のレベルまでは来ていたものの、今のままだと上位5~10%に入れず、市場価値もそこまで高くなりそうにない。

この方は、「会計・経理の経験」を起点に、掛け算によるキャリアアップを図り、その後、各社から引っ張りだこの希少性の高い人材となっていった。

具体的に何をしたのか。彼は、今後スタートアップ業界は大きくなるため、ＩＰＯ（新規上場）を担える人材の価値が非常に高まると市場性の観点から考えた。そのため、ＩＰＯを目指している企業に転職し、そのプロセスを自ら経験しにいった。結果、転職先でＩＰＯを経験した彼は、「会計・経理の経験」に「新規上場に関わる一連の業務経験（上場体制整備などの構築）」を掛け算することで、稀有な存在となった。

そしてその後、もっと若い会社に入り、資金調達などのファイナンスに挑んだ。その過程を通じて、ＣＦＯに求められる要件である「財務・会計の実務経験」×「資金調達などのファイナンス経験」×「上場体制整備の経験」の経験を積み、引く手あまたの人材となっていった。

このように、「希少性の源泉」を足がかりに、掛け算でさらに希少性を増すのが定石だ。だが、もう1つやり方がある。「修羅場経験」を積むことだ。

希少性を磨く「修羅場経験（クリエイティブジャンプ）」

本章前半で述べた1万人以上のキャリアについての研究でもう1つわかったことがある。市場価値が高い人は、必ず共通して「あのときは大変だった、もう経験したくない。でも、今思うとあれでけっこう成長したな」と思えるようなハードな経験を積んでいたのだ。私は、それを「修羅場経験（クリエイティブジャンプ）」と呼んでいる。

程度の差はあれ、同じ環境にいると成長のペースは徐々に下がり、いずれ間違いなく踊り場がやってくる。そこで重要になるのは、今の延長線上にある連続的な改善ではなく、新しい機会に飛び込めるか否かだ。さらに深く、もしくはさらに多様に幅を広げるこのような非連続の経験を「クリエイティブジャンプ」と呼ぶ。

「自ら機会を創り出し、機会によって自らを変えよ」という有名な言葉があるが、「自ら〝非連続な〟機会を創り出し、〝非連続な〟機会によって自らを変えよ」が今後のスタンダードになると、私は信じている。

「私には、そんな機会はありません」と言う方も多いのだが、そこまで難しく捉えないでほしい。対象は、社内で始まる新規プロジェクトや部署横断プロジェクト、難易度が高い顧客との対峙経験、出向など、どの企業にもありえるものだ。一見、「今の自分にはできないのでは」

と尻込みしてしまうハードな経験にこそ、成長機会は潜んでいる。

とはいえ「その機会を掴むための方法がわからない」という方は、次の3点を参考にしてもらいたい。

1つ目は、発信だ。といってもSNSだけが「発信」ではない。普段仕事で接するすべての人に対して口にする自分の言葉すべてが「発信」だ。

たとえば海外経験や出向、チャレンジングな機会を掴みたいのであれば、とにかく何度も何度も口にしておく。全社発表の場でも、上長との目標面談や振り返り面談の場でも、チーム会でも、同僚との飲みの場でも、雑談でも、何だっていい。発信により旗を立て、チャンスが来た際に、「第一想起される（「検索と言えばグーグル」のように一番に思い出す）存在」になるのだ。海外での業務、新規部署の立ち上げメンバーなど、新たな人員がアサインされる際、「そういえば〇〇さんはいつもやりたいって言っていたし、候補に挙げるか」といったやりとりは、人事において往々にしてある。

2つ目は、機会が来た際に「いつでも行ける状態」を作っておくことだ。チャンスの女神には前髪しかないとよく言われる。

新規事業をやりたいのであれば、「誰かやりたいか」と呼びかけられたらすぐに手を挙げる意識を持っておく。常に自分から実現したい企画を発信して、用意し、アップデートを重ねておく。海外赴任したいのであれば、同様の機会を掴んだ方との接点を作り、準備をしておく。「チャンスが来るかどうかもわからないんだから」といって準備を怠る人には、残念ながら一生チャンスは来ない。チャンスを自ら掴む人は、無駄打ちになることを恐れず、やれる準備はすべてやっている。

それでも、どうしても機会が社内にないということももちろんありうる。そういう場合は3つ目、「社外に創る」ことも必要だ。

副業が当たり前となった時代において、副業プラットフォームやクラウドソーシング、スキルシェアのプラットフォームなどは数多く存在するし、副業NGの場合はNPOなどに経験を積みにいくのでもかまわない。当然、転職も視野に入れていいだろう。

非常に若くして亡くなられてしまったが、私が学生時代、影響を受けた方の1人に、商社入社後に就職・転職活動支援スクール「我求館」を創業し館長を務めた杉村太郎さんという方がいた。その方がよく仰っていた、「迷ったら挑戦するほうを選べ」という言葉は今も私の胸に響いている。迷っているうちに人生が終わってしまう可能性もあるのだから。

自身の向かいたい方向性に向けて、クリエイティブジャンプを掴むチャンスが来たら、迷わず飛び込んでもらいたい。飛び込む前の段階では、飛び込んだ先に何が待ち受けているかなど予想もつかないだろう。それでも、だ。

その機会が、「ありたい姿」や実現したい世界とつながっていると思えるならば、必ず成長はある。もしも短期的に困難や失敗があっても、その経験は次に活きる。だとすれば、それは本質的には「失敗」ではない。

「修羅場経験」と呼ぶくらいだ。飛び込む前には、不安や恐れもあるだろう。

新プロジェクトへ手を挙げる、苦しい事業を立て直す、組織崩壊に向き合う、海外に赴任する、すべてそうだ。

そのときの決め手は3つだ。第2章で扱った、「自身の『ありたい姿』や想いと重なること」、市場価値の観点では「一緒に働く人が、自身が得たい強みやスキルを有していること」、そして、「何か1つは自身の強みの深さや幅を鍛えられそうなこと」。

最後の成長の観点だけで頑張れる方もいるが、私個人としてはクリエイティブジャンプを自己成長だけで乗り越えるのは苦しいと感じる。頑張り続けられる方はやはり「ありたい姿」や、ともに働く人が支えになっていることが多い。

STEP 2　市場性を強く意識する

希少性を高めれば、次は市場性だ。マクロ動向に影響される市場性そのものをコントロールすることはできないが、市場性を強く意識するためのポイントを挙げてみよう。

①アンテナを張り、常に仮説を立てる

先に述べたように、社外へのアンテナを張り、今後、市場がどう変わっていくのかを自分自身の頭で考え、常に仮説を立てておくこと。正直なところ、多くの方は、社内の他部門にすらアンテナが立っていない。社外の動向にまで情報感度が高ければ、それだけで優位性が築ける。

情報は意識して取り込まないと血肉にはならない。なんとなく経済ニュースを流し読みするのではなく、今起きている状況が未来にどう影響するのかを考え、対話し、意見を交わす癖をつけてほしい。近い業界や、同職種の方とばかり付き合うのではなく、1～2割は、社外の異業種の方との接点を意識的につくるようにするとよい。

②「1歩先行く人が、今何を考えているか」を知る

これまで数々の方を見てきて意外に思うのは、以前は社外の諸先輩や友人との接点が多かった方も、特定の会社に長くいればいるほど、社外の方との接点が減っていきがちなことだ。

私は、持続的に成長する企業の経営者ともお話をする機会が多いが、彼らは自分が遅れていると思う領域のことを、詳しい人のところへ謙虚に、かつ積極的に学びにいくし、年下だろうが教えを乞う。

60～70代の経営者で、AIやWeb 3が世に出て間もない段階で、そこらの玄人（くろうと）よりも詳しい方がゴロゴロいるのには驚かされる。

本当は経営者や、伸びる業界でエッジを確立している人と接点をつくって話せるといいのだ

が、なかなかそのような機会がない場合は、自分の「1歩先、1・5歩先」を歩んでいると思える人との接点をつくろう。

ポジションの観点でもよいし、掛け算による希少性でもよい。市場価値が自分より高い人と接する機会を、自ら意識的に創っていくことが大事だ。そして、その方々が今どこに目を向け、何を考えているのか。ここが一番の学びになる。

③ 転職エージェントと壁打ちする

ただ、そういった機会を創ることもどうしても難しい場合、外部の客観的存在として、転職エージェントの方々との対話も有効となりうる。転職エージェントは、採用活動をしている企業との接点が多いためマーケット環境にとにかく敏感だ。

まず転職エージェントの事業構造から話しておく必要があるだろう。ある人がエージェントを通じて企業に転職した場合、その企業からエージェントにフィーが支払われる。エージェントが企業に適切な人材を斡旋したことへの対価だ。そのため、構造上どうしても転職を促しがちになる傾向は存在する（転職してもらわないと売上が立たないため）。ただ、実際にはかなり二極化している印象だ。

とにかくフィーを短期で最大化するため「いかに短期で転職してもらうか」にフォーカスするエージェントもいれば、より中長期でキャリアのパートナー（言うなれば、キャリアの「かかりつけ医」的存在）として、世の中の流れをふまえて、客観的な意見をくれるエージェントもいる。もちろん対話すべきは後者だ。

転職エージェントは、採用活動をしている企業から、今どういう職種や経験、スキルセットを持った人材を求めているかという情報が常に集まってくる。彼らは、それらの中からあなたに可能性がありそうなものを紹介する。そのため、自分が市場から求められる人材かどうかが、出てくる求人数やその待遇によって、客観的にわかる（ただし、情報の焦点がやや短期に寄りがちなことは知っておきたい）。そして、中長期で考えてくれる方であれば、最終的に転職しない判断をしてもまったく問題ない（ただし短期での転職意向がない人を嫌がるエージェントの方もいるので、「すぐ転職するかはわからない」というこちらの前提はきちんとお伝えしておいたほうがいい）。

自分の市場性をはじめ、転職活動をしてはじめて客観的に見えることは多数ある。「転職相談は積極的に、転職活動・転職決定は慎重に」という方針で、ぜひ気軽に「エア転職」から始めてみてもらいたい（そういう思想のもと、弊社でも転職エージェントの口コミ評価がわかり、気軽にコンタクトをとれる「みんなのエージェント」という事業を展開している）。

STEP 3　再現性が何に「依存」するかを正しく知る

最後は、再現性のある能力の高め方、より具体的には再現性高く働くために必要な要素の言語化だ。

再現性はプロセスに表れる。多くのビジネスパーソンを見ると、成果が出たケースほど、一過性の要因が影響していた、上長のおかげだったなど、偶然の要素が強いことが多い。

うまくいった場合こそ、「なぜうまくいったのか」を要因別に洗い出してみてもらいたい。図3－19のフレームに落とし込めば、自身が「社会目的依存」・「コト依存」・「ヒト・環境依存」のどれであるかが見えやすくなる。

社会目的志向、コト志向、ヒト・環境志向の分類についてはすでに第2章で説明したため、ここでは再現性高く働くための注意点を述べていこう。

自分はどの条件下でパフォーマンスが高まるか？

まず、社会目的志向型の人は「何のためにやるのか」によってパフォーマンスにバラツキが生じやすい。または自身が共感・納得できない目的だと、やる気になりづらい。

図3-19|成功要因を洗い出し再現性を高める

ヒト・環境系			コト系				社会目的系	成果	
社外の関係者のタイプ(委託受託関係、協調関係など)	周囲のメンバーのタイプ(サポート型、放任型など)	上長のタイプ(指示型、権限移譲型など)	役割にて、特に求められたテクニカルスキル	役割にて、特に求められたスタンスやポータブルスキル	自身の仕事役割(営業、広報、マーケティングなど)	自身のポジション(リーダー、メンバーなど)	業務の目的・目指すもの	成果	
									仕事①
									仕事②
									仕事③

成果に影響ある因子はどこか?

出所:エッグフォワード作成

社会目的志向と言ってもタイプは2つ。1つは意志が強く、そこに合うものであれば俄然(がぜん)やる気が出る、言うなれば「起業家」「フロントランナー」タイプ。もう1つは、他者の掲げる思想への「共感」を原動力として頑張れるタイプだ。

どちらのタイプも、大事なのは、そもそも「自分が社会目的志向型である」という客観的な認識を持つことだ。

「社会目的志向が強い」という自己認識がある場合は、新しい組織でも、再現性を持たせるために社会性を重視する環境を選ぶべきだ。組織全体のビジョンや方針をチェックするのみでなく、自身の考えや志向を伝えて、どの程度の共感が得られるか、リアクションまでしっかり確かめておくとよい。

次は、「コト志向型」、つまり業務内容やポジション・裁量やスキル、どのように成長できるかなどの方向性がフィットして初めてパフォーマンスが上がるタイプだ。

このタイプの人は自身の裁量や役割、業務内容、必要とされるスキルを「仕事のシーン別」に洗い出してみてほしい。

切り分けてみると、自分のパフォーマンスが、何に依存しているかがわかる。好きな業務、あるいはスキルや強みが活きやすい領域、裁量の大きさ。ここがマッチする環境かどうかが重要になる。

注意してほしいのは、同じ職種であっても、同じ肩書であっても、企業の規模などによって求められる業務内容やスキルセットが異なることだ。

企画職でも、数人の組織におけるリーダーならば、自ら思想を打ち出し、手を動かして具体化し、ときにはリソースを調達し、粗くとも高速でPDCAを回すことが求められるだろう。

一方、大きい組織での企画職であれば、まずは合意形成を図り、予算を獲得し、社内アセットと紐づけて企画に落とし込む。同じ企画職でも、業務や特性がまったく変わってくることには注意したほうがいい（これは、「転職すると意外と通用しないパターン」のあるあるだ）。

「自分の求めるコト要素が、新しい組織でも得られるものかどうか」はよく考えたほうがいい。

最後に、もっとも割合が高い「ヒト・環境志向型」だ。

この類型に当てはまる方は、どんな価値観やスキルセット、マネジメントスタイルの人とだとより成果を出しやすいか、どんな人とだと力を発揮できないのか、どんな関係性だとうまくいきづらいのか、過去の経験もふまえ自己理解しておくことが非常に重要だ。

たとえば社内だと、上長が優秀で指示を明確に出してくれる場合には成果を出せるが、方針がなく、自分で意思決定をして進めなくてはならない場合はパフォーマンスが悪くなる。社外だと、受託や委託のような序列関係が明確な場合にはうまくいくが、対等な場合だと手綱の引き合いがうまくいかず破綻してしまうなどだ。

今後、今の組織や環境を離れるときがきても、自分がどういうときに再現性高く働けるタイプであるかを自覚できていることは、意思決定するうえでとても大切になってくる。

市場価値が高いから幸せとはかぎらない

本章の「市場価値」というテーマは非常に関心が高く、会社が社員を守らなくなった時代において、私もとても重要な論点だと考えている。市場価値が高ければ、未来において、より多くの選択肢を持つことが可能になるのだから。

ただ、1点だけ気を付けてほしい。「市場価値が高い」＝「幸せ」では決してないということだ。

「幸せ」と「成功」の定義は異なる。「成功」は他人の尺度であり、「幸せ」は自分の尺度だ。市場価値が高ければ「成功」の可能性は高まるが、「幸せ」は約束されない。「幸せな人生」は、自身で自身なりの（他人の尺度ではない）「成功」を定義することから始まるのだ。

第4章

キャリアを選択する（前提編）

introduction

ここまで、第1章で、私たちがどんな「時代」に生きているのかについて理解を深め、第2章で「現在地（今の自分）」と「旅の目的地（自身のありたい姿）」の差分を言語化し、第3章で、旅路で必要な「武器（市場価値）」について整理してきた。

ここからは、いよいよ望む未来に向けて、どの道を歩むかの「選択」について語っていく。

まずは「大事な選択をする前に、知っておいてほしいこと」の解説から始めよう。

キャリアは、1本の「轍（わだち）」である

キャリアという言葉は、「車輪の轍」に由来している。車輪の通ってきた道が、あなたのこれまでの人生を表し、そして未来へと続いていく。そういう意味では、キャリアは1度きりの「点」の意思決定ではなく、1本の「線」として連なっている。

最初に就職した会社内で異動をし、いつかは転職をする。

次に起業・独立することもあれば、さらなる転職でキャリアアップする事例もある。社内に残る意思決定をした人も、副業を行うケースもあれば、タイミングを見て転職するケースもある。つまり、時間軸とともに、環境もその人自身も動的に変わっていく。

逆説的ではあるが、だからこそ重要なのは、1手先ではなく、そのまた2手先を見ることだ（図4－1）。「ありたい姿」を定め「市場価値」を高め、「目的を持った掛け算」で未来を築いていく。途中で行き先は変更になるかもしれない。だが、足元、目先しか見ていない状態だと望む未来にはまずたどり着けない。現時点での方向性を定め、遠くの目的地を見据え、ジャーニーを進めていこう。

図4-1｜キャリアの点を線にする

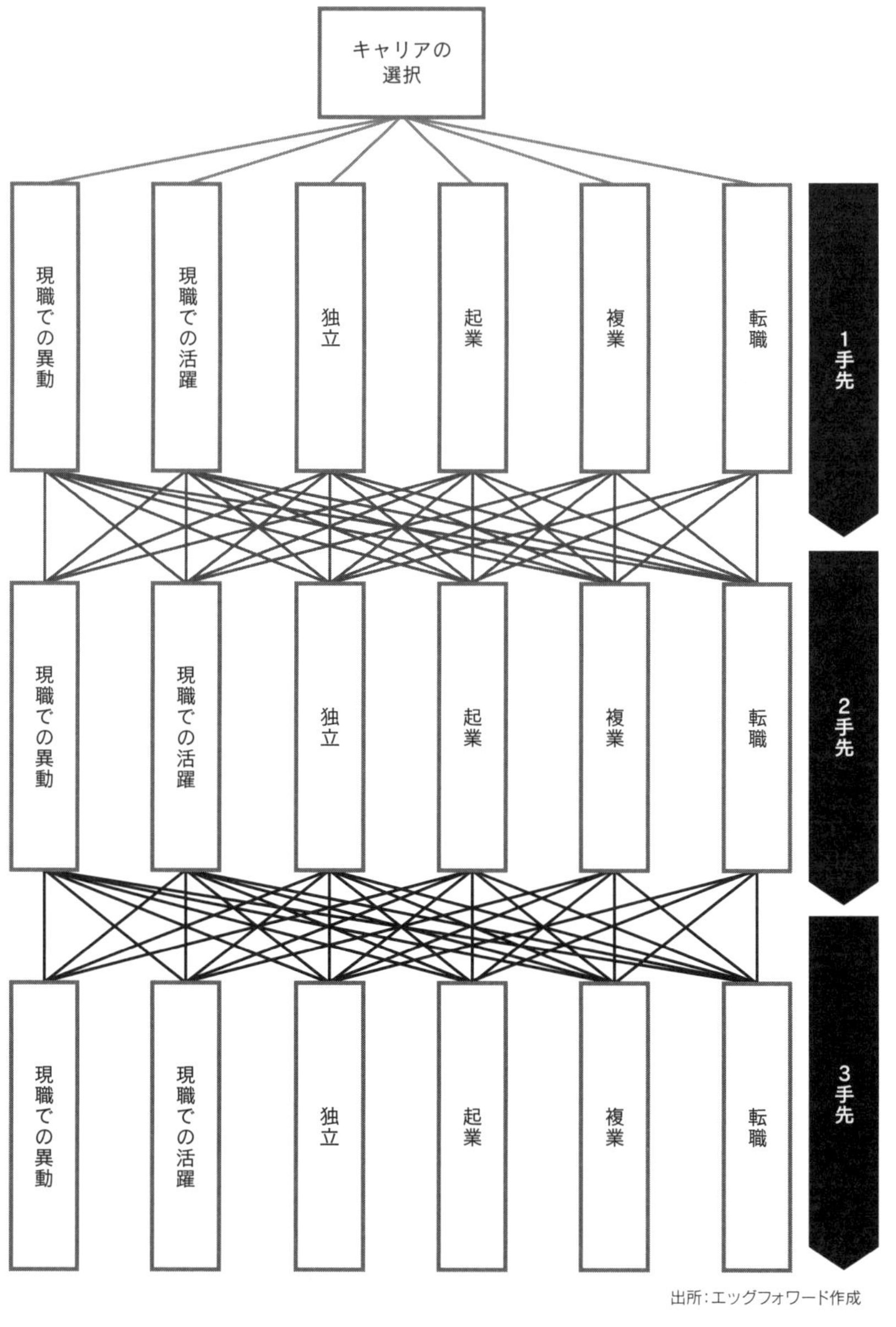

出所：エッグフォワード作成

図4-2｜キャリアの4類型

これから価値が高まっていく類型（右に行くほど価値が高い）

I型人材	T型人材	H型人材	HH型人材
単一の特定領域に深い専門性がある	一定の幅広い経験に基づく能力に加えて、単一の特定領域で深い専門性を持つ	一定の幅広い経験に基づく能力に加えて、複数の特定領域で深い専門性を持つ	H型から、さらに複数の専門性を重ねるだけでなく、他者の専門性をも掛け合わせていける

出所：エッグフォワード作成

キャリアの基本となる4類型

未来を見据えるときに非常に重要なのが、図4－2のキャリアの4類型だ。それぞれの類型は、横が自身が発揮できる能力の「広さ」、縦が特定領域での能力の「深さ」を指す。

I型

I型人材は、「人事一筋」「エンジニア一筋」「研究開発一筋」のように、単一の職種をずっと深掘りすることで、その分野のテクニカルスキルと経験を蓄積している人材だ。

特定領域で希少性を持っているのは素晴らしい。ただ、注意が必要なのは、その特定領域がどの程度求められるかという「市場性」が、時代によって変わりうることだ。たとえばそのスキルを持つ人材そのものがテクノロジーによって代替された途端に、急激に市場価値が下がる懸念がある。

T型

T型人材は、「一定の幅広い経験に基づく能力」に加えて、「単一の特定領域で深い専門性を持つ」人材だ。

たとえば、営業経験を長く積んで深い専門性を身につけるとともに、営業「企画」や営業「戦略」といった隣接領域でも幅広い経験を積んだ人。

営業プレイヤーとしての深い専門スキルに加えて、どの業務でも幅広く通用する組織マネジメント経験を積んだパターン、あるいはアライアンスや折衝など周辺領域で価値を出せるだけの幅広さを有しているパターンなどもこのT型に該当する。

H型

H型人材は、「幅広い経験に基づく能力」に加えて、「複数の特定領域で深い専門性を持つ」人材だ。たとえば、前述の営業の深い専門性に加え、コーポレート・人事などの、営業とは異なる領域においても深い専門性を持ち、双方の能力が希少と言えるまでに高く、かつ双方の能力を掛け合わせて価値を発揮できるパターン。

開発業務において、フロントエンドからバックエンドまで幅広く担当できるエンジニアのことをフルスタックエンジニアと呼ぶが、双方が希少なレベルであれば、これも一種のH型とも全体像が見えているため運用・保守・アップデートなどまで一手に引き受けられるため価値が高い。

他の職種で隣接領域の例を挙げれば、営業なら「戦略」と「実行」、マーケティングなら「オフライン」と「オンライン」、コンサルなら「戦略系」と「再生系」といった具合で、隣接しつつも求められる能力が異なる領域を両方担当できれば、希少性が増すことは理解してもらえるだろう。

経営層に近いクラスになると、ほぼH型、あるいは、後述するブリッジ型人材（ＨＨ型）が非常に多くなる。たとえば、昨今急速に市場性が高まっている、ＣＨＲＯ（最高人事責任者）。人事といっても、人事領域の能力だけでは厳しい。

というのも、ＣＨＲＯは、「人・組織の専門家」ではなく、「経営課題を、人・組織の観点から解決していくポジション」なのだ。よって、人事領域における深い専門性など「守り」はもちろん、加えて全体戦略を高度に理解し展開できる力、あるいは、営業やマーケティングなどより現場に近い「攻め」にも一定の知見が求められる場合がほとんどだからだ。

ＨＨ型（ブリッジ型）

ＨＨ型（「橋」のイメージになぞらえて「ブリッジ型」とも呼ぶ）人材は、まず自分の中に複数のＨをつくれているのが基本形だ。加えて、発展形になると他者の専門性をも掛け合わせていける、そんな人材を指す。自分のＨＨを起点に、さらに他者を巻き込みＨが複数重なっていくイメージで、これからの時代はこのブリッジ型の市場価値がさらに大きく増していくことになる。

私はブリッジ型を、複数の専門性を両手で束ねるイメージから「両利きのキャリア」と呼んでいる。たとえば、左手では、「第三者目線のコンサルティング」もできるし、右手では、「当事者として事業開発」もできるといった具合だ。何かを得たら何かを失うトレードオフではなく、複数の専門性を上乗せしていく「トレードオン」の考え方だ。

先ほどのＣＨＲＯの例をさらに高度化すると、まず、人事・組織への知見は当然深く（Ｉ型）、周辺領域でも幅広い経験を有しており（Ｉ型→Ｔ型）、人・組織の観点で事業を成長につなげられる戦略・マーケティングの知見を持ち（Ｔ型→Ｈ型）、さらには、事業フェーズの変化に合わせた人材調達や入れ替え・再編、つまり「事業再生」に近い知見もある（2個目のＨ）。加えて、昨今の資本市場の要請の変化に合わせた対投資家へのＩＲ知見も提供でき（3個目のＨ）、さらに過去に起業や子会社の経営経験もあり、経営陣としてのビジョン発信力もある（4個目のＨ）……。どうだろうか。複数の専門性が重なってブリッジ型になるほど、幅広い知見を組み合わせられるため、出せる価値が非常に高いのだ。

ブリッジ型は、発展すると他者のブリッジも束ねられるようになっていく。ビジネスは最終的にはチーム戦だ。だからこそ、自身が複数の専門スキルを持つブリッジ型でありながら、社内のH型人材やブリッジ型人材を束ね、社外の人材であればアライアンスを組み、（ときには採用もして）マネジメントできる人材はさらに希少価値が高くなる。

おそらく多くの読者が、ＣＨＲＯの例を「自分とはほど遠い人だ」と思われたことだろう。ただ、今ブリッジ型人材として活躍される数々の方々も、最初からそんな人材だったわけではまったくない。

むしろ、ご本人たちは「どこにでもいる普通の社会人だった」、それどころか「能力で言えば、新卒時はまわりにもっと優秀な人がたくさんいた」と口をそろえるのだ。ただ、時間が経つにつれて、経験や先を見据えた選択がグッドスパイラルをつくり、気づけば大きく差が広がっていたという。だからこそ、今だけでなく、先を見据えたキャリアの選択が重要だ。

どの類型から、どの順番で行くべきか

さて、それぞれの類型についてイメージをつかんでもらったところで、次はそのステップをどう歩んでいくかだ。よく疑問の声として上がるのは、「どの類型からどの順番で行くべきなのか」。そして「専門性をどこまで高めたら次に行くべきか」だ。順に論じていこう。

複数の専門領域を持つ人材の価値が高まると聞くと、すぐにいろんなものに手を出したくなるかもしれない。実際、市場価値の章では、希少性をつくるには、1つの「深さ」に加えて、複数の「掛け算」が有効だとも説明した。

ただし、注意すべきことがある。「1に満たないものを掛け算しても、逆に小さくなってしまう」点だ。1人前のスキルを仮に1とした場合、半人前の0・5に違う0・5を掛けると0・25にしかならない。たとえば、現場での接客・サービスを数ヶ月かじる程度に経験し、大きな成果は出さずに転職、次いで、営業職でルートセールスを経験したが、これも数ヶ月で転職……といったケースだ。このように、一定のレベルの価値発揮、言うなれば「1人前」になる前に、やたらに他の領域に手を出してしまうと、Tの深さが得られない。いや、そもそもIにもなれない。

やや極端な例を出したが、十分な深さに達せず他に目移りするケースはよくみられる。たとえば、1つの組織に3~5年在籍していたとしても、十分な成長機会を掴まず、結果的には0・5にすら達していないにもかかわらず、意思決定の強度も低いまま外に出てしまう。非常に残念なケースだ。つまり、時間は本質ではない。シンプルに、「一人前」になっていない状態で転職を繰り返してはいけないのだ。

もちろん、個々のケースはさまざまなので、短期の転職すべてを否定するわけではない（「すぐに辞めてはいけないのでしょうか」という相談もよく受ける。「一人前になる前は避けたほうがいい」が原則ではあるが、成長機会があまりにも得られにくい、働く環境が合わず心身に不調をきたすような場合は例外で、「辞めたほうがいい環境」もあることも知っておいてもらいたい）。

ただ、客観的には1年以内（特に半年以内）の転職を3回ほど繰り返すと、市場から「ネガティブジョブホッパーでは」と見られやすいのは事実だ。守破離の「守」すらできていない中で、「青い鳥」を探して繰り返し場所を移すと、不幸になるケースが多い。

ここでは、先ほど出した「一人前」という言葉の基準について考えよう。「市場価値」の章と連動するが、わかりやすい目安は、そのスキル単体を用いて、外部から継続的に一定の報酬を貰える（その打診がある）ようであれば、一人前といってよい。

とはいえ、職種のタイプによっては、「スキル単体で業務を切り出しづらい」などの理由でこの基準では考えづらいケースもあるだろう。その場合、これも外に問うのがいちばん早い。「エア転職」し、市場に自身をさらけ出し、どう認知されるかを確かめるのがもっとも有効だ。

さて、市場から認められるレベルで一定の能力の深さを得た後は、さらに縦に専門性を深めてI型を突き抜ける選択肢もあれば、横にT型、そしてH型に行く手もある。

私個人としては、I型の生き方を何ら否定するつもりはなく、むしろ尊いものだと率直に思う。しかし、あくまで一般論として、かつビジネスパーソンのキャリアという観点から語るならば（スポーツや芸能の世界はまた違ってくるだろう）、これからの時代、I型1本でいくリスクは非常に高くなる。

I型の1つの究極系と言われた弁護士や会計士ですら、もはや安泰ではないことは先に述べた。私は、日本トップ規模のグローバル法律事務所の変革支援に携わったこともある。かつて弁護士は資格・規制産業でありその中に入るのは容易ではなかった。しかし、規制が緩和され大幅に参入、つまり弁護士数が増えた途端、かつては高年収で有名だった弁護士の給与は急激に二極化した。通常の法務レビューができる程度のスキルはもはや専門性とは呼べず、市場価値が下がってきたのだ。

一方、英語もできて、M＆Aや事業再編にも長けている、法務観点から企業経営を支援できるような「T型」「H型」の弁護士は、極めて高い年収を維持している。

I型を極めて突き抜ける方法もあるが、よくも悪くも、「特定領域のエキスパートプレイヤー」である以上、組織の方向性や上長・経営陣の意思決定などによる外部環境の変化に弱い、またその領域の市場ニーズそのものが縮小すると身動きがとりにくくなることだけは、念頭に置いておいてほしい。

まとめると、ステップとしては、まずIを深めつつ（実際は、同時に幅も広がっていくケースも多いが）、一人前、つまり「市場から価値を認められるレベル」になったら徐々にT型に移行しつつ、次第にH型に進んでいくのが王道だ。

ただ、そうすると、どこでH型に移行するのか、そのタイミングが悩ましくなってくる。

移行するタイミングの見極め方

結論から言うと、私は、T型の「深さの成長」に停滞や逓減を感じたら、H型に移行する1つのシグナルになると考えている。

逆説的だが、T型で1つの能力のみにフォーカスするよりも、H型に移行し別の視点が身に着くことで、元々あったT型の深さにさらに奥行きが出て成長するケースも多い。いったんH型に移った後に、元のT型の専門領域に戻ってきてもよいのだ。イメージが湧きづらいかもしれないので例を挙げたい。

先述のＣＨＲＯの方の例に戻ってみよう（ＣＨＲＯになる前、Ｔ型からＨ型への移行に悩んでいた時期の話だ）。

当時は、多少の組織マネジメント経験を積んだうえで、人事のエキスパートを目指すものだと思っていた（典型的なT型だ）。ただ、人事制度については精通してきたものの、このままでは「人事屋さん」を抜け出せないのではないかという課題感もあり、悩んでいた。

そんな頃、人事の仕事で各事業部長と話すとき、必ず事業や企画の話が出ることに気づく。聞いてみるとＨＲＢＰ（Human Resource Business Partner）という、人事の視点から事業を支援する役割があるという。そういえば、自身の数値管理などのポータブルスキルは事業側でも活かせそうだ。

外に出ることで逆に人事に求められる視点も見えてくるだろうと、事業企画側への異動をかなえてもらい、経験を積んだ。異なる領域ゆえ最初は苦労したものの、２～３年経験を積み、事業責任者の視点や、事業成長の観点から見た「人」の持つ影響力、離職のダメージ、人件費と事業のバランスなどの観点を身につけた（この時点でH型になってきている）。

すると、どうだろう。これまで、なぜ事業側から人事の意見が賛成されなかったのか、クリアに見えてきた。事業部からは、「現場を知らないコーポレート側が押し付けてくる、べき論」として受け取られていたのだ。

本当の意味で「事業経営に資する人事」とは何なのか。常に時間やリソースが足りない事業側に対して、人事ができることは何か。事業部側の経験を積んだ今、これらを俯瞰して捉えられるようになっていた。事業企画のスキルセットが高まったことで、人事としての知見や深さも、大きく進化したのだ。

このまま事業側の能力をさらに磨く手もあったが、やはり、「人の可能性に直接的に寄与したい」という、自身の「ありたい姿」に立ち戻りまた人事責任者に復帰。事業側とコーポレート側の橋渡しをするために、事業の将来や成長を描きながら、未来の組織図を見据えての採用・育成の設計までできるようになった（H型でありながら、元のT型の専門スキルがさらに深まった）。

その領域で突き抜けるには、むしろ、一定の深さを得たタイミングで、領域を変え異なる強みを身につけることが有効であるイメージはつかんでもらえただろうか。これからの時代、I型よりH型のほうが価値は高まるというのはこういうことだ。

2つ目の強みを近くにつくるか、遠くにつくるか

ただ、その重要性はわかっても、具体的にどんな「H」をつくればいいのか。どこにもう1つの軸を設けるのか。ここは最初から「決め打ちをしすぎない」ことが重要となる。

人の強みや志向性は、やってみて初めて気づくことも多い。そのため、いろいろな分野に興味を持ちつつ（＝T型の横を広げる）、どこに自分の強みがあるか、自分のどんな特性がどの領域とフィットするかを他者との相対比較の中で見極めたのち、もう1つの軸を深め、H型を目指してほしい。多くの方のキャリアを見てきた経験上、「自分の可能性を事前に制限しすぎないこと」がまず重要だ。

そのうえで、市場価値の章でも述べたが、H型の掛け算のポイントは「経営や組織全体にインパクトが与えられる人材になれるか」だ。

いわゆるC x Oと呼ばれる、経営や役員レベルを担うには、単に異なる領域で「経験のつまみ食い」をしているだけでは不十分だ。より経営に近い「上流」の意思決定に関われる能力があるかが問われる。

そこから逆算すると、まずあまりにも経験やスキル同士が「飛び地」だと、（「希少性」は高まるものの）習得の難易度も高く、市場性のブレが大きくなりやすいリスクを抱える。

王道は、最初は「飛び地」ではなく「隣接領域」で経験・スキルを積んでいくことだ。ある程度H型（2軸）のベースが整ったら、そこから先は、非連続な「飛び地」をつくれるとその掛け算の価値は増す。まとめると、「隣接」→「飛び地」の順で進むのが、さらなるHH型への発展を目指すうえでおすすめだ。

図4-3｜キャリアデータ分析

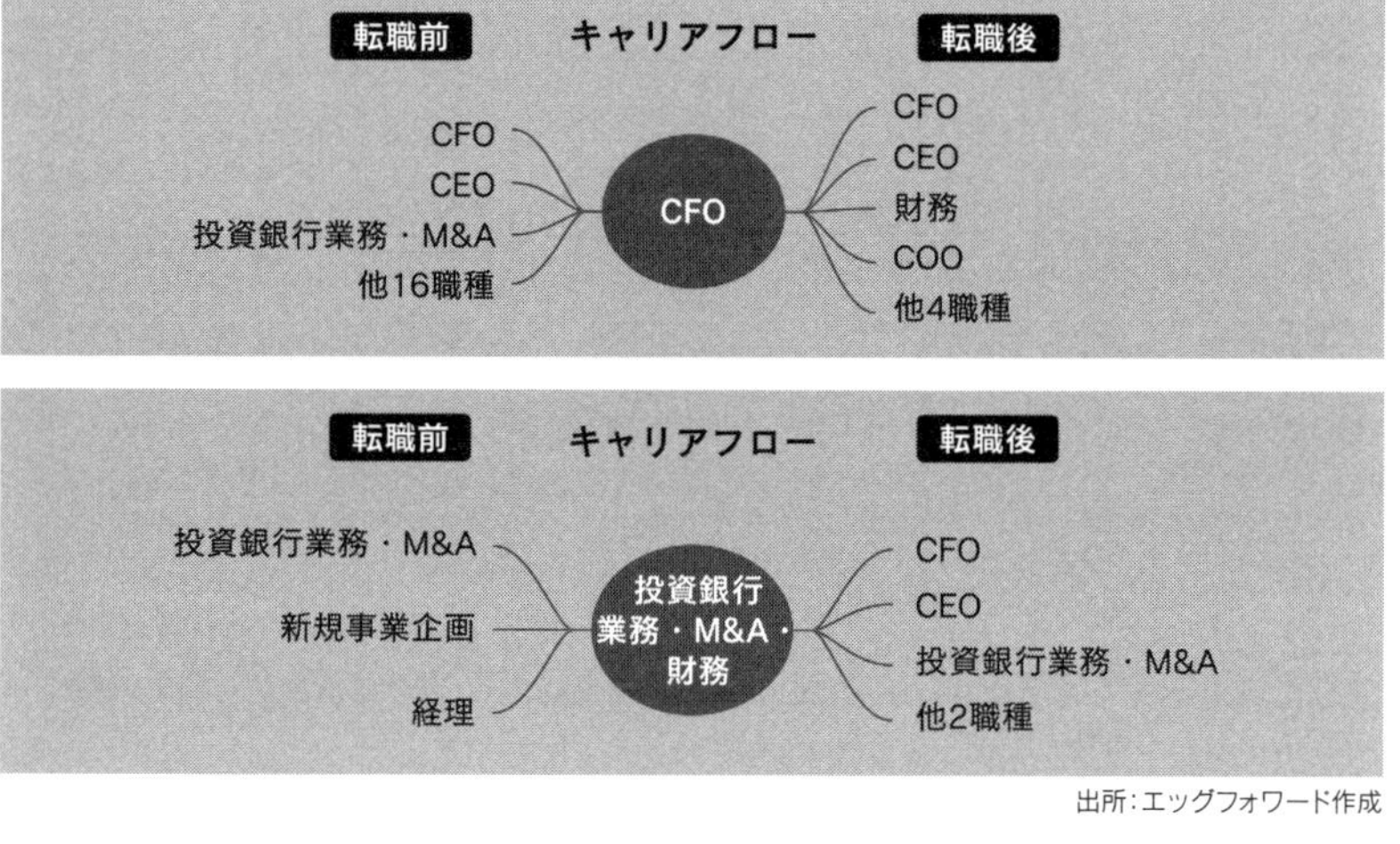

出所：エッグフォワード作成

ただ、このH型の組み合わせ、そこに至るステップは、現実には無数にある。少しでも参考になるように、データでキャリアを時系列で把握できるようにするために取り組んでいる「キャリアデータベース」から引用してみたい。たとえば、図4－3は会社の財務戦略責任者であるCFOになりたいとする場合のキャリアフローだ。

左が、CFOが前職でどういう職種を経験しているのかを示している。やはり、前職でもCFO、CEOといったCxO経験者が多いが、4番目に多いのは「投資銀行業務・M&A」だ。

では、「投資銀行業務・M&A」はどうか。図から、新規事業や経理経験者が多いことがみてとれる。

経理一筋のI型からCFOになる人は少なく、経営や財務、あるいは新規事業企画などの経験を重ねて、そこから役員やCxO経験を積み、CFOになる人が多いことがわかるだろう。

ここまで読んできて、まだ「なんだかすごそうな人ばかりだ」「自分にはとてもマネできない」と思った方もいるかもしれない。ただ、HH型のみなさんがこぞって「新卒時はまわりにもっと優秀な人がたくさんいた」と言っていたことを思い出してほしい。

そして「いまさら頑張っても、もう遅いのではないか」という方へ。たしかに、年次が重なるほど、難易度が上がるのは事実だ。だが、今日、この時点が人生で1番若い。本書を読むような意欲のある方は、きっと大丈夫だ。

まず、自身に「T」の専門性がないと思う方は、「ありたい姿」に立ち戻り、今の組織で身につくT領域の専門性を高めるか、あるいは、別の強みを伸ばすかを決めて取り組むことだ。「理想と現実のギャップがありすぎる」と何も行動しないのがもっともよくない。多くの人が立ち止まるなか地道に1個ずつ小さな行動を積み重ねられる人こそが、数年後、大きな成長を遂げる。ジャーニーは長く続くのだ。

他者の才能をつなげ、価値を出す

30代~40代のキャリア中期以降にぜひ目指してもらいたいのがHH型だ。

この時期は、自身がHH型であることに加えて、他のH型人材をマネージし協働してもらうことで、さらなる価値をつくり出していけると望ましい。

ここで、第1章のキャリア3・0にも記載した、「人的資産・人とのつながり（ソーシャルキャピタル）」が活きてくる。あらためて、「ソーシャルキャピタル（社会関係資産）」とは、いわゆるモノ・カネではなく、信頼をベースにした人間関係を資産と捉える考え方だ。

私は、これまで多くの企業を支援してきたが、成長するスタートアップの経営陣（CEO、COO、CTOなど）は多くがH型かHH型で、「社外」にも信頼をベースにした関係性をしっかり築けていた。

具体的には、必要な仲間を採用でき、社外の人にもすぐ連絡や相談ができる。スタートアップは、日々、予想外の事態や、専門外の知識が必要になる場面に遭遇するが、社内にリソースは乏しい。そのため、気軽に連絡を取れる関係性が、経営において決定的に重要になってくるのだ（逆に失敗するスタートアップは経営陣がI型のスキル1本で、社外に関係性が乏しい傾向が共通してみられる）。

こうした「関係性」は一朝一夕に、また目先の利害関係のみで構築するのは難しく、相応に長い期間を経てはじめて生まれる。これだけSNSが活発な時代だからこそ、むしろ「本当に信頼に足る関係性」の価値はより増していく。

第1章でも述べたとおり、これから何かを成し遂げるには、社内だけでなく（というより「社内」という概念自体が薄れ）、社外の人とともに実現していく世界になっていくことも、よりソーシャルキャピタルの重要性を高めるだろう。

ここまでキャリアのステップについて論じてきた。ただ、どこまでいってもいちばん大事にしてほしいのは、やはり自身の「ありたい姿」だ。

一生懸命、自身の価値を高め、T型からH型、そしてHH型へと移ってきた方。価値が認められる存在になっただろう。しかし晩年になり、自分はなぜそこまで頑張ってきたのだろう、いったい何を成したかったのだろう、と孤独に思いふける方も数多く見てきた。

想像してみてほしい。人生の最期に、「私は結局何がしたかったのか」という問いに苛(さいな)まれるとしたら、それはとても悲しいことだ。収入や肩書きは、その答えにはなってくれない。

一方ではシビアな市場価値という現実を見つめつつも、他方では「あなたこそが人生の主人公なのだ」ということ、「ジャーニーの目的地を決めるのは自分しかいないのだ」ということも、認識しておいてもらいたい。

さて、ここまで4つの類型を軸に論じてきた。すぐにでも具体的な「選択」に焦点を当てていきたいところだが、その前に、年代別にそれぞれ考えるべきことについて最初に触れておきたい。

まず、大前提として、若手であっても、シニアであっても、キャリアづくりの本質の部分は変わらない。ただ、年次によって、どんな能力や機会を得ておきたいか、また得られやすいかに一定の違いがあるのも事実だ。

キャリア前期の心得（新卒、20代〜の若手）

「キャリア前期」は、大きく「新卒」とその後の「若手」の2つの時期に分けられる。本質は変わらないが、日本の「新卒」には最初の就職ならではの特殊性があることも事実だ。そのため、このパートではまず、「キャリア前期に共通して重要なこと」を伝えたのちに、新卒のファーストキャリア特有の具体論について触れる。では、まず共通する部分からだ。

特に不安が大きい時期だと思うが、前提として、周りに流されず「ありたい姿」へと向けて着実に積み上げることを重視してほしい。職業人生は長い。若手時代から自分の人生を自分で選択していく習慣をつけておくことはとても大切だと私は思う（成功とみられるキャリアを歩む方でも、キャリア後期になって初めて、「自分は本当の意味では選択していなかった、社会的な評価、周囲からの評価に流されていた」と気づくことも多い）。

ただ経験が少ないため、「ありたい姿」そのものが曖昧なことも多いだろう。そういう場合、重視してほしいのが、「初期の成長幅」だ。

新卒時代や若手時代の数年の成長幅は、30歳以降のキャリアに多大なる影響を与える。最初の段階で早く成長できれば、社内外問わず、次の機会をつかみやすくなる。この時期の成長が、自分のキャリアの「土台」をつくるのだ。

では、一口に成長と言っても、どういった力や能力を高めていけばよいのか。結論から言えば、「ありたい姿」に向かうために、影響の大きい能力だ。ただし、「ありたい姿」は仮置きでかまわない。

ただ、「ありたい姿」がほとんど思い浮かばない場合には、「ルーティーンではなく、チャレンジングな成長機会を複数掴める環境」に身を置くことをおすすめしたい。

成長しやすい環境かどうか見極めるポイントの1つは、「若手の抜擢があるかどうか」。その会社に入った人が、組織内で実際にどういった選択肢（社内でどのような活躍を続けるのか、業界内・異業種への転職が多いのか、独立・起業が多いのかなど）を選ぶのかも把握しておきたい。社内のキャリアパスの幅に加えて、OB／OG（特に同じ部署）がその後どの程度活躍しているかもみておきたい。「転職市場においてどのくらい価値があるとみられているか」つまりは成長幅を知るための参考になるからだ。

また、若手時代は特に一緒に働く人の影響を受けやすい傾向にある。「どれくらい成長の機会があるか」に加えて「どんな人と働くのか」も重視してキャリア選択することだ。スキルセットもだが、特にスタンスは、若手時代に一緒に働く人の影響は大きい（おさらいだが、転職マーケットでも、若手時代はスタンス重視で評価されやすい。スタンスだけでは価値は出せないが、スタンスがあればその後の成長確度が高いからだ)。今後の成長につながる「スタンス」が身につきそうかも、実際にOB／OGと会う機会が得られた場合は感じ取っておきたい。

「入社前に、成長機会や若手の抜擢についてどうやって知ればいいのでしょうか」という相談もよく受けるが、まず、大事なのは「面接官や人事担当者からの情報だけで決めない」こと。彼らは役割上、自社のいい部分だけをアピールしていることが多い。抜擢事例を紹介されて入社を決めても、それは稀な例外だったというケースもある。

そうではなく、しっかり「現場の人たちを見て、一次情報に当たったうえで決める」こと。面接時に、「どんな方たちと働くことになるのか知っておきたいので」と、現場の方との対話や交流機会をリクエストしてみよう。柔軟に機会をもらえることも多い。もし会えたなら、「数年後、自分もこんな感じの雰囲気になりたいだろうか?」という視点で見るといいだろう。それほど、キャリア初期の環境による影響は大きい。

ちなみに、若手の傾向として、「自身を承認してくれること」あるいは「自分のことをわかってくれている感」を重視して環境を選んでしまうケースが少なくない。しかし、やみくもに肯定してくれるばかりだと、成長幅が少なくなりがちだ。本当の意味で自身に向き合ってくれているか、ときに厳しく、自分が目を背けている課題もきちんと指摘してくれるかを見極められるとよい(入社前にはなかなかわかりづらいだろうが、「成長のためにどういうフィードバックやプロセスを設計しているか」聞くのが有効だろう）。また、入社した後は、自身のキャリアについて同じ立場から、長期的な目線で対話をしてくれるか、自身の強みを見て可能性を広げようとしてくれているかが重要になる。今、あなたが身を置いている環境はどうだろうか。

なお、キャリア初期は、入社時の年収水準、つまり本書で言うところのPLは気にしすぎないほうがよい。成長し、市場価値さえ高まれば、年収は後でいかようにでも上がるからだ。

新卒のファーストキャリアの選び方

ファーストキャリアの選択だけを切り出して書いたのは、社会に出るという重要なタイミングにもかかわらず、構造的に「情報の非対称性」が生まれやすいからだ（このパートは学生以外の方は基本的にスキップしていいだろう）。

企業が出す情報は少なく、かつ部分的（いいところのみをアピールしがち）だが、学生はそんな状態で意思決定をしないといけない。しかも学生側の判断軸も曖昧なため、必然的に入社後ギャップが大きくなるのだ。

その結果、厚生労働省のデータで見ても、大卒の場合、入社後3年以内の離職率は30％を超え続けている。ただ、入社後のギャップに悩む若手はもっと多いのが実態だ。最初の選択を後悔しないように、参考にしてみてほしい。

具体的な選考対策などは巷にあふれているので、社会に出た後を視野に入れつつ、選択のための重要なポイントを思い切って3つに絞った。

①「言語化⇔行動」の往復運動
②「絶対的な正解」はない
③周囲に流されず動き、自分で決める

この3つを念頭におきつつ、時系列でどのように動けばいいか、解説していきたい。ただ、それこそ誰にでも当てはまる「絶対的な正解」はない。あくまでも参考にして、行動し、「自分で」選択してもらいたい。

あらかじめ伝えておくが、「新卒一括採用」という就職活動のあり方自体が日本特有だ。欧米では、新卒採用、中途採用という区別は日本ほど重要でない。終身雇用が徐々に崩れ出すなかで、新卒一括採用も段階的に切り替わっていく可能性も高いことは伝えておきたい。

実際に、日本でも、学生時代から中途採用のように応募して活躍している方もいれば、学生起業も徐々に増えている。とはいえ、まだ一般的とまでは言えないだろう。

就活以前：学生時代は「就活ありき」でないものに打ちこむ

（個別に家庭や人生の事情はあるものの）学生時代は、制約も少なく、機会にあふれた、人生でも有限な輝かしい時間だ。学生＝「学」ぶことに「生」きる時間であり、自身の意志次第でいかようにでも過ごすことができる。利害関係がないところから始まった人間関係は、一生の財産になることもある。まず、何よりも楽しんで過ごしてほしい（昔よりインターンなどが早期化の傾向にあり、焦る学生の方も多いので、あえて伝えておく）。

ただ、その中でも伝えておきたいことがある。精神論に聞こえるかもしれないが、それは、何か1つでも「打ち込んだ」と言える経験を積んでおくことだ。学業、ゼミや、部活・サークル、団体の企画運営、アルバイトやインターンだけでなく、ビジネスをした経験、海外経験など、対象は何だってかまわない。

「その経験が就活に生きるか、他人からどう見られるか」という観点が気になる人もいるかもしれない。だが、何かに本気で打ち込んだ、当時を思い出して泣いたり笑ったりできるような経験こそが、本当の意味で人を成長させていく。そして、「結果的に」就活にも大きく生きてくる。しかも、その経験は「就活を意識した経験」より、よほど強い。

自分で考えて意思決定し、間違う。個人ではなくチームで何かを成し遂げようとし、ぶつかる。そういった、「苦しさ」とそれがあったからこその「達成感」両方を伴う経験を意図的に積んでほしい。これまで数々の学生の方を見てきたが、何かに「打ち込んだ」経験をしている方のほうが、ファーストキャリア選択後も「ありたい姿」に向かえていたり、成長したりしやすい傾向にある。というのも、試行錯誤やチームワークを経て、社会に出て求められやすい「スタンス」がすでに身についているケースが多いからだ。

中でも、個人的に特におすすめしたいのは2つ。

1つは、小さくてもいいので、何かを実現したいという意志を持って組織を率いる「リーダー経験」ができるとよい。組織運営の経験そのものがあなたの「ありたい姿」をより明確にしてくれる。今からだってかまわない。

もう1つは、「マイノリティ（少数派）経験」をすることだ。慣れ親しんだ地元を離れて初めて地元のよさや課題がわかる。日本を離れて初めて日本の特殊性について考えられる。違う大学の学生が多い組織に関与するのも、社会人が多い組織に関与するのだって、立派な「マイノリティ経験」だ。多数派から外れることに、抵抗を感じる人もいるかもしれない。だが、マイノリティになって初めて、人は自分の「当たり前」を相対化し、違う視点を持つことができる。マジョリティを抜け出した経験がないと、社会に出た後もつい周囲に流されがちになる（③周囲に流されず動き、自分で決める）。

長期インターン先選びの基準

最近だと、長期インターン（選考期に多い3〜5日ほどの短期インターンは後述）で、年齢を問わず、実際の就労に近い経験を積める機会も充実してきている。特にスタートアップなどで、「一定の裁量を持ち実務ができる場合」は、選択肢にしてみるのもいい。

インターン先を選ぶうえで重要なのは、「単純作業の労働力」ではなく「メンバー」として迎えてくれるか、価値を出せる実務を任せてくれるかだ。ポイントとしては、実際に先輩インターンの方々がどのような働き方や役割を担っているかを確かめておくこと、あるいは特定の人・チームで働くことが決まっているケースであれば、可能なら直接対話する機会をリクエストすることだが、正直入ってみないとわからないこともある。ある程度情報収集して「ありたい姿」と方向性が合っていそうなら、飛び込んでみるのがよい。どうしても合わなければ別のインターンに移ることもできるし、入って初めて掴める情報が、自分の「ありたい姿」のより精緻な言語化につながることも多いからだ（①「言語化⇔行動」の往復運動）。

また、職場では幅広い方と接点を持っておこう。直接話を聞ける社会人の方との関係を複数つくっておけると、のちのち効いてくる。

就職活動前期：情報収集と行動のサイクルを回す

この時期は、まだ自身の「ありたい姿」も曖昧だ。就職活動の全体観もイメージしづらいなかで、周囲から情報が断片的に入ってきたり、セミナーの案内が来たりするが、ただ、まだ焦る必要はない。

注意点としては、あまり早期からグループディスカッションなどの選考対策「だけ」に走らないこと。この時期、まず行うべきは、第2章で述べた「ありたい姿」に少しずつでも向き合い始めることだ（③周囲に流されず動き、自分で決める）。ただ、一定期間向き合った後は、延々と頭を悩ませ続けるのではなく、具体的に行動を起こしてみよう。少しずつでもかまわない。

まずは、大枠の情報収集だ。そもそも、キャリア選択のためのどんな機会やイベントがあるのか。「情報収集機会を得るための情報収集」が大事だ。

ネット上の情報も参考にはなるが、断片的かつ、発信者にとって都合のいい情報が掲載されていることも多い。誰かが発信した二次情報のみではなく、できるだけ、現場に一次情報（直接自分の目で確かめた情報）を取りに行き、そこで得た情報をベースに、さらに「次の行動」につなげていくことを大事にしてほしい。

一次情報を取りに行くことと並行して、「ありたい姿」を、特に「社会目的志向、コト志向、ヒト・環境志向」や、「成長視点」の観点から言語化していこう。

「ありたい姿」が明確でないと、と焦る必要はない。どんな先輩も最初から明確だった人はいない。仮置きでまず行動し、行動によって情報を得て、さらに具体化していくサイクルを回し続けることが重要だ（「①「言語化⇕行動」の往復運動）。逆に、「ありたい姿」や自分なりの判断軸がないことを行動できない理由にしてしまうのはＮＧパターンだ。

就職活動中期：プロフェッショナルファームか？　スタートアップか？

興味のある業界や個社のイベントなどにエントリーが始まってくる時期だ。

選考の過程として、具体的なセミナーや、数日間のインターンが増えてくる。引き続き、関心のありそうな機会があれば、積極的に参加し一次情報を取りに行こう（効率にこだわりすぎ、最初から関心領域を狭めたり行動量を減らすのはおすすめしない。後から絞ることはいくらでもできる）。ぐっとその業界や個社の解像度が高まるだろう。参加したら必ず振り返りを行い、「ありたい姿」、あるいは「高めていきたい能力」を少しずつクリアにしていきたい（①「言語化⇕行動」の往復運動）。

この時期は「選考」が発生するため、どうしても合否に一喜一憂しがちだが、まずしないでいい。後段の選考対策でも詳述するが、どんな優秀な方でも、企業のビジョンやカルチャーとの相性によっては、通過しないケースもある（②「絶対的な正解」はない）。

図4-4｜プロフェッショナルファームとスタートアップ

	プロフェッショナルファーム	スタートアップ
重視されやすいこと	提供価値	ビジョン・カルチャー
価値の提供先	担当クライアント	社会～顧客
新卒で高まりやすい能力	ポータブルスキル	実務・テクニカルスキル
機会	プロジェクト	実務
社員関係性	ドライ寄り	ウェット寄り
抜擢機会	能力重視	意志重視
経営陣との距離	遠め（ファーム規模による）	近め

出所：エッグフォワード作成

また、この頃からよく出る漠然とした質問が、「自分はどういった業界や、どういったタイプの企業に向いているのでしょうか」だ。

たとえば、「プロフェッショナルファーム」か「スタートアップ・事業会社」か。プロフェッショナルファームといっても、少数精鋭か、大規模ファームかによってまったく異なる。

スタートアップひとつとっても、それこそ経営者やフェーズによって千差万別で、「カテゴリーに惑わされず、個社をしっかり見ることに力を注ぐこと」としか答えようがない。それに、世の中の99％は「事業会社」なので、「事業会社」だけではほぼ何も言っていないに等しい。

それでも「傾向を知りたい」という声は非常に多いため、極めて乱暴ながら大きく括っておく（図4－4）。参考程度に見てほしい。

◉若手の抜擢はあるか、成長機会は十分か

では、どんな観点から、どうやって個社を見ればよいのか？

重要なのは2つ。1つ目は、自分の「ありたい姿」や望む未来に近づくか、2つ目は、成長観点だ。1点目の「ありたい姿」は散々繰り返してきたので省略しよう。

2点目の成長機会については、細分化するとコトとヒトだ。どんな機会（コト）があり、どんなヒトと働くのか。具体的には、新卒社員や若くして入社したメンバーがどのように活躍しているか、提供される機会の幅や深さがどの程度か（特に抜擢や挑戦の機会を得られやすい環境か）、そしてどんな人たちが所属しているのか（「ありたい姿」につながるビジョンや価値観が共有できるか、どんな能力を高めている人たちか）はインターンなどで直接確認しよう。

注意すべきは、新卒採用担当の方の話だけを鵜呑みにしないことだ。選考の後半になってからでもいいので直接リクエストして、一緒に働きうる現場の方と対話する機会を持てるとよい（選考の過程でインターンがあれば、そういう方と関係性を作っておけると理想的だ）。

先ほどの相対化の話にもつながるが、特に、1社だけでなく複数社を見て比較することで個社のカラーが見えてくる。

◉見るべきは「経営トップの新卒採用へのコミット度合い」

経営トップのコミットメントは新卒採用に関する企業側の本気度を色濃く反映している。

新卒採用や、さらにその先の育成への本気度が高い会社は、新卒を「会社の未来をつくる存在」として捉えている。そういう会社は、実際に若くして新卒社員がキーとなるポジションとして活躍していることも多い。

「うちの社長は忙しい」のはどこも一緒だ。経営トップが早い段階で出てくる、あるいは最終選考で出るにしても踏み込んだ質問をしてくる（形式的に承認するだけのパターンもある）企業は新卒採用に深くコミットしていると言えるだろう。逆にそうでない会社は、個人を「人」と見ることなく、内定者数という全体の「数」で見がちな傾向がある（「他の社員とも対話したい」などの個別のリクエストにも応じてくれないケースが多い）。

就職活動後期：成長機会の多さと「自分軸」で意思決定する

選考が複数走っている場合は、特に悩ましい時期だろう（「選考対策」で後述する）。その企業の知名度や、人気企業かどうかだけに流されてはいけない。あなたが「人生で大事にしたいテーマ」や「実現したいことのイメージ」（就職活動初期よりだいぶ具体化されているはずだ）と、企業のビジョンやパーパス、価値観が重なるかを特に重点的に見てほしい。

また、成長機会についても、個社のカラーが見えてきたなかで、当初より解像度は高まったはずだ。最低限、機会の広さやキャリアパスの広がり（事業開発に携わるなど、成長しやすい機会が中長期で用意されているか、責任ある立場の人はどのようなキャリアを経てそこまでたどり着いたか）は確かめておこう。ここもできれば人事ではない社員との接点を作っておき、そちらから聞いていきたい。

いよいよ、内定が見えてきたら、最後の意思決定だ。

特に、ファーストキャリアの選択は、どうしても両親、友人の声も気になるだろう。選考過程で、さまざまな情報が回ってきたりもする。周囲から「○○が実はいい」「意外と△△はよくない」などと聞き、迷うケースも多い。ただ、あくまで、これまでの経験、あなた自身の考えを持って最後の意思決定をしてほしい（③周囲に流されず動き、自分で決める）。

また、失敗したくない気持ちはとてもよくわかるが、ファーストキャリアの選択において、あまりにも「絶対的な正解」を求めすぎるのは要注意だ。あなたに「ふさわしい」はあっても、「絶対的な正解」となるキャリアは存在しない。

できるかぎりの情報収集と行動をやり切ったら、あとは「選んだキャリアを正解にしていく」というマインドセットでいることのほうが、よほど重要だ。

自分自身も、目指す行き先も、経験の中で変わっていくことも多い。しいて言えば、入社後も「ありたい姿」を描き直しながら、成長観点を持ち続け、「目的意識を持って行動し続けること」こそが正解だ（②「絶対的な正解」はない）。

最後に補足しておきたいのは、選考プロセスにおいて不義理はしないこと。面接を無断欠席する、新たに内定が出たところに行くからとすでに内定をもらっていた会社との対話を拒否するといったことだ。仮に辞退するならば、より丁寧に対話をしてほしい。採用担当者や企業同士はつながっていることも多い。1つひとつのコミュニケーションを雑にする人は、社会に出た後に、いずれしっぺ返しがくる。どうか、真摯に誠実に向き合うことは心掛けてもらいたい。

ファーストキャリアは、人生に1回しかない、貴重な選択の機会だ。あなたの人生にとって、きっと大きなターニングポイントになる。この本を読んだ1人ひとりが、言語化と行動を往復し、納得感を持てる意思決定ができるよう心から願っている。

キャリア中期の心得(30代~40代前半程度のミドル)

さて、「ファーストキャリア」の解説が長くなった。ここから解説するキャリア中期は、キャリアが大きく二極化していく時期だ。成長を意識し行動してきた方は、選択肢が格段に広がっていく。一方漫然と過ごしてきた方は厳しくなっていく時代でもある。それぞれに分けて考えていこう。

新卒・若手時代に大きく成長できたケース

市場価値が十分に高まった方こそ、ぶつかりやすい壁がある。相応に選択肢が存在すると、逆に「成長の先に何を求めるのか？」が問われるのだ。果たして、自分にとっての目的は何だっただろうか？

成長に向けて走ってきた方も、長い人生の中で成し遂げたい志やWillをあらためて言葉にしていこう。そして自分がこれから軸足を置くフィールドを、徐々にでもよいので、見極めていってほしい。

ただし、ここまで順調に成長してきたとしても、持続的に市場価値を高める観点は忘れないこと。若手時代だと、成長したといっても、まだ自分個人のスキル・スタンスが高まったというだけの段階で、マネジメントは未経験だったり、経営に近い意思決定には関わっていない方が大半だろう。油断すると、すぐに成長は逓減する（すでに述べたが、「お山の大将」化は危うい）。成長し、活躍しているほど驕(おご)りが出やすい。「環境に依存しないか、再現性はあるのか」と自らに問いかけてみよう。

30代〜のキャリア中期には、少なくとも1つの深い専門性を有してI型やT型になれていると望ましい。特に、T型からH型に、そしてHH型へと発展するために複数の「飛び地」で強みを築くためのチャレンジは、30代前半までのほうが飛びこみやすいことが多い（30代半ばを超えると、既存の専門性での価値発揮を組織から求められやすいため）。

もちろん、自ら手を挙げる意志のある人にはいつだってチャンスはある。もはや、誰かに与えられるのを待つのではなく、自ら機会を掴み成長していくことが基本となるフェーズだ。

待遇面について言えば、成長し、市場価値が高まるにつれ徐々によくなってくることもある。ただ、この時期も若手同様、待遇だけを見て意思決定するのは早計だ。

また誰と一緒に働くかだが、「上長や経営に近い方の視座やレベル感」が、今後のあなたのキャリアに大きく影響を与えることになる。ぜひ、視座が高い（共感できるビジョンを持ち続けている）、将来的に学びたい要素がある、あるいは逆に自身と違うタイプの強みを有する人との接点を、業務上でも増やしていけるとよいだろう。

新卒・若手時代に十分成長できていないケース

「35歳説」でも触れたように、年次が上がるほど一定の専門性が求められ、新しい組織に移った際も、専門性をすでに備えている前提で見られやすいのはたしかだ。相応に年次や経験を重ねてから、新天地でゼロから能力を開発するとなると、より強い意志や覚悟が求められる。その現実を、綺麗（きれい）な言葉でごまかすつもりはない。

ただ、人生、まだまだ先は長い。大丈夫だ。自分次第でいくらでも挽回できるし、その実例を私は何人も見てきた。本書を読んだことをきっかけに、今日から変化を起こしていきたい。

まずは、培ってきた強みを言語化し、自らの「武器」を認識すること。武器といえるようなものは何もない、などと落ち込むことはない。みな、ささやかであっても何かしらの強みを持っている。周囲の人に聞いてみるといい。自分では当たり前なことが、周囲には強みとして認識されていることもある。

ただ、もしここまでの成長が十分でないと感じているならば、なぜ成長が停滞してきたのかは、真摯に振り返ったほうがよいだろう。そもそもの「ありたい姿」が曖昧だったのか。自身のモノ・コト・ヒトの志向性を理解できていなかったのか。成長機会を掴みに行く姿勢が弱かったのか。

振り返りができ、今の職場でまだできることがある、と思える場合はあらためて目の前の成果にこだわることだ。ただ、成長が不十分な要因が、現在の組織の環境や構造的要因にある場合は、早々に環境を移ることも1つの選択肢だ。転職市場では、35歳前後を目安に見られ方が変わりやすいのは事実なため、いずれにせよなるべく早く決断したほうがよい。

ただし、環境を転々としすぎてしまっている場合は、どこかで本腰を入れて、何かしらの深さを追いかけ、武器をつくる必要がある。残るにせよ出るにせよ、まずは何かしら上位10％に入る成果を出すことを目指してみてほしい。

ここまで理想どおりにキャリアを築けてこなかったとしても、成長のグッドスパイラルに入れれば、40代半ば以降のキャリア後期で必ず取り返すことができる。安心してほしい。行動次第で、未来はいかようにでも開かれているはずだ。

キャリア後期の心得(40代半ば以降のレイター)

40代以降は、キャリアにおいては「脂の乗った時期」とも言われる。自身の価値・強みが積み上がり、視座も上がり、気力体力も十分。ビジネスの酸いも甘いも経験してきて、人としての成熟度も増していると思う。

この時期になると、十把一絡げにできないほど、多様なパターンが存在する。だが、少なくとも共通して重要なのは、「自分自身の『高次』の言語化」と「自身固有の強みを活かす」の2点だ。

本当にいろんな人生があるが、あえて盲点として強調しておきたいのが、一見輝かしいキャリアの方こそ、実は自分に向き合えていないことがある点だ(そして、人生の後期に「本当にやりたかったことをやってきたのか」と、自らに問い直すことになる)。しつこいようだが、残されたキャリア人生で身を置きたい環境を今一度見極めて言葉にしてほしい。

さて、「高次」の言語化と書いたのは、自分自身に視点を閉じることなく、ここまでで得た立場や能力を「何に活かすのか」の対象まで言語化してほしいからだ。ぜひ、ベクトルを自身の肩書きや年収だけではなく、外に向けてほしいのだ。

これは経験上間違いなく言えるが、キャリアの後期になって、社会や外に目が向いている方は、必ずと言ってよいほどいきいきとしており、人も集まってくる。逆に、キャリアの晩年で、自身のプライドや保身に目が向く方は、次第にエネルギーを失い、人も離れていく。

社内の機会を活かす、創り出すのでももちろんよい。場合によっては社外に機会があるかもしれない。さまざまな経験を積んできたあなたにしかつくれない価値がきっとあるはずだ。経験を経て目標が変わっていても、もちろんかまわない。

続けてこの時期に大切になるのが「自身固有の強みを活かす」ことだ。

40代半ばともなると、個性・特性も含めて、あなた固有の強みが確立されているはずだ。同時に、すべてを自分1人でこなすのではなく、自身のブリッジ型のキャリアを活かし、異なる強みを持つ仲間とつながり、ともに価値をつくっていく視点を持つことだ。

「自分には、ブリッジと呼べるような明確な強みがない」という読者もいるだろう。ただ、今までうまくいかなかったという自覚のある方にも、「話を聴くのがうまい」「チームの中でついていけなくなりそうな人を常に見ていて、さりげなくフォローしている」など、豊富な人生経験を活かした持ち味はきっとあるはずだ。上長だけでなく、勇気を持って年下のメンバーと対話の場を持ってもいい。「自身の」強みだけにフォーカスを絞るのではなく、「どうやったら、チームの役に立てるのか」と、ここも視野を外に広げて考えてみてほしい。

私は多くの人に「いつだって今日がいちばん若い日」と声をかけてきた。カーネル・サンダースが65歳でゼロからケンタッキーフライドチキンを起業して成功したのは有名だが、彼ほどの偉業でなくとも、誰にでも新しいチャレンジの可能性は当然ある。昨今は50代以上のシニア起業も増えている。もう1度ゼロから学びつつ、新しいチャレンジをする前向きさがあれば、そのスタンス自体が貴重だ。

実際、早期退職を期に一念発起してスタートアップに入り、当初は苦労したものの、培ってきた対人スキルを活かし、組織的に弱かった大手企業向けの営業の仕組みをゼロから構築し若い組織で活躍されている方もいる。

BS型キャリアで触れたように、スタートが早いほうが市場価値を高めやすいのは紛れも無い事実だ。それでも、可能性はいつでも、誰にだって開かれている。

キャリアとライフイベント（出産・介護など）

ここまで年代別に、具体的なキャリア選択の「前提」部分を論じてきたわけだが、もう1つ、触れておかなければいけないことがある。キャリア形成と、ライフイベントの関係性だ。キャリアについて、何らかの形で直接的に影響が出ることも多いため、切っても切り離せない。

出産や介護、また、思いもよらぬタイミングでの心身の不調により仕事に思うように集中できない時期を一般には「キャリア中断期」と言ったりもするが、そもそも「中断」は悪いことではない（出産した女性には、一時的ではあれ必ず訪れるのだから）。しかし「中断」という言葉には、進むことが是で、止まることが非というニュアンスが感じられるため私はあまり使わない。

言うまでもなく、人生の中で仕事から離れる時期が訪れることが、キャリアにネガティブに影響しない世の中が理想だ。ただ、現実として残念ながらまだそうなっていない部分もあるため、ここでは個人ができること、考えておくべきことを中心に書いていこうと思う。「自分にはまだ関係ない」と思われるかもしれないが、介護や病気は思ってもいなかったタイミングで発生する。性別や年齢を問わず、いつでも起こりうるものと捉えてもらえると嬉しい。

高度経済成長期のように、「一般的」なライフスタイルというのは定義しづらくなった。キャリアにかぎらず、個人の生き方自体が多様化している。その変化に伴い、「プライベートも含めたキャリアのあり方をどう考えたらいいのか」という質問を不安の声とともにいただくことも増えた。

正直、ここは書くか悩んだ。プライベートなことは、プライベートであるからこそ、何を書いても誰かを傷つけてしまう。ただ、それでも20年近くキャリアに携わった自分に溜まった知見は共有したほうがいいのでは、と考えた。個人が書く以上、完全に客観的になることは難しいのだが、私のもとに寄せられた情報・ファクトと、そこから考えられる対策を、あくまでキャリアづくりの観点から、できるかぎりフラットに伝えたいと思う。

時系列で区切り、「将来の漠然とした不安」「直近の不安」「すでに直面している不安」の3つのパターンで考えてみよう。

将来に漠然とした不安を抱えているパターン

必ずしも時期は決まっていないが、「いつか子どもを持つかも」「いつか介護が必要になるかも」といったパターン。このパターンへの答え自体はシンプルだ。「今」できることに真摯に向き合い、可能ならば、「希少性」・「市場性」・「再現性」の観点から、キャリアを前倒しで進めておく。それが不確実な未来の自分の選択肢を広げる、いちばん確実な方法と言える。

ただ、実際にそのように考えてキャリアのうえで行動する人は、極めて少ない。

もちろん、未来は予測しきれないため、切実感が乏しくなることはある程度やむをえないだろう。しかし、正論を言うならば、キャリアを取り巻く環境が変わったり、プライベートが理由で一時的に仕事から離れる必要が生じたりしても、カバーできるようにしておく。つまり、どこで働くか、どのように働くかについて多様な選択肢を持てるよう、できるだけ早めから価値を身につけておくのが王道だ。第3章の「若い時の苦労は買うべきか?」で「仕事に打ち込むなら20代」と述べたのには、こういった背景もあった。

また、もし時間的・物理的制約が生じた場合、どの程度自分の仕事に影響が出そうかもイメージしておくほうがよい。現場での接客やサービス業など影響が大きいものもあれば、リモートで時間帯も柔軟に働けるケースもある。場合によっては、制約があってもうまく働けるよう、ジャーニーを描きなおすこともあるかもしれない。

「市場価値」で触れた内容もふまえれば、「制約が生じる前に、3~5年を目安に、最低1つはテクニカルなスキルを身に着けT型になっておく」が1つの指針となる。そして、できればH型にまでなっておくと、後々の選択肢がぐっと増えるという現実は知っておいてほしい。

近い将来への不安があるパターン

不安が漠然とではなく具体化しているパターンもある。たとえば、男女を問わず直近で育休を取りたい予定があるが、キャリアの観点からみれば、すぐに転職をしたい場合。これは、非常に悩ましい。

まず、産休や育休を取って子育てをする、少なくとも望めばそうできる制度が整っていること自体は、素晴らしいことだ。ただその是非はともかく、企業側としては、入社すぐに長期で実務から離れられるのは、そもそも人が足りないことを理由に採用をかけているため、なかなか苦しいところがある。

もし採用時に、直近で育休や出産の予定があるならば、やはり、「かもしれない」のレベルでよいので（いずれにせよタイミングはコントロールできない）正直に伝えたほうがいいだろう。

もし会社側がOKだったとしても、入社後すぐに業務を離れると、復帰後のキャッチアップは本人にとってもややハードルが上がる。理想を言えば、後述するようにパートナーと対話しながら、想定しうるライフイベントに備えて早めに環境を変えておくのがベストだ。

加えてよく聞かれるのが、「現実的な産休・育休のとりやすさを考えると、ある程度、規模の大きい、福利厚生が整った会社のほうがいいのでしょうか」という質問だ。

たしかに、リソースに乏しく余力のないスタートアップや中小企業よりは、人数が多い分、制度を利用しやすい側面が一定あるのは事実だろう。とはいえ、昨今のスタートアップや中小企業の中には、少しでも女性が活躍しやすいようにと、環境整備に動いているところも多い。また、組織の規模が小さいゆえに、相談次第で制度も柔軟に新設されたり、メンバー同士の距離が近い分、「〇〇さんの復帰に備えて」など、メンバーから個別対応での支援が受けやすいケースもある。

気をつけたいのは、制度の充実度を優先するあまり、休みやすくはなったが、復帰後の実務でルーティーン業務の割合が増え、成長が止まってしまうケースだ。単純に「組織の規模」や「制度の充実度」のみで判断せず、自身の中長期の成長、「ありたい姿」に近づけるか、といった全体的なバランスをよく見て判断することだ。判断材料として、「復帰後働きやすい組織か」についての情報収集は、早め早めに行っておくにこしたことはない。

現職に留まる前提なら、早めの段階で（直前ではなく）相談してみるのもよい。直接上長に相談しづらければ、他部署での産休・育休経験者や人事部門にヒアリングや相談をしてみるのも手だ。

すでに制約が顕在化しているパターン

現在、すでに子育て、介護、その他家庭の制約によって、悩みを抱えているケースもある（ここでは都市部に住む、子育て共働き世帯を想定して論じるが、ほかの問題にも通じる内容だ）。まず、前提として、この時代に女性だから、男性だからという前提を置くこと自体がやや固定観念的ともいえる。だが、男性の育休取得も少しずつ一般化しているものの、現実的に「出産や育休をどう捉えてキャリアを考えたらよいのか」という質問をもらうのは女性からが多い。

出産後も、キャリアとプライベートを両立させた毎日を送っている方もいる。

だが、私が、社内外で「女性活躍のロールモデル」として取り上げられている方から、表向きの内容とはまったく異なる実態を直接聞いたのは1度や2度ではない。

どういうことかというと、まず、子どもが生まれ、どうしても働き方や時間の面で制約が出るようになった。その状況だと、過去自分が培ったスキルに頼って、効率的に仕事をこなし成果を出すスタイルにならざるをえず、結果的に若手のときほどの成長は感じていない。組織にも向き合い切れず、内心では危機感を抱いているのだという。

周りに立派に仕事とプライベートを両立している（ように見える）方がいると、ついつい「なぜ自分はできないんだろう」と自己否定に走りがちだが、その必要はない。

両立そのものに苦労されている方も非常に多い。お子さんが生まれて復帰したある女性。仕事の成果も不十分ななか、母親として、妻としての役割も意識してしまい、どれも不十分なような気がしてしまう。ストレスもあり、小さい子どもについ感情的になってしまっては、自己嫌悪に陥る。子どもの発熱で保育園から呼び出されるたびに、迎えにいくのは決まって自分。違和感があるが、パートナーとは面と向かって話せていない。そんななか、男性上司からも、「最近、休みが多くない?」と遠回しに言われて、もうこの会社では働けないなと思っている……などのケースだ。

外部の力を借りる

そのうえで、どうするかだ。「もう無理だ」と諦めてしまいたくなる方の気持ちもよくわかる。ただ、その制約が、「本当に解消不可能な制約なのか」と1度考え直してみるのも、悪くはない。

各種のベビーシッターによるサポートや、自治体のファミリーサポートなどの保育支援など、時間的・物理的制約を解消してくれる存在は、官民問わず多数ある。金銭的負担が一定生じるのも事実だが、キャリアづくりの観点から言えば、一時的な出費を伴ってでも、成長機会を掴む（そこまでいかずとも、キャリアへの制約が小さくなる）ことを優先したほうが、将来的なＢＳはよりよいものになる、とは言えるだろう。

「家に人を入れるのは嫌」「外部の人に頼りづらい」など価値観のレベルで抵抗感を持つ方も少なくないが、試しに何回かお願いしてみると、「なんで今までお願いしなかったんだろう」と考えが変わることも意外とあったりする。あまり食わず嫌いすることなく、できる選択肢はトライしてみて、そのうえで判断してみる、という姿勢から始めてみてもよいのではないだろうか（と、わざわざ書くほどに「外部の力を借りる」を真剣に検討する方は少ない）。

パートナーとの対話こそ本質

現実には、制約を1人で抱え込んでしまうケースとそうでないケースがあり、かなり難易度の差が生じている。うまく分担できている方は、何が違うのだろうか。結論から言えば「パートナーとの対話の有無」だ。

あらためて、高度経済成長期の「一般的」なライフスタイルというのは、主に男性が働き、女性が家を守るというものだった。だが、法律も整備され、個人の生き方自体が多様化しているにもかかわらず、いまだに「子育ては女性が担うもの」という価値観は、日本でも、それ以外の国でも完全になくなってはいない。

だからこそ、パートナーと、家族としてこれからどういったキャリアをそれぞれが歩んでいくのか、お互いがどんな価値観を持っているのかを、しっかり本音で話す機会を設けること。「男性が、女性が」とジェンダー論を展開するつもりはない。ただ、シンプルに、互いに1人の人間として対話し、目線を合わせることこそが、いちばん本質的な解決方法だ。プライベートにおいてもキャリアにおいても、互いにどんなことを想定しているかがわからないからこそ「漠然と不安」になるし、「前倒し」のキャリア設計もしづらくなる。また、いざ子どもを産んだり、介護が発生した後で、価値観の違いからどちらかに制約が集中したりもする。

夫婦ともに（もちろん同性のパートナーシップも同様に）「お互い忙しく、日々のことで精いっぱいで、それぞれのキャリア形成をどうするのか、どうプライベートとバランスをとるかについてなんて、ほとんど話したことがなかった」と言うことも多い。自分のキャリアですら向き合えている人はそう多くないのだから、無理もない。この本が対話のきっかけとなれば幸いだ。

できれば「漠然とした不安」の段階から、あるいは「すでに制約が顕在化」した後でも、少し長い時間軸でお互いの考えを話してみるのがよいだろう。

「うちのパートナーに分担を求めるのは無理だと思います」と話す方もいる。だが、実際に対話すると、もちろん難しいケースもあるが「意外と理解してくれて、分担してくれることになりました」と話す方も少なくない。

生物学的に男性に出産は不可能なわけだが、たとえば先ほどの保育園で熱が出たときに迎えに行くのは、父親でも、母親でもいい。話し合いの末、キャリアジャーニーの中で、妻のキャリアを優先し、夫が育児を重視する選択肢をとる家族もある(もちろん逆もある)。

最初に対話を持ちかけるときは、なかなか勇気がいるものだ。ただ、共働き家庭が増えるなかで、「女性のキャリア問題」は、「家族全体のキャリア問題」でもある。ライフイベントは、一時的な出来事ではない。家族や子どもの成長に合わせて、環境は変化し、2つのキャリアジャーニーは、これからもずっと続いていくのだから。

男性読者も、ぜひ「相手の」ではなく「私たちの」テーマとして聞き、話してみてほしい。

「制約」と「タイミング」はセットで話す

パートナーと互いの価値観を認識し、どういったキャリアを歩んでいきたいのか目線合わせする際に、重要になるのが「タイミング」だ。

どの時期に成長に向かうのか、どの時期に1度仕事から離れて、また戻るのか。すべてコントロールできるものではないのは当然として、早め早めに考えて意思決定に反映させていくにこしたことはない。一時仕事をセーブしないといけない場合は、復帰後、どのタイミングで、どの環境で成長を目指すのか、よりメリハリを付けた対応が必要になる。「いつまでにどのような能力や経験を積みたいのか」も、能力だけではなく、どのタイミングで実現するのかとセットで、1度「中長期視点」で設計しておくとよいだろう。

逆に、「短期視点」にとらわれないよう気を付けよう。「子どもが小さいので難しいと思う」という声もよく聞くが、そんなときは「中長期視点」で、「子どもが大きくなった際はどういう働き方をしたいだろう？」と問いかけてみてほしい。プレイヤーとして仕事をするのか、逆に裁量が大きく、意外と時間の制約に対応しやすい管理職を目指すのか。

一方では中長期視点で将来を見渡しつつ、そこから逆算して短期的には、注力するテーマを絞り、量ではなく質を意識し成長要素を明確にするのは、多くの人に有効だろう。

早めに産んで戻るか？　スキルが高まるのを待つか？

人生をどう過ごすかは人それぞれだ。とても網羅して語り切れないし、そうすべきでもない。ただ、私のもとによくキャリアとセットで寄せられる「早めに産んで早く戻るのがいいのか？スキルが高まるのを待ってからがいいのか？」という具体的かつ切実な質問には、ここで答えておきたい。

まず、キャリアの前倒しを意識し、「制約が生じる前に、早めに、最低1つテクニカルなスキルを身につけT型になっておく（H型だとなおよい）」が私の基本的な考え方だということはすでに述べた。軸となる明確な能力がないなかでは、復帰後の機会はどうしても得づらくなる。その前提で、一定T型（H型）になれていて、今後もキャリアを継続して高めていきたいのであれば、早めに出産して戻るほうがよい。いや、「よいらしい」。というのも、事実として、私のもとに寄せられるのは「早くてよかった」という声が多いのだ。逆はあまり聞かない。なお、個別の事情は無限にあるため、これが「答え」ではない点は十分に気を付けてほしい。

それと、これは非常にデリケートなテーマのためとても伝えづらいのだが、あくまで生物学的な事実として、妊娠はタイミングが遅くなると（不可能ではないが）確率が下がる傾向にある。また、第2子、第3子の出産も選択肢に入りやすいことから、「早くてよかった」と感じる方がどうやら多いようだ。

キャリアの観点では、出産前に市場価値のベースがあるのが望ましい。ただ、仮にベースが弱い状況でも、本人の意識と努力次第で挽回できる可能性は、十分ある。

最後に、復帰後の仕事のしやすさの観点から補足すれば「自分の行動量に頼って成果を出す」スタイルではなく、「業務設計や人のマネジメントによって、自分の行動量に依存せず成果を出す」スタイルにフェーズを1段上げておくことも有効な対策となる。要は管理職になると働き方をコントロールしやすいということなのだが、管理職になれるタイミングが比較的遅い会社もあり、このあたりは非常に難しい（第8章で組織側の課題として触れる）。

「ずっと働くのがふつう」ではない

人生には仕事から離れないといけないシーンがやってくる。産休・育休にかぎらず、予期せぬタイミングでの介護、心身の不調などだ。「常に働いていることがふつう」という思い込みがあると離れることに抵抗があるかもしれないが、労働寿命が伸び続ける時代、あらためて大学に通ったりスキルを磨きなおすために職場を離れることは、より一般的になるだろう。

もし健康を害したとしても、何かのシグナルだと捉えて無理せず休んだり、プライベートとのバランスを考えたりすることが、長期的にみればプラスになるかもしれない。

人生のスピード感は人それぞれだ。そして、すべてがコントロールできるわけでもない。無理に生き急ぐこともないし、シニアになったからといって、もはや自分に新しいチャレンジはできないと諦める必要もない。長い人生、休憩や脱線だってあっていい。「キャリアジャーニー」という言葉には、そんな思いもこめている。

第5章

キャリアを選択する(実践編)

introduction

さあ、準備は整った。いよいよ、あなたは道を選び、歩んでいく。新天地に行くのもいい、組織という枠そのものから出るのもいい。そして、今の場所に残るのもいい。もし同じ場所で働き続けるとしても、きっと、ここまで読んだあなたにはこれまでとはまったく違った景色が見えているはずだ。

落とし穴への対策、切符を手にするための方法。伝えられることは、赤裸々と言っていいほどに伝え切った。どちらへ向かうかは、あなた次第だ。

社外に出るか、社内に残るか

さて、前提を整理し終えたところで、いよいよ本題である「選択」の具体的内容に入っていきたい。

あなたの人生は、選択の積み重ねだ。この1年をどのような環境で、誰と、どのような仕事をして過ごすのか。あなたが今の環境にいるならば、それは「今の環境に居続ける」決断をしているということでもある。

決断とは、文字どおり他の選択肢を「断つ」こと。キャリアには、常に無数の機会が開かれており、あなたは、今この瞬間も含めて、環境を選択し続けていると考える必要がある。

転職を検討する5つの理由と「判断基準」

ファーストキャリアについてはすでに論じたので、ここからはある程度キャリアを積んだ方

図5-1｜キャリアマップ：選択肢の全体像

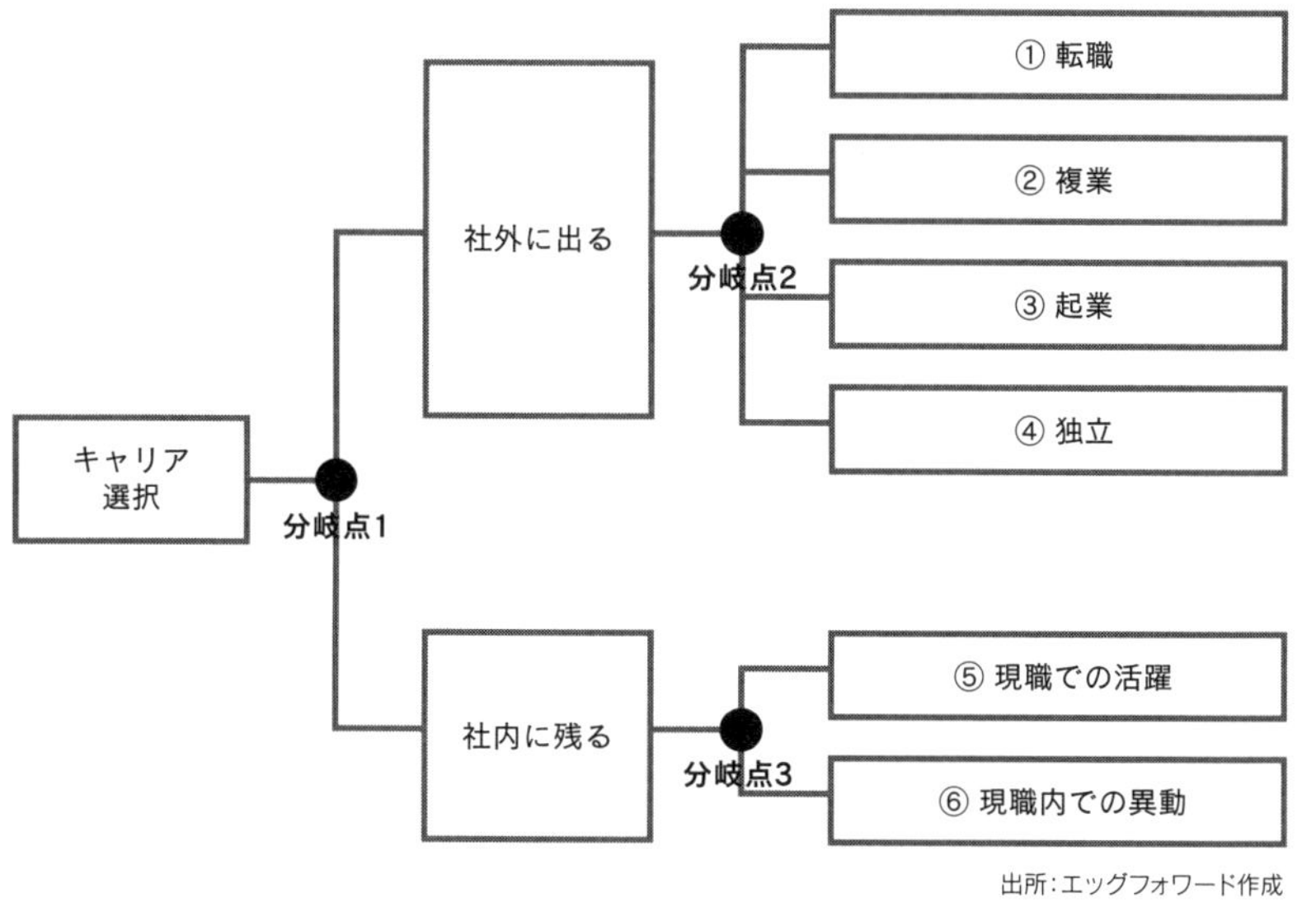

出所：エッグフォワード作成

を対象に考えたい。

まず、社会人の方に「キャリア選択」と言うと、すぐに、「いつやめるか、いつ転職するか」に話の焦点が絞られやすい。

しかし、転職だけが選択肢ではない。現職に留まる（実際いちばん多い）、その中で何をするのかも「選択」だし、その他にもさまざまな選択肢が常に開かれているのだ（図5－1）。

ここからは、今あなたがいる地点から、どういう機会があるかを網羅的に説明し、その分岐における判断基準と選択方法について順に示していく。

まず現職に留まるべきか、外に出るべきか。もっとも多くの方々の関心が高いのがこの分岐点だ。

まず私の課題感を表明しておくと、「今は現職に留まったほうが本人にとってよいのでは？」という方でも、エージェントと話すなかで転職を勧められ、意思決定の強度が不十分なまま、なし崩し的に転職してしまうケースが多い。

すでに触れたが、転職斡旋事業は、転職者の数が多いほど売り上げが立つ。だから、候補者の想いとは無関係に、いかに転職をしたほうがよいかを、企業（しかも合格が決まりやすいところや追加のインセンティブを出してくれるところ）とセットで提案してくるケースが少なくない。「転職するな」と言いたいわけではまったくない。シンプルに、構造を知り、そのうえでしっかり考え、意思決定をしてほしいのだ。

たしかに、環境が変わることで状況が大きく好転することも多い。

一方、ネガティブな側面はあまり注目されない。

慣れ親しんだ組織と異なる思想や価値観、そして商材や商習慣へ適応することは簡単ではない。また、誰かに頼ろうにも、職場の人間関係がすべてリセットされた状態からのスタートとなる。総じて、環境変化に適応していくにはかなりの負荷がかかる。

それらをふまえ、それでもなお転職するのなら、中長期的な目線を忘れず、意思決定の強度や覚悟を持ったうえで、新たな自分を迎えにいってほしい。

私の意見を述べれば、白か黒か、答えをいきなり出す必要はない。逆に言えば、定期的に外の視点を意識して自身を眺める習慣をつけておくことだ。そう、先に述べた「エア転職」だ。

ただその際は、第1章で扱ったジャーニーの目的地と、第3章の市場価値の観点を忘れないこと。自分なりの軸を持たずに漠然と外の意見を聞くと、流されてしまいかねない。

ここからは、転職検討者の理由ごとにポイントを整理し、具体的な判断基準にも触れていこう。

検討理由1：目指す方向性が会社と合わない

まず、第2章で触れたように、自身の「ありたい姿」は、特に目的（ビジョン）、コト（成長）、ヒト（環境）の観点が重要になる。選択の際も同様だ。この3つの整合性が、自身と会社の間で取れているだろうか。

実際、転職を考える理由として「会社のビジョンや方向性が、自身の考えと合わない」は非常によく挙がる。ただ、いくつか注意しないといけないポイントがある。

まず、前提として、ビジョンの不一致の前に、まずは、そもそも自身の「ありたい姿」、実現したいことの方向性が「ある程度」でもいいので見えているかどうかだ。そこが曖昧なばかりに「今の組織はなんとなく目指している方向性が違う」と転職を繰り返しネガティブジョブホッパー化してしまうパターンは数多く見られる。たとえば、とある若手の方のケースだ。

業界はITサービスで、会社は、顧客企業の事業の効率化や成長支援を思想として掲げて

いる。しかし、「自分のやっていることは、細かなマーケティング施策ばかりだ」と不満を持っていた。「自分はもっと大きく『経営に寄与する仕事』がしたくて入ったのに、思っていたのと違う」と言う。

そこで私は、「そもそも『経営に寄与する』とは何なのですか？　経営に寄与したいのはなぜなんですか？」と質問してみたものの、答えは非常に曖昧だった。これでは、結局、転職しても「これは経営に寄与する仕事ではない」と繰り返し、成果に向き合うこともないまま、入っては辞めを繰り返してしまう。成長しやすい時期を無為に過ごしてしまう非常にもったいないパターンだ。まず、そもそもの「経営への寄与」への解像度を高めることから始める必要がある。

では、自身の「ありたい姿」のイメージが仮置きでも見えたとしよう。

それでもなお、「会社の方向性がわからない、組織の目指す方向性がわからない」という声はよく聞く。ただ、まずは聞いてみたい。あなたは、どんな手段を使ってそれを知ろうとしたのか。社会人なら、そこが問われる。

もっと深刻なパターンがある。

「会社の思想やビジョンの否定」を、「自身が変化しない言い訳」として利用してしまうケースだ。自分が十分な価値を出せていない、でもそれは自分のせいではないと思いたい。本音では、自身の未来を直視したくない。これからの自分のキャリアについて、真剣に考えないといけなくなるから。これらの逃げの口実として、会社の方向性や経営者の思想を否定しているだけの場合も少なくない。

誰しも、弱さが出たり、他責にしたい気持ちになることがあるのは自然なことだ。ただ、それでも口酸っぱく指摘するのは、そうして会社や組織を否定し、気づけば3年、5年と時間が経ち、成長のための貴重な時間を無為に過ごした方を数え切れないほど見てきたからだ。こうした方の晩年のキャリアは必ずしも幸せなものにならない。

本題に戻ろう。「自身と会社の方向性が合わない」という悩みはカルチャー面でもよく見られる。

「周囲のメンバーと考え方が合わない、人間関係がうまくいかない」。たしかに、そのような状況で働くのは辛いものがあるだろう。カルチャーや価値観がそぐわないというのも、外を見るひとつのきっかけにはなりえると思う。ただ、自身が（少なくとも、負担になりすぎない範囲で）周囲と関係を構築する努力をしてきたか、相互理解をする機会を作ろうとしてきたかは、1度立ち止まって考えてほしい。

最近、転職理由として「私のことをわかってもらえない」と聞くことが増えた。特に若手の方で多いのが「承認欲求が強いので、もっと褒めてほしい」というものだ。本人の長いキャリアを見据えてあえて厳しく言えば、まだ「学校」気分が抜けきっていない。自分のことをわかってもらう努力もすべきだし、褒められるだけの成果やプロセスを実現しないことには話にならないだろう。

ここまで、あえて読者の方のマインドセットに焦点を当ててきた。が、もちろんどこまでいってもカルチャーやバリューが一致しないケースは当然ある。「できることはやった」と思えてなお会社と自身で大切にするものが異なる、親和性が感じられないと思うのなら、外を見るべきタイミングだと言えるだろう。

検討理由2：年収を上げたい

年次問わず、社外を見る目的として、「年収を上げたい」を挙げる方はかなり多い。市場価値の章でも論じたが、業界特有の構造的理由で、あなたの価値に比べて年収が低すぎるのであれば、当然ながら外を見ることは選択肢に入る。ただ、重ねて伝えてきたが大事なのは、目先の年収だけでなく、中長期のBS型キャリア、つまり生涯年収のほうだ。

年収の高いところに移ることを考える前に、まずは、自組織内で市場価値に見合う待遇を掴めないか、何がどうなれば自身の報酬が上がるのかを、あらためて上長や経営側とすり合わせることも大事だ。

ただ、自身の上長や組織全体の報酬水準が、今後の自身の報酬の「天井」にもなるため、それが低すぎると厳しい。転職エージェントなど、外部の視点から客観的な意見をもらうことも有効だ。そこまで情報収集をしたうえで、報酬水準と成長機会のバランスが自身に釣り合わない場合は、外に出ることも選択肢となる。

ただ、本質的には、社内に残ろうが転職しようが、「自身の市場価値と、適正な報酬水準感」を常に客観的に見ておくことが重要なのだ。

また、転職後について言えば、意図的に待遇を下げて入るほうがいい場合もあることは知っておいてほしい。「転職後の待遇がいい」ということは、それに見合う価値の発揮を「即戦力」として求められるということでもある。であればむしろ、多少ポジションを下げて入り、すぐに価値を発揮し、評価を上げていくほうが組織になじみやすく、スムーズなスタートを切りやすいケースもある。待遇は、そのまま自分に求められる「入社後、すぐ発揮できる価値の期待値」でもあることをふまえて、長期目線で考えたい。

検討理由3：成長し、市場価値を高めたい

特に若手から30代前半までの意欲あるビジネスパーソンの転職理由でもっとも多いのが、「さらに力をつけたい、成長したい」だ。

そういった考えを持ち、ＢＳ型のキャリアを歩んでいくこと自体は素晴らしいと思う。ただ、やはり「隣の芝が青い」だけの場合もあるのは事実だ。

「自社・自組織には成長機会が少ない」と安易に見切ってしまうのは危険だ。外に出たほうが、よっぽど成長機会が少なかったという例も少なくないのだ。

まず考えてみてほしい。自部署だけでなく、組織全体で、成長機会をつかんでいる人はいないのだろうか。もしいるとしたら、自身との差はどこなのだろうか。

もし、本当に組織全体に成長機会が少ない、スピード感が遅いとする。その際に自身に問いかけてほしいのは、「現職で、やり切ったと胸を張って言えるか」。はたして、イエスと答えられるだろうか。もう少し具体的な問いを投げるとすれば、現職で「これは自分が成し遂げた」と言える何らかの成果はあるだろうか。組織内や同じ職種の中で上位に入るなど誇れる結果を出したことはあるだろうか。組織内で、引き留められたり、「うちにいてほしい」と思われたりするだけの価値を出しているだろうか。

いわゆる「石の上にも三年」のように、我慢して長く在籍するのがいいことだとはまったく思わない。ただ、成長機会が仮に乏しいとしても、その中で最大限の努力をしきったと言い切れないと、同じ言い訳を繰り返し、「青い鳥」を探し続けることになる。

判断の目安としては、「現職でやれることはやりきった」と胸を張って言える状態で、成長スピードがここ2〜3年は落ちており、かつ新たな成長機会が組織全体に見つからないのならば、外を見るべきタイミングだろう。

さて、現実逃避的な理由での転職意向についてはやや厳しめに指摘してきたが、当然、成長していながら、さらなる成長機会を外に求めるポジティブなケースも多い。特に、30〜40代以上においては、自身の強みにさらに磨きをかけるためにチャレンジするパターンも増えている。T型をH型にし、HH型へとさらにブリッジを重ねていくケースだ。実際の例でみてみよう。

ある大手サービス業で管理職を務めていた30代後半の方。

顧客折衝に長け、営業も得意、財務にも精通、企画やグループ会社との調整などにも強く、幅広いブリッジ型のキャリアを歩んでいた。

しかし、ふと客観的に自身の仕事を捉えてみると、一定の枠組みの中で、会社の「看板」やリソースがあるなかでの事業構築・マネジメントがメインだった。事業領域を広げるような、非連続で難易度が高い事業の構築にも挑戦したかったので上に提案してみたが、現状の延長から大きく事業転換する意向の薄い役員会では敬遠されがちだった。

今の延長線上の仕事でもやりがいはあるが、仕組みができ上がった事業を、気の知れたメンバーで「こなせて」しまっている感覚は否めず、成長が逓減していることは自覚していた。これまでのスキルやソーシャルキャピタルを活かし、恵まれたリソースや看板をあえて捨てて新しい事業を創造しないといけないと、40代以降を見据えて自分に危機感を持っていた。

思い返せば、自分が大きく成長できたのも30歳前後で、成長の逓減を感じていた営業実務から離れて、思い切った転職をし、次のステージに進んだからだった。

ここが40代の成長の大きな節目と考え、思い切って、ビジョンが重なる会社の事業責任者候補として転職。案の定、前職よりは苦労も多い。ただ、「こなす」のではなく、リソース調達から自ら担い、既存チームの立て直しに加え、外部からキーマンを招聘（しょうへい）するなど、時間はかかったものの、新しい領域の事業が立ち上がりはじめている。本人もいち「中間管理職」から、経営側に視座が上がったと実感。足りないところだらけの組織だが、とてもいきいきと働いている。

「自身のありたい姿」と、「どんなH型やHH型を目指し、そのためにどんな機会を掴みたいか」が明確な点が素晴らしい。あなたはいかがだろうか？

検討理由4：産業・業界に先がない

「業界全体が成長していないので、転職したい」というパターン。

実際、成長している業界のほうが新しい機会が多く、そして掴みやすい。これは間違いない傾向だ。ただし、個人としてみた場合は、業界、あるいは自社の成長が鈍化していても、ときに、社内に素晴らしい成長機会が存在することもある。例を挙げてみよう。

出版業界や、メディア業界は一般的に縮小傾向と言われてきた。とはいえ、出版ひとつ取り上げても、たしかに、紙の市場は大きく減っているが、個社別にみれば、版権ビジネスやIP戦略で大きく成長している企業もある。

メディアでも、TV、ラジオなどの市場はたしかに縮小傾向だが、ネットでのオンデマンドTV市場や、新しい音声サービス市場など、これまでにはなかった市場が勃興（ぼっこう）している領域もある。

特に30歳前後～40代前半のミドル以上に持ってほしい意識だが、業界や自社が成長していないとしても、「事業や組織の立て直し」や「自組織の改革の機会」がありそうなら、そこに携われないかはぜひ考えてみてほしい。

どうせ退職をする決意なら、自ら手を挙げて、自分なりの解決策や取り組み案を持ち込んでからでも遅くはない。もし仮に、自社の事業組織を再生・ターンアラウンドできたなら、あなたの立場も市場価値も一気に高まる。

落ち目にある企業のターンアラウンドは、修羅場になることも多く、まさにクリエイティブジャンプになる。能力値も多岐にわたり成長しやすいし、「市場価値」の章でも述べたとおり、何よりこうした変革ができる人材は求められる一方だ。事実、私のところにも「ターンアラウンドを経験した人材がいたら紹介してくれないか」という相談は後を絶たない。

全社や事業全体といったレベルの大規模な変革でなくてもよい。たとえば、自チームや部署の組織を、自身が核となって立て直し、改革を進め、自身がいなくても円滑に回る状況にまで持っていく、そんな経験は必ず財産になる。苦しい状況で新しい価値を生み出す経験は、実は何よりも大きな成長機会なのだ。

これも知っておいてほしいのだが、外に出たはいいものの「結局前の職場でも、本気でやれば実現できた」と振り返る方は、意外と多い。

このように、社内でも自分の意志次第で成長機会を掴めるケースもあれば、異動により掴めるケース、自分の立場が上がれば掴めるケースもある。現実的には、あとは時間との勝負だろう。つまり、そこまで待てるか。「待てない」との判断であれば、外の選択肢も積極的に検討したほうがよい。

検討理由5：言葉にできない「違和感」がある

外に出ると決めるまでには至らないが、なんとなくモヤッとしている方。内心このままでいいのか、と思い、周囲で辞める人が出るたびにドキッとする、最近思い切って仕事に打ち込めているとは言えない……。そんな、今の状況に「違和感がある」方向けに、少しだけ説明を加えておきたい。

なんとなくの違和感は、「何かが違う」という直感からくるシグナルなので、簡単に聞き流さないほうがいい。抽象的な「違和感」を、ぜひ「目的への違和感」、「コトへの違和感」、「ヒト・環境への違和感」へと細分化してみよう。

ただし、もっと違うところに理由があることも実は多い。第2章で触れたプライドの鎧や、固定観念の鎖だ。

本当は成長が逓減していることがわかっているが、外に出るのが怖い。
本音では自分の歳になって、またゼロから出発するのは、しんどい。
家族から反対されるのが憂鬱（ゆううつ）だ。
会社の看板があることに、心のどこかで優越感を抱いている。

最初からこのような言語化ができなくともいい。違和感がある場合には、それがどんなものなのか、感情ベースや事実ベースでもいいので、どんどん書き出してみてほしい。

些細なことでもかまわない。その違和感や感情が「いつから」「何によって（何の不足によって）」生じているのかを見極めるために書き出してみる。あるいは、（職場の人に話してみてもいいが、話しにくければ）利害関係のないプライベートの友人や、場合によっては家族に本音で話してみてもいい。

人はキャリアを積み重ねていくなかで、「言い訳」が上手になっていく。

挑戦しても失敗して、前のほうがよかったと後悔するかもしれない。家族のことを考えると、これでいいはずだ。育ててもらった今の職場に対して、まだ恩義を返せていない。

ただ、言い訳で一時的にモヤモヤをなくせたとしても、本心で納得できていない場合、ことあるごとに同じ感情が表出してくる。1度だけではなく、2度も3度も同じ感情になるようであれば、それは「言い訳で蓋をして我慢しているだけなのだ」ときちんと認識しよう。

もし、自身でも感情の正体がよくわからない場合は、1人で考え続けるのではなく、外を向いて行動することで見えてくることもある。違和感がぬぐえない場合には、社外に目を向け、いったん、仮でもいいので、動いてみてほしい（転職以外にも、副業からリスクなく始めることもできる）。ひょっとすると、自身のキャリアジャーニーとしっかり向き合い、計画を変更すべきときなのかもしれない。

年収を下げる覚悟はあるか？

さて、ここまで、どういう場合に外に出るべきか、あるいは出ないべきかを考えてきた。最後にあえて問おう。

その意志に「強度」はあるだろうか？

目安として、「（たとえ実際にはそうではないとしても）待遇などの条件が一定下がってでも実現したいほどの意志があるか」を自らに問うとわかりやすい。

あなたは、「成長する」ために社外に出る。もし最初からすでにできる業務をしにいくならばそこに「成長」はない。すぐに価値が出せない領域だからこそ飛び込むのだ。慣れ親しんだ領域より待遇が下がるケースがあるのもやむをえないし、最初は苦労も多いはずだ。だからこそ、意志が問われる。例を挙げてみよう。

中堅で歴史のある企業からもう少し若い組織に移った方がいた。

転職を決めたのは、固い組織でいちいち決裁を取るのではなく、裁量が大きい環境で成長したいと考えたからだった。新しい会社の思想や、輝かしいイメージに心惹かれる部分もあった。

ただ、転職後はうまくいくことばかりではなかった。待遇をできるかぎり維持するため、相応に高いポジションで入社したものの、前職のスキルのみでは通用しないので、すぐには成果が出ない。働く時間も相対的に長くなった。肩書きとポジションの高さに対するプレッシャーもあった。客観的に見れば、むしろこれこそ成長の機会だったはずだが、意思決定の強度が弱かった。

転職の意思決定をしたときの気持ちを深く掘り下げれば、「硬直化した古い組織を出たい」「なんとなく華やかに見える組織に入りたい」というのが本音だった。

意志の強度が低いことの裏返しで、この方はどんどん他責になっていった。「このしんどさでこの待遇なのは、やってられない」と時折、愚痴をこぼすようになった。

入社してまだ大きな成果も出していないのに、飲み会のたびに、「前職のほうが待遇や福利厚生がよかった」などの言葉がポロポロと口をつく。周囲は、「わかったうえで来たのではないのか」との思いから、やんわり距離を置いていく。結局社内の信頼も失い、ますます成果を出すのが厳しくなり、孤立した。

逆の例も見てみよう。ある大手IT企業に在籍していた方だ。中小顧客のCS（カスタマーサービス）業務から始まり、企画管理業務に進み、グループ内の小さい事業を取りまとめる立場で、社内からの人望も厚かった。

しかしこの方は、今後、実現したいビジョンをあらためて問い直した結果、周りからの引き留めも振り切り、思い切って不動産ディベロッパーへ転職した。というのも、もともとＩＴ業界に入ったのも、幅広い地域の中小企業の事業拡販を支えることで、地域の活性化に寄与したかったからだった。より直接、本気でエリア開発に寄与したいと、ビジョンの実現のため、強い意志でＥＣ業界から転職を決めたのだった。

転職前に培ったＥＣやネットの事業構築・拡販、ブランディング企画などの強みはある程度通用するだろうと認識していた。ただ、それだけでは足りない。むしろこれからブリッジ型のキャリアを築くにあたり、街づくり・エリア開発の知見、多数のステークホルダーを巻き込んだプロジェクトマネジメント、地域折衝などのスキルが大きく不足していることはわかっていたが、むしろ成長機会だ、だからこそ転職するのだと、初期に苦労することは覚悟のもと、意思決定した。

前職と比べると、最初は待遇も下がったが、異業種で、同じ価値を発揮できないのだから当然だと考えた。そして、転職当初は若手からも謙虚に都市開発の基本について教えを請い、学びを深めていった。自らを変容させるこの姿勢が奏功し、すぐに頭角を現し、その後希望に近い都市開発事業の副部長にまでなった。まさに、ＢＳ型キャリアで、ブリッジ型のスキルセットを身につけている。今後は自治体も巻き込んだ大型の都市開発を実現しようという志のもと、いきいきと活躍している。

2つの例を見てどう感じるだろうか。転職前は、課題感や社内の立ち位置にさほど差はなかった両者だが、曖昧な理由で外へ出た意志の弱さ、組織を出ることに対する覚悟の強さが大きな分かれ目となった。

以上、事例も交えながら、「組織を出ること」の意味を考えてきた。

安易に現職を離れ、外に出さえすれば、すべてが解決されるということはない。むしろ、現職のスキルセットが通じない、人間関係がリセットされるなど困難も多い。

それでもなお、現職では実現しづらい「目的・コト・ヒト環境要素」がある、「ありたい姿」に向かうための成長機会が得づらい、モヤモヤを何度も覚えるなどのケースは、強い意志を持ったうえで、外に目を向けてみるべきだろう。その先にこそ、中長期で自らの価値を持続的に高めるBS型キャリアはある。

社外に出る：転職・複業・起業・独立

社外に出る場合、選択肢は大別すると、転職、副業（複業）、起業、独立がある。

転職：他の会社や組織で、自分の力を活かす
複業：今の会社の目的・コト・ヒト／環境を維持しつつも、外の環境にも触れる
起業：自分の実現したいことを、組織を創り進んでいく
独立：自分自身の力や名前で、個として進んでいく

どれを選択したいのか、あなた自身に問いかけながら読み進めてほしい。

選択1

社外に出る：転職編

「社外に出る」選択肢として、まず挙がるのが「転職」だろう。全体像を図5－2にまとめておいた。

起業や独立を検討している人も、社員を雇用する観点から参考にしてもらいたい。

図5-1｜キャリアマップ：選択肢の全体像（再掲）

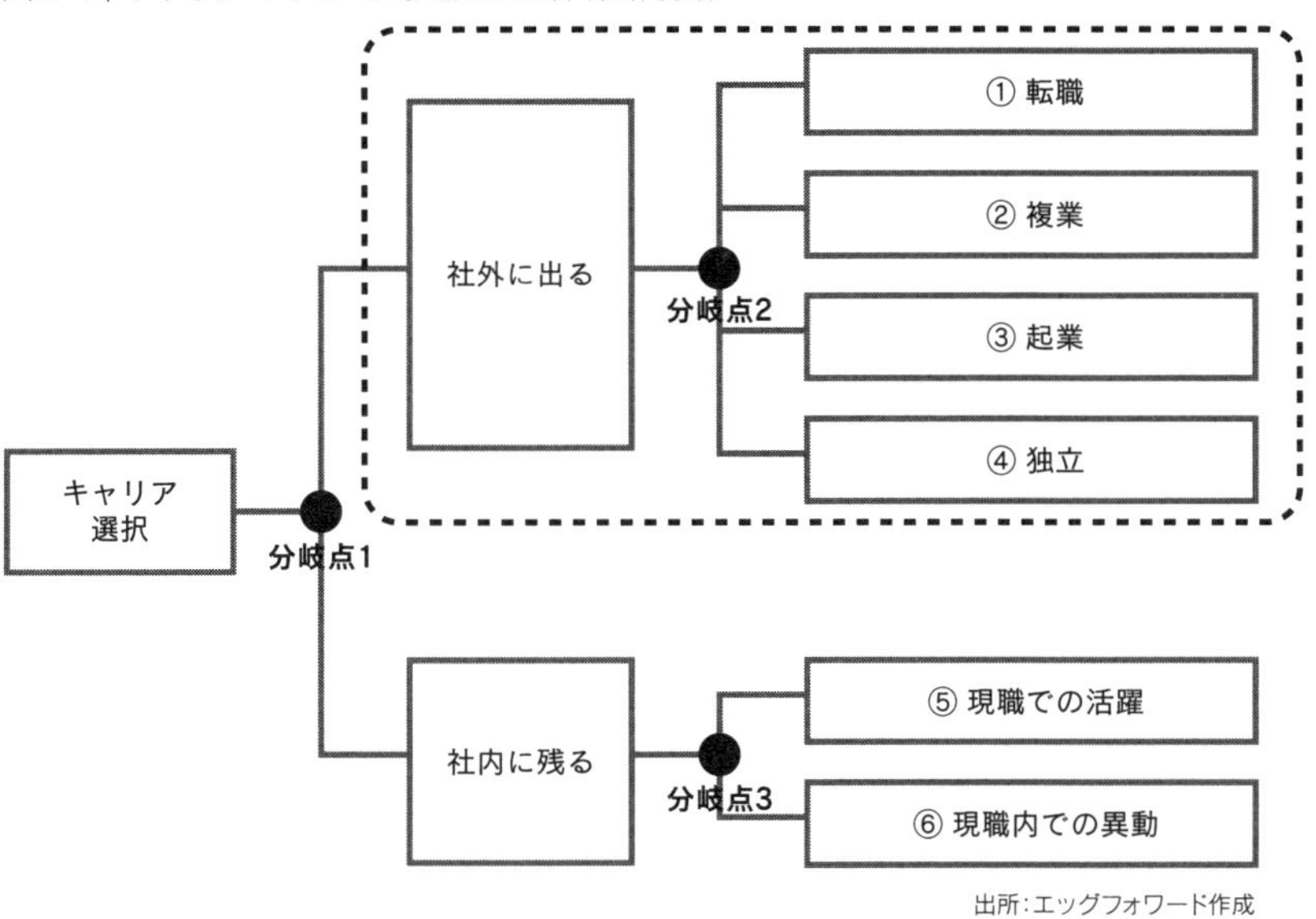

出所：エッグフォワード作成

図5-2｜転職の3要素

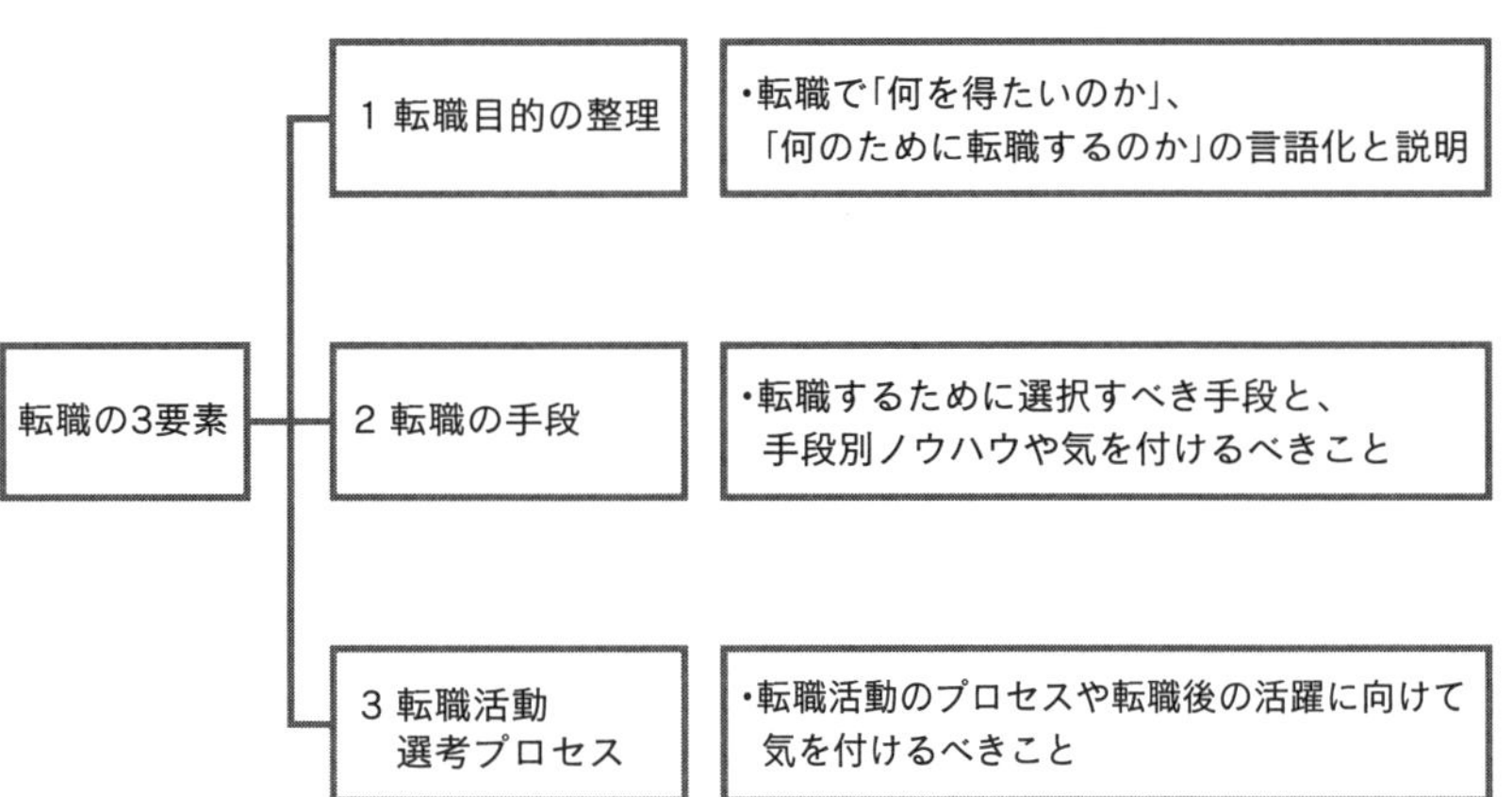

出所：エッグフォワード作成

重要な要素1　転職目的の整理（その先に何を得たいのか）

転職は手段にすぎない。ジャーニーの方向性と合っているか。市場価値の観点は考慮されているか。つまりは「その先に何を得たいのか」。本当に重要なのはそこだ。

また、他の誰かにとってのいい会社が、自分にとってもいい会社とはかぎらない。そもそも、誰にとってもいい会社など存在しない、と認識することが思考の出発点となる。

裁量が大きく、業務分担が曖昧な会社は、機会をどんどん掴みたい方には働きやすいともいえるが、明確な基準やルールに沿って仕事を進めるのが得意な方には向いていないだろう。チームワークを非常に重んじる企業は、みんなと協調することにストレスを感じる方、個人プレイのほうが価値を出せる方には向かない。つまり、「今の自分」にとって最適な企業はどこなのか？という視点が常に重要となる。

まず、「自分自身の言語化」をしたうえで、「転職によって何を得たいのか」、「何のために転職するのか」をしっかり見つめなおし、必ず言語化してもらいたい。

次に、できれば、他者と対話をしてみてほしい。同期・同僚とは「その希望は現職では叶えられないものなのか」を、転職したい業界や企業に所属している友人や知り合いとは、「自身が得たいものが転職で本当に手に入れられるのか」を必ず確認してほしいのだ。最初の就活では丁寧にOB訪問を繰り返す人も、転職時は不確かな情報で自らの進路を決めてしまいがちなので、要注意だ。この前提に立ったうえで、ややテクニカルな次の「転職の手段」を読み進めてほしい。

重要な要素2　転職の手段(どのルートで入社するか)

「市場価値の観点」と、「転職で実現したいこと」を押さえたなら、いよいよ次のステップは環境選びだ。

図5－3は、転職手段を選択するうえでの思考プロセスをマップにしたものだ。転職手段は大別して「リファラル」「自己応募」「転職エージェント」「求人広告」「スカウト型サービス」の5種類。どういう場合にどの手段を使うべきか、何に気を付けるべきかを順に説明していく。

転職方法：①リファラル

「リファラル」という言葉を聞いたことはあるだろうか。ひらたく言えば、「自社社員の紹介

図5-3｜転職手段の選択マップ

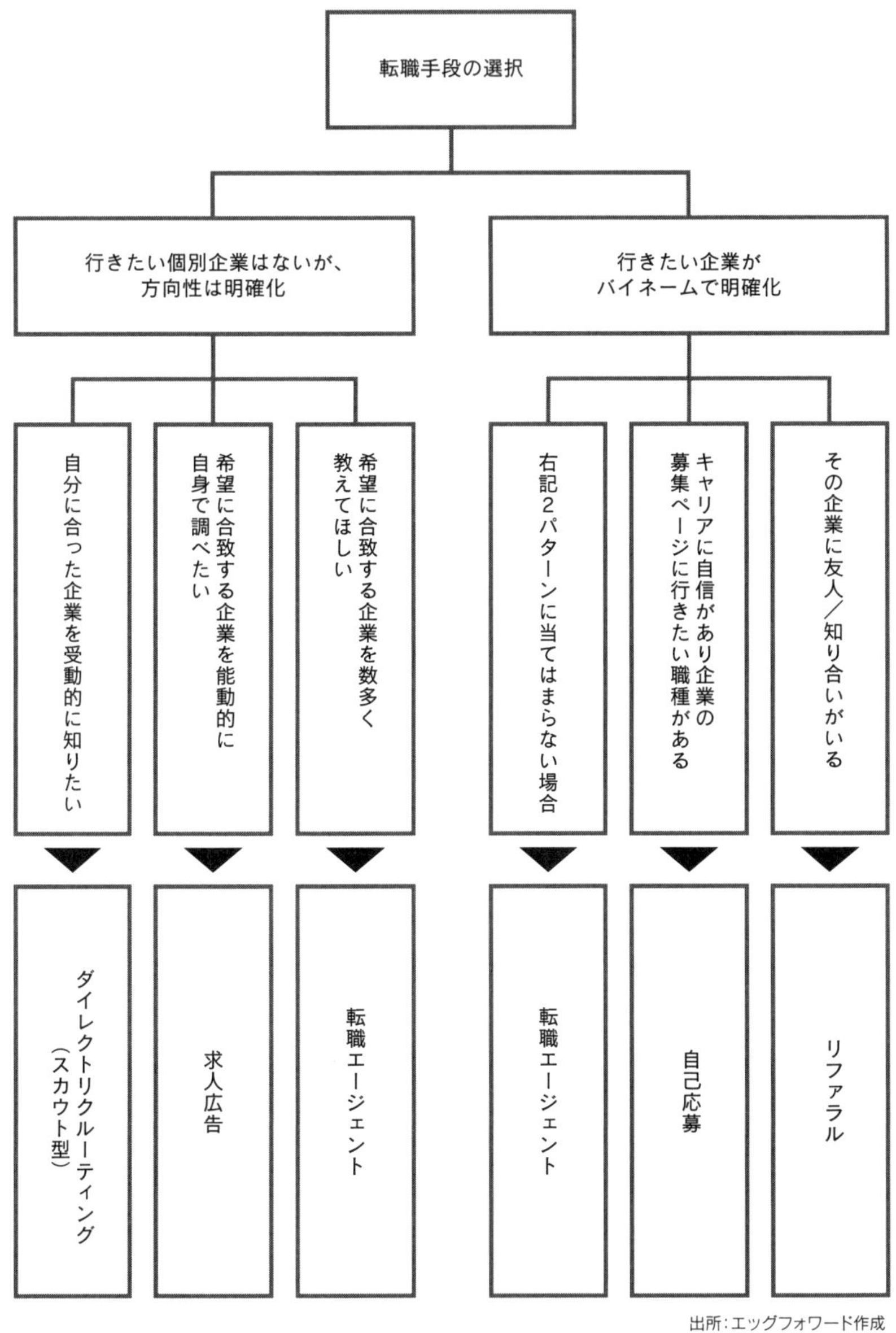

出所：エッグフォワード作成

による採用」だ。
実は、リファラルは全採用ルートの中で定着率や活躍の傾向値がもっとも高い。なぜなら、既存社員は、大枠、自社に合う人材の特徴、たとえばビジョンへの共感やマインドセット、一定のスキルセットなどを知ったうえで、合いそうな方だけに声をかけているからだ。また、関係性もあるため、入社後すぐ、立ち上がりの時期に相談にも乗りやすい。

企業目線で言えば、採用した人がミスマッチに終わるのは、教育コストなども含め非常に痛い。そのため、「採用ミスマッチの極小化」と「採用費用の低減」を実現できるリファラル採用は魅力的だ。最近はスタートアップ企業を中心に、採用手段の主流にもなってきている。

企業も、採用ミスマッチ率の低下のため、面接の複数回実施、見極めポイントのブラッシュアップ・面接設問の工夫など精力的に取り組んでいるが、それでも数回の面接で候補者の深い部分まで知るのは簡単ではない。

その分、リファラル採用だと、自社社員が過去に一緒に働いたことがある人などが候補者になりやすいので、働きぶりや評価への理解度が上がり、自社にフィットする精度が大きく高まる。というわけで、行きたい企業が明確で、その企業に知り合いがいるのであれば、企業側の目線を考慮しても「リファラル採用」がベストだ。ただし、注意点がある。

1点目。企業の内情やポジションについてしっかり把握しておくこと。

友人・知り合いが勧めている状態で勧められると、「大丈夫だろう」と情報の少ない段階で安心してしまいやすい。いいところはもちろん悪いところまで、「自身が働くことになる部署や人」単位でしっかり聞いておく。同じ会社でも、部署が違うだけで、環境が相当異なることもあるので、友人の部署の話だけで「自分のところもそうなのだろう」と推測してはならない(友人と同じ部署を希望しても、別部署で働くことになるケースもある)。

うまくいくケースでは、リファラルでのお誘いがあった場合も、友人・知り合いを介して、募集を出している部署の上長(つまり入社後の自分の上長)などを交え、まずはカジュアルな面談やランチ、食事会などを挟み、業務内容だけでなくカルチャー、評価基準、加えて、上長となる人や他のメンバーの人柄や性格、さらには退職者の傾向や理由などまでもとことん聞けていることが多い。あくまで立て付け上は選考ではないこともあって(とはいえ、お互いにカルチャーマッチは見ているので、「見られている」視点も必要だが)選考では聞きにくいことも聞きやすい。

リファラルの場合、いきなり転職意向が高いケースは少なく、まずはカジュアル面談やランチから始まることがほとんどだ。1度話してみて、やはり違うので転職はしないというのは、何らおかしいことではない。カジュアルだからこそ、突っ込んだことを聞いておこう。

リファラルとはいえ企業側も採用目的なので、もっとも候補者(つまりあなた)に合いそうな方を当ててくることもあるため、複数人と会うようにしよう。複数人と会えば、カルチャーや思想をごまかされることもない。「ぜひ違う人にも会わせてほしい」など、こちらから意思表示をし、あくまで主体的に、自分が働く部署や上長やチームメンバー、業務内容についてしっかり情報を取っておくべきだ。それは、その企業にとっても中長期的にプラスになる。

リファラルの場合、意外にも紹介者に気を遣ってか、「複数の方に話を聞くのを躊躇してしまう、突っ込んだ課題を聞きにくい」と言う方もいる。ただ、考えてみてほしい。人生を左右する意思決定をするにもかかわらず、遠慮がボトルネックになって情報を取れずに決めてしまうのは、あまりにもリスキー、かつもったいない。誰かの時間を取ることに遠慮してしまう気持ちもわかるが、そこは割り切りが必要だ。企業にとっても、ミスマッチに気づかないまま入社されても、いいことは何もないのだから。

リファラル採用の留意点、2点目。転職後の成功・失敗パターンを具体的に把握しにいくこと。リファラルは、エージェントが入らず当事者同士のやりとりとなり、しかも過去の関係ありきでスタートするため、お互い客観視しづらい構造になりやすい。

だからこそ、客観的な視点を得るためにも「過去、入社した人のうち活躍しているパターン、うまくいかなかったパターン」を聞いておくのは有効だ（リファラルにかぎった話ではないが）。特にリファラル採用で入社した場合、入社後活躍できなかったり、あまりにも早期離職したりしてしまうと、その友人との関係がぎこちなくなることもあるので慎重にいこう。紹介してくれた友人にも、実際、どのあたりが通用しそうで、苦労するならどんなところか、どの程度になりそうかを、遠慮せず具体的に聞いてみるのがいい。

ほぼ余談だが、企業側が採用費削減のため、リファラル採用が成立した場合、紹介した社員に数十万円のインセンティブを出すケースも多い。あまり縁がなかった人が突然誘いに来た場合、紹介料目的（なのでいい話ばかりする）のケースも、ごく稀にある。一応、頭の片隅においておこう。

3点目。こちらも、必ずしも、リファラルにかぎった話ではないが、他のルート以上に、給与水準や条件面について注意すべきだ。転職エージェントなどが間に入る場合は、自分からはしにくい給与交渉などを担ってもらえることもあるが、リファラルの場合は自身で行わなければならない。

諸外国に比べ、日本人は、自らの待遇を主張することに躊躇しがちだ。お金の話を表立ってしにくい気持ちも、わかる。とはいえ、どこかの段階で希望する給与水準を伝えるタイミングは必ずくる。企業側も、「その待遇に見合うか」はオファーを出すかどうかの判断材料にするはずだ。遠慮しすぎていいことはない。選考ルートに乗り始めたら、希望する待遇の水準、ポジションなど期待値のすり合わせをしっかりしておくことが重要だ。

「高い給与を主張したほうがいい」と言いたいわけではない。こちらの希望を伝えることで、企業側も期待する役割や、求める成果水準、通用しそうな能力、不足しそうな能力など、全般的に当たりをつけやすくなる。ミスマッチを避けるためにも、しっかりとしたコミュニケー

図5-4|転職エージェントの仕組み

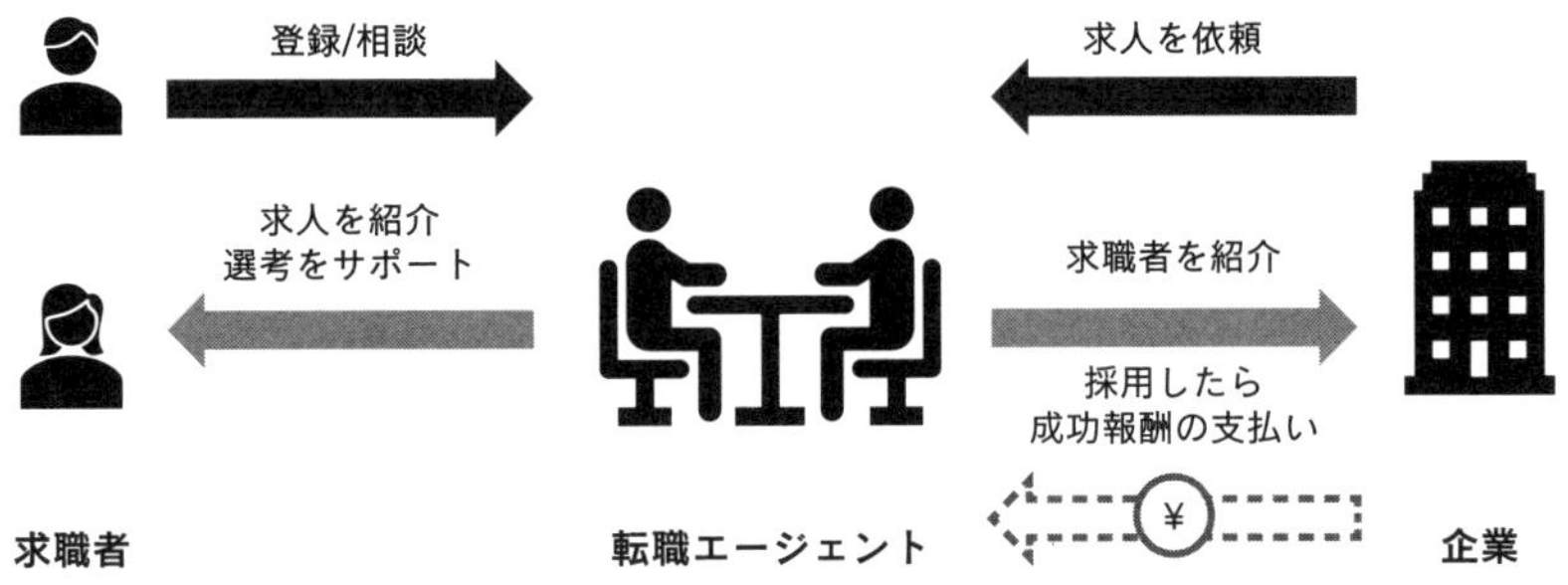

出所:エッグフォワード作成

ションが必要なのだ。

以上が注意点だ。リファラルは、うまくはまればお互いにマッチした環境で働きやすく双方にメリットがある反面、紹介ありきの受け身の部分もあるので、自身の「ありたい姿」やジャーニーの目的地に沿っているとはかぎらない。

自ら主体的に選択していくとなると、別の手段が有用であることも多い。続いては、転職エージェントの利用について論じてみたい。

転職方法:②転職エージェント

さて、ビジネスモデルをもう少し深掘りしておくと、転職エージェントは企業から求人情報を取得し、そこに合致する候補者を紹介し、マッチングする(図5-4)。そして、候補者が入社したら年収(月次給与の12ヶ月分+理論上の賞与を載せた「理論年収」)の35%前後(40%以上も増えつつある)が企業からエージェントに支払われる。年収600万円なら210万円だ。

ちなみに、ここまで転職エージェントの報酬が高く、シェアも高いのは日本のみと言われている。

また一部、経営幹部などに限定して、採用時の成功報酬ではなく、先んじて着手費用を取る「リテーナー」と呼ばれるヘッドハント型のモデルを採る企業もあるが、多くは成功報酬型だ。成功報酬型の場合、どれだけ紹介しても、候補者が「入社」しなければ売り上げが立たないため、候補者の希望と企業側のニーズが合致しそうな場合、職務経歴書などの書類のブラッシュアップや、面接対策などに至るまで候補者を支援してくれるところも多い。

個人が転職エージェントを活用する実際のケースは、まずキャリアイメージや企業・組織などの環境イメージが完全に固まり切っていない場合。自分の実現したい目的、コト、ヒト・環境がやや曖昧な状態から相談に乗ってもらうこともある。

もう少し具体的なケースもある。理想のイメージはあるものの、それを叶えられる企業・組織を知らない。数社は知っていても、自分の見える景色の中だけで探しているため、「より自分に適した企業があるのでは」と、選択肢を広げるために活用する。

最後に、割合的には少ないが、行きたい業界や企業が非常にクリアな場合、具体的な選考対策や報酬の折衝を目的に依頼するケースもある。

ちなみに、一部の企業は、採用しているポジション（特に重要ポジション）をＨＰなどでは公開せずに、転職エージェントにだけクローズドで出している場合がある。募集ポジションを開示すると、企業として足りない部分やこれから注力していく領域、いわば企業戦略までも競合に明らかにしてしまうことになるからだ。

まず、転職エージェントを活用することは1つの有効な手段になりえる。特に有効なのは、明確に行きたい企業は決まっていないが、大枠では実現したいことや大事にしたい要素、市場価値を高めていくうえで身につけていきたい力のイメージが固まっている場合だ。対話を通じて、希望条件にあった求人を紹介してもらえるとベストだ。ただ、何度も述べたが転職エージェント側の都合による「押し込み」にはくれぐれも注意しよう。

ちなみに、企業はエージェントにリファンド（返金）という契約を組み込んでいることが一般的で、入社者が3ヶ月以内、半年以内など早期に退職した場合、一定割合が返金される。入社後、転職者がミスマッチに悩んでいるとき、転職エージェントから「なんとか半年はやってみましょうよ」という話をされるケースが一部に存在するのはそのせいだ（もちろん素晴らしい転職エージェントもたくさんある）。

では、「悪い転職エージェント」に当たらないためには、何をすればいいか。いくつかポイントがある。

1つ目は、「転職エージェントを決め打ちしない」こと。複数社・複数人に会うことだ。転職エージェントといっても、会社によって強い領域や面談スタイルも異なる。転職先企業選びと同じくらい、自身の転職に伴走してくれるエージェントは慎重に探すべきなのだ。3～5社程度と話すケースが多いが、少なくとも1社である必要はない。

2つ目は「転職ありきではなく、自分のキャリアや人生に親身に向き合ってくれるエージェントを見つける」ことだ。

「ありたい姿」や、市場価値、キャリアステップについて、時間をかけて納得のいく議論や、長い時間軸での対話ができるか。「とりあえず応募してみましょう」「選考してみましょう」とばかり言ってきて、対話に応じないエージェントは質が低い傾向にある。

また、対話が成立しない要因はもう1つある。大手のエージェントの場合、転職候補者のデータを登録すると、合いそうな求人が5～10社ほど自動的に出てくるなど、システムが入っているケースも少なくないのだ。

そうなると、話した内容とは関係なく、過去の職歴をベースにした5～10の選択肢の中から「ここがいいんじゃないですか」「とりあえず受けてみて考えましょう」という話になりやすいのだ。

3つ目は、「紹介企業について深く知っているか確かめる」ことだ。

事業はもちろん、企業の特徴や変遷、組織のカルチャーや働いている人を具体的に知っているか。転職のミスマッチを防ぐためにも、紹介企業についての知識の質と量は重要になる。

というのも、候補者側の担当者と企業側の担当者が別々になっている「分業制」が敷かれているケースがあるからだ。規模が大きく採用数が多い会社ほどこの「分業制」を採用する割合も高くなるが、「候補者側の担当者」と「企業側の担当者」がどこまで密に連携できているかはケースによりかなり差があるのが実態だ。連携できていない場合、企業のことを聞いても、突っ込んだ質問にはろくに答えられない。

いいエージェント、悪いエージェントの見極めポイント

参考までに、転職エージェントの見極めポイントの例を挙げておこう。もし、次のケースに当てはまる場合には、付き合う転職エージェントを変えることを検討すべきだと思う。

〈NG例〉

●**面談時**

□あなたの意向を聞くのではなく、「転職ありき」で紹介先の企業について説明してくる

□意向のヒアリングをする場合も、想いやキャリアではなく経歴やスキルばかり聞いてくる

●**求人票紹介時**

□自分の意向に明らかにマッチしていない企業ばかりを紹介してくる（対話が成立していない）

□「今人気ですよ」「似たキャリアの方が多く行っています」という話が多い（入社しやすい企

業に押し込もうとしている可能性がある）

□質よりも、とにかく量を紹介する（1人ひとりに向き合わない）

□求人票にある企業について、業務内容やカルチャーなどを聞いても、ほとんど答えられない（企業をよく知らないまま紹介している）

●応募～転職支援時

□職務経歴書のブラッシュアップや面接対策などをしてくれない

□期限を切り、とにかく応募することだけをプッシュしてくる

●その他

□応募者より自社（自分）の営業成績達成を優先してくる（「給与交渉は頑張るので、進めている他のエージェントは断って、私のところだけを使ってください」「企業側も月末までしか待ってくれません。もうこんないい機会はないですよ」など）

〈よい例〉

●面談時

□経歴やスキルだけではなく、どんなキャリアを目指すのか、中長期でどう市場価値を高めるかといった観点ですり合わせができる

●求人票紹介時

□転職候補者の希望する企業のみではなく、意向にマッチする別の企業も紹介してくれる

□その企業を紹介した理由や背景を聞いたとき、しっかりと理由を説明できる
□企業の業務内容やカルチャーについて、しっかり答えることができる

●応募～転職支援時

□面接のアドバイスを、特に応募先の企業のカルチャーまで考慮して伝えてくれる
□入社後に活躍している人材の特徴を中心に、「入社後」のことまで会話できる

実際、ここまでわかりやすい例ばかりではない。人間、伴走してくれたエージェントさんに、「あなたのためにいい求人を探す（すでにいい求人がある）ので、必ず一緒に、いつまでに決めましょうね」と話されると、違和感を覚えつつも、断りにくいのだ。十分注意してほしい。

転職はキャリアにおける重要な節目だ。本当に自分に寄り添ってくれる転職エージェントは、一生のパートナーになることだってある。しっかり見極め、あなた自身も丁寧に対話する意志を持ち、ともに進んでもらいたい。

転職方法：③ダイレクトリクルーティング（スカウト型サービス）

「ダイレクトリクルーティング」と聞いて、あなたはピンとくるだろうか？

簡単にいえば、自身のこれまでのキャリアや職務経歴書などを登録しておくと、エージェントや個別企業からあなた宛てにメールが届く、というサービスだ。

ダイレクトリクルーティングと言えば、昔はエグゼクティブを対象としたヘッドハンティングが主流だったが、昨今、中堅・若手の方にとっても大きな選択肢の1つになった。企業から直接メールが来るので、「スカウト型サービス」とも呼ばれる。

企業も「広告や自社採用サイト」で、すでに自社に興味がある層だけを呼び込むのではなく、自ら、登録情報を頼りに、欲しい人材に直接声をかける手法を取り始めている。

ダイレクトリクルーティング（＝スカウト型サービス）のいいところは、自分のスキルを必要としている企業から直接声がかかるため、自分がどの程度求められているのかが判断できる点だ。今すぐ転職を希望しているわけではないが、自分が活躍できるのはどういう企業なのか、つまりは選択肢を知っておくことができるため、人気を博している。

ダイレクトリクルーティングの構造も、各立場の視点から伝えておこう。

まず企業の採用担当者の視点。彼らは、いかに有望な採用候補者をプールしておくか（いつでも声をかけられる状態にしておくか）が1つの指標になっているため、ダイレクトリクルーティングも「プールをつくる手段」として利用しようとする。ひとまずカジュアルに声をかけ、採用見込みのある候補者に自社を意識づけしておき、そこから次第に温度感を高めていくのだ。

次に、転職エージェントの視点からみてみよう。実は、彼らにとっても、ダイレクトリクルーティングは候補者集めのいちばん有力な手段となっている。

ここは、少しややこしい。

特に中小規模のエージェントに多いのだが、自社媒体、メディア、広告などだけに頼って候補者を集めるのには限界があるため、こうしたダイレクトリクルーティングを、「自社が抱える求人とマッチした人材を探す場」として活用しているのだ。

ビジネスモデルとしては、ダイレクトリクルーティングサービスに対して、「転職者を直接口説きたい募集企業」、そして「候補者集めに苦労しているエージェント」が基本利用料を払う。加えて、「スカウトメール1通につきいくら」のように追加で費用を払い（「100通でいくら」のようなチケット制が多い）、はじめて候補者に打診できる。さらに、採用決定時には、（転職エージェントの35〜40％よりは低いが）成功報酬をとる構造になっている。

◉確率論の構造

ダイレクトリクルーティングがサービスとして立ち上がってきた当初は、企業側も個々の職務経歴書を見てスカウトを打っていた。だが、昨今このスカウト型の手法がメジャーになってきたがゆえの課題も増えている。まずは、あまりにも送る・送られるスカウトが多くなりすぎていること。その証拠に、スカウトに対する返信率は極めて低く、1％未満であることが多いとも言われる。

そうなると、企業側もエージェント側も、どうしても確率論的な対応になりやすい。まずはターゲットプールとなる、年齢や職種（前職・前々職）を決め、後は学歴やエリア、転職回数などでスクリーニングする。

転職意向の高い層は圧倒的に人気だ。結局は採用がゴールとなるので、転職意向が高い人材にアプローチしたほうが、その後が速い。また、温度感の高い「アクティブ」と呼ばれる層（登録まもない層がいちばん「アクティブ」と言われるが、あとは「1週間以内にログインしたか」なども目安となる）を候補としてプールする。

そうして、セグメントを分けた後、一斉にスカウトメールを送る。全員一律に送っていると思われると余計に返信率が悪いので、「○○さんの△△のキャリアを見てご連絡しました」などと1行目に個別性をつけたりする。

これら一連の作業が機械的に行われ、大量にばらまかれ、返事があれば、カジュアル面談にこぎつける。ここからは、通常の面談ルートに乗ってくる。

若干ショッキングな事実だが、企業は返ってこないことを前提として、本当に多くのスカウトメールを確率論的に打つ。あなたの想いや人柄ではなく、スキルや所属企業、実績のみを見られているのが現実だ。

社長や役員名でスカウトメールを送ることもあるが、人事部の社員が送付、面接も社員というケースも多い。ときには、メール送付自体を外注しているケースすらある。

私は、こうした対応を一概(いちがい)に否定はできない。個別の企業やエージェントからすれば、まず有望な候補者と会わないことには始まらないし、合うためには確率論的に対応せざるをえないからだ（もちろん、なかには本当に個人に意思を持って送っているケースもあることは言うまでもない）。

ダイレクトリクルーティングサービスが事業として伸びてきた背景には、人間の承認欲求がある。きちんとした、名の知れた組織や人から、「あなたが必要です。会いたいです」と言われて、いやな気持ちがする人は少ないだろう。声をかけてくれた嬉しさのあまりに、事後的に興味を持ち（意思決定の強さで言うと、もちろん「弱い」）なし崩しで入社を決断してしまうケースも少なくないのだ。

業界の方々から、ある意味で刺される覚悟で、かなり具体を書いた。だが、誰か「悪者」がいるというわけではなく、ビジネスモデルの構造的問題である部分も大きい。

密室に閉じこめられていた個人の価値が市場に開かれたのは素晴らしいことだ。1通のスカウトから、思わぬ道がひらけた例も数多くある。だからこそ、転職を検討する個人は、冷静に、サービスの構造をよく知ったうえで主体的に利用する必要がある。ポイントをいくつか挙げてみよう。

◉登録して傾向を知る

「すぐに転職を」という意識ではなく、自身の市場価値の傾向を知るために早めに登録してみること。すると、自身のどういった強みや職歴が評価されるのか、傾向は知ることができるだろう。外部からの「見え方」は、自身の歩みたい方向との差分があるのかも含め、必ず参考になる。また、自身が受け取るスカウトにどんな傾向があるだろうか。顕著にスカウト数が多い職種があれば、その領域であなたの市場性が評価されている。もっとも、求人はあなたの「過去」のテクニカルスキルに引っ張られやすく、これから自身が高めたい能力がそこで身につくかはまた別の話なのだが。

◉興味のあるところはカジュアルでも会ってみる

とはいえ、前述のとおりスカウトメールだけで完全に見極め切るのは不可能だ。その前提で、興味がある場合は、複数のエージェントや企業とオンラインでカジュアルに会ってみてもいいだろう。ただし、なぜ自分なのか、どのあたりが評価されて声をかけてもらったのかは、ちゃんと確認したほうがよい。ここが自身を客観視するうえで大変参考になるからだ。

◉特に違う職種や、少し興味の外にある企業に会ってみる

スカウトは過去のキャリアや職種をベースにメールを打つため、基本的には現在の延長線上に近いキャリアの打診が多くなる。ただ、少し「飛び地」の領域から提案が来たならば、なぜ

その領域なのか、自身のどういった点に親和性を感じ、逆にどのあたりで苦労しそうか、などを聞いてみるいいチャンスになるだろう。

この「飛び地」提案が後々H型や、HH型に発展させていく際のヒントになることも多い。

エージェントも同様だが、自分では気づいていない価値提供の機会に気づかせてくれるのは、こういったサービスのいいところだ。

◉転職直前ではなく、かなり前から軽く接点を持っておく

ダイレクトリクルーティングの場合は、あちらからのスカウト待ちなので、転職活動をする前から接点が持てるのもいいところだ。露骨にすぐ「転職したいモード」で企業を探すと、中長期で寄り添ってくれるいいエージェントの方と出会ったり、複数の接点を持ち企業のことを深く知ったりすることの難易度は上がる。

早めに第三者と対話しておくことで、自身のキャリアジャーニーの方向性や市場価値に気づけることもある。外を見始めようかな、とふと思ったくらいのタイミングで、早めからいくつか接点を持っておくのもいいだろう。

特に、転職エージェントからのスカウトの場合、かなり質に差がある。複数会ってみることをおすすめする。

いいスカウト、悪いスカウトの見極め方

「いいスカウト、悪いスカウトをどう見極めるか」

非常によく聞かれる質問だ。まず、誰にでも送っていることが露骨にわかる「テンプレート」的メールがいまいちなことは説明不要だろう。

逆に、「あなたの営業のご経験を見て」だけではなく、「システム営業の責任者として、大手クライアントの経営層と、経営課題を整理しながら、長い時間軸でのソリューション営業で成果を出されてきたご経験を見て」とまで書いてくれれば、何を評価されているのかを伝えようという努力も感じられる点も含め、好ましい。

あとは、会社ではなく、「エージェント個人の強み」が書いてあるかも重要だ。

「弊社は、何年の経験で、何万人の求人を有して」と会社の実績しか書けない人は、「会社」の看板で戦おうとしている。それよりも、エージェント「個人」の実力や思想が伝わる内容が書かれているほうが、確率論的にはマッチしやすい。

◉「年収が上がる」にだまされない

あとは、年収が上がること「ばかり」をアピールしてくるケースは注意したほうがいい。

スカウトのABテストを打つと、やはり「年収が上がる」というキーワードのリアクションがいいのは事実なため、おのずと「年収」を軸に集客することも増える。

ただ、「年収が上がる」で集客したまま、最後まで「年収が上がる」トークばかりをするエージェントは、中長期の「ありたい姿」や市場価値に向き合ってもらえないケースが多い。

◉逆に、上から目線にならないよう気を付ける

スカウト型は企業やエージェントから「まずはお会いいただきたい」という「お願い」がくるわけなので、一部の候補者は、露骨に上から目線で偉そうな態度を取ってしまう。ただし、企業の方も、エージェントの方も、相手は1人の人間だ。驕(おご)らず、むしろ一定時間を頂いていることに感謝して、いいパートナーを見つけたいという姿勢でカジュアル面談ができるとよいだろう。

以上だ。ダイレクトリクルーティングは有効な手法ではあるものの、特に見極めが重要となることを意識したうえで、うまく活用してもらいたい。

転職方法④：求人広告

次は、「求人広告」についてだ。「求人広告」とは、採用したい企業が取材などを受けながら自社の魅力を記事として出し、候補者の興味・関心を引き出して応募してもらう手法だ。まだ知名度が低い企業や情報発信が少ない企業について知ることができるケースが多く、特に転職

の意欲がまだ低い段階で、さまざまな業界や会社について知っておきたい場面では有益だ。

一方で、ここでもビジネスモデルとともに注意点を紹介する。まず、企業はお金を払ったうえで記事を書いてもらい、一定期間メディアに掲載をしてもらう。往々にして取材は企業が言いたいことやいい部分にのみ焦点が当てられ、ネガティブな面は見えにくい。その企業のことを知るきっかけとしてはよいものの、その記事だけを情報源としてしまうと、入社後にミスマッチが起こりやすい。

掲載する側も、（すべての企業がそうとは言えないが）記事掲載後の応募申込数がＫＰＩになりやすいため、応募してもらえるよういい点ばかりを並べた記事になることは、構造上、しかたないともいえる。

解決策は、「情報源のバランスを意識すること」だ。たとえば、社員の口コミ評価が掲載されているサービスなども合わせて見れば、よい点だけでなく悪い点も立体的に見えてくる。

とはいえ、社員の口コミ評価も「見方」がある。まず、多くの場合、退職した社員が書いているため、ネガティブ寄りになる傾向がある。またどうしても母数が多い若手や、（リーダーではなく）メンバーの観点からの情報が多くなりがちであることも意識しておいてもらいたい。

注意点としては、まず1つだけの意見に左右されず全件に目を通すこと、次に口コミの投稿年代が直近に近いもの（特に成長企業の場合は、短期で状況が変わるため）や自身が所属したい部署の意見、同年代の意見を重視して目を通すことだ。

たまに見られるのが、プライドが高かった方が、転職後の組織で活躍できなかったことを、露骨にその企業のせいにするケース。なかには、あることないこと書き連ねられていることすらある。露骨に感情的な口コミは、間引いてみるくらいでちょうどいい。

口コミは、参考にはなるもののバイアスもかかりがちだ。あくまで傾向値として捉えるに留め、可能であれば友人を介するなどして社員の生の声を聞くなど、一次情報に当たれるよう手を尽くすべきだ。

転職方法⑤：自己応募

「自己応募」は文字どおり、行きたい企業の採用募集HPなどを見て、自分から応募をする形だ。「転職エージェントを介して転職する人も多いなか、リファラルもない状態で、自己応募するメリットはあるのか？」と思われる方もいるだろう。

だが、企業目線で捉えてみれば、まず意志や意欲が明確にある点がプラスだ。エージェントに教えられたり友人に誘われたりしたからではなく、自らの意志で、「受けたい」「興味がある」と言ってくれるのは採用する企業側からすれば嬉しいものであり、ポジティブに受け取られやすいと言える。また、コストメリットもある。転職エージェントへの数百万のフィーは、数十人の規模になれば億単位の金額となる。その点自己応募は、採用費用が一切かからない。

ただし、デメリットもある。まずは、自身の魅力が伝わりにくいことだ。

企業の採用HPからの応募フォーマットは意外と簡素だ。メールの問い合わせフォームしかなかったり、返事があったとしても、職務経歴書のアップロードと簡単なテキスト入力のみの場合が大半だ。転職エージェントによる推薦文などもない。つまり、採用担当者の目に留まる人材でなければ、後押ししてくれる要素が乏しく、書類選考フェーズで落ちてしまう場合も多い。

そのため、自己応募する場合には、「なぜその会社を志望するのか」という強い意志や想い、ストーリーを一層しっかりと伝えることと、採用の基準や要件という「需要」を把握して、目に留まりやすい形で自らの経歴、つまり市場価値を具体的に伝える工夫をすることが求められる。

そのほかの留意点については、リファラルとほぼ同様だ。

・企業の現在の状況や自身が目指すポジションについて、HPやインタビュー記事、広報記事などさまざまな情報源から、できるだけ詳細に把握しておく。

・内定後の給与交渉などは、エージェントを通さず自らしなければいけないので、できるだけ最初のうちに希望の給与水準などは伝えておく。

もちろん、人づてでその会社で働いている方にリーチできるのであれば、いきなり自己応募するよりはリファラルルートに乗る、エージェント経由にするメリットもあるが、自分の意志で突破するという想いが評価されることもある。

ポジションがまったくオープンでない（募集がない）場合も、直接応募の場合、稀にだが突破できることもあるので、本当に想いがあれば挑戦してみて損はないだろう。

重要な要素3　転職活動選考プロセス（どうやって入社するか）

あまりテクニカルな対策論をする気はないのだが、とはいえ、自分の描いたキャリアジャーニーを実現するために、選考が人生の重要な局面となることもある。自分自身のことがきちんと相手にも伝わるよう、選考プロセスと注意点も伝えておきたい。

最近では、リファラルだと書類選考がなかったり、一次面接から役員層や社長が出てきたりするケースもあり、必ずしも昔ながらの下から上がっていくタイプの選考だけではなくなってきているが、大枠では次のような流れになる場合が多い。

書類選考・ウェブ・筆記試験：職務経歴書や試験による選考
初期選考：担当者や人事による面接

中間選考：配属部署の上長や責任者による面接
最終選考：役員や代表などによる面接

具体の対策に入る前に、最初に全プロセスに共通して重要なポイントを押さえておこう。

全プロセスに共通して重要なこと

まず、大前提として、面接は求職者・企業ともに「お互いが必要とし合う相手かを見極める場」だということだ。どちらも、「採用」をゴールにすべきではない。ともに働くために、相手を理解し合うためのプロセスだ。そう考えたとき、何が大事になるのだろうか。

◉自身の「バックグラウンド」から伝える

自分を知ってもらうには、まず、表面的な経歴のみではなく自身のバックグラウンドを伝えること。自身の「ありたい姿」はどんなものか、その背景にはどんな経験があるのか。今の自分にどんな課題を感じているのか。これから何をなしたいのか、どんな力をつけたいのか。そのあたりをしっかり聴いてくれるかも、こちらが企業を見極めるポイントになる。

特に「これまでの人生の中でのターニングポイント」や、「具体的な意思決定の背景やエピソード」を、自分の言葉でしっかりと伝えられるようにしておくことが大切だ。

◉成長機会を探る

そして、市場価値の観点から、自身が今後深めていきたい強みや能力が身につく環境かを探ること。どのくらいの機会や裁量があるのか、どんな方が働いていて、実際にどんな力をつけているのか。どんなキャリアパスがあるのか。

◉キャリアイメージに具体性を持たせる

入社はあくまでスタート地点だ。特に入社初期の立ち上がりは人間関係が築かれていない状態からの出発になるため、慎重でありたい。入社後すぐどんなステップを踏むのかも含めて、一緒に働く人のタイプや業務の種類まで把握してイメージを描いておこう。また、入社時点での職種や業務内容はある程度すり合わせができているだろうが、その後どんなプロセスを歩んでいけるとよいかまで、先を見据えて対話しておけるとよい。

◉当事者意識と仮説を持つ

面接に臨むにあたって、具体的な考えや仮説を持っておくことも重要だ。

第三者のお客様気分ではなく、「自身がこの会社で働く当事者や経営陣だったらどう考えるのか？」「もしこの前提ならば、自分はこうすれば会社がよりよくなると思うがどうか？」のように、情報がないなかでも仮説と質問を用意しておく。

面接は、人生を左右しかねない場であるにもかかわらず、驚くほど受け身で臨む方も多い

（意外にもシニアな方のほうが多い）。調べてわかることを聞いてくるケースは志望度が低いとみられざるをえないし、少し考えれば当たり前に想像できることをヒアリングされるのも面接する側からすれば悲しいものだ。「どうすれば、ともにこの会社をよくできるか」という当事者意識を持って臨むほうが、選考上有利なのはもちろん、入社後も活躍につながりやすい。

◉嘘をつかない

企業から選ばれたい、少しでもよく見せたい、内定がほしい、と偽りの自分で面接に臨むと、結果的に不幸になるケースが多い。本音で話そう。

偽りとまでいかずとも、本音ではそこまで共感していないビジョンに、あたかもずっと共感してきたかのように伝えたり、あるいは自身の価値を少しでも高く見せようと、エピソードを度を越して「盛って」しまったり、失敗を隠してよい事例や成功ばかり話してしまったりすると、入社後、面接時の自分と本来の自分とのギャップに苦しむことになる。

自分を飾らず、対話をしよう。

どんなに受かりたい気持ちがあっても、お互いを見極めることのほうがはるかに大切だ。「迎合することなく選考を通過する自信がない」という不安があるのもよくわかるのだが、受け身であるよりはむしろ率直に「自身が組織でどうありたいのか」「どういった価値を発揮したいのか」など、はっきりとこちらの意志や覚悟を伝えよう。そのほうが、双方のためになる。

プロセス別の特徴と対策

大前提をふまえたうえで、プロセスの細部に入ろう。かなりテクニカルな内容なので、いま興味のない方は読み飛ばしてしまってかまわない。

書類選考

選考に進むにあたり、最初にあるのが書類選考だ。基本的に職務経歴書で選考されるのだが、ポイントは

「相手目線で伝わる文章になっているか」

「結果だけでなくプロセスや具体性が描かれているか」

「(可能であれば) 企業ごとにカスタマイズできているか」だ。


まず、「相手目線で伝わること」。「自身の当たり前は、選考企業の当たり前ではない」という前提で書く。社内でしか伝わらない社内用語・専門用語を無意識に使ってしまっている方も意外と多い。かつ、何をやったかだけでなく「プロセスや具体性が描かれている」こと。

たとえば、「部門表彰」や「目標達成上位」と書かれても外部の人にその価値はわからない。「300人の部署で、年間1人に与えられるMVPを3年で2回受賞」と書いたほうがわかりやすいし、「目標達成率が1年目105%、2年目は143%、チームでも前年は、88%に対して、108%」と書いたほうがより伝わる。

加えて、課題設定から具体的な成果を出すまでのストーリーも、相手がそのプロセスをイメージできるように書くこと。「Aプロジェクトで、Xの成果を出した」だけではなく、「当時、営業の業務プロセスに課題があった。従来は社員の稼働ありきの規模や体制だったが、目的に沿った設計にすべく、経営と相談。プロセスを可視化し、顧客に価値のあるところは社員、そうでないところは自動化に切り替える業務改革を行った」など、一連の流れを書くことではじめて再現性が評価される。具体的な人数や成果は可能なかぎり定量で入れ込むことだ。

また、もし志望度が高ければ、「企業ごとにカスタマイズして書くこと」。他の志望者がありきたりの履歴書を使いまわしていくなかで、〇〇社に関心のある背景や、「入社後、△△の業務で自身の□□の強みを活かしたい」など、選考企業の環境や募集ポジションに沿って、数ある自身の特徴から濃淡をつけて書けるとなおよい。

ウェブテスト

一部の企業や、新卒採用では、ウェブテストが課される場合がある。単純に論理や数値の点数で足切りをしているケースもあれば、いわゆる「性格テスト」のような、自身の特性を測るテストもある。ここも嘘をつかないこと。というのも、この結果が、より活躍しやすいポジションや、上長配属などにつながるケースもあるからだ。いずれにせよ、嘘をついてもよいことはなにもない。

初期選考

企業によるが、1次や初期選考は人事部や部署担当者が面接に入ることが多い。人事は、

・自社のビジョンやカルチャーにフィットする人材なのか（思想・人柄・性格・スタンス）
・募集している部署が求めるスキルを保有しているのか（スキルレベル）を重点的に見ている。

業務経験は成果とともに、スキルセットはプロセスも含めて話そう。そしてバックグラウンドや将来の「ありたい姿」などこちら側の意向も伝えること。

また、最初の人事面接では、「逆に何か質問はありますか？」と問われることも多いので、会社全体の思想やその背景（公開情報からわかるような表面的なものはＮＧ）、当該ポジションが募

集されている背景や人員が必要な理由、大枠の業務内容などもここで聞いて、わからない点をつぶしておくほうがよいだろう。

このときも仮説を持ち、会社の思想やカルチャーへの「解像度を上げにいく」意識でいたい。また、人事担当者は、その後の選考の窓口となるケースもある。信頼関係を構築できれば、2次試験以降のサポーターになってくれるケースもあると意識しておこう。

中間選考

無事、初期選考を通過した場合には、配属部署の上長となる人や責任者との面接となるだろう。ここでは通常、「任せたい業務で成果を出せるスキルがあるか」を重点的に見られる。

業務経験を成果とともに話すことになるが、プロセス、つまりどのように思考し行動したかに言及し、「選考先の企業においても再現性があること」を示すようにしてほしい。図5－5の3つの観点から話せるようにしておこう。

- WHAT：どのような結果を残したか？（成果）
- HOW：あなたは「どんな取り組み方」をしたのか？（プロセス）
- WHY：なぜ、その「取り組み」をしたのか？　何が他の人と違うのか？（深掘り）

図5-5｜再現性を伝えるための3つの観点

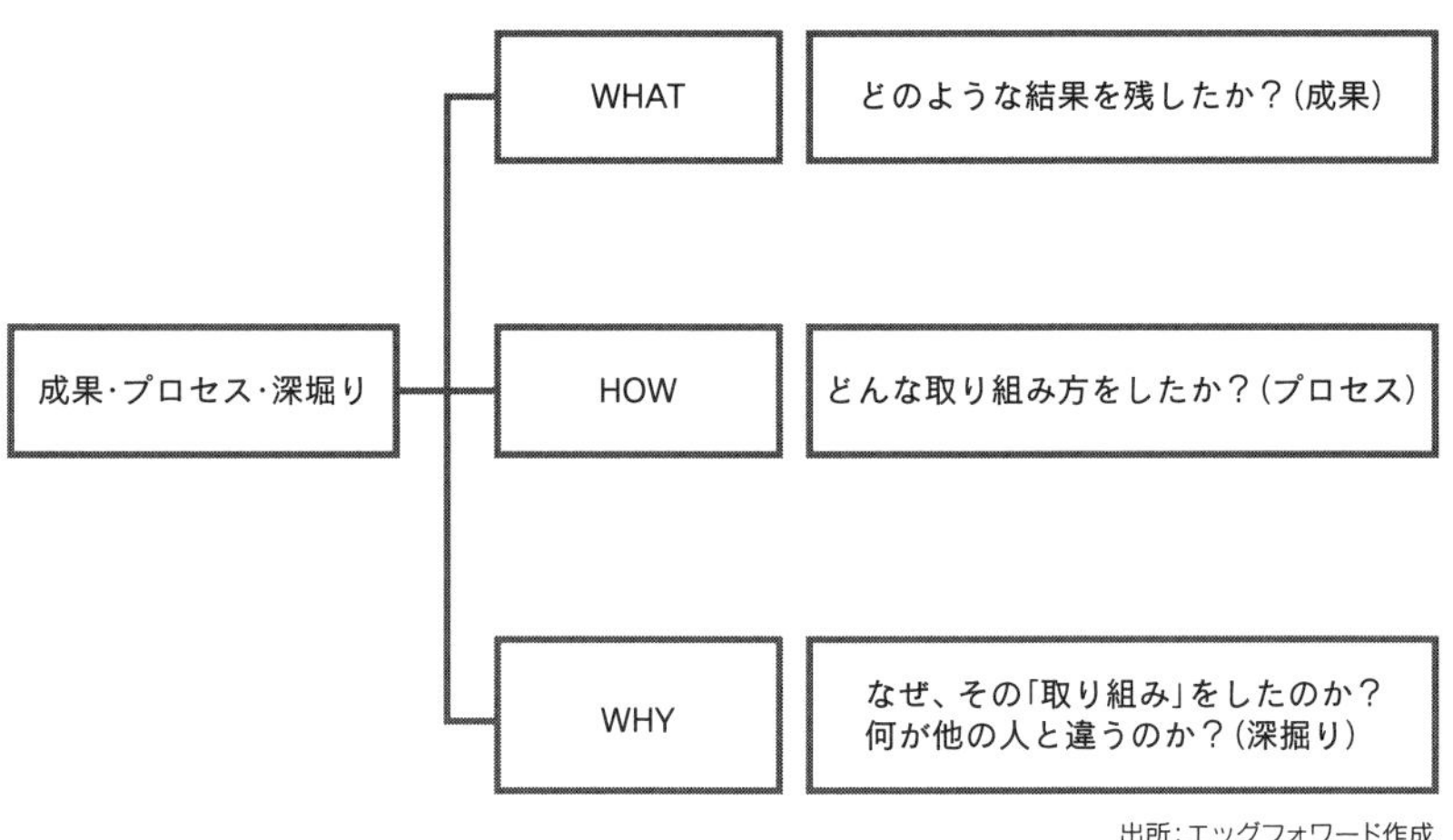

出所：エッグフォワード作成

逆質問ができる場合には、「配属部署が目指しているビジョンの具体イメージ」「今回の募集者に求めていること」「ともに働く仲間や、環境づくりの観点で大切にしていること」などを聞いてみよう。質問を質問で終わらせず、質問への回答で、自らがアピールできるとなおよい。

最終選考

最終選考（何次まで面接があるかは企業による）で意識すべきことはなんだろうか。ここでは、実務能力以上に、「この人が会社に入ることによる影響・インパクト」が見られる。

そのため、自分の「ありたい姿」や培ってきたスキルと、会社が大切にするビジョンやカルチャー、募集ポジションとの重なりや、自らが貢献できるポイントをしっかり説明できるようにしておく。

会社のミッション・ビジョン・バリューは深く理解できていることが前提だ（理解できていなければ初期選考の段階でクリアにしておくこと）。

最終面接に出てくるのは、これまで数多くの候補者を精度高く見極めてきた人ばかりなので、これまで以上にごまかしは通用しない。

スタンスとしては、嘘偽りなく、表層的な受け答えに終わらせず、自身の意志や思想を真正面からしっかり訴えていくことが重要となる。

内容としては、「経営陣の想い、この会社の価値観のどこに、自分がどう共感しているのか」「当事者としてどう関与していきたいか」を伝えること。仮説を持ったうえでの質問も用意しておく。

また、面接にどの経営陣が出てくるかわかっている場合は、その人物に関する公開情報はすべて把握したうえで臨むことだ。

そして、たとえ相手が代表や役員クラスであっても、「自分も、見極める立場だ」という気持ちを忘れないこと。企業の戦略や方向性、カルチャーの土台は、代表や役員クラスの意思決定に左右される。「この人と働き続けたいと思えるか」を自分の目で判断してきてほしい。

面接は相互理解を経ながらともに意思決定していく場だ。本音でぶつかるからこそ、結果として、落ちてしまう場合もあるだろう。志望度が高かった企業から不採用通知を受ければ、落ち込むこともきっとある。特に面接経験の乏しい若手の方ならなおさらだ。

ただ、自身が選べる環境はどのみち1つ。よりふさわしい環境を見つけるために必要なプロセスでもあるので、「自分が否定された」ではなく、「相性やタイミングが合わなかった」と捉えてほしい。そう思えるようにするためにも、迎合することなくこちらの意志を明確に伝えておく必要があるのだ。

ちなみに、不採用の場合、直接は難しくても、エージェント経由であれば理由を答えてくれる場合もあるので、自身を見つめ直す1つの材料として、聞いておけるとてもよい。

複数内定が出たときの最終的な「決め方」

ここまで、「転職の目的整理」と「転職の手段」について説明してきた。最後に重要となるのは、進路に迷った後の意思決定だ。内定をもらった後に悩むケースは意外と多いのだが、それには理由がある。転職活動前と後では、情報の解像度が違うからだ。

転職活動は、内定を取るためのプロセスではない。企業の中を自分の目で見て、耳で聴いて、頭で考え、本当にその環境に身を置くべきなのかを判断するためのプロセスだ。

転職開始時は、企業を外から見ている状態なので、だいたいの場合、いい側面ばかりが見えている。だからこそ、面接のプロセスでできるかぎり積極的に自分から情報を取りに行き、当初の印象を補正していくことが大切だ。そして、その補正された後の状態で、そもそもの「転職目的」が叶えられるのか、今一度見極めてほしい。

複数企業から内定が出た場合にはより複雑性が増す。転職活動において、1社だけしか選考を受けないのは稀だ。通常、複数社の選考を受けていくことになるのだが、幸いなことに複数社の内定を得た場合こそ、もっとも悩みが深くなる。

私のところにも、「複数社の内定先の中で、どこを選んだらいいか？」といった類の相談が多く舞い込む。どう決めればいいのだろうか。

具体例で考えていこう。転職活動をして、3社（A社、B社、C社）の内定をもらった方。「A社、B社、C社ともにいい点、懸念点があるため、決められない」と言う。

そこで、「いい点・懸念点は具体的にどこなのでしょう？」と聞いてみたのだが、どうも網羅的には考えられていないようで、いまいち要領を得なかった。ただ、1社だけオファーされた年収が高く、そこに心をひかれていることだけはわかった。

このままではいい判断ができないと考えたため、私から、「このフレームワークに沿ってそれぞれ◎・○・△・×を付けてみてほしい」と話した。その結果が図5－6だ。

この表をつくって初めて、彼女はオファー条件の高いB社については、総合的な点数が低いことに気づいた。そして、「A社とC社の点数は同じですけど、◎が多いA社が選択としていちばんいいですね」という結論を出した。

図5-6｜比較検討用フレームワークの活用例

	A社	B社	C社
ミッション・事業共感	○（3）	×（1）	○（3）
成長機会	◎（4）	○（3）	○（3）
上長・人間関係	△（2）	○（3）	○（3）
カルチャー	○（3）	△（2）	○（3）
年収	○（3）	◎（4）	○（3）
合計点数	15	13	15

出所：エッグフォワード作成

しかしだ。この表の使い方は、実はそうではない。

まず、このフレームワークは、自分の思考を客観的に整理するためのもので、決断のためのものではない。実際は、表を埋めた後に、次の観点を反映させて、最終的な意思決定をしていくのだ。

（1）各指標に補正を入れる

まず、「補正」すること。「自分は各項目をそれぞれどれくらい重視するか」を、度合いによって重みづけする、つまり濃淡をつけていくのだ。

さらに言えば、○△×などの評価の可変性、「今後変わりうるか」も考慮にいれること。

可変なもの（変わりうるもの）は、業務内容、直属の上長、年収などだ。上長は、異動で変わりうる。年収も、（入社時は確定していても）その後の活躍によって大きく変わるため可変だ。

不可変なもの（変わらない、変わりにくいもの）は、ミッション、カルチャーだ。ミッションは会社の存在意義だからころころ変わることはない。また、会社を形成するカルチャーもすぐ変わることはない。ここが合わない場合は、入社後もずっと合わないものと思っていい。

不確実性がある中で、重要な判断指標となるのは「不可変」なものだ。

（2）転職目的から「最重要項目」を選定する

上記の「補正」と「可変・不可変」の整理以上に、最重要となるのは「何が最重要指標なのか」だ。補正しても、点数だけで考えると、平均的によい、穴のない企業が高くなったりする。だが、転職はまず実現したいことありきでするもの。「◎・○・△・×」の評価は客観的に考えるためには重要だが、総合得点で決めるものではない。

「なんだ、じゃあ最重要指標以外はわざわざ点数化する必要はなかったじゃないか」と思った方もいるだろう。ただ、大きな意思決定において、多角的な視点はマストだ。数字だけでも、感情だけでも決めることは難しい。網羅的に見える化することで、納得度は格段に増す。

もし、転職先の選定で迷った場合には、この方法を試してみてほしい。ただし、注意点は、あなたの人生の主人公はあくまであなたであるということ。「常識的にはこうだよね」という他人の視点ではなく、「他ならぬ自分が重視する観点は何か」に向き合い切ったうえで決めてほしいのだ。

最後の決め手は直感か？　論理か？

ここまでのフレームワークを用いたアプローチは、どちらかといえば論理的なものだ。ただ、最終的な意思決定においては「直感」もとても大事だと、私は思っている。しいて優先順位をつけるとすれば、まず直感を大切にすること。そして、次になぜその選択肢がいいと思っているのかを論理的に言語化するという順番で進めてほしい。

人やミッションの魅力、将来的な価値向上の可能性。未来のことは不確実で、誰にもわからない。ただ、ここまで本書を読んでもらったうえで、それでも直感が働くということは、それは、簡単には言語化できない、何かしらの内発的なメッセージを含んでいる可能性が高い。直感を重視する一方で、論理でそれを検証する往復運動を繰り返し、決断をしてほしい。

そして、決断したあなたに最後に伝えたいことがある。それは、「決めた道を正解にする」視点だ。転職はあくまで1つの入り口にすぎない。大事なのは入社後の成長だ。

どの組織が「正解」で、どの組織が「間違い」という絶対的な答えは存在しない。実際のところ、どちらもある意味で「正解」、つまり成長しうる組織であることも多いのだ。

人生にABテストはない。悩んだ末に意思決定したのならば、「その選択が正解だったか」を振り返るより、選んだ組織で日々仕事をやり切り、さらなるキャリアをひらいてくほかに道はないのだ。

選択2

社内にいながら社外に出る：複業編

転職以外の選択肢について考えていこう。

昨今、大企業を始めとして、副業が次々と解禁されてきている（図5－7）。今置かれている環境には満足しているものの、社外の経験を積みたい方にとっては選択肢の1つとなるだろう。社外を見ることで視野も広がるし、自分のスキルが通用するのかも肌感覚で掴める。自組織内では見えなかった「ありたい姿」の方向性が見つかることもある。あまり気負いすぎずに「まずやってみる」のも悪いことではない。副業は期間限定から始まるケースが多いので、転職より一般的にリスクも低い。

手っ取り早いのは、リファラル、つまり知人や友人経由での副業だ。「少しでいいから手伝ってもらえないか？」という声がよくかかるのは、市場価値が高い証拠とも言える。ただ、リファラルで引く手あまたというケースは多くない。その場合は、副業のマッチングサービスを利用するのも手だ。

図5-7|従業員の兼業・副業を認める人事制度の導入状況

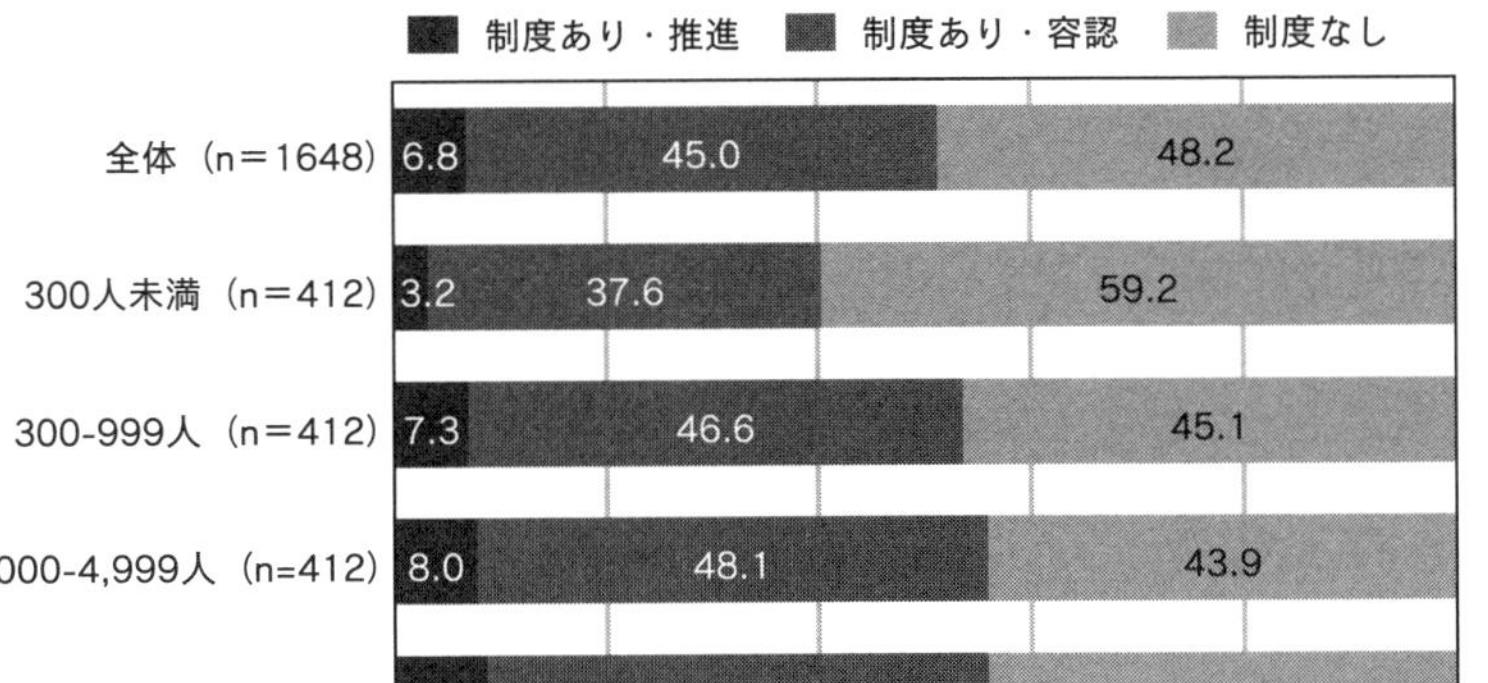

出所：リクルート「兼業・副業に関する動向調査データ集2022」

個別のサービスの優劣を論じることは控えるが、サービスごとに強い、あるいは弱い職種もある。大手であればいいというわけではなく、逆に自身に似たスキルセットを持つ人が多く埋もれやすい場合もある。あまり絞らず、いくつか登録してみるのがよい。

注意点としては、副業の前提となる、自身の「スキルセットの可視化」は非常に難易度が高いと事前に認識し、臨むことだ。

副業の場合、発注する企業側は比較的、短期間でわかりやすい成果を求めるケースが多い。そのため、これまでのあなたのキャリアの中で、代表的な事例をわかりやすく伝えられるように準備しよう。成果だけでなく、プロセス、スキルセットも、数字などを交え、具体的かつ端的に伝える必要がある。

あとは、「やってみないとわからない」部分が残る以上、初期の契約期間は短めにして、その中で価値が出せるか、お互いにとって健全な機会となっているかを確認するのがいい。

補足すると、副業は、転職にない特徴がある。ビジョン・カルチャーのマッチよりも、スキルマッチが問われやすいことだ。

副業の場合、企業側には、成長機会を提供するという視点はほぼない。早期に、期待に見合う成果が出せるかのみが問われる。

「副」業ではなく「複」業をする

「副業」の表記が一般的だが、意味合いとしては、「副」業ではなく、「複」業をするつもりでいてほしい。つまり、現在の仕事である「主」業のサブとしての「副」業をするのではなく、主業と相互に連携し合う、相乗効果のある「複」業を意識するのだ。

副業とは、明確な目的意識のないまま、「お金」のために社外で働くことだとここでは言っておこう。一方、複業は、現業に活かす、もしくは現業ではできない自分のWillの実現のためにするものだ（図5－8）。

たとえば、広報のスキルセットを持つ方が自身のライティング・ブランディング能力を活かして、「著名人へのインタビュー業務」や「オウンドメディア立ち上げ」を複業としてやれば

図5-8｜副業と複業の違い

		業務連動性・Willの実現	
		なし	あり
金銭収入	あり	副業	複業
	なし	趣味	複業

出所：エッグフォワード作成

現業に活きるだろうし、社内ベンチャーの立ち上げを目指す方が、得意なセールスを活かしてスタートアップの支援などをすれば、ゆくゆく自身がチャレンジするときの勉強にもなる。あくまで自身のキャリアや成果創出に向けて、経験を掴みにいくのだ。

「時給脳」から「成果脳」へ

「時間の切り売り」、つまり本業でできることの「劣化版」を別の場所で提供することはやめたほうがいい。時間は拘束される割に、視野の広がりやスキルの向上が見込みづらい。もちろん、同じ業務内容だとしても、組織運営や経営視点が身につく、関心があるが違う領域の事業・サービスの知見が身につくなど、目的意識が明確であればありだ。

ただ、実際に多いのは本業の劣化版を単に「こなしているだけ」で、市場価値が高まることもなく、企業からしても替わりがきく程度の仕事を長く続けてしまうパターンだ。

「時間の切り売り」とは、結局「時給」の考え方だ。一方、これからキャリアを構築していく方に必ず持ってほしいのが、「報酬は『拘束時間』ではなく『成果』に払われる」という「成果給」の考え方だ。企業に所属し、朝8時〜17時まで働き、固定の給与をもらう仕組みに慣れると忘れがちなのだが、副業は、ほとんどのケースで時間よりも成果を求められる。

投下時間ではなく、成果。マーケット感覚を養うためにも、自分のアウトプットがどれだけ価値につながり、報酬として返ってくるのかをまざまざと感じてもらいたい。費やした時間は一切関係ない。むしろ、短い時間で成果を出すことを考え抜き、積極的に「時給脳」から抜け出そう。さて、そのほかの注意点も論じておこう。

◉副業NGならあえて給与をなくす

副業解禁の流れは来ているが、会社によってはNGなところもある。

「バレなければよい」という考えでやる方もいるが、源泉所得税絡みなどで発覚してしまうケースも多い。基本的には、社内のルールに則(のっと)ること、ルールに触れるか不安な場合は対話をすることだ。

副業が難しい場合は、給与発生をあえて無くして、業務時間外（土日など休みの日）にトライするのが有効なこともある。体力に自信がありプライベートとのバランスがとれるのであればトライしてみてほしい（くれぐれも体力を過信せず、小さなチャレンジから始めてほしい）。

◉自分で自分を「労務管理」する

実際に散見されるのが、本業がかなり忙しいなかで、夜と土日も副業に充てて体を壊すパターンだ。本業と違い、副業は誰も労務管理をしてくれない。また、本業の会社からも業務量が見えないため、過重労働になりがちな構造がある。副業で体を壊して、本業もストップしては本末転倒だ。

以上、注意点を挙げたが、副業を通じて自身の「ありたい姿」がより明確になったり、市場価値を知りやすくなったのは、いい時代だ。ぜひ、積極的にトライしてもらいたい。

選択3

社外に出る：起業編

ここ最近、起業を志す人が増えている。起業しやすい環境も整備され、ハードルが下がったことも大きい。スタートアップの数も大きく増えた。

図5-9|国内スタートアップ資金調達額の推移

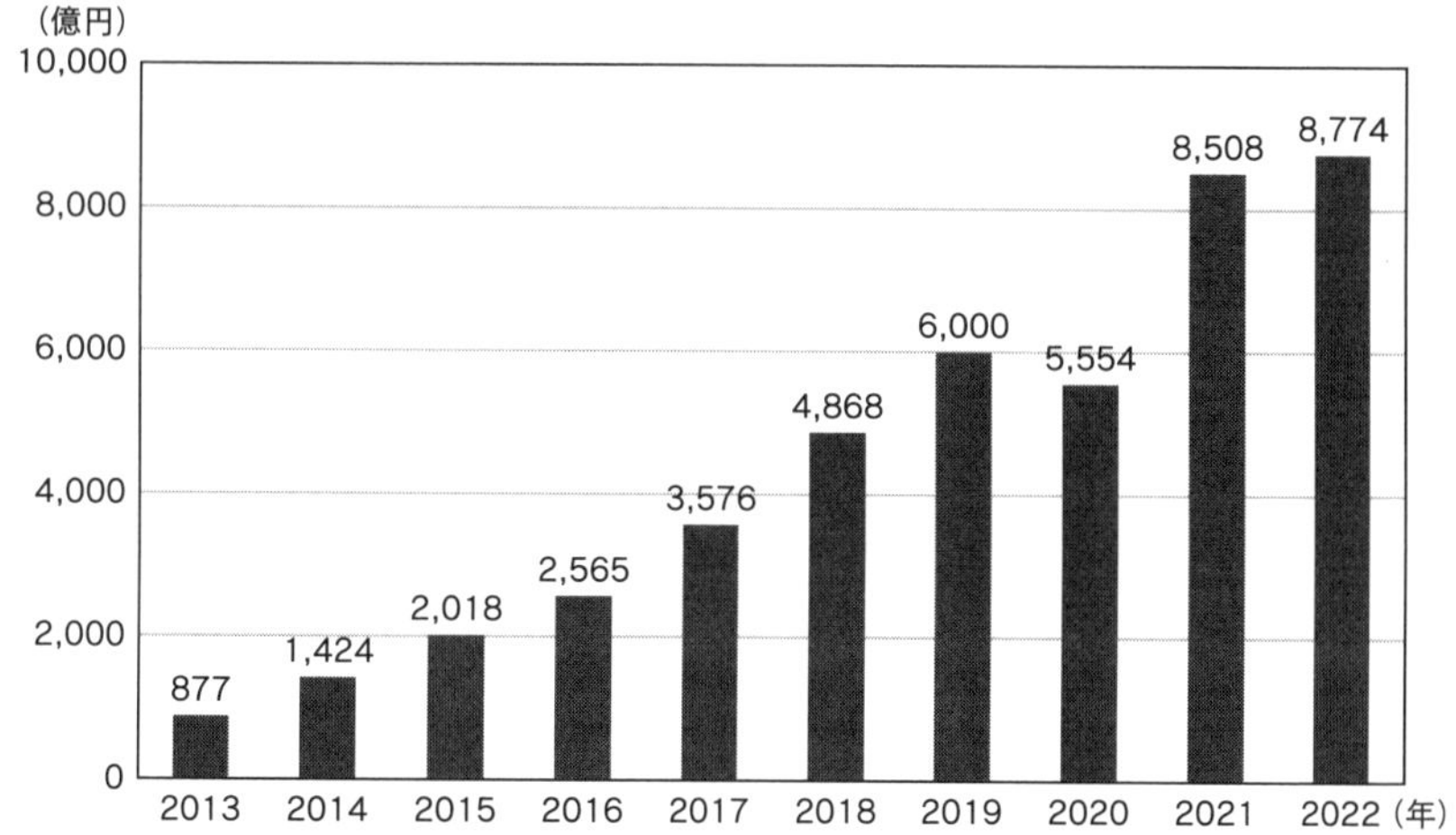

注1) 各年の値は基準日時点までに観測されたものが対象
注2) データの特性上、調査進行により過去含めて数値が変動する。調査進行による影響は金額が小さい案件ほど受けやすく、特に調査社数が変化しやすい
出所：INITIAL「2022年 Japan Startup Finance - 国内スタートアップ資金調達動向決定版」をもとにエッグフォワード作成

私自身が起業を経験したわけだが、ポジショントークではなく、想いを事業として形にし、業界・市場を創造し、社会変革を担っていくことは素晴らしいと本心から思えている。

ただし、起業の道は険しく、困難の連続でもある。強い想いがないと、道はひらけない。

実際に、日本でスタートアップ企業の倒産は増えている（図5－9）。帝国データバンクによると、業歴10年未満の倒産件数は2022年に前年比20％増であり、倒産全体に占める割合は約3割にも上る。

私も起業して長らく経つが、いまだに新たな課題に頭を悩ます毎日だ。周りを見渡せば、「一緒に頑張ろう」と志を共にした当時の起業家仲間も、かなりの割合がいなくなっている。

起業とは、何もないところから意志を持って事業を生む営みだ。

自身がこうあってほしいという世界を描き、実現のために手を尽くす。ジャーニーで言う「ありたい姿」や「ありたい社会」に真正面から向き合うことがスタート地点となる。

最初は、ほとんど苦労ばかりだ。資金繰りには常に苦労する。株式などエクイティの調達、銀行や金融機関からの借入など、いずれにせよ、いくら環境が整ってきたとはいえそう簡単な話ではない。

運良く成長できても、成長した分さらに必要な事業資金はかさみ、追加調達が必要になる。市場が冷え込むと急に調達難易度が高まるなど、不確定要素も多い。

お金はほんの一例にすぎず、人や組織づくりひとつとっても悩みがない起業家はいないはずだ。

「だとしたら、起業する必要なんてあるのかな」と思った方もいるかもしれない。もっともだ。ただ、それでも、志に集う仲間とともにもっとも解決したい課題に向き合い、事業を構想し、ユーザーやお客様に喜んでもらえる。誰かのデザインした組織の中ではなく、真っ白なキャンバスに未来を描き込んでいける。想いさえ強ければ、こんなに自律的でワクワクするキャリアは他にないと、経験した身として断言できる。

起業に完璧な「準備」などない

「私も起業準備をしていますが、何をしておくのがよいでしょうか」

「いつか起業したいのですが、いつがいいでしょうか」

起業家である私のもとには、このような相談がよく舞い込む。その際、私は次の質問をして、その覚悟を問うことにしている。


「起業したいのに、今、起業していないのはなぜですか？」と。


大抵の方は「〇〇の条件が揃っていない」と足りない要素を挙げる。自己分析ができているのはいいことだが、起業で成功する人は、誰かに止められてもやっている。

恵まれた立場にいて退職する際に全員に止められた、事業アイデアを当初誰も認めてくれなかった、など、やらない理由はいくらでもある。ただ、止められたり、反対されてもなお「どうやったらできるか？」を考えるタイプで、かつ志のある方は、ぜひ起業してみてほしい。

起業し、経営者となる経験は必ず自己を成長させ、どのような結果になってもあなたの市場価値を高めてくれる。

米国の場合は、起業に失敗した、会社をつぶしたという経験は、むしろ経営者として経験が多いと見られプラスに評価されるほどだ。日本はまだそこまではないが、ベンチャーを中心に、経験自体が評価される流れはできつつあるし、今後、新規事業の立ち上げが増えるなかで大手企業からもニーズが高まることは間違いない。

さまざまな方を見た経験からも、起業家になるいちばんよい方法は、起業家の近くで働くことだ。人は環境に影響される。やりがいも大変さも、机上論では学べないリアルを起業家・経営者の隣で肌で感じて、経験を積むといい。

加えて考えておくべき要素として、守るものが増えるほどに起業への難易度は上がっていく。最近ではある程度経験を積んだ40歳前後~の起業も増えたとはいえ、私としては早めのチャレンジを推奨する。

とはいえ、外に出る情報は綺麗な話が多いものだ。表に出てこない起業家や社長のリアリティを伝えたいと思い、『経営中毒~誰にも言えない社長の孤独』というPodCastを配信している。興味のある方はぜひ聞いてみてほしい。

選択4

社外に出る：独立編（個人事業主・フリーランスなど）

組織の外に出る手段は、起業だけではない。個人事業主として独立するのも選択肢の1つだ。

組織に属さず、自分の力だけでやっていくという道に憧れ、独立を希望する人は多い。昔は、独立と言えば士業と呼ばれる「弁護士や公認会計士、税理士」が中心だったが、いまやエンジニアやマーケター、セールスなど専門性の高いテクニカルスキルを持つ人は、独立して数多くのクライアントを持ち、フリーランスとして活躍している。

独立のメリットは、個人の裁量で柔軟な働き方ができる点がまず挙げられる。かつ、起業して組織を持つほど固定費がかかるわけではないので、自分が一定の生活ができる＋αの水準で収益が上がればよく、リスクも低い。人や事業の問題で頭を悩ますことも比較的少ない。総じて「機動力の高さ」が大きな魅力だ。

逆に、よくも悪くもあなた個人に仕事がつくため、大きく発展させていくことは難しい。

指名で仕事が来るか、リピートがあるかの2段階トライアル

職種を問わず独立にあたってまず重要なのは、「あなたのスキルは数多くのクライアントから求められるか、そしてその価値は高いか」。要はニーズがあるかということだ。

基準となるのは次の2点だ。

「指名で仕事の依頼がくるか？」

「継続的に依頼されるだけの価値を提供しニーズを満たせるか？」

いきなり独立するのもいいが、まずは「トライアル」から始めてみるのがおすすめだ。具体的には、副業OKの会社であれば、副業として受けて、受け取った対価に見合う成果を出す。まずは、SNS経由での発信や知人からの依頼、フリーランスでの登録などで受注ができるかで「指名で仕事の依頼がくるか」がわかる。

実際に仕事を受けてみると、どれくらいの収入を得るのにどれくらい労力がかかるのか、それ1本で生活するイメージが持てるかどうかが掴めるだろう。もしも会社の看板が無くなり個人になった途端にニーズがなくなるのならば、厳しい言い方になるが、あなたの市場価値はまだ低いということだ。

次に、「継続的に依頼されるだけの価値とニーズを提供できるか?」。つまり、希少性と市場性があるかということだ。独立当初は少し相談があったものの、その先依頼が先細り、まったく食えなくなるケースもある。

最後に注意点として、過去の切り売りだけにならないことも大事だ。

たとえばプログラミングやマーケティングの知見はどんどん進化していくため、自身を成長させてくれる環境の仕事をアサインしないと、数年経つと知識が陳腐化してしまい、仕事の依頼がめっきりなくなるケースも多い（しかし、依頼主は成長より短期の成果を求めるというジレンマがある）。

社内に残る：現職での活躍・異動

起業、転職、独立、すべては手段にすぎない。「ありたい姿」を実現するという目的によっては、今の組織で、企業の資産やリソースでレバレッジをかけたほうがいいケースも多々ある。

最後は、自組織に残る選択肢をみていこう。現実的には、実はこの選択肢をとる方がいちばん多い。

図5-1｜キャリアマップ：選択肢の全体像（再掲）

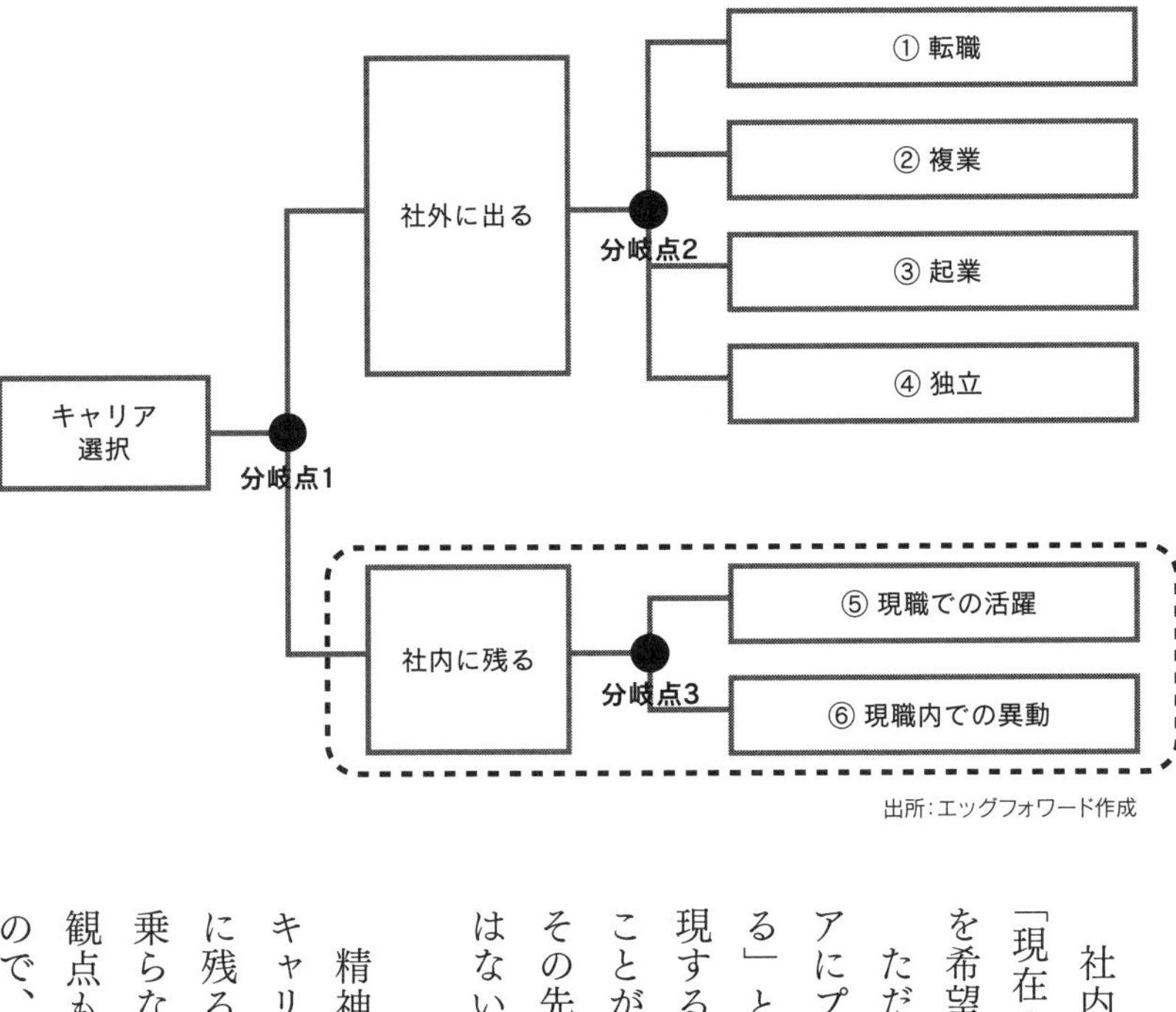

出所：エッグフォワード作成

社内に残ると決めた先の選択肢は大別すると、「現在の部署で活躍するために努力する」か「異動を希望する」の2パターンだ。

ただし、「社内に残る」という意思決定をキャリアにプラスにするためには、「転職できないから残る」という受動的な考えではなく、「この環境で実現することがある」という主体的な意思決定であることがとにかく重要だ。このスタンスの差によって、その先のキャリアの明暗が決まると言っても過言ではない。

精神論に聞こえるかもしれないが、多くの方のキャリアを見てきて思う。消去法で「まあ今の職場に残るか……」と決めた方は、仕事に「本気度」が乗らない。自身の「ありたい姿」や「成長機会」の観点も曖昧で、「市場価値」に向き合う姿勢も弱いので、仕事を「こなす」ことになりやすい。結果、大きな成果も出せなければ、非連続な機会を掴むこともなく、ゆでガエルのように気がつかないまま時間が経っていく。そしていつか、「中途半端な社員は必要ない」と組織から通告され、自身のキャリアに真剣に向き合わざるをえなくなったときには、すでに手詰まりとなってしまっていることも多い。

逆に、意志を持って残った場合は、「何を成し遂げるか」「どんな力を高めていきたいか」「どこにマイルストーンを置きいつまでを区切りとするか」などが明確だ。そのスタンスだと、機会を自ら掴み、成長し、さらなる機会を掴み……と、グッドスパイラルに入りやすい。

転職市場に出た際、同じ組織出身であっても、前者のように仕事を「こなし」てきた人材と、後者のように意志を持ち、機会を掴み、成長してきた人材に対する評価はまったく異なる。プロセスの語り方ひとつからも、「どんな時間を過ごしてきたか」は手に取るように相手に伝わってしまう。

環境を、生かすも殺すもあなた次第だ。今まで実現できなかったとしても、あなたのスタンスが変われば、同じ組織内でも違う道が拓けるかもしれない。過去の実績や経験は変えられないが、未来と自分は変えうるのだ。

選択5

社内に残る：現職での活躍編

「今の職場でまだやれることや成長余地がある」と思える場合、ぜひ現職での活躍を目指してほしい。なぜなら、現職で活躍できない方が、社外の、人間関係などがリセットされた環境において活躍できる可能性は、さらに低いからだ。そうは言っても、「活躍するために、どうしたらいいのか悩んでいます」という方も多い。具体的に論じてみよう。

活躍人材は「経験学習サイクル」を回している

私はこれまで、数多くのエクセレントカンパニーで「どんな人材が活躍しているか」のモデル分析を手掛けてきた。その中で、活躍し続ける人材が共通して持っていたのが「経験学習サイクル」だった。

図5-10｜経験学習サイクル

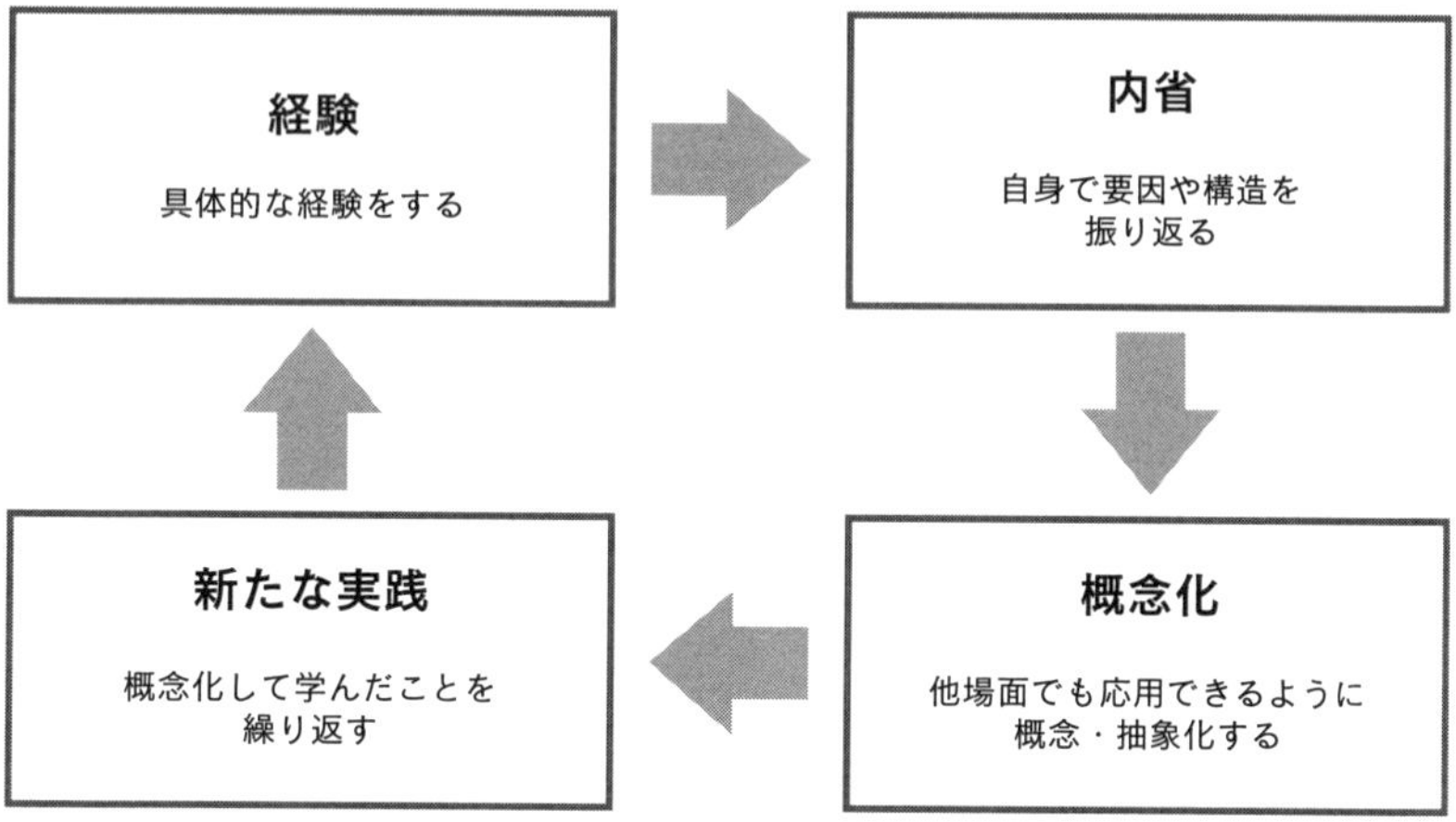

出所：エッグフォワード作成

経験学習サイクルとは、機会からの学びを最大化するプロセスだ。

具体的に言えば、「経験」→「内省」→「概念化」→「実践」のサイクルを回せているかが鍵になる（図5－10）。

このサイクルが重要なのは、何も若手にかぎらない。むしろ、経営者の方ほどこうした観点を大事にしている方が多い。スタートアップ経営者の例を挙げよう。ある意味では、スタートアップ経営者ほど、クリエイティブジャンプのなかで試行錯誤を重ねる立場もなかなかない。

1：経験

事業も組織づくりも新しく、かつ具体的な経験だ。うまくいくことばかりではない。組織にゆがみが出て若手に離職者が出たり、キーパーソンが離脱し事業が伸び悩んだりする。

2：内省

結果ではなく、その要因や構造を多面的に振り返る。なぜ離職が発生するのか？　離職せずいきいきと働いている人とそうでない人の違いは何なのか。会社の大事にしたい価値観が浸透していないのか。むしろ、経営者自身に要因があるのか。

3：概念化

ここが大事だ。成長の速い経営者は、内省から概念化が速い。共通する要素は何なのか。なぜ、ある人には価値観が浸透して、ある人にはしないのか。経営者自身が変わるべき部分は何か。そこから、「価値観の言語化」、「採用時の見極め基準と受け入れプロセス」、「経営者からの対話機会」などのキーワードが見えてくる。1つひとつの事象を抽象化し、何が学びで、何が次に活かせるのか、自身の何を変えるべきかを概念化する。

4：実践

抽象的に概念化した学びを日々の実務に具体的に落とし込み、また実践する。「価値観」は組織として言語化し、一方的に発信するのではなく対話の時間をとろう。採用はスキルだけではなく、ビジョンへの共感をまず前提としよう。若手の場合は、しっかりオンボードのプロセスを置こう。このように概念化の結果を施策に落としこみ、次に活かす。

この繰り返しを高速で回せる方は成長が速い。一方、失敗をただ繰り返すだけの方の成長は遅い。

「うまくいった、いかなかった」の結果以上に大事なのはその要因だ。うまくいかなかったときはもちろん、うまくいった際も、その要因を分解し、深掘りする。

成功のサイクルに「他者」を取り込むことも大事だ。もし、模範とすべき人がいたら、「何をしているか？（What）」だけではなく、「具体的にどうしているのか？（How）」、「なぜそれをしているのか？（Why）」まで要因を分解し、自分なりの形にして応用するなどをぜひやってみてほしい。サイクルをいかに速く回せるかで、成果は変わってくる。また、クリエイティブジャンプの重要性は今一度強調しておきたい。修羅場こそもっとも速く人を成長させる。

選択6

社内に残る：異動編

キャリアに悩む方に、「異動」の選択肢を伝えるとよく言われる。「異動なんて、簡単にできないですよ」と。たしかにそのとおり。異動は「社内における転職」のようなものだ。

ただ、転職は簡単にできないからこそ努力して取り組むのに、異動となると簡単にできないからと諦める方が多い。通常業務においてはとても主体的な方が、いざ異動の話になったとたん、なすがまま、なされるがままという受け身の姿勢になってしまうのは少し不思議だ。

今いる会社のミッションや事業には共感しているけれど、他にやりたい業務があるので異動したいという方は、次の3つのポイントを押さえ、チャンスを掴みとってほしい。

①自社の異動決定メカニズムを知る

まずは、異動のメカニズムを知ることが先決だ。私は、クライアント企業で「人員の最適配置」の支援に携わることも多いが、異動決定のメカニズムは大別すると次のパターンに別れる。

1つ目は「経営幹部候補の育成パターン」。成果を出している有望人材に経営に必要なスキルを身につけてもらうための配置転換が多い。企業によって特色はあるが、営業などのフロント業務、財務などのアカウンティング業務、広報などのステークホルダーマネジメント業務、人事などのマネジメント業務という形で必要な要素を順に身につけてもらう。スタートアップなら、経営陣直下での責任者経験などがそれに該当するだろう。

2つ目は「意思尊重・挙手制パターン」。自ら手を挙げて異動先をリクエストするケースだ。社内公募や希望配置転換など、最近では多くの企業が採用している。

3つ目は「スキルフィットパターン」。職種の近接領域での異動、あるいは欠員が出た際に同等のスキルを持った人を異動させてくるケースだ。実務を回すため、すぐに戦力として見込めそうな人材を確保する意味合いが強い。

自社にどのパターンがありどれがないのか。知らなくても心配ない。過去の事例を上長、あるいは人事に聞けば、意外とすんなりわかるものだ。自分の知っている先輩の異動だけを見て可能性を判断するのではなく、会社全体のメカニズムを、まずは把握してもらいたい。

②異動候補の「第一想起人材」になる

次に重要なのは、異動対象者を検討する際に真っ先に思い出す「第一想起人材」となっていることだ。「第一想起人材」になれるかは、社内での関係の幅の広さと深さで決まってくる。とにかく、ことあるごとに口にし続けることだ。

「キーマンに適切に認識してもらうこと」も重要だ。

異動には意思決定者、経営や人事部など意思決定を担当するコアメンバー、あるいはその組織に上申し影響を与えるキーマンがいる。そうした人々にどう知ってもらうか。意志決定構造と関係のない人にどれだけ伝えても、やはり効率はよくない。

③異動先に求められるスキル・マインドセットを身につけて準備しておく

加えて重要なのは、異動先に求められるスキルを身に付けているかだ。「まだ異動していないから、スキルなんて身につけられません」と早急に判断しないでほしい。異動という目的に対して、どれだけ努力をしているかが重要だ。想いの強さは行動に表れる。

まず、異動先に求められるスキル・マインドセットをよく知ること。

過去に異動した人が何を見込まれて異動したのか。今その部署で活躍している人の持っている要素は何か。職種にもよるが、必要とされるスキル・マインドセットを現職内、難しければ社外で身につけよう（英語、プログラミングなど）。

ただ、往々にしてあるのは、異動先で求められるスキルに実地経験が求められる、つまり、異動しないことには身につかないケースだ。その際は、スキル「以外」、これまで出してきた成果とマインドセットの柔軟さがものをいう。

新しいタフな環境に適応できる柔軟なマインドセットがあり、これまでさまざまな部署で成果を出していれば、ビジネスの「足腰」は固く、再現性は高いと判断される。成果を出している人こそ異動しやすいのはこのためだ。

あとは、大前提でもあるが、強いWillがあることだ。「なぜこの組織に入社し、何を実現したいのか」を、異動を希望する理由と合わせて語れる人に、やはり機会は提供されやすい。

職種転換をしたいがために、転職を希望する人は多い。

ただし、採用企業側の視点に立てば、未経験者よりも当然ながら経験者を採用したい。そのため、転職よりも異動のほうが、職種軸で言えば掴み取れる機会は多いのだが、ここがあまり意識されていないように感じる。

転職ありきで考えているようなら、社外に向けているエネルギーを、社内に向けてみてもいい。とはいえ、いつまでも待つわけにはいかない。

多くの企業の異動のメカニズムを見てきた立場から言うと、一般論としては1〜2年を区切りとして努力してみてほしい。それでも、機会が得られる見込みがなければ、やはり組織外を見るべきという結論になるだろう。

ここまで、さまざまな観点から6つの選択肢について論じてきた。最後にキャリアの選択の全体像を、チャートにしてまとめておこう（図5－11）。現職に留まるのか、外を見るのかにかかわらず、主体的な選択で道をひらいていってほしい。

社内か社外かより「2手、3手先はどこか」

「キャリアの選択」にあたり、最後に私が強い意志を持って伝えておきたいのは、今この瞬間の「次の1手」だけでなく、少し遠くの未来、つまり「2手以上先」を見据えてキャリアを選

図5-11｜1手先の選択と問い

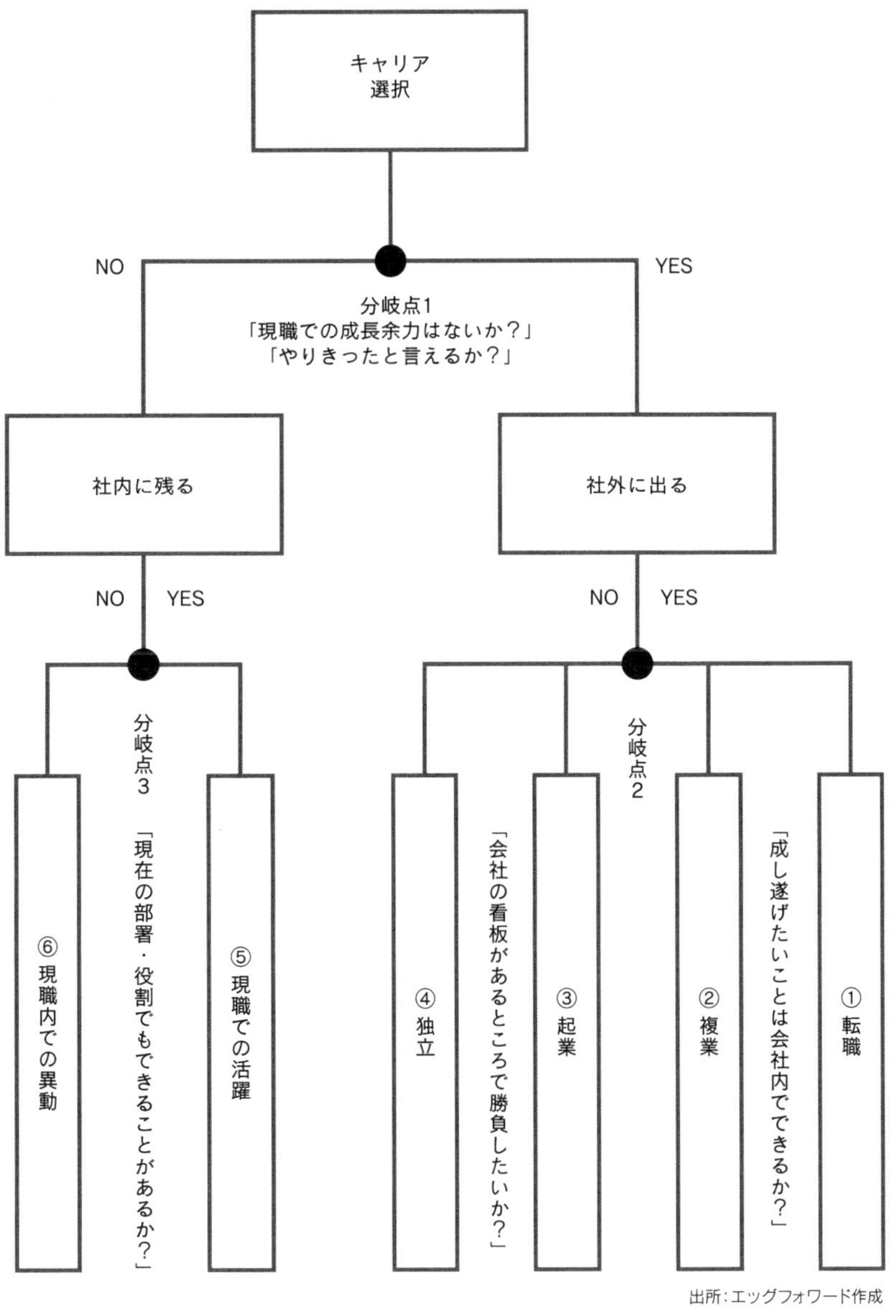

出所：エッグフォワード作成

択する意識を持つことの重要性だ。

ここまで論じてきたBS型キャリアや、H型→HH型の考え方、プライベートも含めた選択。本書は一貫して、2手以上先を見て能力を伸ばすことの意義と必要性を論じてきた。

私は、キャリアジャーニーとは「不確実な未来を、『ありたい姿』に近づけるべく行動するプロセス」と捉えている。「ありたい姿」というからには、「今の自分」にとらわれることなく、自由にイメージしてもらいたい。私が「もし、能力や環境などの制約がない状態で考えたら?」と繰り返してきたのはそのためだ。

できれば、5~10年、長くてイメージしづらいようなら、3年~5年くらいの「ありたい姿」を持ち、そこから「逆算」して、必要な能力を備える機会選択をしていってほしい。「逆算」と言うと、「戦略的思考が得意な人にしかできないもの」と思われがちだ。そうではない。「ありたい姿」は途中で変わったっていいのだ。むしろ軌道修正は、旅の醍醐味ですらある。

一方、逆算「だけ」で考えていくことの限界もある。

そもそも、未来の「ありたい姿」を描くには、経験も必要だ。経験を積んで、能力が高まって、初めて見えてくる未来もある。

図4-1｜キャリアの点を線にする（まとめとして再掲）

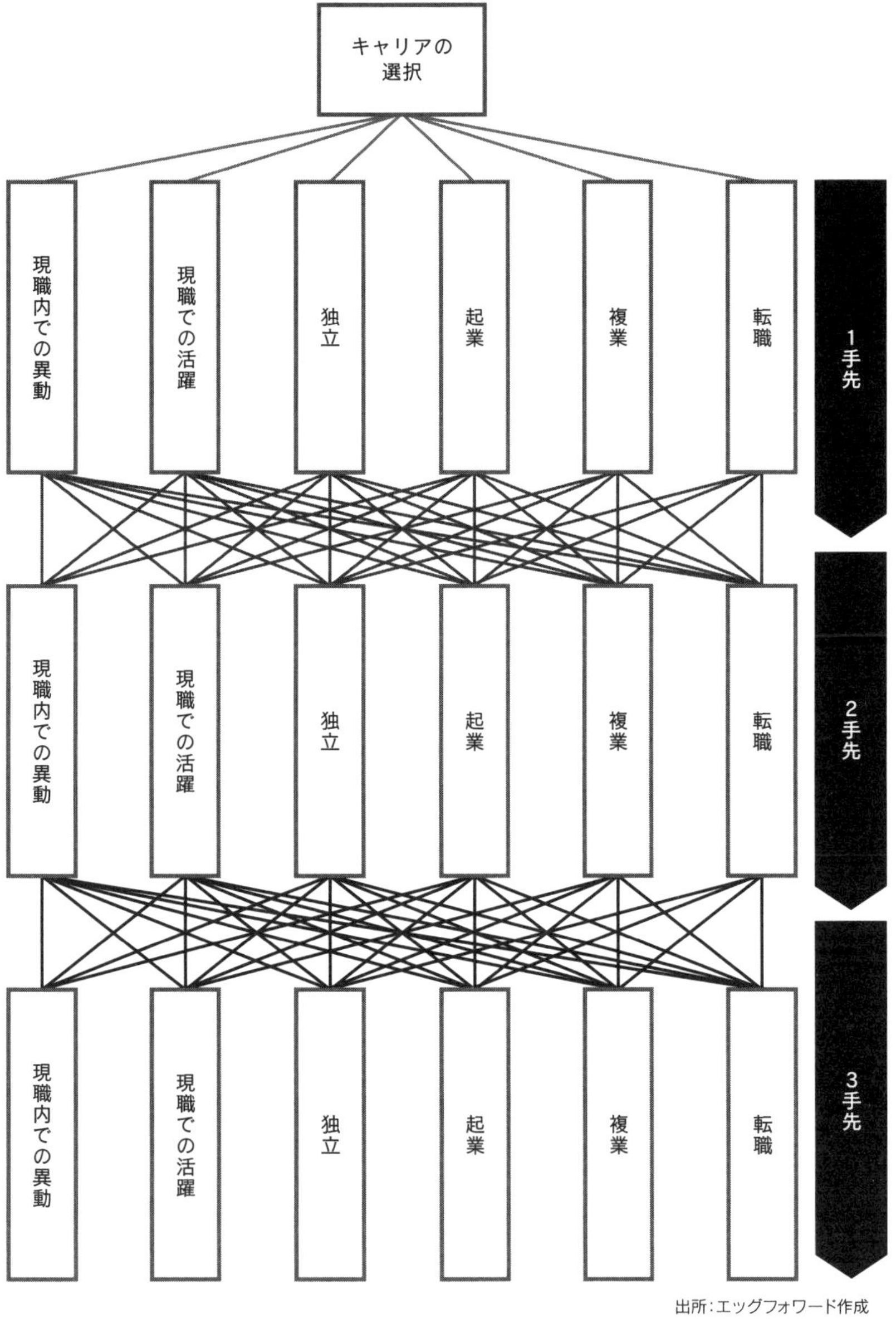

出所：エッグフォワード作成

だから、「今は2手3手の未来なんて描けない」という方も安心してほしい。仮置きでもいいから未来に視点を向け、「逆算」の視点を持ちつつ、もう一方では、今の環境で次に取れる選択肢の幅を広げる、「順算」の視点も大事にしてほしい。

置かれた環境で成果を出すことが結果として次の選択肢を広げるし、その選択肢が「過去に描いた未来」よりも往々にして素敵なものであることは、これまで論じたとおりだ。

逆算も大事。そして、順算も大事。そのうえで、だ。

私は「逆算」の意義を、最後に、もう1度語りたい。

人は往々にして、現在の延長線上、つまり「順算思考」で未来を描きがちだ。ただ私には、ことキャリア面に関して言えば、やはり人の可能性は「順算」ではなく、理想からの大胆な「逆算」によってひらかれていくように思えてならないのだ。

キャリアジャーニーにおいて、軌道修正はいつだって自由だ。だからこそ、思い切って、今の自分にとらわれず、望む未来を描いてみてほしい。

以上、ここまで「選択」の方法論を述べてきた。

ただ、多くの方のキャリア支援をしていて思うのは、その選択の「後」こそが重要ということだ。次章では、その点について考えてみたい。

第6章

何が転職後の成功と失敗を分けるのか

introduction

あなたは、目指す方向性に向けて、少しずつ歩み出しただろうか。

ただ、もう読者の方々もおわかりだと思うが、その選択はゴールではなく、スタートにすぎない。キャリアジャーニーは続いていく。

しかし「どこに、どう転職するか」については盛んに語られる一方、転職「後」の成功や失敗がほとんど語られないのはどうしてだろうか。私は、ずっとここに課題感を持っている。

私は組織側から依頼を受けてコンサルティングにも携わっているが、転職「後」の知見がないばかりに、新しい組織に馴染めず、あるいは成果を出せず早々に離職するケースを多く見てきた。若手であってもシニアであっても、新しい組織・メンバーのなかに入っていくことの難しさは、想像以上なのだ。

この章の内容が役立つのは、必ずしも転職者のみではない。異動でも、副業でも、新しい環境に飛び込む方であれば、通ずるところは多いはずだ。

なぜ、転職後すぐの退社が多いのか？

まず、事実を掴んでほしい。統計にもよるが、中途採用人材の2年以内での離職率は30％を超えると言われる（図6－1）。もっとも多いのが「入社後半年～1年」の退職だ。つまり、せっかく未来を描き、自身の成長を期待し、意気揚々と転職したにもかかわらず、1年を待たずしてそれがふいになってしまうケースが多いのだ。これは個人にとっても企業にとっても不幸なことだろう。

逆に、入社後1年を超えると離職率は下がる傾向がある。そのため、私はこの「半年～1年」を転職後の「死の山」と呼んでいる。

ちなみに、早期離職は意外に、若手よりも、自分に自信を持っているハイキャリアな方に多いのだ。

図6-1｜中途入社者の退職につながりやすい期間

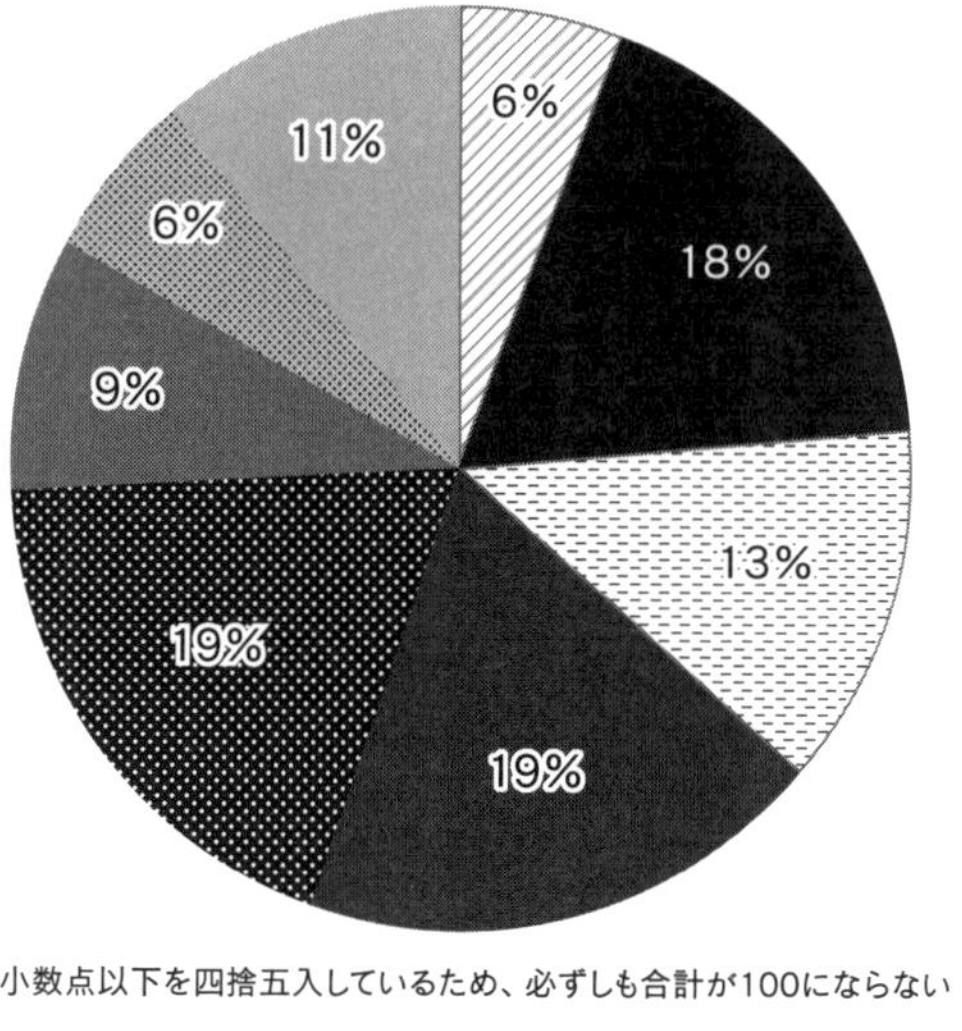

※小数点以下を四捨五入しているため、必ずしも合計が100にならない

出所：エン・ジャパン

「鳴り物入り」ほどすぐ辞める

あなたの周りでも、鳴り物入りで入社したにもかかわらず、さほどの成果も出せずに、1年以内で離職してしまった方はいないだろうか。

中堅以上のハイキャリア層は、一定の成功体験やその経験に基づく「持論」を持っていることが多い。過去に成果を出してきたからこそ、相応のポジションに登用されているわけで、自分なりの仕事の進め方やマネジメントスタイルにある程度の自信を持っている。そこが、「落とし穴」となるのだ。

前職では、相応のポジションにいて、周りから引き留められもしただろう。さらに、転職検討時はエージェントからちやほやされていたケースも多い。人はプライドに引っ張られる生き物だ。だからこそ、思ったほど成果が出せないときに事実を直視しきれず、つい新しい組織のせいに、つまり他責にしてしまう。しかもまだ「転職商材」として価値があるとみられれば、エージェントから、「でしたら他に転職しましょう」と声がかかってしまう構造がある。

このように、中途半端な成功体験やプライドが邪魔して自己変容できない方を、本当に数多く見てきた。その先がどうなるかは、もう想像がつくだろう。

重要なのは、自己変容、アンラーニングができるかどうかだ。若手もシニアも、その点を頭に入れて読み進めてもらいたい。

転職後の2つのフェーズ：定着期・価値発揮期

まず重要なのは、転職後のキャリアづくりは、フェーズによって分けることだ（図6－2）。初期と中長期で、意識・行動することは明確に異なる。転職後のフェーズを「定着期（～3ヶ月）」「価値提供期（～12ヶ月）」に分け、順に説明していこう。

図6-2｜転職後のフェーズ

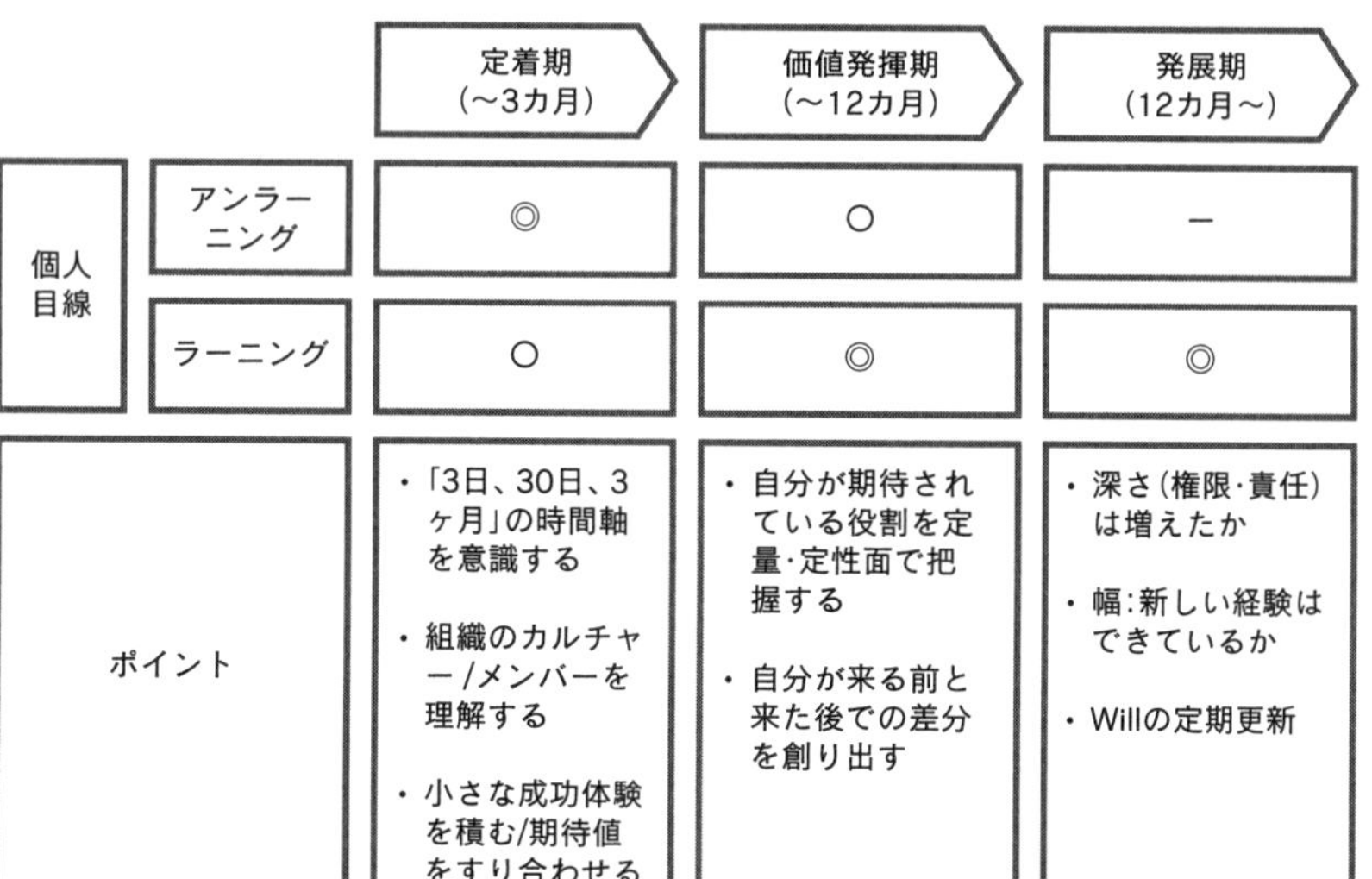

		定着期 （〜3カ月）	価値発揮期 （〜12カ月）	発展期 （12カ月〜）
個人目線	アンラーニング	◎	○	−
	ラーニング	○	◎	◎
ポイント		・「3日、30日、3ヶ月」の時間軸を意識する ・組織のカルチャー/メンバーを理解する ・小さな成功体験を積む/期待値をすり合わせる	・自分が期待されている役割を定量・定性面で把握する ・自分が来る前と来た後での差分を創り出す	・深さ（権限・責任）は増えたか ・幅：新しい経験はできているか ・Willの定期更新

出所：エッグフォワード作成

定着期（〜3ヶ月）

新たな組織にジョインした3ヶ月を「定着期」と呼んでみたい。

日本では「試用期間」と位置づけられることもある。実はこの期間での立ち上がりが後々の活躍に大きく効いてくる。いくつかポイントを挙げてみたい。

3日、30日、3ヶ月。転職したら、この3つの「3」を意識してほしい。

最初の3日で「印象」が、30日で「スタンス」が、3ヶ月で「成果（今後の期待を含め）」が、周囲から認知・形成される。

初期の周囲からの認知は、後から変えるのには相当のパワーがいる。

3日：その後を左右する「印象付け」

まず、よくある認識ギャップを挙げておこう。入社する側は、入社時点で「仲間入りできた」と考える一方、迎える側は意外と「お手並み拝見」モードで、温度差が生じがちだ。

若手であればまだ「歓迎」モードで受け入れられることも多いが、特に高いポジションで入るハイキャリア人材ほど「お手並み拝見」の傾向は顕著だ。もちろん、入社した以上、形式上は同じ組織に属する仲間ではある。ただ初日からいきなり、〝本当の意味で〟頼れる仲間にはなりえない。まして、自分の上長として入ってきた場合はなおさらだ。

年齢別にそれぞれ論じよう。若手、ジュニア層と呼ばれる方の入社は、比較的歓迎されたり、「困ったことがあれば相談してね」と言われるケースも多い。一方で、受け入れ側の社員も、通常業務があり、かつ、入社する中途社員の数も多い組織だと（成長企業に多い）、特定の1人だけを個別に気にかけている余裕もない。結局、受け入れ業務は、後回しになってしまいやすい。

ミドルやハイキャリア層の場合は、もう少し複雑だ。あなたは、特に自分が長く在籍している組織で、急に自身より上のポジションに他社から人が飛び込んできたらどう思うだろうか。どんなタイプの人なのか、やりやすそうか、話しかけづらい雰囲気なのか、自分よりどれだけ仕事ができるんだろうかなどと、内心いろいろ気になるのも自然なことだ。初日から、その上長と本音をさらけ出して話すことは難しいだろうし、探り探り、どんな人なのか見極めていくことになるだろう。

入社側の「期待」と、迎え入れる側の「多忙と不安」。ここにギャップが生まれる。新しく組織に入った方は意志を持って組織に来たので、他の同僚ともわかり合いたいと思っている。ただ迎え入れる側は、そもそも実務が忙しいし、さらに採用プロセスに関わっていない人からすれば、「自分が来てほしいと言ったのではない」状態なわけで、いわば人事や組織都合の配属にしか見えないこともあるわけだ。つまり、全員が心の底からその方を歓迎しているとはかぎらないのだ。

その実情をふまえ、まず最初の3日は、第一印象、関係の「きっかけ」づくりだ。精神論に聞こえるかもしれないが、ここが、今後のパフォーマンスに意外と効いてくる。

まず、3日でいい第一印象をつくることだ。というのも、あなたを「特に支援してあげたい」と思うか、ハイキャリアであれば、「敵ではなく味方」と思うかは、ほぼ無意識にこの3日で決まるからだ。

もし第一印象が悪いと「お手並み拝見」モードが加速し、その後さらに情報や支援が得られにくくなったり、以降の関係構築の難易度が上がったりする。

ではどうすればよいのか。「普通だが、意外とできていないこと」から始めよう。

◉メンバー理解

まずは、組織内のメンバーを、自分から十分に理解しようとすることだ。新卒社員は、組織から重点的に手厚く受け入れられるケースが多いが、若手であっても中途の場合は、入社時点ではある意味まだ「部外者」だ。

ミドル以上の場合は、前職でどれだけの実績や肩書きがあったとしても、それは過去の話。組織経験で言えば、あなたがいちばんの新参者だ。

まず、挨拶し、声をかける。関係者・メンバーの名前をいち早く覚え、「○○さん、よろしくお願いします」と、「自分から」声をかけよう。相手が自分のことを覚えてくれれば、人は相手のことも覚えようとするものだ。

そして、早いうちに面談でもカジュアルなランチでもいいので、フラットに対話する機会を設け、他のメンバーの方がどういうバックグラウンドで、どんな業務をしているのかを、自分から知りにいくことが大切だ。

NGなのは、若手に多いのだが、入社後、受け入れや支援「待ち」になってしまうパターン。新卒時に手厚く受け入れられた経験をしていた方ほどそうなりやすいが、中途入社であることを自覚し、「自分から」取りに行く、行動することだ。

最悪なのは、ハイキャリアで、前職での相応のポジションに慣れてしまい、他のメンバーからの声かけや、業務共有を待ってしまうパターン。どれだけ立場が上だったとしても、いや、逆に上の立場で入るからこそ、まずは目線を同じくして、「自分から」知りにいく姿勢が大切だ。

余談だが、これは私が創業前に数多く経験したコンサルティング業務や、M&Aなどにおいてもまったく同様だった。コンサルタントだろうが、M&A先の経営陣だろうが、上から偉そうにふるまうほど、現場からは敵視され、情報も出てこず、孤立する。相手も人間だ。想像力を持ちコミュニケーションを交わせるかが、どんな場合もパフォーマンスを大きく左右する。

◉意思発信

メンバーの理解に加えて大切なのは、「自分から」、(あくまでフラットに)意思や情報を発信することだ。社内にどんな発信の機会があるのか、どんな会議体が適切かは見極めてから動く必要があるが、折を見て、自身がどんなキャリアを歩んできたのか、どんな特性や価値観を持つのかなど、可能な範囲でバックグラウンドも含め開示する。この組織のどんなところに惹かれたのか、入社や組織への想いを語るとよい。

この際にNGなのは、自身の過去の実績をひけらかしているように聞こえてしまうパターンだ。これまでのキャリアを共有すること自体は大事だが、学歴や、前職の実績、成果などは、伝える側としてはフラットなつもりでも、「鼻につく」と思われてしまう場合がある。大学や会社など「看板」に関わる表現には気をつけよう。謙虚さが重要だ。

加えて、発信の際は、カルチャーやバリューを踏まえることを意識してもらいたい。たとえば積極的なチャレンジ、スピード感ある取り組み、意思の発信が求められるカルチャーの組織で、「入社したばかりで、右も左もわかりません。まだ何もできない未熟者ですが、みなさんにご指導いただき、まずは3ヶ月しっかり慣れていきたいと思います」などと発信してしまうと、本人は謙虚に話したつもりでも、周りからは「うちに合っていないんじゃないのか？」と思われてしまう。「選択」の際考慮した、その会社のバリューや価値基準をもう一度振り返っておくことが大切だ。

また、細かい点だが、コミュニケーションの手段やお作法は知っておけるとよい。対面重視なのか、リモート中心なのか。コミュニケーションツールは何がメインか、業務のどのタイミングで対話しやすい機会があるのか。

さらには、同じツールを使っていても、前職ではプライベートも含めて、なんでもカジュアルに書きこんでいたが、新しい組織では業務に閉じた内容がメインで浮いてしまった、なんていうケースもある。どういったタイプのコミュニケーションが交わされるかまで把握しておこう。

◉相談先候補を見つける

特に中途入社の場合は、新卒と違って同期がいるとはかぎらず、孤立しやすい構造がある（入社日が同じ中途メンバーも、配属先が同じとはかぎらない）。だからこそ、3日の段階で、相談しやすい関係の人を1人2人でもつくっておけると、心理的障壁もだいぶ軽くなる。新しい環境に入る場合、本人が思った以上に精神的負荷がかかっているものだから、なおさら重要だ。

もちろん、配属先の上長がしっかりと対話できる方であればよいのだが、あなたの入社タイミングに合わせて仕事をしているわけではないので、なかなか捕まらないケースもある。上長とは特に慎重に関係づくりを意識しながらも、相談相手を見つけ複線化しておくことが大切だ。中途同期同士の関係や、リファラルであれば既知のメンバー、選考プロセスでお世話になった人事の方など、ここも「自分から」、関係づくりをしにいく必要がある。

30日：「小さな成果」を出す

入社後3日でいい印象を作れたら、次の区切りは「30日」だ。

企業の場合、翌月になれば、また別の方が入社してくることも多い。最初の1ヶ月だけは、「今月入社」の立場を活かそう。話や質問もしやすいし、気にもかけてもらいやすい。

◉カルチャー理解

30日以内にまずすることは、カルチャーやバリューをあらためて深く理解すること。いや、「理解させてもらうこと」と言ったほうがよいだろう。後述するが、入社数ヶ月後のギャップは、初期にカルチャーをズレた形で理解してしまったゆえに生じることが多い。

入社後1ヶ月は、年齢や立場にかかわらず、質問や直接的な業務内容以外の対話が許されやすいタイミングだ。入社早々にいきなり話を聞かせてもらうことに躊躇する気持ちもあるかもしれないが、入社後3ヶ月経てば「今さらそれを聞くの?」と思われる気がして、さらに躊躇は大きくなるものだ。

業務の話はもちろん、組織の話でも、不明点があれば、なんでもこの30日で徹底的に質問しよう。特に組織カルチャーや制度がなぜ、どのような経緯でつくられたかなど、入社してからでないとわからない内容については、積極的に確認しにいきたい。

会社の成り立ち、組織の価値基準、ミッション、ビジョン、バリューの意味合いやニュアンス、そういった明文化されていないことをぜひ踏み込んで多面的に知りにいこう。

◉「ナナメンター」をつくる

カルチャーを知るうえで、大事なのが「ナナメンター」だ。

中途で新たな組織に入ると、特に悩みや人間関係、カルチャーへの突っ込んだ質問など、同僚や上長に聞きづらい内容も出てくる。そんなときのため、「30日」の間で、上長、自部署のメンバー以外で、業務外の話もできる相談相手をつくるといい。斜めのメンターなので、「ナナメンター」とも呼ばれる。

「自分の部署でも相談できる人がいないのに、『ナナメンター』なんてどうつくればいいんでしょう……」と言われることがある。

「ナナメンター」は、たとえば、自分の採用面接時に話してくれた方、人事の方、趣味や出身地域の近い方、似たキャリアを歩んできた方、社内の飲み会や懇親会で話した方、会社内に部活があればそこで知り合った方などから見つかることが多い。

ポイントは、最初から「ナナメンターをつくろう」と明確に意識することだ。意識するとアンテナが立ち、適切な方が見つかりやすくなる。その際、あまり年齢やポジションの近さにこだわりすぎないこと。どうしても同世代や、同じ立場の方になりがちだが、少し年配だったり、あるいは、年下でも社内経験が長い方であれば、十分相談に乗ってくれる。無理やり1人に絞る必要もないので、気軽に何人かに声をかけてみよう。

それでも見つからない場合には、転職時に相談に乗ってくれた方やエージェント、友人・過去の職場の人など社外の人でもいい。「自分の置かれた環境を客観的に見て、話を聴いてくれる人が身近にいる」と思えるだけで、心理的・精神的な負担は相当に解決されるので、ぜひ試してみてほしい。

◉小さな成果を出す

業務面で「30日」で絶対にやっておくべき、特に大切なことを1つだけ挙げよう。

どれだけ小さくてもいいので、「何か具体的な成果を出すこと」だ。「小さな成功体験を積む」と言ってもいい。

印象のよさだけでは、長くはもたない。受け入れる組織側も、立ち上がりの支援はしつつも、どんな成果を出せる人なのか、頭のてっぺんから足のつま先まで見ているものだ。

どんなに小さい成果でもよいから、その分こだわってもらいたい。1件の受注でも、1つの企画書をつくり上げるでも、1つのプロジェクトを部分的に遂行するのでもよい。この小さな成功体験が、周囲の方からの「この方は何かしら成果を出す人だ」という認知を呼び込むのだ。

どうしても難しければ、最初は、人があまり率先してやらない仕事を拾うところからのスタートでもよい。クレームやトラブル対応、細かい修正、雑務などでも、愚直に価値を出すところから一目置かれることもある。

「3日」で悪い人じゃなさそうだという第一印象を与え、「30日」で「小さな成功体験」によって信頼を獲得できれば、その後、一気に情報が集まりやすくなったり、人（他部署や上のポジションの方）との関係を築きやすくなる。

「30日」で形成されたイメージは周囲にどんどん連鎖する。多くの方が思っている以上に、最初の1ヶ月は、デリケートな期間なのだ。

3ヶ月：「組織的に価値ある成果」をつくる

「3日」で印象をつくり、「30日」でカルチャーを理解し、小さな成果を出したら、「3ヶ月」では少し大きく「組織的に価値ある成果」にまで踏み込むことだ。そのためには、いくつかステップがある。

◉期待値をすり合わせる

入社して30日が過ぎたら、組織や業務の全体像がおおよそ理解できてくるだろう。このタイミングであらためて上長と面談を設定し、自分の果たすべき役割を確認し直すことは有効だ。

あなたに期待される役割は、採用時や入社時にすり合わせできているだろう。ただ、採用時に関わった人事や役員の期待と、現場の期待がそもそも若干ズレているケースもある。あるいは、内定時から入社までの数ヶ月で、状況が変わっているケースも実際には多い。

かといって、入社直後だとお互いの相互理解ができていない。だからこそ、30日を目安に、業務内容を理解し、お互いに強みや特性もある程度わかったうえで、あらためて、当面の期待値は何かをすり合わせておけると、中期で価値を出すうえでとても望ましい。

いきなり1年以上の長期に焦点を合わせるのではなく、次の3ヶ月くらいで期待される役割をまず設定しよう。そして、3ヶ月の着地が見えてきた段階で、半年や1年の役割を段階的にセットしていく。

細かいが重要なこととして（これも組織のカルチャーによる部分もあるが）、「言った、言わない」にならないためにも、面談で話した内容について、認識の齟齬がないよう文章化し、共有しておくといい。次回の振り返りをする際のベースにもなる。

◉まずは、自分の役割に集中する

転職すると、異なる環境である分、さまざまな改善点に気がつくことがある。ただ、はっきり伝えておくが、3ヶ月程度までは、まずは自分の果たすべき役割に集中すべきだ。

「あれもやったほうがいい」「ここはこうしたほうがいい」などと言いたくなる気持ちもわかる。しかし、実際に、転職者が、業務の成果を出していない段階で「こういうツールを入れたほうがいい」「ここは外注したほうがいいよね」などと言っても、周囲は耳を貸してくれない。むしろ指摘が先行すると、新しい組織を責めているように聞こえかねない。

あなたには、組織から果たしてほしい役割、発揮してほしい価値があるから採用された。それを満たすことが最優先であることを決して忘れてはならない。

◉一回り大きな成果を出す

最後に、「3ヶ月」では、やはり何らかの「組織的に価値ある成果」を出したと言える状態までもっていきたい。その際、自分の独自の方向に突っ走るのではなく、「30日」で設定した、期待されている役割からズレずに成果を出すこと。

「30日」では、とにかく、どれだけ小さくても1つ成果を出すことにこだわった。「3ヶ月」あれば、もう少し踏み込んで、組織的にも価値のあるものだと認められ、周囲からも何かしら一目置かれるような成果を出すことを目指したい。

基本的に「3ヶ月」までは、課題克服などには一切目を向けないでよい。自身の強みのうち、新しい組織に適応できる部分をうまく活用して、成果に集中しよう。

このとき大事なのは、独りよがりにならないことだ。

どうしても「3ヶ月」で成果を出そうと焦ると、個人プレイに走ってしまいがちだ。しかし、他者を巻き込み、場合によっては知見を借りながらのほうが断然うまくいく。当たり前だが、業務についても、組織カルチャーについても、周囲の方のほうが、経験が長く理解も深い。関係をつくり、カルチャーを理解できていれば、巻き込みやすい状況も作れているはずだ。

「30日」までは順調でも、その後、個人プレイで1人で抱えこんで空回りしてしまい、結局あとで、上長や周囲が火消しに走り「もっと早めに相談してくれたら」「それならすでに他部署が同じことをやってるよ」といったミスコミュニケーションが生まれるケースもよく見られる。「30日」までに培った関係性をベースに、周囲と連携しながら成果を出す。ここに集中しよう。とにかく最初の3ヶ月が重要だ。ここで、周囲に認められ、頼られる存在になってほしい。そこが、本当の意味での新天地のスタートラインなのだ。

価値発揮期（〜12ヶ月）

3ヶ月の「定着期」を超えたら、次は、「価値発揮期」に移っていく。ここからは独自の価値を発揮し、積み重ねていってほしい。異なる環境で経験を積んできたあなただからこそ、発揮できる価値を示していく必要がある。「期待されている役割を超えに行く時期」ともいえる。

そのためにも、常に「自分が期待されている役割を定量・定性面で把握しておく」こと。組織的にも認められる成果が出て、周囲ともなじんできたら、ここまで発揮できた価値、入社してわかったギャップなどについて、上長と対話し整理しておこう。そのうえで、今後当面フォーカスする目標に対して、認識にずれがないかをこまめにすり合わせるとよいだろう。

当初の期待値に加えて、十分な成果を出している手応えがあれば、そろそろ、自身のWillや掴みたい機会についても話していけるといい。

もし、この時点で自分の期待される役割が曖昧なら、まず入社後6ヶ月・12ヶ月時点での具体的な到達点について合意してほしい。入社後6ヶ月程度で辞める方は、定着期における「順応」ができていないケースが多いが、入社1年以内で辞める方は、求められる「価値発揮」が満たせていないことが多い。

定着期を超えたあとのNGパターンは、「自身の殻に閉じこもる」だ。新しい職場でも認められ、居場所をつくりたいがあまり、「自分の手柄」にこだわってしまう。うまくいかないと「組織リソースが足りない」「興味関心がそもそも合っていないのかも」などの理由に逃げ込みがちだが、それらは後付けにすぎない。「自分」にこだわらず、周囲を巻き込み、連携して価値を発揮していきたい。

自分が来る前と後で何が変わったか?

入社してしばらくが経った。

「自分が来る前と来た後で、どれだけの差分を創れただろうか?」と、そろそろ自らに問いかけてみてほしい。

「差分だなんて、自分には難しい」と思うだろうか?

そんなことはない。あなたが培ってきた強みへの期待があるからこそ、組織は「ぜひ入社してほしい」と採用したのだ。だから、そこは自信を持っていい。事例を挙げてみよう。

企画職として、転職をした方がいた。

「予算策定とプロモーション戦略の立案と実行」を主なロールとしてジョイン。「定着期」で、3日、30日、3ヶ月と着実な成果を出し、カルチャーも自分から動き理解し、順応した。その後に向けては、現場の上長とも対話し「プロモーション戦略立案という上流工程だけでなく、現場課題の整理という下流との接続にまで踏み込んでほしい」と期待値をすり合わせ、合意した。本人としても、まさにやりたかった領域だ。3ヶ月での成果が認められたからこそ、得られた機会だった。

その後、とっかかりとして自らの強みを活かした資料作成やデータの分析方法、モニタリングの仕組みを構築。現場目線からも改善をすべく、成果を出している組織・メンバーとそうではない組織・メンバーの違いを体系化した。さらに、3ヶ月で培ってきた関係値を活かし、他社研究および自社の成功事例共有の勉強会を積極的に開催し、自分だけではなく周囲のメンバーの生産性を向上させていった。

実は、前職でやっていたナレッジ共有が転職先でされていないことには当初から問題意識を持っていた。だが、成果を出していないなかで発言すると組織を否定をしているようにも取られかねないと考え、この段階まで待って着手した。この取り組み自体も好評だが、勉強会によるナレッジシェアそのものが文化となっていき、異なる環境からきたからこそ出せる差分をしっかりと創出した。

発展期(12ヶ月〜)

本書では転職直後の1年に焦点を当ててきたが、実際にキャリア支援をする際は、私は12ヶ月以降を「発展期」と呼び、「価値発揮期」までと区別している。簡単に触れておこう。

新天地での居場所をつくったあなたには、さらに視座を上げて、「組織革新」の視点を持ってほしい。既存の強みと、新たに組織に来て身につけた能力を掛け合わせ、上長の上長、つまり2つ上のより経営に近い視点で、「組織をよくするためにやるべきこと」を考えていってほしい。

また、ここまでは組織から期待される成果を出すことに集中してきたが、そろそろ、あなた個人の「ジャーニーの方向性」と「高めたい市場価値」についても意識していきたい。

◉3つのポイント

一般的には、1年ほど経つとキャッチアップの期間も終わる。そして人間は組織に適応して慣れるほど、成長が逓減しやすい。慣れてきた段階で、今一度、自身の状況を棚卸しをして、意識して経験を掴みにいくべきだ。3つのポイントを、順に説明していこう。

1. 深さ：権限・責任は増えているか
2. 幅：転職先で、新たに培った経験・スキルを過去の経験と掛け算できているか
3. Willのアップデート：自分の「ありたい姿」を定期的に言語化し、見直し、更新できているか

まず「深さ」について。

転職では、過去の経験を買われて移ることが大半であり、前職と類似の業務から始まることも多い。その場合、過去とよく似た経験を積んでいるだけで、成長していないということはないだろうか。同じ職種でも、自身の能力の深さは増しているだろうか。

仕事の基盤は、権限と責任によって膨らんでいく。

もし上の役職を目指すなら、同じ業務であってもできることを増やしていってほしい。「同じ業務だから成長できない」ではなく、権限と責任の範囲を拡大させていくことが重要だ。

いつか、社外に自らの市場価値を示す必要がある際には、「これは自分がやった、これは自分が創り上げた」と言える、代名詞となる成果があると心強い。ただ、注意すべきは、責任・権限があってこそ、そのプロセスを納得度高く語れるということだ。

数多くの職務経歴書を見てきたが、「有名サービスの○○を立ち上げた」と意気揚々と書く

人が、同一サービスごとに何十人もいることがある。ただ、どういう立場で、どういう責任と権限を持って関わったのかを聞くと、説得力には雲泥の差が出る。「責任と権限」の観点から、自身のTやHの深さが得られているかに立ち戻ろう。

次に、「幅」が広がっているかだ。

市場価値の基本はスキルの掛け算だ。新しい仕事やスキルによって、人とは違う価値を生み出せている幅を得られているかを、あらためて見つめなおしてほしい。

H型、HH型（ブリッジ型）になるために必要なスキルは何か、そのスキルはどのような機会によって獲得できるのか、もう一度整理しておこう。

最後に、Willのアップデートだ。環境が変わり、視野が変わったり視座が高まると、「ありたい姿」が変わってくることは多々ある。「Willのスパイラルアップ」だ。

新たな環境で経験を積むたびに定期的に内省をして、自分が目指したいことや実現したいことは何かを、第2章のプロセスで定期的に見直す癖をつけてほしい。

新しい場所で必須の「アンラーニング」

ここまでステージ別に立ち上がりで重要なポイントについて論じた。ただ、期間によらず、特に共通して大切なポイントがある。

カルチャー・バリューを「背景と文脈」から理解する

一度触れたが、カルチャーについてはもう少し深掘りしておきたい。転職後の「カルチャーのミスマッチ」は本当によく聞く。離職の主要因と言ってもいい。

カルチャーとは、組織の内部で自然に培われ、組織や従業員間で当たり前の共通認識となった規則や価値観、つまり「空気感」のようなものだ。目に見えない分、どうしても入社前には100%は掴みづらく、入ってみたら意外とフィットしなかったということがよく起こる。

前職での価値観をそのまま持ち込むと、以前は評価されたはずの行動でも、「考え方が何か違う」と、逆に周囲からは「ズレ」として捉えられてしまう。

バリューを明文化している企業は、入社検討時によく見ておこう。そこに「社員にどんな行動を求めるか、何を大事にしているのか」が表れている。また、バリューを掲げるだけで浸透させられていない企業は、さらに問題が根深い。「バリューがお飾りになっていないか」を確かめるいちばんわかりやすいポイントは、複数の社員に聞いてみて、同じ趣旨のメッセージを答えられるかどうかだ。

カルチャーを理解する際には、明文化された文章だけでなく、そのカルチャーが創り上げられた背景や文脈から理解することが重要だと言われる。創業者の想いや、立ち上げの経緯などだ。もし本人が在籍し、直接聞ける規模なのであれば、直接聞いてみるのがもっともよい。背景に込められた意味や歴史を知ることで、そのニュアンスを立体的に掴むことができる。

直接創業者に聞くことができない場合は、その分記事や資料がまとまっていたり、語り部となる初期のメンバーがいたりするため、何かしら、文脈を理解するための方法はあるはずだ。

同じ言葉でも違う意味

より具体的に言えば、カルチャーや、バリューの「言葉の意味合い」をきちんと理解することが重要だ。同じ言葉を使っていても、組織によってその意味合いは異なる。

たとえば、「スピード」という言葉も、大きい組織では「定められた期限内に遂行する」を意味することもあれば、スタートアップでは、「『当日中』に、どれだけ粗くても何かしらのアクションを返す」を意味することもある。

カルチャーの細かな意味合いは軽んじられがちだし、「わかった気になりやすい」のが盲点だ。明文化された文章だけでなく、何がこの会社では評価されるのか（されないのか）などの要素もふまえ複合的に理解し、解像度を高めてほしい。

なぜ、わざわざアンラーニングすべきなのか

さて、ここは特に大事な箇所だ。アンラーニングとは、いわば「過去の経験を一回捨てる、もしくは脇に置いておく」ことを指す。「過去の学びを手放すこと」とも言えるだろう。

私がアンラーニングの重要性を話すと、「なぜせっかく積み上げてきたものを捨てなければいけないんだ？」と怪訝（けげん）な顔をする方も多い。ごもっともだ。丁寧に説明していきたい。

特に転職した場合にアンラーニングすべきことは、「過去の成功パターン」「所属していた会社の意思決定構造」の2つだ。アンラーニングができていないことが原因の失敗は非常に多い。例を挙げてみよう。

① 業界の行動基準が違うがゆえに、うまくワークしないケース

外資系企業から、大手商社に転職した方だ。どちらの会社も「合意形成」を経て進めることが重要だった。だが、前職の外資系企業では、自身の直属の上長が評価者であり、かつ意思決定者でもあったので、目標も、実務も、直属の上長との合意形成をしておけばよかった。一方で、大手商社に移ってきてからは、想像してはいたものの、合意を取るべきステークホルダーが予想以上に多く、苦戦した。

というのも、直接の上長への合意形成はもちろんのこと、上長経由でのその上の役員への合意形成、加えて、関連組織の管理職や関係者が集まる場での「事前合意」も必要だった。直の上長とだけの合意形成で突っ走ったところ、いつまでたっても企画が進まないばかりか、組織内で大きな不和まで生んでしまった。

計画策定やプロジェクトマネジメント、合意形成が得意なつもりでも、業界や企業規模やステージが違えば、判断基準の不一致は「必ず」生じる。そのくらいの認識でいることが重要だ。

② 過去の自分の成功スタイルにとらわれ、失敗するケース

いちばん多い失敗パターンはこれだ。私は先ほど、「3ヶ月を区切りに組織にとって価値あ

る成果を出そう」と話した。

一方で、短期の成果を急ぐあまり、前職、過去の成功スタイルで無理に突破しようとしてしまうと、その「焦り」が落とし穴になる。よくある例を挙げよう。

営業職の方だ。前職では、どの業界でも使われる低単価の商材を、行動量の多さで売り捌(さば)いていくスタイルで成功してきた。足で稼ぐ自分のやり方に自信もあったし、実際に成果も出ていた。

しかし、営業スキル向上を目指して移った転職先は、扱っている商材が、顧客マーケットの小さい高額商材だった。だからこそ、クライアントとの1つひとつの接点を大事に提案を重ね、信頼関係を築きながらソリューション営業を進めるのが成功パターンだったのだが、この方は、過去の自分の成功体験を捨てきれず、ついつい行動量に走ってしまう。質より量で「勝ててきてしまった」ゆえの失敗だった。結果として、失注だけでなく、営業としての雑な対応にクレームが多発。退職を余儀なくされてしまった。

過去のスタイルのうち、何が通用し、何は通用しないのか。通用しない部分についてはいったん脇に置く「アンラーン」が必要だったが、それを怠ったのだった。

コーポレートや管理部門でも同様だ。

前職では、法務としてあらゆる可能性を想定し、ガチガチにリスクを管理することが求められる環境で育ってきた方。しかし転職した別組織では、事業のフェーズがかなり初期だったため、リスクを網羅するよりも、現場や事業側が実現したいことを汲んで、コーポレートの視点から「どうすれば実現・対応できるか」を提案する、柔軟性が求められていた。

だが、この方はよかれと思って、前職のようなガチガチのリスク管理を前提とした提案を繰り返した。結果として、事業側のブレーキになってしまい、「正論ではあるがバランスが悪すぎる」と、現場から強く敬遠されるようになってしまった。

この方も、「網羅的にリスクを捉えられる」という武器をいったんアンラーンし、どこはしっかり、どこは柔軟に対応するかというリスクの濃淡の見極めとスピード感が必要だったのだが、その理解が足りなかった。

③マネジメントスタイルが異なるケース

最後に、マネジメントスタイルの違いによる失敗パターンも挙げておこう。

マネジメントの役割は、企業によって異なる。

たとえば、前職では「マネジメント」の文字どおり、手を動かさずに管理することを求められていた方。自身が現場に入ることは逆に非効率で、役職に応じて職務を明確に分ける力ルチャーの職場だった。

だが、リソースも少ない転職先では、まずプレイングマネジャーとして、自身がトップパフォーマーであることを求められた。成果を出していない以上、上長でいるべきではないというカルチャーだった。

だが、この方はマネジャーで入社して早々、自らの考える「マネジメント」で成果を出そうと、手を動かさず、既存メンバーの行動について口出しばかりしていた。メンバーからすると、リソースがただでさえ少ないのだから、口ではなく、まず手を動かして、引き取れる業務は引き取ってほしい。指示を出すにしても、まず自身が成果を出せることを示してからにしてほしいとの思いがあり、関係は急速に悪化してしまった。同じ「マネジャー」という役職であっても、求められるものの認識の乖離は大きい。

他にも、上意下達で、具体的な指示を出し、厳格な行動管理によって評価されてきた方が、メンバーとの対話の中で自発性やWillを引き出し、納得度高く働いてもらうマネジメントを求められる組織に入り、まったくワークしないケースも散見される。

余談だが、上位ポジションで参画する方ほど、その組織の課題を正論で話し、失敗するパターンは多い。前職では、課題を指摘すれば、下のメンバーが取り組んでくれるケースが多かったのだろう。ただ、新しい組織でこれをやるとほぼ機能しない。経営に近いポジションであってもこの手の失敗は数え切れない。それほど、アンラーニングは難しいのだ。

どの組織だって、無限に課題はあるだろう。中間層が薄い。事業の解約が多い。キーになる人材が採れていない。どれも正しいのかもしれない。しかし、新しく入った人に求められているのはそれをあげつらうことではない。

わかっていながら解決できないから苦労しているのであって、「解決できない背景には何があるのか」、「背景構造まで理解したうえでどう解決するのか」まで踏み込まないことには、まったく意味がないのだ。

アンラーニングの方法論

過去の成功のすべてを否定する必要はない。重要なのは、一度立ち止まり、成功スタイルのうち、「ここで通用するもの」「ここでは通用しないもの」の仕分けをすることだ。

まず、細かいノウハウ以上に何より重要なのは、転職先の方針や思考、やり方、今起こっていることに耳を傾ける姿勢、いわば新しい組織にいる方に対する「敬意」だ。それなしには、何も始まらない。では、そのうえで、具体的にどうアンラーンしていくのか。

他者の重要性

アンラーニングは非常に難しい。自分にとって当たり前の「常識」となっていることに自分で気づくこと自体、構造的に難しさがある。だからこそ重要となるのが他者の存在だ。アンラーニングは、ぜひ上長や同僚、ナナメンターなども含めて実施することをおすすめする。

- 前職やこれまでのキャリアで培ってきたスキルやスタンスはどんなものだっただろうか
- 前職やこれまでのキャリアで、評価される（あるいはされない）思考のタイプや価値観はどんなものだっただろうか。そのうち自身が特に影響を受けてきたものは何だっただろうか
- 逆に、新しい組織で、求められるスキルやスタンスは何だろうか
- 捨てるべきもの、維持するもの、高めていくべきものは何だろうか

こんな内容について対話する時間を、繰り返し設けられるとよいだろう。

これらの問いから出発して、さらに「なぜそう思うのか」「こういう思考・行動は思いつかなかったのか」などとさらに深掘りして聞かれると、自身の癖や思い込みが見えてきやすい。先の例でいえば「営業はまず行動ありき」「法務とはリスクを回避するための存在」というように、無意識的なバイアスに縛られていることに気づけるのだ。

実際にやってみるとわかるが、自分の価値観や行動基準、判断のよりどころは、1人で考え

込むよりも、他者との対話や問いの中で明らかになりやすい。自分の言葉に「こんなことを自分は考えていたのか」とハッとすることも多い。

キャリアは常に動的である

重ねてだが、転職はゴールではなく、スタートだ。転職先での自分の行動が、次のキャリアをひらくことにつながる。

キャリアは静的でなく、常に動的だ。

定期的に第2章に立ち返りキャリアジャーニーに向き合い、第3章の市場価値に向き合い、第4・5章のキャリアの選択を繰り返していく。

旅の方向性を定め、武器を身に着け、仲間とともに歩む。道中の旅を楽しみながら。

次に行きたい目的地ができたら、旅の方向性が変わることもあるかもしれない。組織内で新しい機会を掴み成長していくのもよい。いつか、外の機会に向かうことになったとき、多様な選択肢が開かれているだろう。

旅は、新しい経験によって絶えず描き直されながら、あなた次第で、どこまでも続いていく。

第7章

他者のキャリアづくりを支援する

introduction

なぜ、「キャリアづくり」の本に、「他者のキャリアづくりの支援」が登場するのか。それは、キャリアは、1人でつくりあげることはできないからだ。他者との関わりのなかで、キャリアという旅の行く先はまったく変わりうる。それほどまでに、支援する側の影響力は大きい。ここを語らずして、『キャリアづくりの教科書』を名乗ることはできない。

きたるキャリア3・0時代における理想のマネジメントは旧来型のそれとは大きく異なる。本章は主にマネジャーに向けた内容だ。ただ、「どんな支援がこれからのスタンダードとなるのか」「どんなコミュニケーションが交わされているチームが理想なのか」を知っておくことは必ずあなたの武器となるだろう。

なぜ「他者のキャリアづくり」が必要なのか？

エッグフォワードのミッション「人が本来持つ可能性を実現し合う」のうち、「し合う」とは、お互いの可能性を広げ合い、波及し続ける意味合いを含んでいる。あなたもまた、他者のキャリアをよりよい方向に導く「起点」となりうるのだ。

これは私の個人的な想いであり、同時に、時代の要請でもある。これからの時代は、「他者のキャリアづくりを支援できること」が、個人にとっても会社にとっても、ますます競争優位につながっていく。

企業目線で捉えると、このキャリア3・0時代において、関わるメンバーのキャリアづくりを支援できることは、採用力に明確に直結する。「どの組織に関わるか」を自由に選べる人材は、「個人の自己実現を組織のゴールと両立できない」と判断すれば、組織を去ってしまう。キャリアや将来性に対する社員の不満・課題感を解消できない場合も同様だ。

逆に、適切なキャリア支援や成長機会が提供でき、個人の市場価値を高められる企業にはますます優秀な人が集まってくる。キャリア3・0時代、この二極化構造は、今後より一層強くなるだろう。

キャリア支援の苦手なマネジャーはもはや評価されない

これからの時代に求められるのは、優秀な人材が、（他にも選択肢がある中で）「それでもここで働き続けたい」と思える組織づくりだ。それこそが、持続的な組織成長を可能にする。

たとえば、あなたが、会社のゴールと個人の自己実現の両立を支援できない上長で、それが原因でメンバーの退職が増えるとすれば、経営側の観点からすれば、「マネジメント力不足」とみられることは明白だ。

実際に過去には、メンバーのキャリア支援やマネジメントが下手でも、個人で成果を出していれば中間層は評価されていた。しかし、昨今は、マネジメント層に、「メンバーのキャリアづくりの支援」を役割として明確に定め、評価のウェイトを高める組織が増えている。そうしないと、これだけの採用難の時代、人材確保ができず、持続的な事業成長も実現しえないからだ。

図7-1｜グッドサイクルとバッドサイクル

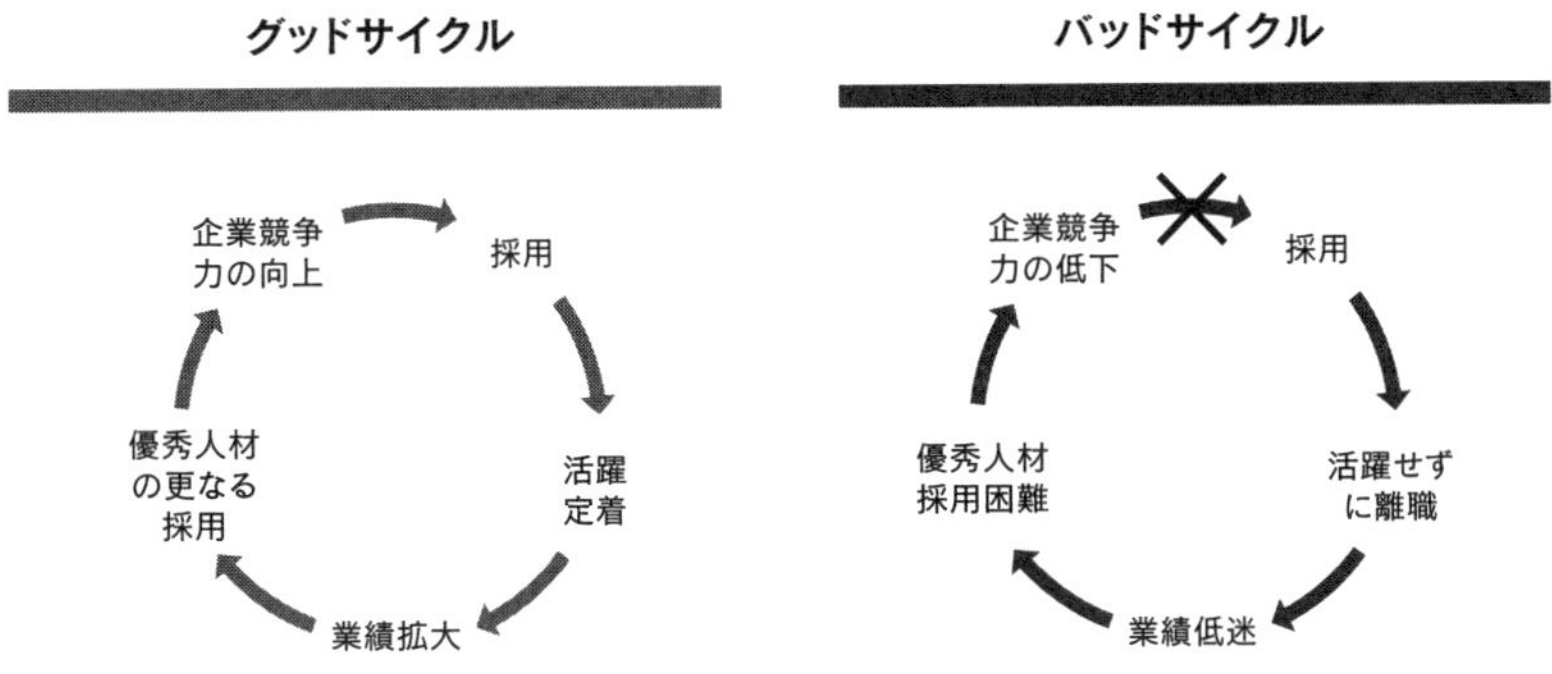

出所：エッグフォワード作成

大手かスタートアップかを問わず、事業を成長させ、かつ組織状況もよい企業は、「メンバーのキャリアづくりの支援」を重視している。その能力がないかぎり、どれだけ個人パフォーマンスがよくても管理職に昇格させない方針を貫いているところも多い。

図7－1は、キャリアづくりの支援ができているグッドサイクルとできていないバッドサイクルの構造だ。

実際、資本市場（つまりは株主）の要請により人材に関する情報開示が義務化され、「人的資本」がより重視されてきているのも、こうした背景による。

人材を「コスト」ではなく「資産」と捉え、企業の競争力強化につなげる流れは、もともと欧米で先行していた。だが、もはや日本においても、人の流動性が高まり、人材獲得力＝競争力の時代となった。「他者のキャリアづくり支援」は、企業にとっても、個人にとっても、もはや欠かすことはできないのだ（だが、その重要度は十分に認識されていないように思える）。

支援する側とされる側のズレ

他者のキャリアづくりを支援するには、何が必要となるのか。具体的な方法論の前に、まず前提から入りたい。

ここも、「私たちがどんな時代を生きているか」の理解が重要になってくる。もし、1世代前のように、つまり価値観のバラツキが今より少なく、理想のライフスタイルがある程度揃っていれば、さらに言えば、環境変化も少なく、同じ組織で長い時間一緒に働いていれば、上長と若手の価値観の乖離(かいり)もさほど大きくなかっただろう。

今はそうではない。まったく異なる時代でキャリアを歩み（第2章で触れた社会目的志向の高まりにも言えるが、生まれが10年違うだけで価値観の傾向には大きなギャップがあると感じる）、多様な生き方や考え方を持つ方たちが1つの職場で、ともに働いている。よかれと思ってキャリアづくりを支援する上長と、支援をされた（と思えない）メンバー側のギャップが加速する背景にはこの時代の変化、多様化がある。

すれ違いで多いのは、まず、上長側が自分の価値観や過去の経験をベースにアドバイスをしていること。こう言うと「自分の若いときはこうだった」と押し付けたり、逆に「今どきの若者はなっていない」と否定的に接するようなシーンを想像されるだろう。ただ、昨今、実はそこまで露骨な人は少ない。なかば無意識に誰もがやってしまうところに落とし穴がある。

言うまでもなく、キャリアに何を求めるか、もっといえば、人生に何を求めるかは、誰しも同じということはない。ここを認識している「つもり」でも、自身の「当たり前」を相手も「当たり前」と思っているという勘違いに陥りやすいのだ。なぜ、時代の変遷も、求められる人材像の変化もわかっている「つもり」なのに、無意識に過去の経験をベースにしたアドバイスを押し付けてしまうのか。そう、「自己正当化バイアス」だ。

「自分のこれまで歩んできた人生は、(いろいろあったが)素晴らしいものだった」という思い込みから逃れるのは相当に難しい。転職した人にアドバイスを求めると転職を勧められ、会社に残った人に相談すると転職のリスクを注意される、という傾向だけでも、いかにフラットなアドバイスが難しいかがわかるだろう。

メンバーの声①「管理職になりたくないけど成長はしたい」

「働くことの目的や意識」のズレについて、わかりやすい例を挙げてみよう。

自身が組織内で競争を勝ち抜き、一定の出世を果たしてきた上長の方。

優秀なこの方は、キャリア支援の際に、自身の経験や価値観を押し付けないようにと、頭では理解している。今の時代は、「出世がすべてではない」こともわかっている。とはいえ「どちらも選べるなら、出世しないよりは、出世したほうがいい」、そのほうが「機会も裁量も、その後の可能性にも広がりが出て、いいことが多い」と自身の経験上は思っている。

この方は、個々のメンバーのキャリア支援にも前向きだ。最近のマネジメントの潮流も学んでいるため、半期のメンバーとのキャリア面談の際などには、「まず聴くことが大事だ」と、個人のやりがいについても理解しようと努めている。

そうして、メンバーの話を一通り聴いた後のことだ。

「じゃあ、ここからどう成長していこうか、どのように次のステップを描こうか」と問いかける。さらに話題は「下半期の実務目標」「メンバーに期待する役割」「今後の役職」の話に移っていった。

キャリア面談の前半はメンバーの話を聴いていたものの、半分を過ぎてからは、上長が話す時間が長くなり、前半の話とあまり関連しない目標設定と昇格の話が多くなった。早く昇格することが、メンバー本人のためにもなるという意識が抜けきっていなかったのだ。

このように、「マネジャーに昇格していくためには、この目標を達成してほしい」あるいは「〇〇が必要だ」という形で、管理職昇格をフックにキャリア支援をした「つもり」になる例は多い。このパターンがはまることもあるが、メンバー側に聞いてみると驚くほどギャップが大きいことがある。どういうことだろうか。

もともと、想いも強く優秀で、成長意向もある若手メンバーの方。会社のビジョンにも共感している。ただ、「成長すること」は「管理職になること」とイコールとは考えていない。むしろ、「やりたいこと」より「やらねばならないこと」に追われ、忙しく疲弊している上長や管理職を見て、「管理職になると自分の実現したいことが遠のくのでは」とすら思っている。管理職という存在そのものについての解像度も低いため、ただただ大変そうに見えている。

では、どの方向性に向かって成長していきたいか。正直、自分の中でもまだ定まっていない。成長したい気持ちだけはあるが、今の実務で成長できている実感はなく、かといって今後どこにフォーカスしていけばよいかも言葉にしきれていない。

自身の入社した理由も、もはや忘れつつある。今後のキャリアの行く先が、この会社の中に存在するのか。このまま同じ仕事を繰り返すのでは、と懸念している。

こうした状況で迎えた上長との面談。「最近の仕事はどう?」から始まり表面的な会話を一通り終えたら「じゃあ今後はどう実務目標を置こうか」「早く管理職になるように期待しているので、〇〇を頑張ってほしい」と具体の話に入った。期待されるのは悪い気はしないが、まず、自分の現状認識も共有できていないし、どう成長していくかも曖昧なまま。それに、「管理職を期待」と言われても業務のイメージもわかない。そんな状態で昇格だの目標だのと話されても、こちらはそもそも目指そうとも思っていない。

半期に1回のキャリア面談は毎回こんな感じだ。なんとなく、憂鬱になっている。

このように、前提が合っている「つもり」でも、ズレがあるケースは多い。事情もわかる。上長が若手だった時代は、早く昇格することはある程度「共通目標」だった。若手のうちから転職を考えることもなく、一生懸命仕事に向かい、成果を出し、やってきた。そんな人生を送った方が、そもそも昇格そのものに意味を見出せていないメンバーと話さなくてはならないのだ。

1つ、興味深い統計がある。リクルートマネジメントソリューションズ社が発表した「新入社員意識調査」において、「管理職になりたい」と答えた比率は22・3％。なんともはや2割程度しかいないのだ（図7－2）。

昇進意欲の強かった上長は、管理職になりたがらない若手と直面すると、「管理職になりたくない」＝「成長意欲がない」と早急にラベリングしてしまう。

ただ、実際には、若手に成長意欲は十分にある（図7－3）。それが管理職意向と紐(ひも)づいてい

図7-2｜管理職への意向

選択肢（選択率順）	選択率
なりたい	22.3%
どちらかと言えばなりたい	33.3%
どちらとも言えない	24.0%
どちらかと言えばなりたくない	11.8%
なりたくない	1.0%
未回答	7.6%

出所：リクルートマネジメントソリューションズ「新入社員意識調査 2022」をもとにエッグフォワード作成

図7-3｜成長と管理職意向の関係性

男性	管理職意向あり	管理職意向なし
成長意欲あり（856）	**46.1**	**33.6**
成長意欲なし（106）	19.8	70.8

女性	管理職意向あり	管理職意向なし
成長意欲あり（571）	**20.0**	**64.4**
成長意欲なし（37）	5.4	89.2

※「どちらともいえない」と回答した人の割合は割愛

出所：パーソル総合研究所「働く1万人の就業・成長定点調査2018」

ないだけだ。

要は、「管理職になりたいか、なりたくないか」という表面上の話ではなく、「本人が何を望み、どんな方向性に向かっていきたいのか、どんな未来を実現したいのか、そのためにどんな力をつけたいのか」という本質的な部分での対話が必要なのだ。

メンバーの声②「成長につながる仕事しかやりたくない」

逆に、成長意欲が非常に高いケースもある。とにかくすべての仕事に意味と成長を求める方。短期で実感が得られるわかりやすい成長と成果を求め、あらゆる言動から「自分自身にとってのメリットを明確にしたい」という意図が伝わってくる。

後述するが、こういった方に、「長い時間軸でやっていこうよ」「だまされたと思って、まずは3年やってみよう」などと、その背景意図の説明なく押し付けてしまっても、これはこれで大きな乖離が出てしまう。

本質的には、男女や年齢によらず、キャリアづくりの前提としての「その人個人が何を得たいのか」を目的、コト、ヒト・環境といった要素で整理し、しっかり見つめていく必要がある。目指したい方向性は最初は仮置きでもよい。ともに進んでいくプロセスで、徐々に解像度は高まり、具体化されてくるものだ。その前提が揃ったうえではじめて、時間軸をふまえた「ありたい姿」や成長できるキャリアステップの設定、市場価値をどう高めていくかの目線合わせに移る。

今日、メンバーのキャリアづくり支援は、そのジャーニーが多様化するにしたがって複雑性を増している。個々人が何をキャリアに求めているのか、そしてどんな目的で会社にいるのか。そこから始めなくてはならない。

これらの前提を十分認識しないままにキャリア支援の方法論に飛びついても機能しない。ここは十分に強調しておきたい。

メンバーが成長するチームのマネジャーがしていること

いよいよ他者のキャリアづくりの支援に必要な要素を説明していこう。

これまでエッグフォワードが、多くの組織を支援している中で重要だと感じているのは、「組織の方向性」と「個人の成長」をいかに紐づけるかだ。組織の方向性をふまえて実務の要素に分解し、メンバー個人の「ありたい姿」や成長と紐づけて、機会を提供していく。

たとえば、こんなシーンに出会ったことはないだろうか。

メンバーから「会社、組織がどこに向かっているのか見えにくい」「この事業・仕事が何のためになっているのかが実感しにくい」など、「組織の方向性」に疑問が上がる。

一方では、「この組織だと自分の目指していることが実現しづらい」「今の環境だと自分が成長しているとはあまり思えない」など、今の環境では「個人の成長」がなく、キャリア上の意味を見出しづらくなっている。

そんなときは、こんな返答で濁されがちだ。組織への疑問に対しては「経営方針だし、組織としての目標だからね」「たしかに。経営は何を考えているんだろうね」。個人のキャリアに対しては「まずは目先の成果を出してから考えようよ」「いいからやってみよう。そのうちやりたいことも見えてくるから」。

当然、なんの解決にもならない。メンバー側の不安は加速し、本来ならよい機会が提供されうる組織で、個人も、組織も、お互いのゴールを両立できたはずなのに、認識の相違や誤解から、結局、離職してしまう。

メンバーとともに働いているマネジャーは、あらためて、自身に問い直してほしい。
会社が目指す姿と、事業の意味合いを、メンバーが納得できるレベルで説明できているか？
個々のメンバーのキャリアの志向を理解できているか？
そのうえで、組織の方向性とメンバーのキャリアを紐づけて、機会を提供できているか？
まだ、イメージがわかないかもしれない。不動産領域での事例を3つほど挙げてみよう。

ほぼ同様の業務をしているのに、まったく異なる3人の行動差分に注目してほしい。

マネジャーのAさんは、個人業績は高く、毎月自身の目標を達成しているハイパフォーマーだったが、チームの離職率が非常に高く、経営としては心配していた。

具体的に、どんなマネジメントをしているか確認してみたところ、メンバーにしっかりと成果を出してもらうために、自身の経験を活かし、チームに課せられた目標をKPIにブレイクダウンして、各メンバーに落とし込んでいる。

そして、その各自に課せられたKPIを毎週管理し、目標が達成できたかどうかを確認し、未達の場合には指導をして、毎日、朝と夜に行動進捗をマネジメントしている。

Aさんの方針は、「数字こそが成果。数字はすべて逐一報告」「とにかく行動量がすべて。1顧客あたりの稼働時間を短縮し、多くの顧客対応を」などであった。

数値をもとにマネジメントし、マネジャー自身もプレイングマネジャーとして成果を出している点はとてもいいのだが、数字とマネジャーが決めた行動だけを徹底的に追いかけているメンバー側は、「何のための仕事か」がわかりづらく、やりがいも感じにくく、心身ともに疲弊し、その結果、離職していくケースが散見された。実際、現場の話を聞くと、数字のチェックと課題の叱責が多く、成果を出しているメンバーを含め、全体のコンディションは非常に悪かった。

成果を出しているメンバーの離職が増えると、目標達成への難易度がより上がり、さらにマイクロマネジメントが加速。現場は余計に忙しくなるが、離職したメンバーを責めるばかりでマネジャーの行動が改まることはなく、とにかく行動量を増やし差分を少しでも埋めようとする。生産性を高めるために「決めたとおりに行動」、少しでも違うことをすると「非効率なことはやめろ」と押さえつけるマネジメントスタイルによって、メンバーは完全に萎縮してしまっていた。

ついには、離職があまりに増えて、目標を大きく下回るように。経営としても、Aさんの下にメンバーを置くとコンディションが悪化するので、今後の扱いに苦慮している。

一方、なぜか離職率が高いマネジャーBさん。

Bさんは人として好かれやすいマネジャーであり、メンバーの意向も尊重している。だが、このチームは目標達成率のブレが大きい。メンバーの離職が著しく多いわけではないが、成長意欲の高い優秀な人材の離職が多い点には、経営側も頭を悩ませている。

具体的なマネジメントスタイルを見てみると、Bさんは、メンバーとの対話はしており、本人がやりたいことを聞いたり、意向も尊重している。プライベートも含めた雑談もあり、メンバーとの仲もいい。Bさん自身も「いい人」だと言われている。

仮にキャリアについても相談があれば話を聞いて、意見を基本的には受け入れる。一方で、実務については、ほぼ、それぞれのメンバー任せ。あまり介入せず、成果が出たら「よかったね」。悪くても「次は頑張ってね」と声をかける程度だ。

メンバーは、「チームの関係性はいいし、個人も尊重されてはいるけれど、同じような仕事が多く、成長を実感しづらい」と言う。逆に成果を出しているメンバーは、「ここで身につけるべきことは身についたので、別の環境で新しい成長機会にチャレンジしたい」と、退職していた。それを見た若手も、大半が「実務がある程度できるようになったら別の環境でチャレンジしよう」と思っているようだ。経営としては優秀な若手をアサインするわけにもいかず、どうしたものかと困っているという。

続いてのマネジャーCさん。メンバーは成長実感もあり、離職率も低い。毎月目標を達成しながら、かつメンバーのエンゲージメントも高く、経営としては次の役員候補として考えている。どんなマネジメントをしているかを見ると、組織の方向性と個人の成長をうまく連動させていた。

組織の方向性を示すビジョン、ビジョンに紐づいた事業、事業を担うメンバーの実務、「ビジョンー事業ー個人」をうまく連動させ、キャリアづくりをしっかり支援していたのだ。

会社のビジョンは、「住まいの選択のあり方をアップデートし、幸せな家庭の数を最大化する」だ。このCさんも、最初のAさん同様に、期初にはチーム目標からブレイクダウンしたKPIを各自に落とし込む。ここまでは一緒なのだが、Cさんは、必ずそのビジョンや意味合いを伝えている。

「自社は幸せな家族と個人を増やすために存在する企業だ」

「ビジョンの実現は、顧客の接点である我々が、お客様の理想を知ることから始まる」

「そして、幸せな家族と個人を増やすため、その接点において、ユーザーファーストで、1人ひとり異なる幸せの形を一緒に模索して、最適な提案をしてほしい」

「みんなの行動によって利益が生まれ、その結果新しい取り組みや新メンバーが加入し、さらに社会に提供できる価値の総和が大きくなる」

メンバーの行動が、自社のビジョン、社会、そして、関わる顧客にとってどういう意味を持つのかを丁寧に共有していたのだ。

詭弁(きべん)を用いて、無理やり納得させているわけではない。実務と、顧客の声や社会との接続を意識し、マネジャーであるCさんの解釈も、借り物ではない自分の言葉で伝え、メンバーからの解釈も聴き、相互に対話していた。

おもしろい取り組みとして、Cさんのチームは週次のミーティングの際、数値の確認と改善案だけでなく「業務を通じて、どのような嬉しいことや価値を顧客に対して提供できたか」を、顧客の声をベースに必ず取り上げ話し合っていた。定量的な数値だけでなく、定性面も取り上げることで、業務の意味合いや、目指すべき行動を相互に理解し、共有する場をつくる。結果として、メンバーは創出している価値を多くの機会で実感できていた。

Cさんは、そのうえメンバーにも個々のキャリアに配慮した機会提供を行っていた。単に話を聞くだけではなく、それぞれ「何がしたくてこの会社に入社してきたのか」という動機や、「何を実現したいのか」という目標を深く理解することに努めている。しかも、その内容をチーム内でも共有し、定期的に対話しているので、それぞれのメンバーが、中長期や短期でどこを目指しているのかがチーム内で理解し合えているという。

また、それぞれのメンバーの目指す姿に向け、どのような成長ステップを踏みどんな能力を高めていくか、四半期〜半期単位で対話し、すり合わせている。レベル感や志向にあわせ、あるメンバーは企画提案にフォーカス、あるメンバーは巻き込み力が求められるプロジェクトマネジメントに集中など、ある程度メリハリをつけて役割や機会を提供している。

もちろん、組織で働く以上、すべての業務が個々のメンバーのやりたいことや、成長目標と直結するわけではないのが現実だ。ただ、個人の「ありたい姿」、成長との重なり、ひいては市場価値向上を、組織の方向性と紐づけて少しでも機会提供しようという姿勢が、メンバーからの信頼にもつながっていた。

ここまでくれば、「この事業が何のためにあるのかわかりません」「この会社・組織にいて自分が成長できるとは思いません」のような言葉は少なくなる。

成長機会についても、違う業種のお客さんに提案する機会をアサインしてみたり、メンバーの余力がある範囲でマネジメントを部分的に任せてみる、他組織との共同プロジェクト機会を作るなど、できる工夫はいろいろある。

やや極端に書いたが、離職率の高いＡさん、Ｂさん、離職率が低くメンバーも育っていくＣさんの言動の違いが伝わっただろうか。

キャリアづくりの支援は、習得可能な「スキル」

ここまで読んで、こう思った人もいるかもしれない。

「話はわかるし、そりゃそこまでやれたら理想的だけど、時間もないのに現実的じゃないよ」

「そもそもそこまで全員に寄り添わなければならないのか？」

まったくそのとおりで、職場はやりたいことだけをやる場所ではない。給与や報酬を受け取っている以上、本来、仕事は「個人にとって何のメリットになるか」を説明してもらってやるようなものではない、という意見に私も完全に同意する。

ただ、組織の成果・パフォーマンスを持続的に高めることが最上位のマネジャーの役割だとすれば、こうしたキャリア支援やマネジメントのスタイルは成果を出す手段として、当然必要になる。実際に、前例のＡさんのように、個々人の違いに目を向けなかった結果、チームとして成果を出せなくなれば、それは「いい仕事」とは呼べない。

メンバーの成長や中長期のキャリア支援ができるマネジャーも、決して暇なわけではない。実際に、組織コンディションがよく、メンバーの成長も促進し、成果も出している組織を分析すると、マネジャーは、みな忙しい中で、関わる時間を「捻出」しているのだ。

「やり方がわからない」という声もある。ただ、「キャリアづくりの支援」も他のあらゆる仕事と同じく「スキル」だ。最初から上手な人はいないかわりに、後からでも習得可能だ。

第一歩は、メンバーとキャリアについて対話し、「ありたい姿」や、成長したい能力の優先度の目線合わせができること。これだけでも、メンバーが同じ仕事から学ぶ量や成長幅は大きくなる。

最後に、「仕事の成果を出すためには、個々のキャリアなんかに向き合うよりも、上長である自分がやったほうが速い」という考えについて。私もコンサル時代は、すべて自分でやったほうが、品質も管理できるし、手戻りもないので速いと思っていたときもあった。ただ、それでは自分のキャパ以上の実務はできないし、そもそも、ポジションが上がるほど無理が出てくる。つまり、「すべて自分でやる」スタンスでいる以上、一定のポジションまでしかいけない。経営には近づけないのだ。

我々は大小さまざまな会社でマネジャーを支援してきたが、結局、組織が1段階上がって持続的な成長軌道に乗ったのは、マネジャーがこうした「自分が1人でやる」マインドセットを切り替えたときだった。

メンバーのモチベーション管理などを含めて「マネジャーだけで解決しろ」と言うことではない（組織側からマネジャーを支援する方法は第8章で述べる）。私含め、誰だってまったくパーフェクトではない。まずは1歩ずつだ。

余談だが、経営者でさえも、自身のあり方や未来について悩み、他者との「壁打ち」、つまり支援の機会を求めるものだ。スタートアップから大手まで企業のトップが、なぜ私にエグゼクティブコーチングやコンサルティングを依頼するかと言えば、トップであるがゆえに、社内から支援してもらうことができないからだ。経営者ですら支援を求める。人が成長するには、他者の関わりが絶対的に欠かせないのだ。

あなたも、これまでの人生、幼少期や学生時代の友人でもいい、目先の損得だけにとらわれず、向き合ってくれた人が誰かいなかっただろうか。

人に向き合うにはリソースがかかることはよくわかる。ただ、もし、少しでも過去にお世話になった人がいるのであれば、ぜひその恩を、次の人に返すつもりで、時間をつくってもらえるといいなと思う。

キャリアづくり支援の4STEP

では、ここから具体的な他者のキャリアづくりの支援をステップ別に考えてみたい。

ただ、個人による特性や相性があるため、支援の方法に「正解」は存在しない。あくまで守破離の「守」として、参考にしてみてほしい。

他者のキャリアづくりを支援するうえでは、まず図7－4の「キャリア・ディベロップメント・サイクル」の概念について理解してもらいたい。キャリア・ディベロップメント・サイクルとは、個々が仕事の経験を通じて、目指す将来に向けて、学び・成長するサイクルを指す。

ここには、大きく4つステップが存在する。

◉STEP1：Will（ありたい姿）の具体化

1人ひとりの中長期のWill（ありたい姿）、キャリアジャーニーの方向性（何を実現したいのか？自分はどうありたいのか？・）をともに探求し、具体化するステップだ。

図7-4｜キャリア・ディベロップメント・サイクル

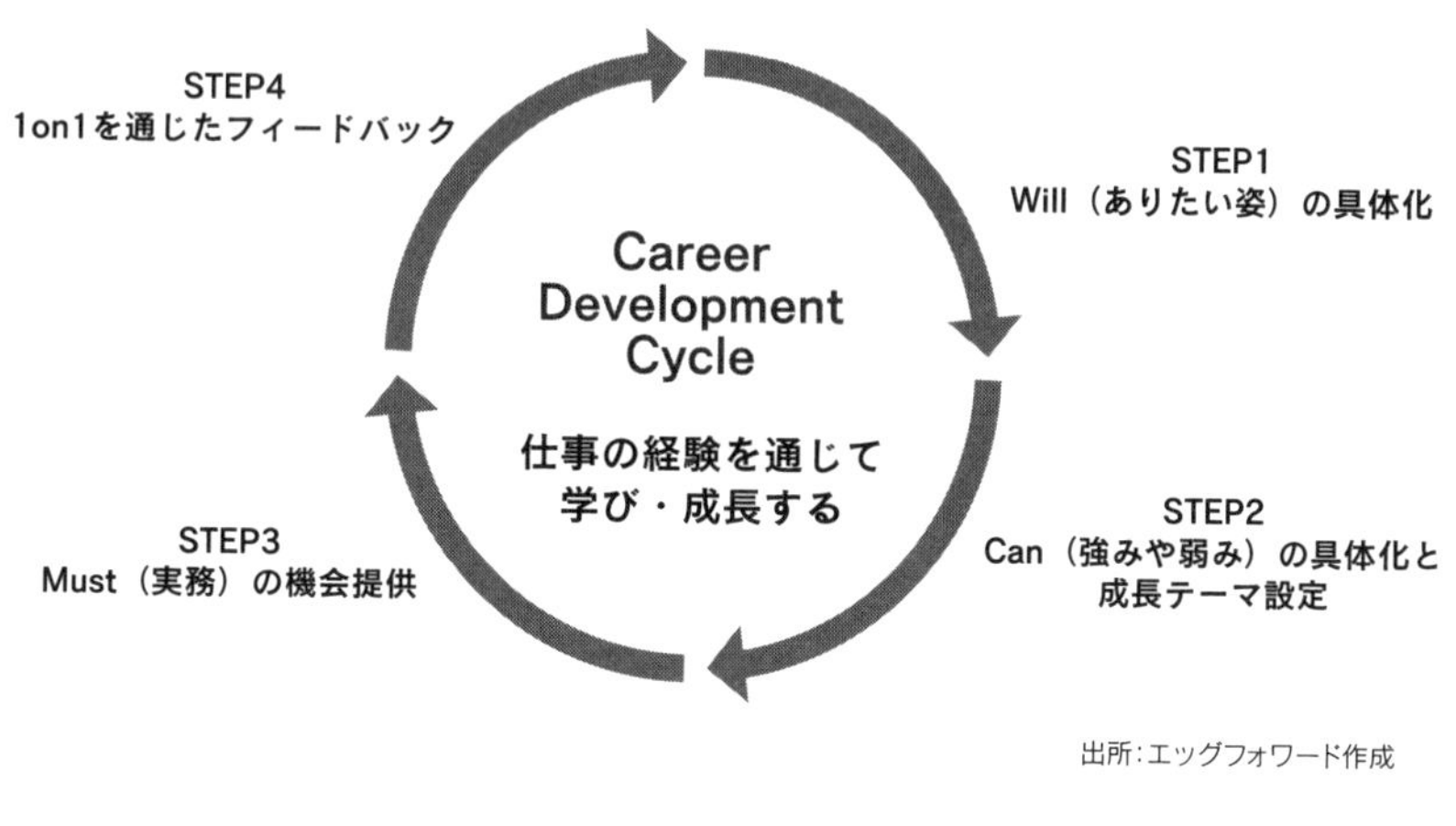

出所：エッグフォワード作成

◉STEP2：Can（強みや弱み）の具体化と成長テーマ設定

まず、Will実現に向けて、本人にどんなCan（強みや弱み）があるのかを具体化する。次に開発したい能力、成長テーマを設定していくステップだ。

◉STEP3：Must（実務）の機会提供

Will実現とCanの能力開発に向けて、Must（実務）の機会を提供する。実務を通じて成長機会を提供し、支援し、また、業務の意味合いのすり合わせも行っていくステップだ。

◉STEP4：1on1を通じたフィードバック

ここまでの結果をふまえ、磨かれた強み、残された課題、目指す姿の実現に向けて方向性は合っているかを振り返る。1on1などで対話をしながら、継続的にキャリアを支援するステップだ。

◉キャリア・ディベロップメント・サイクルなき日常

4つのサイクルを（一過性に終わらせることなく）継続的に回し続けることがなぜ必要か。例を見てみよう。

ほとんどの人は、何かしらの意志や想いを持って組織に入る。ただ、多くの人は、時とともに自分が何を実現したかったのか、キャリアジャーニーの方向性を見失いがちだ（Willの課題）。

もし「ありたい姿」を描けていても、そこに向けて成長できているかは、1人では実感しづらい。また、自分にどれほどの市場価値があるかも客観視しきれない（Canの課題）。

そんななか、日々の実務を慌ただしくこなすものの、その意味合いも本気では腹落ちしておらず、忙しくしているうちに、なんとなく時間が過ぎていく（Mustの課題）。

定期的な振り返りも、面談で評価や目標設定は話されるものの、中長期の成長やキャリアづくりについての対話は十分行われない（フィードバックの課題）。こうして惰性で時間が過ぎ、転職したほうがいいのではと、迷いや悩みが深まっていく……。

ここからはあなたが、実際に他者やメンバーに関わることを前提に、順を追って考えてほしい。フレームそのものを、がちがちに踏襲する必要はない。大枠の要素を理解し、そのうちの1つからでもいいので、日常に柔軟に取り入れていってほしい。

STEP 0

信頼関係構築と相互理解

キャリアづくり支援のステップ1……といきたいところだが、その前に実は重要な「ステップ0」が存在する。信頼関係の構築と相互理解だ。すべての前提となるこの関係性なしにノウハウだけを当てはめても、実際にはワークしない。あなたも、心の底では信頼していない上長との1on1で、キャリアについて対話しようとは思わないだろう。

キャリアは人生のあり方と切り離せない。また、現在の仕事や職場に関係する話だからこそ、お互いに直接の利害関係者でもありえてしまう。前提として強い信頼関係がなければ、どうしても表面的な会話に終始してしまう。

その結果、上長は定期的に本人と、面談でキャリア相談にのっていた「つもり」にもかかわらず、突然「退職することに決めました。今までありがとうございました」と言われて驚く、といったケースがよく見られる。

もちろん、会社を辞めるかどうかを上長に相談するのは構造的に難しい部分もある。だが、

「実現したいこと」や、「どういう方向性に向かってどう成長していきたいのか」についてほとんど話せていない状況で急に離職を告げられてしまうのは何とも悲しい。

相談に乗ってきた側からしても、今まで対話してきた時間はいったい何だったのか、と虚しい思いがこみあげる。こうならないためには、何が必要なのだろうか。

対話「以前」

関係構築のためのマインドセットを、順を追ってみていこう。

「モヤモヤ」から聞かせてもらう

キャリアは個人の価値観はもちろん、場合によっては自分のこれまでの生い立ちや今後目指したい人生とも関連してくる。そのため、「仕事上の関係者に変に踏み込まれたくない」という気持ちがあると、どうしても対話が進まない（無理に踏み込んではいけないことは言うまでもない）。

では、お互いに安全な信頼関係を構築するためには、何に気を付けておけばいいだろうか。

前提となるのは「個の尊重」、つまり、自身がよしとする生き方やキャリアの志向を押しつけず、多様な個を尊重・理解しようとするマインドだ。

アドバイスすること自体がいけないわけではない。要は、順序の問題だ。どれほど長い経験を積んできたとしても、驕ることなく、目の前の1人の個人が「どんな人生を歩みたいのか、本質的に何を求めているのか、『きっとこうだろう』と決めつけずに理解しようとする」マインドが重要となる。

勢い込んだ上長だと、この理解のフェーズが不十分なまま、すぐにアドバイスに走る傾向がある。本人を想うがあまり、アドバイスが先行してしまう気持ちもよくわかる。ただ、相手への理解が不十分ななかでのアドバイスは、本人も自分の目指す先の整理ができていないので、たとえいかに良質なアドバイスでも、機能しづらい。

わかりやすい対策としては、上長側がまず、本人のことを全面的に理解する「だけ」の時間を設けるとよい。入社動機やこれまでのキャリア、伸ばしたい強み、その他の悩み、あるいは悩み以前のまとまっていないモヤモヤも聴くことができるとなお望ましい。

「キャリア相談をしよう」という声掛けだと、お互い形式ばってしまうことも多い。「今の悩みやモヤモヤも含めて、一度いろいろ聴かせてくれないか」と、話題の枠を定めすぎないことが有効だ。

「信頼残高」の積み上げ

「信頼残高」とは、信頼を貯金に喩えた造語だ。信頼は、崩れるのは一瞬だが、積み重ねるのは時間がかかる。

たとえば、日常で特に信頼関係を構築できていない上長から、半年に1度のキャリア面談で、いきなり、人生に関わる踏み込んだ話を聞いてこられたらどうだろうか。本音で話せるわけなどないと、容易に想像がつくだろう。だが、実際これがよくあるのだ。

組織内メンバーを支援する前提の場合、関係構築に大切なのはコミュニケーション「頻度」だ。コミュニケーションは中身にかかわらず、その頻度が多いほど、相互の信頼は高まりやすくなる（心理学の用語で「単純接触原理」という）。

業務内コミュニケーションのみに閉じずに、日頃から、こまめな声かけをしたり感謝を伝えたり、コミュニケーションが取れるとよい。

テクニカルなようだが、「○○さん、おはよう」と固有名詞であいさつし、ちょっとしたタイミングで「○○さん、最近のあの取り組みよかったよ、ありがとう」と声をかける。1対1で話す機会があれば「○○さんの今後についても一緒に考えていきたいから、相談事があれば共有してね」といった、個人を気にかけていることが伝わる日頃からの声かけや雑談も有効だ。

ちなみに、信頼を得られない方によくあるのが、口が軽い、悪口や噂を裏で吹聴しているケース。ぽろっと「○○さんからこんな相談をされてさぁ」と、他の人に話すことは避けたい。「この人に相談してもこういうふうに誰かに伝えられるかも」と思われるため、伝わってもまったく問題ない内容だとしてもやめておくほうがいい。

1人ひとりに「スポットライト」を当てる

特にキャリア支援においては、「個」の承認を意識できるといい関係を築きやすい。チームとして相互に信頼関係を築いていくうえでも、本人を「個」として、組織的に「承認」する機会を作ることも有効だ。ここでいう「承認」とは褒めることにかぎらない。結果を見て褒めることは、「結果承認」というが、それだけでなく、その人が働いていることそのものを承認する「存在承認」も心がけていきたい。

固有名詞で名前を呼び、「○○さんと働いてると、△△だなと感じる」「○○さんの気配りに、とても助けられている」などの形で、個々がいてくれることそのものに対して声かけをしたり、感謝を伝えたりする。

これは、いわゆるAcknowledge(存在を認めること)と呼ばれる行為だ。アカデミー賞において、受賞者が「I would like to acknowledge（私は次の方々に感謝します）……」といって、関係者の名前を呼びあげたりするのもその1例だ。

その人に、スポットライトを当てるイメージと言えばいいだろうか。

加えて、個人の日頃の過程や変化に対して声をかける「プロセス承認」も重要だ。「最近、特に△△の変化がありますね」とか「取り組みのなかで、□□が増えてきている気がします」といった具合だ。結果だけでなく、プロセスも含めて日頃からしっかりと個として見てくれている安心感は、関係性構築の前提となる。こうして、「信頼残高」が一定のラインを超えると対話が急激にしやすくなるケースはよくみられる。

自己開示と場のつくり方

土台となる関係性が築けたら、次に大切になるのは「自己開示」と「場づくり」だ。

上長や支援する側からの自己開示が、対話をよいものにする1つのきっかけとなることは多い。いきなり相手に開示を求めるのではなく、まずは、上長から実践するのだ。

自己開示といっても大げさなものでなくていい。過去の失敗談や悩みの共有くらいでも、十分だ。

先輩や上長でも、自分のようにキャリアに悩んでいた時期もあったのか、そんな失敗があったのかと知ると、親近感もわきやすい。ただし、苦労話がいつのまにか武勇伝に、ついにはお説教にならないよう注意が必要だ。

可能であれば、支援する側対支援される側の1対1の関係だけでなく、チーム同士で、相互に理解や開示ができると望ましい。口頭でもよいが、本書でも紹介した「ライフラインチャート」を使うとより話しやすいだろう。

実際に、相互のキャリア支援をし合い、成長が速い組織では、互いに理解し合う場を意図的に設けていることも多い。年1回全員で（毎月1人ずつ回していくケースもある）、あるいは入社時には新規メンバーが話し、既存メンバーが質問する時間を設ける、などだ。

STEP 1

Will（ありたい姿）の具体化支援

さて、ようやくステップ1だ。

ただ、いざ支援しようと思っても、実際は、まず本人の中でもキャリアの方向性や「ありたい姿」が曖昧で、言葉になっていないケースが非常に多い。

あなた自身もきっとかつて、唐突に「どんなキャリアを歩みたい？」と聞かれたら簡単に即答はできなかったはずだ。多くのメンバーにとってはまず、どんなキャリアを目指したいかを

図7-5｜メンバー育成におけるWill明確化の意義

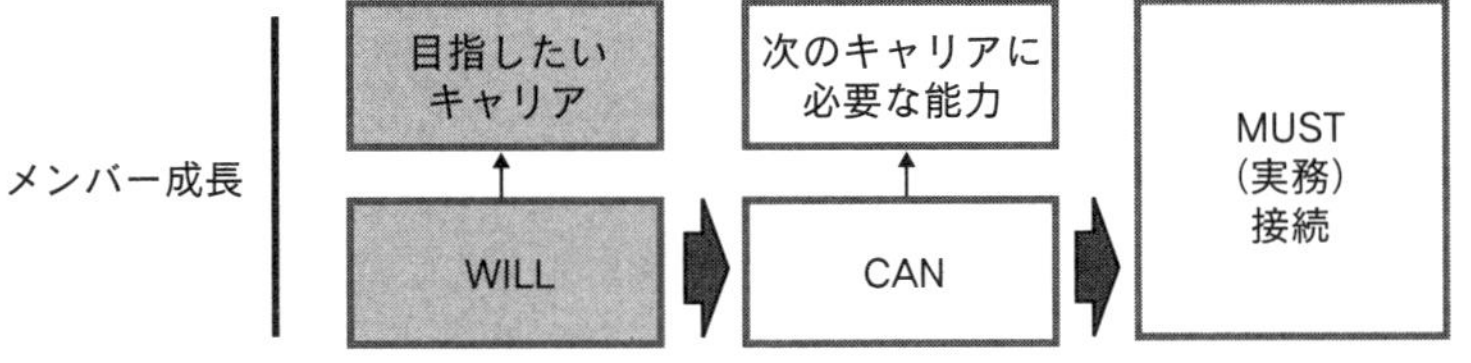

出所：エッグフォワード作成

具体化するところがスタートとなる。ここが次のCanやMustにつながっていく（図7－5）。そして、ここがキャリアづくりを支援する側にとっても、悩みの大きいポイントになる。

個人的な考えにすぎないが、これには学校教育の影響も大きいのではないだろうか。大学までは偏差値などわかりやすい物差しがあり、敷かれたレールの上を歩いてきたのに、社会に出た途端に「あなたはどうありたい？」と問われてしまうのだから、戸惑うのも無理はない。だからこそ、あなたもともに立ち止まろう。そうして、どこに向かえるとよいかを、一緒に、少しずつ明確にしていく姿勢が大切なのだ。

若手にかぎらず、転職活動中の人ですら、最初から、自分がどうありたいかが完全に言語化されているケースはほとんどない。多かれ少なかれほとんどの人が、他人との対話を通じて、言語化できたり、整理できたりしていくものだ。つまり、大切なのは「Willがあるかないか」ではない。「Willをいかに具体化するか」のプロセスだ。

過去の要素を紐解く

では、そのプロセスとはどのようなものだろうか。まずは、本人の過去を対話を通じて紐解くことが始めの一歩となる。

価値観まで遡る

本書でも扱ってきたように、本人の人生における主要な出来事を聞いていく（本人に話す意志があると確認できていることが前提だ）。ライフラインチャートなどを活用して深掘りができればいいが、いきなり書き出してもらうのは難しい場合もあるだろう。口頭での対話を入り口に、少しずつ理解していく形でもかまわない。

特に自組織のメンバーが相手の場合は、「この組織に入ってきた理由と背景」はいちばん話しやすいテーマなので、ここから始めるとよいだろう。他にも、「新卒時の入社先」や「転職の選択の背景や動機」などから始めると、比較的ハードルが低い。それすら曖昧な場合は「最近の仕事でいちばん嬉しかったことや楽しかったことは何？」からスタートし、「それは何が嬉しかったの?」のように広げていくのも1つの手だ。それすら話せない場合は、相手が答えを持っていないのではなく、そもそも話しやすい空気感が醸成できていない可能性が高い。

話しやすいところから始め、可能であれば、幼少期から学生時代までの思考・行動の変遷、自らを動かす動機やその背景にある要因を聞きながら、相手の大事にしている価値観や意志決定の傾向を理解していけるとよい。

ターニングポイントの深掘り

徐々に、少しずつ相手を知るなかで、これまでのターニングポイントを聞き、深掘りできるとよい。これまでの仕事のなかでの成功体験、あるいはもっとも楽しかったことや嬉しかったことやいちばんやりがいを持てたことなどだ。

Willの具体化を意識していると、すぐ「どんなことが実現したい?」と問いかけてしまいやすいが、それはハードルが高い。

「これまでの仕事で楽しかったのは何?」と問いかけ、次に「それはなぜそう思ったのだろう?」というように、「出来事」と「理由」を2段階で分けたほうが、答えやすい。

「なぜわざわざそんなことまで聞くのか?」と思うかもしれないが、このターニングポイントの深掘りから、仕事のやりがいや価値観などが理解でき、最終的にはこちらがどういう環境を用意できるとよいかなどが見えてくることがある。

さらに、もしも可能であれば聞いてみてもらいたいのは、本人の挫折経験や、コンプレックスだと感じていることだ。ここも同様に「出来事」と「理由」の2段階に分けて、「何があったのか」と「なぜそう感じたのか」を聞くのが望ましい。

ただ、一定の関係性が築けていること、話してもいいという合意があることが前提となる。

というのも、第2章で見たとおり、本人がコンプレックスを誰にも言えず、また自らも気づくことがないままに行動に反映されているケースも多いからだ。この本音に触れず、ポジティブな言葉ばかりで話を進めると、後々になって「実は表面上よく見られようと思い取り繕っていた」などと気づき、スタート地点に立ち戻らなければならなくなる。これは本人にとっても望ましいことではない。

もしも話してくれたなら、まずその出来事を伝えてくれたことを、そのときの気持ちや感情も含めて、ジャッジせずにただ「受け止めて」あげられるとよい。その事実自体を承認しながら、どう捉え、これからどう歩んでいくのかについて対話を重ねていけるとよいだろう（無理やりポジティブな意味づけに誘導しないよう注意が必要だ）。

加えて、社会目的志向、コト志向、環境・ヒト志向の中でも特にどの要素を大事にしているのか、さらには意思決定の特徴や傾向まで把握できると、Willの明確化に役立つのみならず、今後の機会提供の際、本人の特性に沿った対応がとりやすい（たとえば意思決定において「自分で決める」ことを重視する場合は、最後は自身に実感を持って決めてもらう、逆に「初期の失敗が非常に気になる」場合は、最初は丁寧に伴走するなどだ）。

未来を描く

過去の整理から本人の大事にしていること、モチベーションの源泉がある程度でも見えてくれば、次は未来軸で、本人の「ありたい姿」や、目指したい状態について目線合わせができるとよい。「Willの具体化」だ。とはいえ、ここから難易度はより上がる。

というのも、過去の出来事は事実なので、何があったか、何が楽しかったか、それはなぜか、思い出せばある程度は答えることができるが、未来はまだ不確定なので、本人なりの考えや軸がないとどうしても答えにくいのだ。

Willを持つことを強制しない

相反することを言うようだが、まず、Willや「ありたい姿」を持つことを強制しないというスタンスで臨んでほしい。

「Willを持つことが当たり前」という前提で話されることは、人によっては辛いことでもあり、ともすると人格否定とすら捉えられてしまうことがある。「Willハラスメント（通称ウィルハラ）」などという言葉も出てきているくらいだ。

「〇〇さんみたいなWillはないの？」

「それだけかな？　もっと何かあるんじゃない？」

「自分のことよりも、もっと社会をどうしたい、とかはないの？」

これらの質問に追い詰められた結果、メンタル不調に陥るケースも実際にあるほどだ。

生まれた瞬間からWillがある人はいない。人生を歩むなかでさまざまな経験をしながら、徐々に具体化されていくものだ。強制的に引き出そうとするのではなく、ともに具体化していく目線と姿勢が大切だ。

Willのハードルを下げ、身近な具体例で示す

また、「Will」や「ありたい姿」という言葉の響きから、いわゆる「社会的大義」のような壮大なものでないといけない、という無意識の思い込みが双方に生じ、対話の妨げになっているケースも多い。あまりに壮大なものを求めると「そこまでのものはないんですよね……」と、相手も萎縮してしまう。

実は、「〇〇の社会課題を解決したい」と熱い情熱を持つ方が多い組織ほど注意が必要だ。本人が、無意識にその方と比較してしまいがちになるためだ。本音ではそう思っていないのに、その方たちを意識し、なんとなく立派に聞こえるWillを捏造してしまうケースすらある。

そのため、まず、「Willは身近なものでまったくかまわない」ということを伝えよう。

具体的には、多様なWillを示し、こういうものもWillと呼んでいいんだ、という目線合わせをすることが出発地点になる。

「△△さんみたいになりたいと思った」

「□□の事例で顧客に喜んでもらったから、そういう事例をもっと増やしていきたい」

「●●のスキルを身につけて、チーム内で▲▲の役割を担当できるようになりたい」

などのように、ごく身近な例でかまわないのだ。もし、あなたも最初は身近なWillを持っていたのなら、それもぜひ共有したい。

「仮置きでOK」を強調する

Willの方向性は、経験を経て変わっていく。あくまで変わってもよいという前提で、「仮置きで決めてみよう」というスタンスで臨めると、さまざまな観点が出てきやすい。あえて「仮」でよい、とはっきり伝えることが大切だ。

というのも、人によっては、いったん「ありたい姿」を置くと、「もしそうなれなかったら失敗と思われるのではないか」と、他者の視線を気にしすぎるケースもあるからだ。「変わったら変わったで全然いいから、身近なものでもいいし、いったん仮で置いてみない？」と問いかけられると、相手も負担なく対話を進めやすい。

「部分的にロールモデルになりうる人」を探す

未来軸でWillを具体化するうえで、経験上、特に有効に機能しやすいのは、ロールモデルからのアプローチだ。といっても「ロールモデルは？」「誰のようになりたい？」と問いかけても、ストレートすぎて答えにくい。細分化した問いを重ねていこう。

「部分的にでも憧れる人はいる？　全部じゃないけど、この人のこういった部分は、見習いたいな、とか」

「その人のどういった部分に憧れるか、もう少し具体的に聞かせてくれる？　なんでそう思ったの？」

といった形で、パーフェクトなロールモデルを探すのではなく、「部分的にロールモデルになりうる人」をいったん挙げてもらい、そこから要素分解し、理由を深堀りしていく。

必ずしも社内の人である必要はない。社外の人、身近な人でも大丈夫だ。もし次々と複数の要素が挙がるようなら、いったん発散させた後、まとめて可視化し、「どれが自分にとって特に重要だろう？」と問いかけて収束させるのがよい。

時間軸をいったりきたりする

あまりWillが出てこない場合は、時間軸を広げた質問が有効だ。ただ、「3ヶ月後どうなりたい？」だと既存業務に紐(ひも)づくものになってしまうだろうし、「10年後どうありたい？」と問われても、少々抽象的すぎる。結論としては、時間軸をいったりきたりすることだ。

「仮でもよいから、3～5年後どうありたい？」
「そのためには、1年後どうあっていたい？」

というように、目先にとらわれすぎている場合は時間軸を広げたり、あまりにも未来が壮大すぎる場合は（それ自体、否定されるべきことではないが）、中間地点にどんなマイルストーンを置くかに目を向けてもらうのがよい。あるいは、「30歳になったとき」「40歳になったとき」のように年齢を区切りにするのもわかりやすく有効だ。

人によっては、対話を重ねても、どうしても「ありたい姿」やWillをイメージしきれず、「もっと営業成績を上げたい」「同期より早く昇格したい」などと目先の業務と終始紐づけてしまうケースもある。

業務と紐づけることそのものがダメなわけではまったくない。ただ、あまりにも最初から実務ありきだと、視野が狭いままになりやすい。

目先の業務の延長線上にない未来を描くからこそ、逆算して成長のための機会提供をできる可能性もひらけてくる。時間軸を広げるのに加え、第2章で紹介した「ＩＦ理論」も有効だ。

「今の業務の制約がまったくないとしたらどうなれたらいいとか、何かイメージが浮かぶ？」

「入社時は、どういうことを実現したかったの？」

などの問いを重ねていけるとよいだろう。

◉長い時間軸で伴走し続ける

ここまでさまざまな方法論を挙げたが、双方に時間的余裕があまりに乏しいと元も子もない。「この30分の面談で何かWillや方向性を見出さないと」と焦ると話が深まらず、結局ただの業務目標の確認で終わることも多い。

中長期のことを話す以上、定期面談はじっくりと時間を取ろう。また、1回だけでなく、何回か重ねることで、Willに近づいている実感を持てるよう「伴走」し続ける姿勢が大切だ。

Willの具体化と深掘り

ここまで過去や未来について対話しながら、相手の「ありたい姿」や方向性の要素出しをしてきた。「仮置き」で十分なので、Willが見えたり「こんな方向に行けたらよいね」と視線が揃ってきたら次に移ろう。

要素を統合する

「過去からのアプローチによる大切にしたい要素」、「未来からのアプローチによるこれから実現したい要素」が出たら、それをいったん書き出し、可視化してみる。すると、近しい要素が見えてくるので、重ね、統合してみる。ある程度まとめておけると次のステップがやりやすくなる。

「これまでだと、○○と△△の要素が出たよね。あとは未来からは□□の要素が挙がったね。これをふまえて、ここからどういった方向性に向かえるとよいと思う?」などとあらためて問いかけながら対話を重ねて、まとまりを見出せるとよい。そしてこのまとまりから、さらに方向性を具体的な言葉に落とし込んでいく。

時間軸をセットする

Willの方向性がある程度具体化されたら、最後は、「時間軸」を置くことだ。これも仮置きでかまわない。「何歳くらいまでにどんな状態になっていたら理想か？」「5年後くらいだと、どこまでいけていればよいか？」など、遠くに時間軸を置いた「ありたい姿」をともに考えていく。そのうえで、「じゃあ、3年後、1年後には…」と、少しずつ近づけて、逆算し徐々に具体化していくことが重要だ。

逆算が考えにくい場合は、順算でもよい。「まずは、1年でここ、3年でこの状態にまではいきたいね。その先はまた進んでいくなかで話し合っていけるといいね」といった具合だ。

ここまで述べてきたことを、完璧にできている方はいない。また、あくまで、これらは相手のキャリアを支援するための「フレーム」にすぎない。イメージを掴んでもらいたいため具体的な質問も書いたが、「マニュアルどおりの質問をすれば理解できるほど、人間は単純ではない」ということも心に留めて、目の前の人に向き合ってほしい。

キャリアづくりの支援は100点か0点かではない。支援する側の時間も有限ではある。日常の雑談や対話から、少しずつ、1歩ずつ、いい方向に向かえればまずは十分だ。

◉参考1：チームでの共有

以上、1on1の前提で論じてきたが、可能ならば、そのWillをチーム間で共有できると理想的だ。「心理的安全性がある」「各メンバーの関係性が十分に構築されている」「本人側にも開示してもいいという意志がある」などさまざまな要素が揃うことが前提となる点は注意したいが、共有することでさらにお互いの関係性が強化され、相互理解も進みやすくなる。さらに、上長だけではなく、メンバー間で相互にキャリア支援がしやすくなり、どうしても、リソース的に1人ひとりに対峙しきれない場合かなり補完されるケースもある。

◉参考2：プライベート上の制約

そもそも、プライベート上の制約や悩みを抱えているケースもある。

パートナーや家族との間でトラブルが発生している、あるいはお子さんの体調や置かれている状況に困りごとがある、介護の問題が切実になってきている……。こうした場合は、「Willの具体化」と言われても、とてもそこまで想いが至らない。

大事なのは、Willや成長を強いることなく、いったん状況を理解し、待つ姿勢を持つことだ。上長が理解してくれているというだけで大きな心の支えになることは多い。自分で体験しないとなかなか手触り感をもって理解することは難しいが、「わからないことがあることをわかっておく」ことで、意図せずメンバーを追い詰めることを避けられるかもしれない。

完璧を目指しすぎて、マネジャーが苦しくならないように

Willのパートを締めくくるにあたって、最後に2つお伝えしておきたい。

1つ目は、相談に乗る側も、「完璧主義になりすぎないこと」。真面目すぎる方は、すべての質問を網羅して、Willも完全に具体化せねばと思い込んでしまうことがある。

本人の人生は、最終的には本人のものだ。すぐにWillが具体化されずとも、対話を重ねるうちに本人の中でアンテナが立ち、あるとき、何かふとしたきっかけで見つかることもある。「あくまでも主体は相手」「自分は伴走役」と理解し、対話するマインドが大切だ。

もう1つは、「あなた自身のWillも問われる」ということだ。

いざ、上長がメンバーのキャリアづくりの支援をしようとすると、「そう言うあなたは、今後どういったことを実現したいんですか？　どんな方向を目指しているんですか？」と、（悪気なく）問われるシーンもあるかもしれない。

「正直、とくにないんだよね……」と本音では思う方もいるだろう。

そう、上長だって、相談に乗る側だって、迷うこともあっていい（経営者ですら具体化していないこともあるのだから）。ただ、少しドキッとしたあなたは、ぜひ、これをあらためて自身に向き合う機会にしてみてほしいと思う。

相手も、自分も具体化が完璧にできているわけではないし、完璧でないとダメなわけでもない。「上長」という役割にとらわれて質問攻めにするのではなく、あくまで支援する姿勢を持ち、ときに互いのWillについても対話を交わせるといいだろう。

STEP 2

Canの具体化と成長テーマ設定

「仮置き」でもWillの具体化ができたら、続いてCan、高めたい能力の支援に向き合っていきたい（図7－6）。

キャリアづくりの支援においては、Willに紐づいたCan、つまり「目指す方向性に向かうために、どういった能力を伸ばせるとよいか」の本人との目線合わせがスタート地点となる。WillとCanは互いに影響している。Willが描きにくい場合にはCanが小さいことが原因となっているケースが多い。できることが少なすぎると、未来を描くことも難しい。

そのため、Willの具体化でつまずいたままここにたどりついた読者には、一般的なWill

図7-6｜Willを踏まえた、Can / 能力開発

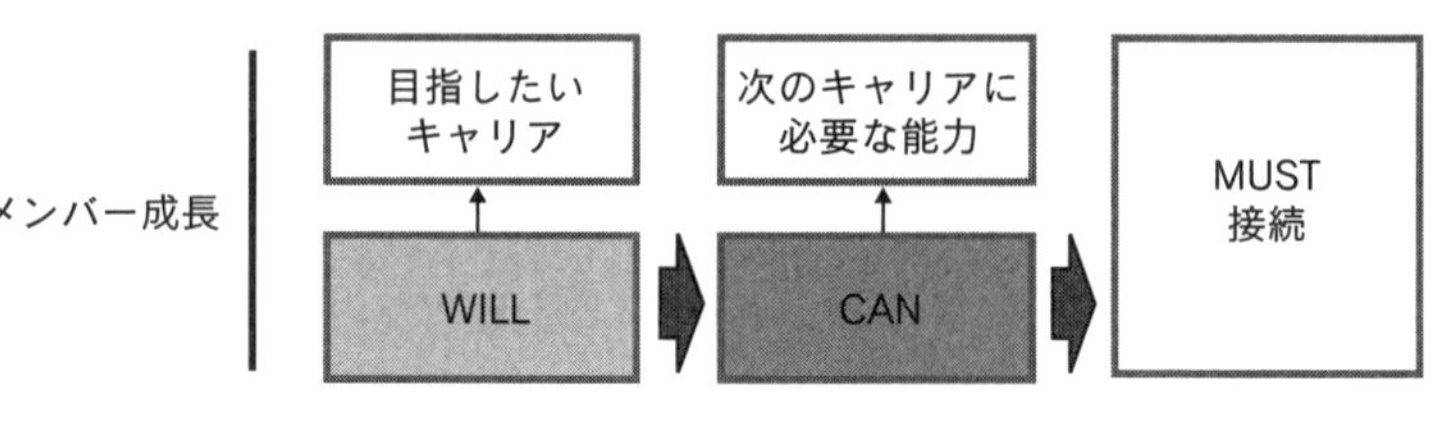

出所：エッグフォワード作成

→Canアプローチではなく、まずCanを広げることによって、視座を高めたり視野を広げたりする「Can→Willアプローチ」も有効なことを、心に留めておいてほしい。

そもそも、Canの支援は「設計」可能か？

Canの支援についての話をすると、「成長って、計算できるものじゃなくないですか？　人って、偶然の機会から成長するんじゃ？」という声もよく上がる。たしかに、予期せぬ機会から予期せぬ能力が高まることだって起こりうる。

ただ、完全に運任せ、偶然任せになってしまうと、結果的になんの力もつかない可能性もまた高まる。私の経験上も、何の計画もなく、ただ業務に向き合うだけでは、成長が遅くなるケースが大半だ。組織やマネジャーとしても、本人の「伸ばしたい力」が曖昧だと成長機会を提供しようがない。

実際に、「今の仕事をやり続けているだけでは成長できない」が転職の大

きな理由になっている事実からしても、一定は、トップダウンの戦略的な成長のプランニングはあったほうがいい。社員の成長が速い会社は、実際に成長支援と機会提供の考え方を積極的に取り入れている。

3つの難しさ：言語化・客観視・時間軸

とはいえ、「あなたの明確な強み、そして課題は何か？　今後の実務で高めていきたい能力は何か？　短期と中長期で、何をしていくのか？」と聞かれても、すぐに明確に答えられる人は珍しいだろう。また、本人にある程度、自身の強みと弱みに対する認識があったとしても、自己評価と周囲からの客観的な評価がずれているケースも存在する。楽観主義の過大評価、謙遜しすぎの過小評価、いずれもある。

さらには、高めたい能力の目標と現在値の差分が理解できていても、そこから、「時間軸ごとに、どのような成長ステップを踏むか」を明確にできている人はさらに稀だ。

Canの支援には、「方向性の言語化」「自身の客観視」「時間軸の設定」という3つの難しさがある。ここでは、それらをときほぐしていきたい。

能力の「理想形」を明確にする

まず、Will（「ありたい姿」）に向けて、どういった能力（Can）が求められるのか、どういったスキルの優先度が高いかをともに具体化していく。

マネジメントする側が、論理的にブレイクダウンしていくアプローチもあるが、どうしても机上の空論になりやすい。ここでも有効なのが、複数のロールモデルを参考に考えていくアプローチだ。「メンバーのWillを満たすロールモデルは誰か?」「その人はどんな力を備えているか?」などの観点から、要素を明確にしていく。

実際には、「特に大事な力を3つ挙げるとすると?」といった形で主要な能力に絞り込むほうが、考えやすいし、メンバーも日々意識しやすい。

たとえば、「企業経営者とともに動けるプロジェクトマネジャーになりたい」場合、どんな能力が求められるか。仮に次のように分けられたとするとどうだろうか。

- 経営者と対等に対話できる経営目線
- 課題を整理できる構造化力
- 経営者に頼られる専門的な知見

特に、1つ目はまだ抽象的だ。「社内の○○さんのこういうところがモデルになるよね」「△△さんがいつも意見を求められるのは□□な視点があるからかもしれない」などと具体的な人をイメージして対話するとよい。

それでもイメージしづらい場合は、「一次情報」を取りに行こう。つまり、すでにその能力を高めている「○○さん」とのリアルな接点を実際に設けるのだ。「理想形」に近い能力を持つ本人に、どういうステップでその力を身につけてきたのかを実際に聞いてみよう（ただ、ロールモデル本人も、自分のことを語る際はバイアスがかかる可能性もあるので気をつけよう。複数人と話せるとバランスが取れてよい）。

こうしてイメージが上長とメンバーの間で揃ってくると、「成長せねば」という漠然とした焦りや不安から抜け出し、「何を目指していくのか」が明確になってくる。

よくあるバッドケースは、せっかくWillをともに具体化したのに、WillとCan（高めたい能力）が、完全に分離してしまうパターンだ。Canの明確化においても、Willには常に立ち戻ろう。

能力の「現在値」を明確にする

「能力の理想形」を仮置きできたら、続いて行うべきは、その現在値の確認だ。

抽象的な表現だと機能しづらいので、あくまで具体的に、仕事と紐づけて「○○の業務で△△がどこまでできている／いない」のように言語化し、目線合わせができると望ましい。その際、Canについては、可能なかぎり、主観を排して、本人が自らを客観視できるよう具体で伝えること。

「営業の基本ができている」ではなく、「どんな顧客と対峙しても、自分1人で必要なヒアリング項目を押さえた課題の明確化と、事後ステップが設定できる」のように細分化し、認識がずれないように基準を具体化することだ。空中戦にならないためにも、業務シーンや実務の成果など、具体的なファクトをベースにしよう。

よくあるのが、日常での接点がさほど多くないメンバーのことをマネジャーのイメージや思い込みで決めつけてしまったり、逆に、あまりにもメンバーの自己認識を鵜呑みにしてしまうケース。可能なかぎり、メンバーについて立体的な情報収集を心がけよう。

とはいえ、マネジャーがメンバーのすべての情報を把握しにいくのは現実的ではない。有効なのは、「過去の上長や、他のメンバーからのヒアリング（過去のキャリア志向や、強み、課題など）」、「過去の360度評価」、あとは、「実際の業務機会への同席（メンバーのアポイントなど）」などだ。要は、本人のことを多面的に「複眼の視点」で捉えようとすることだ。

時間軸とステップの設定

能力開発において「優先度決め」と「時間軸とステップの設定」はもっとも重要な要素だ。最初からあまりにも時間軸が長いと、どうしても緊張感がなくなる。「高めたい能力の理想形」（長期）と、「1年～半年程度で高めたい能力」（短期）をそれぞれ明確にして、3ヶ月くらいを目安に区切りを設け、やるべきことの優先度を定めていくのが大枠の流れだ。

「全社課題を解決できる経営者にとっての右腕的な存在」を目指している方の例。それでは抽象度が高いので、「右腕」の代表例として名前が挙がった具体的なCOOの方を題材に目線を合わせていった。こうして本人のWillを具体化していくと、必要な能力として、「全社目線での課題解決力」と、次いで「それをチームに落とし込み、組織的に動いて解決まで持っていく力」の優先度が高いことが見えてきた。

その後、対話のなかで「『3年』を目安に、幅広い顧客課題が解決できるリーダーポジションになれたらよいよね」「そのステップとして、『1年半』でその下のサブリーダーポジションを担っていこうか」と合意したとする。ただ、これはあくまでポジションの話なので、そこから、能力開発のイメージについて認識を合わせていく。

「まずは、前半の1年半で『自力で顧客経営者の課題を解決できる力』を身につけよう。その力を高めたら、後半の1年半では、『チーム運営』や、『自身ができるだけではなくチームとして成果を高める力』をつけていこう」などと大枠の時間軸と高める能力を絞り込んだ。

そうすると、1年半の中で、この半年は何をすべきだろうか。『自力で顧客経営者の課題を解決できる力』は、もう少し細分化できる。「1：顧客経営者との関係構築力、2：対話を通した課題の引き出し力、3：複数の論点の構造整理と優先度付け、4：妥当な解決策の検討とプレゼンテーション力」といった形だ。現在値に目を向けると、1、2は一定できてはいるが、特に3と4はまだ能力の理想形とのギャップが大きい。

その場合、まずは、半年程度は3を中心に強化し、「顧客の課題を掴み整理し、提案する」機会を多く設け、内容についても上長から都度フィードバックを得ていく。

そうなると、「すでにルーティーンで回っている顧客の担当ではなく、自由度・抽象度の高い提案段階の顧客を多く担当する」のように、機会提供の具体が固まってくる。

必ず「1番高めたい能力」を決める

ステップの設定において、高める能力の絞り込みは欠かせない。スポーツや筋トレでも、「どこの動きを変えたいか」「どの筋肉をつけたいか」の意識が曖昧なまま、いくら練習量をこなしても成長は遅い。キャリアもまったく同様で、多くの力を同時に高めようとすると意識が分散し、結果として中途半端になってしまいやすい。数多くの人材開発支援の現場で得た、リアルな実感だ。

1つとは言わず複数（3つまで）の力を高めていく場合も、優先順位は明確にしよう。本人の中でも目的意識が高まり、成長は急激に速くなる。

たとえば、「管理部門からフロント部門の事業展開を支援できる存在」だとしても、具体的な能力としては

・フロント部門に貢献する事業管理・計数管理力
・事業部門責任者と対話し課題を整理する力
・目的に照らした業務・システムの設計とベンダーとの折衝・調整力

といったように、能力開発の方向性はさまざまだ。

3つを上限として、「1番目は〇〇力」「2番目は△△力」と設定していく。

延長線上にない「強み」を身につけてもらうには

もし本人が、キャリアの可能性が広がりやすいH型を目指すなら、どこかで、既存の強みとは別の軸で深さを築く必要がある。

やや応用になるが、3年以上先を見据えるなら、「能力の理想形」を描くにあたっても、ゴールだけでなく、どういう「ルート」でたどりつくのがよいかまで考えられれば理想だ。T型からH型へ、どの順番でどんな強みを伸ばすのか。

そして、「ルート」と同様、大事になるのが「タイミング」だ。第3章の市場価値を参考に、

- 本人の成長が逓減している
- 守破離の「離」のフェーズにあり、安定して成果を出せる
- 既存業務では希少性がこれ以上高まらない

などの場合には、新しい領域での力（本人にとってまだ強みを確立できていない能力）が身につく機会提供をしていく必要があるだろう。ケースバイケースだが、3年程度の経験を積んだ頃にこのような状態になりやすい。

よくないのは、「現在の業務から離れられると困る」という理由だけで、ずっと「こなせはするが、やりがいが薄れている業務」に本人を閉じ込めてしまうことだ。業務を管轄する立場として気持ちはわかるが、キャリア3・0の時代には他者のキャリアづくりを支援できるマネジャーこそ市場価値が高まることを、今一度思い出してもらいたい。

ここまで読んで、正直、「成長支援ってこんなに多くのことを考えないといけないの?」と戸惑われる方もいるかもしれない。大丈夫だ。そんなにかまえる必要はない。

シンプルにいってしまえば、「ありたい姿」に向かって、高めたい能力を絞って、本人の現在値を確認し、成長のステップ(優先順位と時間軸)を明確にしましょうということだ。

まず、やってみる。そして、必要に応じてこの章を読み返すくらいの気持ちでかまわない。ざっくりと大枠の流れを掴めたら、先に進もう。

優先順位をどう決めるか

成長のステップを置くにあたって、どの能力を、どの順番に高めていくのがよいだろうか。

Will実現に影響の大きい能力は何か

若手に特に多いのが、能力を開発する順番や因果関係が明確なケースだ。

営業で言えば、まずは商材に関する知識がないと営業の機会をつくることもできない。営業の基本的な「型」に関する知識がないと顧客と対話ができない。このような場合は、本人の

Willどうこうの前に、順番を明確に決めたうえでの能力開発が必須になる。

最低限の能力がある程度高まった前提で言うと、本人の「ありたい姿」にとってより影響の大きい能力を優先的に高めていけるといい。

本人に「この力を高めたい」という意向があるのなら、それに沿ったほうが、モチベーションも高まる。ただ、悩ましいのが、こちらが求める能力と本人の高めたい能力に相違がある場合だ。

まず、「組織が求める能力と本人の高めたい能力が違うように見えても、実際には、必ずしも対立するものではないのではないか」という視点が大事だ。たとえば本人が「事業開発の能力」や「マネジメントの能力」を高めたいと思っていて、それが「この営業現場では身につかない」と考えているとする。このケースでは、本人の中の「高めたい能力」のイメージが抽象的で、具体化しきれていない。対話を進めたところ、求める能力は次の3つに細分化できることがわかった。

- プロダクトの仕様の設計能力
- 顧客の事業課題を捉え仮説を立てる力
- キーマンを巻き込んで意思決定してもらう力

本人の高めたいすべての能力が身につくことはありえないが、重要な能力を高める機会は十分設計しうる。たとえば、この営業部門では、事業開発に必要な力のうち、「顧客の事業課題を捉え仮説を立てる力」は共通する。「キーマンを巻き込んで意思決定してもらう力」はまさにぴったりと重なる。このように細分化からのすり合わせは機能しやすい。

能力開発の優先度を決める際は、短期だけではなく、その力を身につけた後の中期的なステップについても目線合わせができていると望ましい。というのも、メンバーはどうしても「身についていない力」に目がいき焦り、空回りしがちだ。だからこそ、ある程度特定の能力が高まったら、「次はこんな機会を掴めるとよいね」「その次はこれだね」といった形で、1段先のステップ、2段先のステップにも一緒に目線を向けられると、伴走してもらう側も安心感があるからだ。

意外にあるのは、現実逃避パターンだ。自身の成果が出ていないことや、能力が高まっていないことから目を背けたいという心理から、「他の力を高めたいんです」とつい言ってしまうケースだ。表に出てくる言葉が、そのまま本人の意向を表しているとはかぎらない。

さて、とはいえ組織として事業を営む以上、本人の希望する能力開発だけを考えるわけにもいかない。だからこそ、組織の求める役割と本人の意向の双方をふまえて、複数の選択肢の中から、現実的にどの能力を高めていけると望ましいかの対話が必要だ。

「会社のビジョンをふまえると、組織的には〇〇の達成が必要だ。そのためには組織としては

△△の役割をこなす人材が必要になる。あなたのWillやCanの観点と、この組織状況を重ねると、まずは△△の役割で、□□の力を強化してもらえるとあなたの将来にとってもいいと思うが、どうだろう?」といった具合に投げかけてみる。

決めつけるのではなく、組織として用意できる複数の選択肢を提示し、どういった能力を重点的に高めていくか、対話の中で本人に選んでもらう形が望ましい。

強みを伸ばすか、弱みを克服するか?

この段階でマネジャーからよく聞く悩みは、「メンバーの強みを伸ばすべきか、弱みを克服するべきか」だ。私の経験上、強みに寄せたほうがトータルの価値は発揮されやすい。ただ、これはケースバイケースで、弱みを克服しなければならない場合ももちろんある。

「強み」に逃げさせない

こちらも特に若手層に多いが、その弱みが実務において致命的なレベルの場合だ。

たとえば、新卒メンバーで非常にコミュニケーション能力に長けていたとしても、最低限のタスク管理や論理的思考、計数整理ができなければ仕事そのものを任せてもらえない。

特に明確な強みがある場合、その強みによって、他の（致命的なレベルの）弱みを直視しないまま仕事をこなせてしまう場合もあるが、それは本人のためにもならない。「弱みをまずは最低限のレベルまで上げる」から逃げないことが、この段階での成長支援となる。

あえて、「弱み」を切り捨てるとき

特に年次を積んだメンバーや、特定のテクニカルスキルが高いメンバーの場合は、本人のWillと能力開発のイメージを合わせたうえで、強みに振り切ったほうが有効なケースもある。

あなたの周囲で、どうしても、過去、弱みがネックとなりくすぶっていたメンバーが、上長の異動や転職などで環境が変わった途端、一気に活躍した例をみたことがないだろうか。そういった場合、まさに強みに集中して一点突破した可能性が高い。

起業家はもっともわかりやすい例だ。弱みがないバランス型の起業家は極めて稀で、ほとんどが、0→1の突破力や、まだ世にない未知のサービスを構想する力、仲間を集める力など、それぞれ何らかの圧倒的な強みを持つ一方、何らかの致命的な弱みも抱えている（それを補完できる経営チームを組めている企業は成長しやすい）。

キャリア支援においても同じだ。例を挙げよう。

あるマネジャーの方。対話型のマネジメントが得意で、事業の仕組み化など0→1よりも、1→10、10→100といった、スケールする組織や業務の設計が得意だった。

だが、経営陣からは今後事業をリードする立場になってほしいという期待があり、0→1の「創り出す仕事」をできるようになってもらいたいという要望がずっと課せられていた。現経営陣は、その強みを活かしてここまで成功してきたからだ（自己正当化バイアス）。しかし、本人は、もう何年もこの弱みは克服できていなかった。

別の経営者が上長になり、この方の強みや特性を見たところ、「中途半端に0→1を鍛え続けるよりも、本人のWillに合致し、強みも活きる10→100の機会に従事してもらったほうが大きな価値が出せる」と判断。本人との対話により、機会提供のやり方を変え、10→100のステージで、営業や管理、財務など幅広い領域の能力を高めたHH型・ブリッジ型人材となっていった。今は著名な組織のCOOとして活躍している。

課題そのものではなく構造を見る

支援する側からすると悩ましいのが、「この弱みを克服しよう」と対話の末に合意したのに、つど指摘もしていながら、長く克服できないままのケース。この場合、肝心なのは、弱みが改善していない背景構造を探ることだ。

まず、印象とファクトを切り分けよう。日常の接点が多くないメンバーの場合「○○が弱いままだ」という印象を受けても、それが思い込みにすぎない場合も多々ある。

ファクトの切り分けができたら、その背景（つまり、なぜ弱みが克服できないままなのか）を構造化して、真因を探る。

たとえば、「巻き込み力やプロジェクトマネジメント力が弱い」と指摘されていながらも、長らく克服できていない方がいるとする。なぜだろうか。

実は、指摘内容を頭ではわかっているものの、心のどこかでは「自分は考える仕事が好きで、巻き込みは他の得意な人がやったほうがいいのではないか」と思っており、そもそも巻き込み力やプロジェクトマネジメント力を強化することの必要性が腹落ちしていなかった（加えて、誰とでも仲良くなれて、巻き込みが得意なタイプの人に対する憧れとコンプレックスなど複雑な思いもより深い部分では抱えていた）。ただ、上長の指摘を受け改善したい気持ちは一定あったので、自身としては巻き込みを以前よりしっかりしているつもりだったが、具体的な方法論（巻き込み方の作法や手順などの勘所）がわかっていなかったのだ。

「克服できない」の背景には「本音で腹落ちしていない」「方法論がわかっていない」なかで空回りする構造に真因があった。そのため、前者では「本当に必要と思えているかどうか」対話の場をあらためて持った（対話の結果、本人のWillにまで話が及び、高めるCanが変わることも十分ありうる）。「手段がわからない」のであれば、テクニックの伝達に時間を取り、伝達されたとお

図7-7｜本質的要因の捉え方

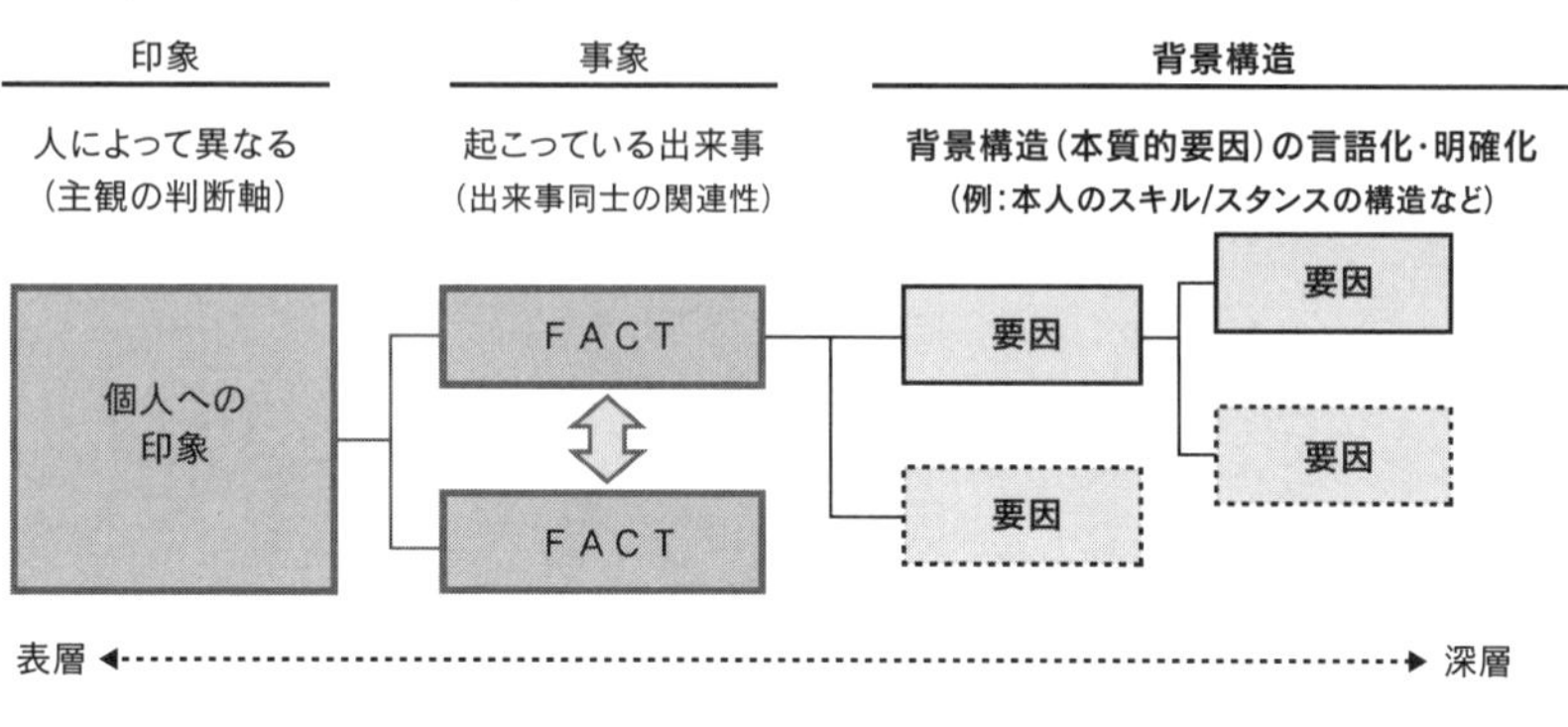

出所：エッグフォワード作成

りにできているか、特に立ち上がりを重点的に、上長なり得意なメンバーなりが見届ける手もある。

同様に、強みが一気に伸びた喜ばしいケースも、その背景を深掘りしておくことが大事だ。

たとえば、現組織で、細かいタスクや数字の管理を担っていて伸び悩んでいたメンバーがいた。上長は情報収集によって、「過去にそのメンバーが社外の顧客とやり取りしていた際は、大きく成長していた」と知り、役割を転換。顧客に直接対峙する機会を得た途端、水を得た魚のように活躍した。本人の特性として、顔が見えないコトに向かうよりも、ヒト・環境、特に固有名詞で頼られることで、「相手のために頑張ろう」と人並み以上に思える特性があることを見抜いたのだった。

今後、もし組織や事業環境が変わっても、このメンバーはヒト要素が強く影響することを理解したうえで機会を提供していくのがいいだろう。うまくいったときこそ構造化し、本人に再現性を持たせよう。

図7－7のように、強みや弱みという「現象」だけでなくその

「背景構造」にまで目を向けられると、1段高いレベルの成長支援ができるようになるはずだ。

「成長実感」は一番の薬

成長の「実感」が持てないまま努力し続けるのは、心身ともにハードだ。逆に「実感」さえ持てれば、それが励みとなって自ら努力し、いいサイクルに入っていく方も多い（特に、本人のコンディションが悪い、自己肯定感が低いなどの場合は成功実感の重要度は増してくる）。

特に成長の実感をしばらく得られていない方、あるいは、組織にジョインしたばかりの方などは、半期くらいの短期の時間軸で、成長が感じられやすいテーマやレベル感を設定して、「実感」から育んでいくことが有効だ。

また若手だけでなく、逆に、ミドルやシニアの場合、相応のポジションであるにもかかわらず短期の成果が出せないと、外からの目に必要以上のプレッシャーを感じ、焦りにつながることがある。同様に短期で実感を得やすいレベル感の目標をセットすることが重要だ。成長というよりは、成果を出せたという「実感」が、その人の焦りを鎮め、居場所をつくり、いいサイクルに入るきっかけとなりやすい。

さて、能力開発（Can）の具体化と成長テーマの設定がおおまかにできたら、次のステップに移ろう。

STEP 3

Must（実務）の機会提供

続いてMust（実務）の機会提供だ。

まず、職場が個人のキャリア実現のためだけに存在しているわけではない以上、成果は当然求められる。そのため、「組織の方向性と、個人のWillとCanをどこまで重ねられるか」が大きなテーマとなる（図7－8）。

「チャレンジ」と「セーフティネット」の設計

特に、成長意欲の強いメンバーの場合には、本人が頑張っても現状では若干届かないくらいの目標や機会を設定し、伴走することが大切になる。クリエイティブジャンプの箇所でも述べたように、人は、機会によって大きく成長する。まだ少し難しそうであっても、あえてややチャレンジングな目標を課していきたい。

図7-8｜WillとCanを踏まえたミッション

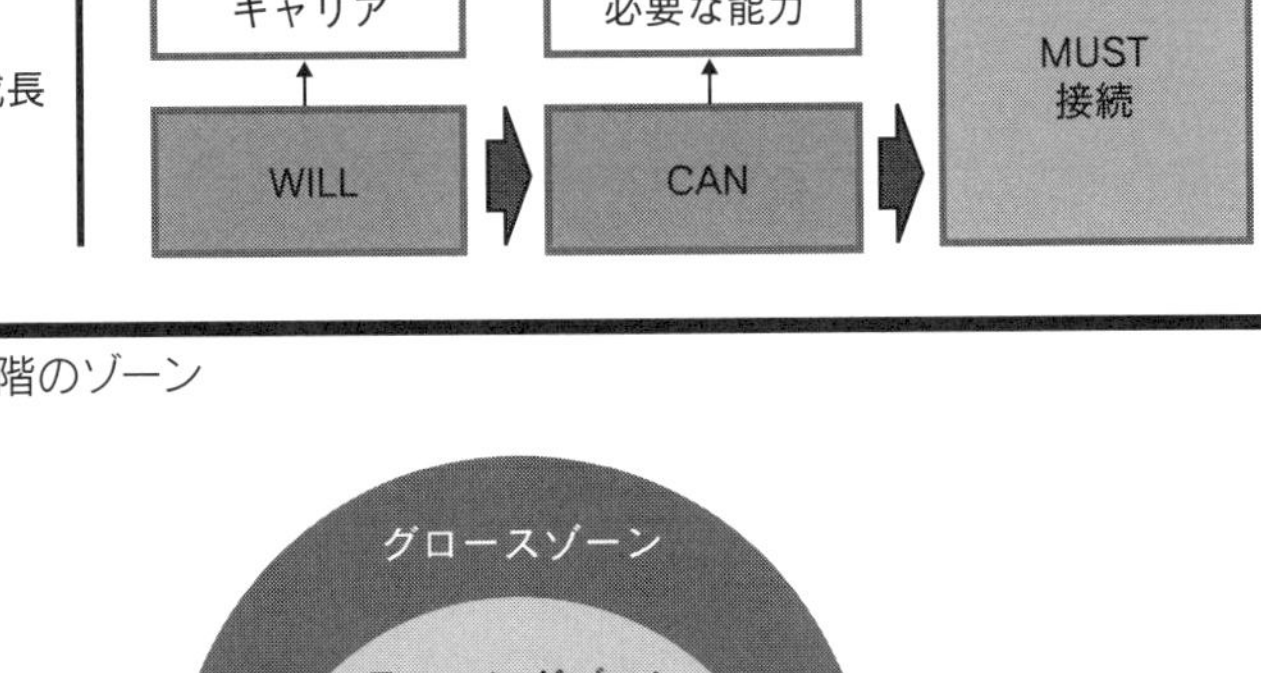

図7-9｜4段階のゾーン

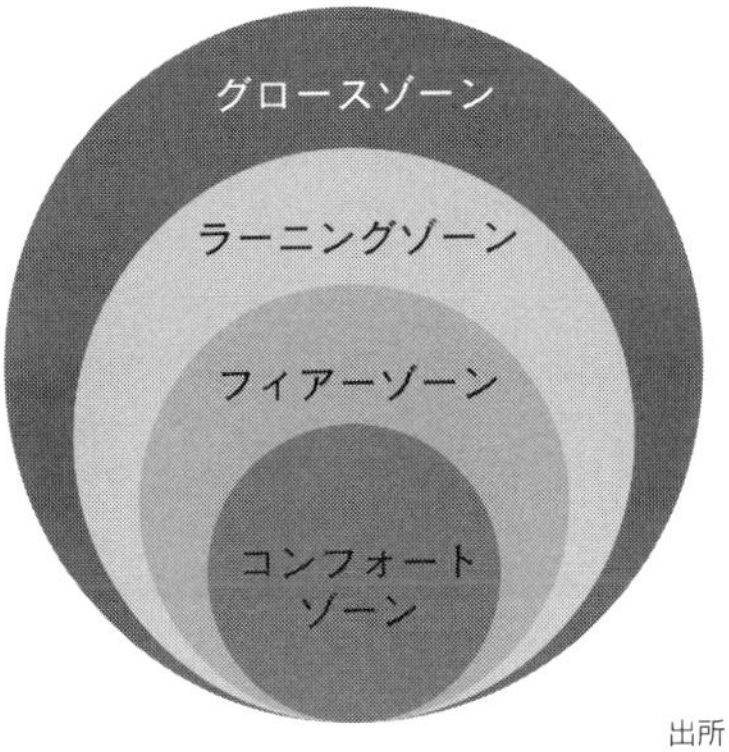

グロースゾーン
ラーニングゾーン
フィアーゾーン
コンフォート
ゾーン

出所：エッグフォワード作成

図7－9は、人の成長と負荷の関係を描いた図だ。負荷なくこなせてしまう、いわゆる「コンフォートゾーン」にいると人の成長は逓減する。個人が自律的にそのゾーンを抜け出すのはなかなか難しい。ついついストレスの無い環境に居続けようとしてしまうものだ。だからこそ、少しストレッチが必要な目標をセットしたり、新しい成長機会を提供することが支援となりうる。ただ、いくつか注意点がある。

1つ目は、いきなり大きなストレッチをさせすぎないこと。

崖から突き落として、コンフォートゾーンから無理やり追い出せばよいというわけではない。あまりにストレッチが強いと、成長もなく挫折で終わる。

2つ目は、できるだけ「この機会を選ぶ」という意思決定を本人にしてもらうことだ。チャレンジングな機会は、当然苦しい時期もある。他のメンバーと摩擦（まさつ）が起きたりもする。「マネジャーに無理やり決められた」という思いが残ると、苦しいときの踏ん張りが利きにくい。「本人のWill-Canとつながっているからよいだろう」と機会をこちら側の意志のみで設定するのは乱暴だ。あくまで、その機会を掴むか見送るかの決定権は本人にある。

3つ目は、その後の伴走支援もセットで考えることだ。コンフォートゾーンを抜けると、フィアーゾーンに入り、恐れや萎縮が生まれる。成果も出にくい。そこを乗り越えるためには、支援が必要となる。

たとえば、抽象的な課題の解決力を高めたいメンバーに、実務のリードを任せるとする。当初は自力で試行錯誤をしてもらうが、その後は早めに対話する時間を取り、方向性のズレだけは早期に修正する。また、似た類の別プロジェクトに、抽象的な課題解決力が高いメンバーと一緒にアサインし、やり方を学んでもらいながら、並行して本プロジェクトで自分なりに考えてもらうようにする。いったんは完全に任せるが、悩んだときに相談できる窓口をつくっておいたり、メンタルが折れてしまわないよう、本人の強みが活き活躍しやすい領域の仕事も同時にアサインしておいたりする、といった具合だ。ただ放置するのではなく、セーフティネットを設けるところまでが、機会提供側の仕事となる。

◉応用編：意図的に失敗を設計する

応用だが、個人によっては、意図的に小さな失敗をさせることが有効なケースもある。本人の「自分はできている」感が強すぎたり、そもそも自信過剰なタイプの場合だ。

特に、同じような指摘を何度も繰り返されても改善が見られなかったり、あるいは周囲が助けてくれているためなんとかなってしまっている場合、社外の人や顧客にあえて言われること、あるいは自分1人でやってみてうまくいかない体験をすることで、初めて本人が現実を自覚するケースもある。高めたい能力の優先度を考えるうえでも、適切な現在値の認識は重要だ。自己認識と他者認識のギャップが大きい場合は選択肢になるだろう。

テクニカルな面で言えば、上長から直接伝えても本人がシリアスさを認識しない場合、「本人の成長のために、あえて率直に伝えていただけませんか」と、社外の関係者や社内の部署外の方からコメントを集め、本人に自覚を促すのが有効だろう。直接本人に伝えてもらえるのなら、なおのこといい。

その場合、ドラマの取り調べで「厳しい刑事（Bad Cop）」と「優しい刑事（Good Cop）」を分けるように、共感する側の役回りも設けておくと、本人がフィードバックを受け入れやすくなる。組織に影響の出ない範囲で小さな「失敗」を設計するとよい。

部署外の機会を提供する

ここまでは、自部署内、かつ短期の機会提供を中心に話してきたが、ここからはより視野を広げてみたい。

まず、社内の他部署と新しい機会をつくれないか。異動までいかずとも、部署横断のプロジェクトなどの機会はありえる。

「成長テーマに応じたメンバーへの機会提供のイメージがわきにくい」という声は多い。そんなときは、自社内でどういった経緯で、どういった機会を経験した方がいるのか、どんなキャリアを積みうるのかにアンテナを張っておくと、機会提供の選択肢の引き出しの幅は広がりやすい。

ただ、成果を求められるマネジャーとしては、「今このメンバーに抜けられたら困る」という現実的な制約もあるかもしれない。その場合も、いきなり0か100かで考えるのではなく、2~3年の中長期視野を持ち、本人と日頃から会話しておくことが重要だ。そして、今すぐでなくとも、そのメンバーに機会を提供できるよう、中長期で業務の非属人化、リソース確保を進め、チーム運営に影響の出ない体制を作っておく（次章で詳述する）。

社内にどんな機会が存在するか、自部署だけでなく他部署、そして今だけではなく少し先の未来にまで、広くアンテナを張っておく。キャリア3・0の時代には、マネジャーには機会への感度と提供への強い意志が求められるのだ。

個人のWillと組織のMust（実務）は重なるのか

さて、ここまでメンバーに成長機会をどう提供するかを論じてきた。ただ、実際に起こりがちなのは、Will-Canと、Must（実務）が切り離されてしまうパターンだ。

というのも、Will-Canは個人に属するが、Mustは組織に属する。マネジャーとして、メンバーの成長（Will-Can）だけを考えてMustをおろそかにはできない。「個人と組織の間にあるギャップをどう重ね合わせていくか」という質問は、私も非常によく受ける。

まず、前提として、個人は、部分的にではあれ、自身のWillや「ありたい姿」と重なるからこそ、この組織を選んで入ってきたはずだ。とはいえ、当然実務のすべてがビジョンと完全に紐づいているわけではない。だからこそ、「捉え直し」が必要になる。

住まい領域のマネジャーCさんの事例を思い出してほしい。彼は、実務の意義と個々のWillのつながりについて丁寧に対話していた。

・自社は幸せな家族や個人を増やすために存在する企業だ。
・そのためには、顧客の最初の接点となる我々自身が、お客様の理想を知る必要がある。
・そして、幸せな家族や個人を増やすため、ユーザーファーストで、それぞれに異なる幸せの形を一緒に模索して、最適な提案をしてほしい。
・みなさんが、ニーズをくみ取り、幸せな家族や個人を増やすことから、新しい取り組みが生まれるかもしれない。新たにメンバーも加入し、価値の総和が持続的に大きくなっていくはずだ。

どんな仕事であっても、細分化していけばどんどん「作業」になりやすくなる。ただ、だからこそ、Cさんのように目の前の業務が自身のWillにとってどういう意味があるのか、また自部署や全社のビジョンやパーパスにとってどういう意義を持っているのかを伝達し、共有していくことが大切になる。

細分化・具体化・接続

ただ、それでも完全に目線が合うケースは珍しい。そもそも、組織のビジョンと個人のWillが完全に一致することはないのだ。

ではどうすればいいか。大切になるのは、組織のビジョンと個人のWillの「細分化」だ。組織全体の「ビジョン」という抽象的な存在を細分化し、かみ砕き、具体化する。具体化しながら、個人のWillとの重なりを考えていく。

「住まいの選択のあり方をアップデートし、幸せな家庭の数を最大化する」という組織ビジョンであれば、「住まいの選択のあり方をアップデート」するとはどういうことか？より具体的に考える。すると、単に情報を提供するだけなのが今までの「住まいの選択のあり方」だったとしたら、一歩進んで「本人が気づいていなかった選択肢に気づける」「単なる情報ではなく、顧客が意味合いを読み取れる『データ』を提供し、意思決定を支援できる」「意思決定の結果を待つだけでなく、意思決定のプロセスに伴走できる」といった具合に、アップデートの内容を細分化できる。

「幸せな家庭の数を最大化する」であれば、「幸せな家庭」とはどんな状態だろうか？を細分化する。「家族それぞれが、自分らしく生き生きしている」「家族間同士のコミュニケーションが円滑で、支え合えている」「家族のよりどころとしての戻る場所（ホーム）がある」などだ。

Willも同様だ。個人のWillが、「人生の大切な意思決定を前向きに支えたい」であったとする。その場合、「人生の大切な意思決定」とは何を指すのだろうか。たとえば、「その決定によってその後の人生に大きな影響を与えること」「金額が大きいこと」「本人だけではなく、周囲の方にもいい影響があること」などさまざまに具体化できる。「前向きに支えたい」は「短期の取引相手ではなく、長期のパートナーとなり伴走し続けること」「意味合いを含んだデータ、それらを判断するための基準まで提供し、対話できること」などだ。

こう考えていくと、家を買うとは「今後の人生に大きな影響を与え」かつ「人生の中でもっとも高い買い物の意思決定」であり、その意思決定に「必要な情報を判断の軸もセットで示す」という点で、組織のMustと個人のWillはつながっている。同時に、事業は、適切な判断につながるデータや基準を伝えることそのものがサービスとなっているため、ここもWillとつながる。

実際に、ビジョンと個人のWillを部分的に重ねて働けている人が多い組織は、こうした対話と、その結果としての細分化・具体化・接続を非常に重視している。ただし、つながらない部分を、決して、無理にこじつけて納得させようとしてはいけない点は注意が必要だ。

思い切ってメリハリをつける

すべての仕事で、本人のWillやCanと組織のMustを完全に接続することは難しい。ただ、何か1つでいいので、短期で、本人のWillに近い、Canの開発につながる領域でアサインできる業務を探す。最低限のラインとして、ここは明確に意識したい。そのうえで重要なのがメリハリを利かせた対応だ。

◉業務上のメリハリ

まずは、業務上のメリハリ。非常に影響の大きいものについては、実務の都合が優先されるのも仕方がない。逆に、多少失敗しても致命的な影響が出ないレベルの業務は、思い切って本人のWillやCanを優先してみる。

業務区分の見直しによって、メリハリをつけられることもある。

今まで個人ごと、バラバラにアサインしていた業務を、本人のCanに少しでもいい影響があるよう、その能力が高い他のメンバーと共同で業務にあたってもらう。まずは横から見る機会を設けるだけでも、本人の解像度は高まる。機会提供できる／できないの2択ではなく、もう少し細かく分解し、まずは業務上の接点を持つところからでも始められるといいだろう。

◉人によるメリハリ

理想的には関わるすべてのメンバーに最適な機会を提供したいところだ。ただ、限られた機会の量をふまえると、現実的には、人によるメリハリをつけざるをえないケースもある。

Willと既存業務の接続がどうしても弱い時期が続いていたメンバーに重点的に新しい機会を提供する、伸び悩んでいるメンバーに特に重点的な弱みの克服機会を提供する、逆にもう1段ステップアップしてほしい期待のメンバーに、重点的にクリエイティブジャンプを提供する。

メリハリをつける際は、組織への波及効果も考えてほしい。たとえば中間のリーダーがいきいきと活躍すればその下のメンバーにもいい機会提供がされうる。常日頃サポートを受けていたメンバーの弱みが克服されれば、他のメンバーのリソースが空き、新しいチャレンジができる。

現実的には、どうしてもコンディションが悪かったり、問題のあったりするメンバーに目が行きがちだが、実は、活躍し、組織を牽引(けんいん)するポジティブな波及効果のあるメンバーを1人増やすほうが、ネガティブ要素を1つなくすよりも影響が大きいことは、意識しておいてほしい。

受け身ではなく自分からリソース確保に動く

どこまでできるかは組織状況によるだろうが、成長機会を付与し、持続的に組織をよくしていくためにも、より上位の役職者や他部署に対して社内での期待値調整をするのも、マネジメントの仕事の1つと言えるかもしれない。

組織全体のバランスもふまえ、自部署で持つ役割や目標感を調整する（わかりやすく言えば、ハードルを下げる）。たとえば優先度の低いものはスケジュールを後ろ倒しにする、成果に影響のないものは減らす、あるいはなくす、品質や数字を一時的に落とすことを一定レベルまで許容してもらう。逆に、リソースが足りないなら追加で確保できないかといった交渉も重要だ。

現有リソースで足りないなら、業務を減らすか、リソースを増やすかのどちらかしかない。

組織の全体最適の視点は意識しつつも、受け身で待つだけではなく、メンバーのキャリアづくり支援を能動的に設計する意図を持ち、働きかけることが大切だ。

避けたいのは、成長機会を与えた後に通常業務が回らなくなって慌てて役割と期待値の調整に動くこと。成長機会を与えた後の影響をあらかじめ見据え、前倒しでリソース確保に動いておくことが重要だ（たとえば、全体の体制や自部署の役割が固まる前に、来期に向けて、誰にどんな機会を与えるか、そのためにどんな影響が生じうるか、上長とある程度会話しておくなど）

期待値調整ができる上長は、成長機会の提供もうまいと言われる。逆に、上の人（あるいはクライアント）の言うことを何でも受けてしまう上長は、成長機会の提供が苦手だというのも、わかってもらえるだろう。

「マネジャーの悩み」をオープンに語ろう

マネジャーからの相談で多いのは、「成長機会も付与したいが、自分の業務すら回っていない状況で、どうにもならない」というケースだ。この場合、率直に自分の状況を開示して、チーム・組織としてどうすればよいかを一緒に考えていくことをおすすめしたい。

まず「自分としては、個々のメンバーがWillやCanに向かえるような最適な機会を提供していきたいし、その支援もしていきたい」と思っていることを自分の言葉で伝えること（自分としては「成長支援はしたいのだが忙しくて後回しにせざるをえない」つもりでいたら、状況が見えていないメンバーから「あの人は成長支援に興味がないんだ」と思われてしまっていたというケースもある）。

そして、「ただ、支援するには、自分の中で○○がボトルネックになっている」あるいは「ここに手が回らず困っている」などと可能な範囲で開示することだ。

「みんなのキャリアに関する考えを理解したいが、自分1人ですべては難しい。チームで補完し合えるようにしていきたい」と率直に伝えるのもいい。「忙しすぎる」というマネジャーの悩み自体が、「なんでもこなせるような自分でいないと」というプライドの鎧からきていることも少なくない。

自身ですべてを抱えていた実務を思い切って任せられないか、あるいは業務を減らせる余地がないかも考えてみてほしい。同じマネジャーでも、より効率的に推進している人もいるはずだ。ロールモデル論でもあったように、部分的にでも参考にできないか一次情報を取りに行きたい。抽象的な話が続いたので、最後に事例を挙げてみよう。

仕事に対するモチベーションが明らかに下がっているとあるメンバーがいた。上長が話を聞いてみたところ、「HRに関する新規事業を立ち上げて、業界を変革できるような存在になりたい」というWillを掲げ入社したものの、ずっと意に反して営業職しか経験できていないのだという。表情も暗く、営業成果も下がっていた。その話を受けた上長は、どのようなキャリアを描けるか、どう機会提供できるかをともに考えていった。

まず、メンバーのWillである「HRに関する新規事業」「業界を変革できる存在」についてしっかりと対話を重ねた。

そもそもの入社動機に始まり、どういう背景でそのWillを抱くようになったのか、なぜHR領域なのか。参考とするロールモデルはどんな人か。さらには、「新規事業の立ち上げ」とはどんなことができている状態なのか？その先の「業界変革」とは具体的に何を指すのか？何を変革しなければいけないと思っているのか？　とより解像度を高めていった。まさにWillの具体化と目線合わせだ。

次は、Canの理想と現在値の認識を合わせ、Willに向け必要な能力を細分化していった。

1：ビジョンを掲げ、仲間を集めるリーダーシップ能力
2：ビジネスモデルを構想し、0→1で事業を検証する能力
3：顧客を動かすプレゼンテーション能力、営業力
4：多様なステークホルダーと協働できるプロジェクトマネジメント能力
5：リソースが少ないなかでの仮説構築、分析能力

そして、それぞれの理想形について目線を合わせたら、今度は現在値とのギャップを踏まえ、優先度を考えていった。

現在の営業業務をどう捉えるか。ただの「訪問・提案・クロージング」活動の繰り返しと考えるならば、Willとのつながりは実感しにくい。

ただ、営業も、「3：顧客を動かすプレゼンテーション能力、営業力」「5：リソースが少ないなかでの仮説構築、分析能力」が必要な業務であり、これらはまさに新規事業に求められる力そのものだ。ここで、Willとの部分的な接続が確認できた。

一方、特に理想とのギャップが大きい、「1：ビジョンを掲げ、仲間を集めるリーダーシップ能力」と、「2：ビジネスモデルを構想し、0→1で事業を検証する能力」は、今後より強化していきたいテーマである。

また、現在値を考慮すると、1はやや強みがあるものの、2はまだ弱い。新規商材開発経験のあるメンバーとの協働機会がなく、具体のイメージが湧いていないことも、2が弱いままだった「背景」にあることも、対話を通してわかってきた。

そこで、この「背景」をふまえた機会を提供するべく、他の組織とも折衝し、営業成果を上げた暁(あかつき)には、そのメンバーにチーム内で新プロジェクトを立ち上げ（ただし、正式にプロジェクト化するには仮説が検証されてから、という条件付き）、そのリーダーに抜擢(ばってき)する機会を提供することにした。1の強みをさらに高めてもらいつつ、2のビジネスモデル構想力は、プロ

図7-10｜Willに紐づいたCanの整理

	現在の業務	将来の機会提供
1：ビジョンを掲げて、仲間を集めるリーダーシップ力		○
2：ビジネスモデル構想、0→1の事業構築力		○
3：顧客を動かすプレゼンテーション能力、営業力	○	
4：プロジェクトマネジメント能力		△
5：仮説構築、分析能力	○	

出所：エッグフォワード作成

ジェクト立ち上げの際、ここに強みがある他のメンバーもアサインし、彼らからインプットしてもらうことにしたのだ。現業務で培った仮説構築能力も存分に活かしてもらう。

本人のWillに紐づき身につけてほしいCanのうち、「現在の業務に直結するもの」「これから機会提供により経験できること」を整理すると上の図7－10のようになる。

Willを細分化し、現在の業務に紐づけ、必要な能力が身につく過程を本人に説明し、ステップを示し、WillとCanとMustを丁寧に整合させていった。そして、Canに対して、フィードバックの機会を継続的に設けて支援した。

ダイレクトに新規事業の部署へ異動してもらうことは難しかったが、このメンバーにとって、現在の業務は「会社からのやらされ仕事」ではなく、「将来やりたいことを実現する力を形成するプロセス」だと感じられるようになった。

きっと、マネジャーによる意味づけと機会提供がなければ、メンバーは転職していただろう。目の前の仕事の捉え方1つで、個人のキャリアすら変わってしまうことがあるのだ。

STEP 4

1on1を通じたフィードバック

Will-Can-Mustに紐づいた機会提供について論じてきた。最後のステップ4は、その機会を持続的なキャリアづくりにつなげるフィードバックや1on1だ。

あなたが、1on1を行う前提で、順を追って考えてみたい（図7－11）。

STEP 1：アイスブレイク

忙しい業務の中の貴重な時間だからといって、開口一番、「ゴールへの進み具合はどう？」と聞くと、相手は萎縮してしまう。そうではなく、毎回アイスブレイクを設け、雑談から入ることを習慣としたい。忙しい中時間を取ってくれていることは相手も同じなのだ。まず、そのことに対する感謝の気持ちを伝える姿勢が大切だ。

よくあるパターンが、「えっと、どこ住んでるんだっけ？」「何回か言いましたが……○○です」「あ、ごめん……」

図7-11｜1on1の6ステップ

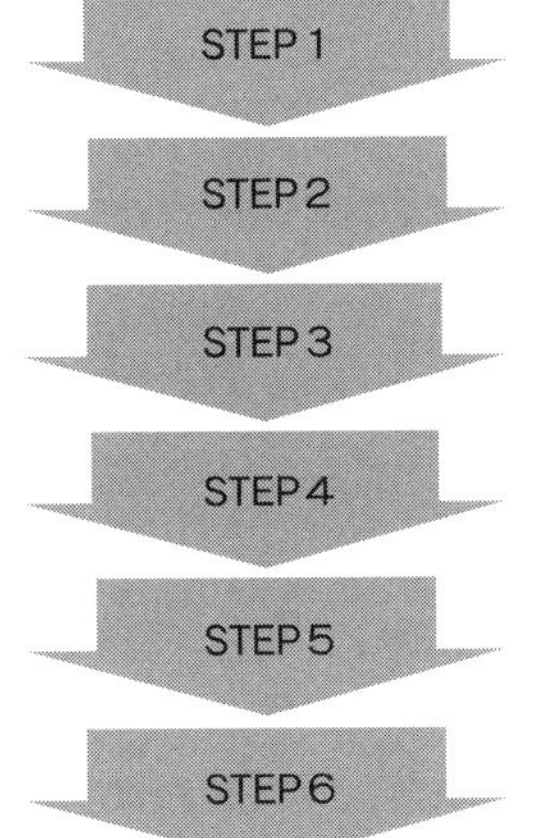

「自分は敬意を払われていない」と相手が思ってしまうと、どんな対話も成立しない。

STEP 2：Willと目標を確認

少しアイスブレイクを挟んだら、本題に入ろう。1on1は、業務に関する確認や指示のためのミーティングではない。

キャリアに関する定期1on1は、まず「ゴール地点の確認」から始めよう。

話の前提がズレていても、上長であるあなたにメンバーは指摘しづらい。お互い認識が合っている確信があれば飛ばしてもかまわないが、できれば、「これまでの話の確認から始めたいけどいいかな?」と断ったうえで、「○○さんはこんなことを実現していきたい（Will）から、そのためにこんな力（Can）をつけていきたい、という話だったと思うけど、合ってるかな?」という大元から振り返ろう。

前提が揃ったら、「その力をさらに伸ばしていくことも含め、この機会にチャレンジしてもらっているんだったよね」と提供されている機会の位置づけや目標も軽くおさらいしておくとよい。「それくらいはわかっているよ」と思われる方もいるだろうが、実務に追われると、どうしても目先のＴＯＤＯやタスクに目が行きがちなため、あえて強調したい。スタート地点を常に振り返ることだ。

STEP 3：セルフフィードバック（ファクトと成長を分ける）

ゴールと現在地を確認したら、直近の振り返りに移ろう。

ここで重要なのは、メンターや上長が話すのではなく、本人に、自分で、今の進捗や状況について伝えてもらうことだ。自分自身で振り返りを行うので、「セルフフィードバック」とも呼ぶ。本人の内省がより深まるため、基本的には、どんな面談でも、まず相手にセルフフィードバックをしてもらった後に、それに関連づけて上長がフィードバックを返すのが鉄則だ。納得感の醸成やモチベーションの向上、アクションの改善へのつながりやすさがまったく変わってくる。

注意すべきは「業務の現状報告」だけでなく、それが「本人のWillの実現に向けた成長（Can）」にどうつながった（あるいはつながらなかった）かも必ず振り返ってもらうこと。常に意識しないと、どうしても業務の話ばかりになりやすい。業務の進捗確認や指示出しのミーティングももちろん必要だが、キャリアについて話す1on1とは明確に時間を分けよう。

STEP 4：傾聴・承認・質問のサンドイッチ

対話中のコミュニケーションのあり方も重要だ。まず、何よりも「傾聴・承認」の姿勢を持つこと。「自分は大丈夫」と思っていても、冷静に振り返ると1on1の前半こそ話を聞いていたものの、途中からは、アドバイスのつもりでつい話し過ぎてしまうマネジャーがほとんどだ。「もっとも本人の納得感が高まるのは、7割メンバーが話すとき」と肝に銘じておいてほしい。メンバー対上長＝7：3だが、逆になりがちだ。注意点としては、ここまで書いてきたとおり、すぐに本音が出るわけではないこと（だから日頃からの「信頼残高」が重要になる）。7：3の「3」に収まる程度に、自身からの自己開示もときに行おう。

フィードバックしようという意識が明確だと、「改善すべきポイント」だけに着目して話してしまい、結果的に、説教のように感じられてしまう点にも注意が必要だ。いかに内容が正しくとも、それでは納得感が醸成されず、モチベーション向上にもつながらない。フィードバックはあくまで、次のアクションにつなげるためにあるのだ。

「プラス（褒めるべき点・前向きな内容）」と「マイナス（改善すべき点）」をセットにし、プラスでマイナスをサンドイッチのように挟み込むイメージで、ちょうどいいだろう。

「相手のセルフフィードバックが反省点ばかりで褒めづらい」「褒めること自体が苦手だ」という相談を受けることもある。ただ、本人が成長を実感していない場合でも、些細なことでいいので、「あの仕事ありがとう、おかげですごく負担が減って助かった」「このあいだの仕事、チームにいい影響を与えたね」といい点にスポットライトを当てたい（「お世辞」のように、心にもないことを言ってほしいわけではない）。その後に、改善すべき点を指摘する。「今後の成長のためにあえて言うんだけどね……」「ここを改善できると、さらにこういう成果が出るようになると思うけど、どうかな？」といった形で、「その先に何があるのか」を共有しながら話すのが有効だ。

STEP 5：背景の深掘り

意外と忘れがちで、かつ重要なのがこの「背景の深掘り」だ。

うまくいっていること、うまくいっていないことを本人から聞き出せたら、つい「じゃあ今後どうしていこうか」とアクションの話に移りたくなる。しかし、その前に1歩立ち止まって、まずその背景を深掘りしてほしい。

たとえば、クライアントの経営陣の課題整理がうまくできない営業リーダーがいるとする。「うまくできない」という結果の背景には何があるのか。

自分の仮説とクライアントから出てくる内容があまりに食い違って混乱してしまう場合は、あらかじめ仮説を社内で上長と壁打ちし、複数パターンを持って行く手もある。

図7-12｜相手の課題の構造化

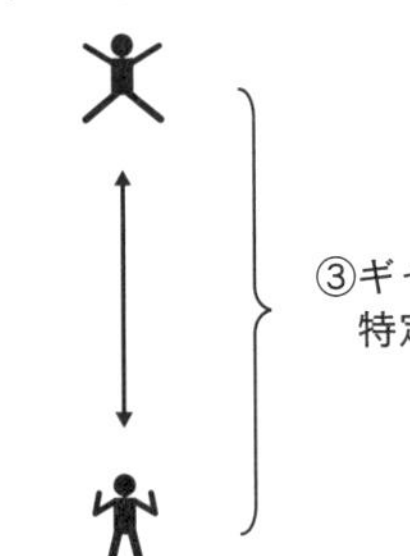

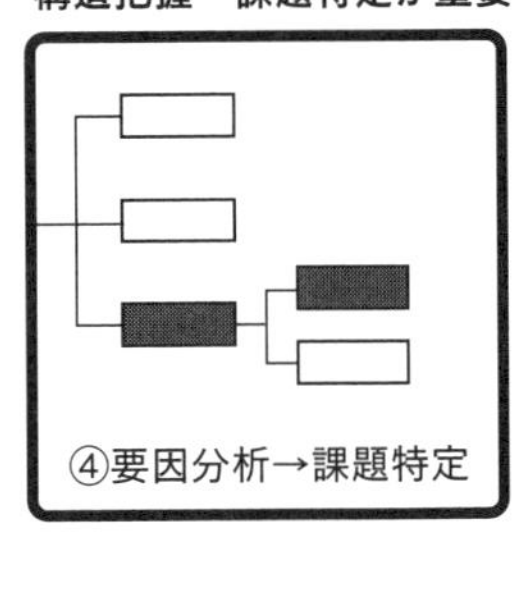

出所：エッグフォワード作成

そもそも何をどこまでやれば「顧客の課題整理」ができたことになるのかという「成功の型」がわかっていなかったのであれば、何度か上長と同席して型を身につけるのも有効だ。

このように背景構造を深く理解して、はじめて次のアクションがより効果的なものになるが、つい先を焦りがちだ（図7－12）。

STEP 6：アクション設定とフォローアップ

背景構造を理解できたら、はじめてアクションを設定する。フィードバックによって現状の良し悪しを認識してもらうだけではなく、目指す「ありたい姿」や成長に向けて、「今後どうするか」まで具体的に落とし込む。

ここも同様に、上長やメンターが一方的に「これをやってみたら」と決めつけるのではなく、背景要因をふまえてメンバーに問いかけながら一緒に策定していけるといい（「7割メンバーが話す」の原則を思い出してほしい）。

大事なのは次のマイルストーンを決めること。「この3ヶ月で顧客の課題を3社、自力で整理して提案まで持っていけるようにしよう」「そのためにはこの1ヶ月中に、複数の仮説を持った状態で、上長と同席してみよう」などと、「いつまでに、何を、どこまでやるか」を明確にしよう。

とはいえ、本人の悩みが深かったり、なかなかモヤモヤが晴れない場合は、「1回の面談ですべてを解決して、なんとしても次のアクションまで設定しないと」という気負い自体をいったん脇に置いてみよう。今回は、モヤモヤしている現状を聞くだけにしておいて、本人が「解消したい」という気持ちになった段階で、「いかに解決するか」について対話する場を設けるのでも十分だ。上長やメンターも、完璧主義になったり、型にはまりすぎないほうがいい。

◉定期的に長い時間軸「限定」の1on1を持つ

ここまで、どちらかと言うと日常的に行う1on1を想定してきたが、定期的に、もう少し長い時間軸でキャリアについて話す機会を持つことが必要だ。

本章の前半で扱ったWillやCanについて、社内外の機会やキャリアパスについて、なかなかふだんは話せないような中長期のテーマに絞った1on1を、四半期〜半年に1回、定期的に棚卸しをしつつアップデートできるとよいだろう。毎週するわけではないため、できれば、時間も普段の1on1より長めにとっておきたい。

マネジャーに、知っておいてほしいこと

1on1の方法論とは若干離れるが、特に出産を考えているメンバーが抱えている特有の不安や悩みについて、マネジャーに知っておいてほしいことをいくつか挙げておきたい。

キャリア以前に、1人の「人」と「人」としてメンバーと向き合うために、重要なことだからだ。

妊娠時の不安から産休後の復帰まで

どれだけ男女平等な世の中が訪れたとしても、男性が唯一代われないのが出産だ。

10ヶ月の妊娠期間、そして産育休において、女性はいくつもの不安を抱えている。身体的な不安、自身のキャリアが中断することへの不安。それらは入り混じっていて、心理的にも身体的にも、女性に大きな負担を強いる。

まずは、体調的なしんどさ、気持ち悪さ。つわりの重さや時期は本当に人それぞれだが、悩ましいのが報告のタイミングだ。チーム全体の業務分担や引き継ぎのことを考えると早めに上

長に報告するべきか。とはいえ、安定期に入るまではなかなか言いづらい。ということは、安定期に入る前の体調不良は、極端な話、誰にもわかってもらえない（パートナーも、話を聞くことはできても、当然「体感」はできない）。身体的不調、それを共有できない事情、二重の意味でのしんどさがある。

加えて、「戻ったときに自分の居場所はあるのだろうか」「これだけ人手不足ななか、みんな自分の妊娠をどう思うのだろうか」「まだ成果も出していないのに他のメンバーに示しがつかない」「子どもは無事産まれてくれるだろうか」など、状況や個人の性格にもよるが、妊娠中の女性は日々さまざまな不安と闘いながら仕事をこなしている。

◉産休中

無事に子どもが産まれて産休に入ってからも、また違う不安が生じる。「戻ったら浦島太郎で、自分だけがついていけないのではないだろうか」「実務から離れて、自分のスキルは低下しないだろうか」など、復職後の自分の居場所や、役割について悩むケースが多い。会社や組織から長期間離れることは、特に初めての場合それだけで不安なものだ（これは育休を取る男性にも当てはまるが）。

◉復帰後

復帰前は保育園を探すことの大変さ（地域差あり）に加え、自身の体調も本調子とは言い難いことも多い。目の前の育児の大変さに、「今まで考えていた中長期のキャリアは実現できないのではないだろうか」など不安は尽きない。2人目3人目を考えるならなおさら悩ましい。

復帰後は復帰後で、子どもが体調を急に崩したり、家庭との両立に悩んだり……。ここは男性も共通だが、残念ながら日本ではまだ子育ての負担が女性に偏っているのが現状だ。

不妊治療の「しんどさ」

また、さらに未体験者には想像しづらいのが、不妊治療だ。昨今、男女を問わず、不妊に悩んでいる方は相当に多い。なかなか職場では公にしづらく、すでに不妊治療をスタートしている場合は、精神的、肉体的、金銭的負担いずれも大きい。にもかかわらず、安定期前の妊娠同様、職場では打ち明けることもなかなかできず、仕事との両立ができない悩みを抱え込んでしまうケースも多い。また、突発的に病院に呼び出され、スケジュールも組みづらい事実は意外と知られていない。

上長との相性によっては、不妊治療中であることを共有し通院に合わせた働き方などが実現できるケースもあり、そうなると少し負担感は和らぐ。とはいっても相手が話してこないかぎり、なかなかマネジャー側からは聞きづらいのも悩ましいところだ。

ただ、何もできないといっても、想像力を働かせることくらいはできるかもしれない。

「ひょっとしたら」いま、ふつうに働いているように見えるメンバーが、人には話せない不安を抱えているかもしれない。身体的不調を必死に隠しているのかもしれない。職場の人には言えないプライベートの「しんどさ」を抱えているのは、なにも出産を考える方のみではない。

簡単に結論や対策を出せるようなテーマではないが、知っておいてもらって、きっと損はない。

マネジャーの「沈黙の痛み」

ここまで、主にマネジャーやメンターを対象に、いかにメンバーのキャリアを支援できるかを書いてきた。「完璧主義ではなく、まずは1歩ずつ」とも強調してきた。

しかし、こう思った方も少なくはないはずだ。「マネジャーになるの、大変すぎない？」

そうなのだ。多くの企業で、あまりにもマネジャー、中間管理職に過剰に負荷が偏ってしまっている。そしてその結果、「中間層のバーンアウト（燃え尽き症候群）問題」が起こる。

業務の数値目標は非常に高いまま、リソースも不足し、手当てもない。かつてのように、労働時間の量でカバーすることもできない。

そんな中、キャリアは流動化し、「メンバーのキャリア支援」「個人のWill-Canと組織のMustの接続」までマネジャーはしなくてはならない。しかも、マネジャーになった本人も、「キャリアづくりの支援方法」についてほとんど何も教わっていない（だからこそ本書が書かれたわけだが）。

さらに上の役職の上長に相談しようにも、「昇進を目指すのが当たり前」という価値観でやってきた人も少なくないため、有効なアドバイスも得られづらい。限られたリソースの中で、体系的な知識を誰からも教わらないままに、何もかもを求められるのはあまりに酷だろう。

しかし、多くのマネジャーは、声を上げない。その結果、組織課題が、現状、多くの組織で中間層に収束しているのだ。この問題を「サイレントペイン」と呼ぶ。

まだエンゲージメントが高いとは言えない現場メンバーに負荷をかけてはコンディションの悪化、ひいては離職にもつながりかねない。経営トップも現場のすべては見切れない。

そうなると、耐性も、スキルも相応にあるように見える中間管理職しか課題を背負える層は残っていない。しかし、消去法的に「中間層に課題の発見から解決まですべてお任せ」という態度は、ある意味で「経営の怠慢」ともいえる（あえて強い言葉を使おう）。

もちろん、ここまで手渡してきたキャリア支援の方法論だけでも、状況は大きく改善されるはずだ。あなた1人、そしてチームがポジティブに変わるだけでも組織への波及効果は大きい。ただ、組織全体も足並みをそろえて支援できれば、変化はもっとパワフルになるはずだ。次は、個人からぐっと枠を広げて、「組織に何ができるか」を見ていこう。きっと、キャリア3・0時代にふさわしい新しい組織像を示せるはずだ。

第8章

「個人」と「組織」の理想を両立させる組織づくり

ここまでは、マネジャーも含め「個人」の側からキャリアづくりを論じてきた。

最後は、「組織」づくりだ。

キャリア3・0の時代において、組織は、どこでも働ける個人に「ここで働きたい」と思ってもらえる「場」をつくらねばならない。個人に、成長の機会を提供し続けられる存在でなければならない。個人の成長が実現できてはじめて、事業の持続的成長も可能になるのだ（逆に言えば、人に向き合わない組織が持続的成長を遂げることはない）。そう、個人の支援と組織づくりは、本来「2つで1つ」なのだ。

最終章となる本章は、個人と組織の理想が両立できる組織の「構造」について論じよう。「組織づくり」に関わる人事・経営側に向けた話が多くなるため（マネジャーもぜひ読んでほしい）想定読者は少なくなる。それでも語らなければならない。組織の「構造」が変わることなく、日本が「人の持つ可能性」を活かせる社会になることはありえないからだ。

働く個人は、「この章で語られていることが自社で実現されているか」という視点で読んでもらうといいかもしれない（親になることを考えている方は終盤の「プレ管理職」だけでも読んでほしい）。個人が組織を見定め、より成長の機会がある組織へと移っていく。そのダイナミズムこそが、時代の波をつくるからだ。

キャリア3・0時代にふさわしい組織のあり方とは、どんなものだろうか。

端的に言えば、それは「組織」の理想と「個人」の理想を両立し続けられる組織だ。企業は、ビジョンの実現に向けた持続的成長を、個人は、「ありたい姿」に向かうキャリアづくりを実現できる。

大切なのは、それが「一過性」ではないことだ。いい状態が持続的に保たれる「構造」が、しっかりと組織に組み込まれている必要がある。

「構造」とは何か。組織のフェーズが変わっても、中にいる人が変わっても、個人と組織の理想を持続的に両立するための「仕組みやルール」をイメージしてもらうといいだろう。

私は個人の力を信じている。個人が起点になり、組織全体が変わるケースも何度も目にしてきた。ただしその一方で、意志を持った個人が組織の多数派に飲み込まれ、事業と組織が停滞してしまう例もまた、数限りなく見てきた。悔しくてたまらなかった。

経営者も従業員も自分のことしか考えていない、そんな組織であれば私も「しょうがない」と思えただろう。私が悔しかったのは、志を持ち、人のことを想う経営者がいて、一生懸命働く従業員もいたのに、「構造」が整っていなかった、ただそれだけの理由で空中分解してしまう例が少なくないからだ。組織を運営するのに、「志」と「想い」だけでは不十分なのだ。

まずは反面教師として、実際の例を見てもらうのがいいだろう。スタートアップが舞台だが、本質的な部分は、伝統ある大企業・中小企業も一切変わらない。

その会社は社会的にもよく知られている成長企業だった。

社長は、人の成長に寄与したいという明確な意志を持っており、「人材輩出企業」でありたいと強く思っていた。人事担当者の人柄もよく、多くのマネジャーは、忙しいなかでもメンバーのキャリア支援に向き合っていた。事業の成長と、個人のキャリア支援を、ある程度両立できていたと言っていい。

しかし、成長を続けた組織は、あるタイミングを境に、一気に傾いた。中核人材が、次いで若手が、1人また1人と離職した。そして、ついには社長自身も立場を追われ、組織は事実上なくなった。組織崩壊に至るまで、あっという間だった。

何が起こったのか？　きっかけは、ビジョンのバラつきだった。新しい役員が次々に増え、組織全体も拡大する。ここまではよかった。しかし、それぞれが個々の方針を打ち出し、軸が定まらない。空中分解の兆しが生まれつつあった。

新しい役員陣は、「能力の高いリーダーが不足している」という株主からの指摘を受け、前職の実績や肩書を重視し採用されていた。

華やかな肩書を持つ役員に対し、社長も若干遠慮があった。お互い、本音で会社の軸について議論できない。ビジョンは揃っているように見えて、実質的にはほぼ軸としては機能していなかった。人や組織づくりに対する価値観、つまり「何を大事にして何を大事にしないのか」についても、大きくバラついていた。「事業成長」という薄皮一枚でつながっている状態だった。

空中分解の兆しは、メンバーレベルでも徐々に色濃くなり始めた。中途入社者が急速に増えるものの、人事制度は整っていない。ひとまず前職と同等の待遇を前提にしたオファーが続いた。すると当然、既存社員との給与の整合性がとれなくなり、矛盾が噴出しはじめた。給与ごとに果たすべき役割も定まっていなかった。

刷新された評価制度も、組織のあり方に影響を与えた。新しく入ってきた役員陣の方針で「短期の数字や成果を出せる人」が評価されるようになったのだ。「カルチャーやバリューを体現しているか」はさほど問われなかった。その結果、次々に登用されるマネジャーの価値観と既存のカルチャーにズレが生じ、新旧メンバーの対立という形で表面化していった。

社長も、「人材を育成したい」という想いはあったものの、機会提供の仕組みは整備できておらず、ほぼマネジャー任せになっていたため、短期的成果を追うプレッシャーのなかで、成長の支援は一気に形骸化した。組織全体からの支援もなく、だんだん若手メンバーへ目が行き届かなくなっていった。組織トラブルが増えるなかで、マネジャーたち自身も「自分はなぜこの組織に所属しているのか」が見えなくなっていた。

結果、高い目標達成のために業務だけが積み上がり、労働環境も悪化し離職は急増。残った社員の業務負荷はさらに増した。想いを持ち、成長を志向していた若手も、降ってくる夕スクに追われ、急速にモチベーションが低下。残った若手もほぼ放置状態となった。
経営面の意思統一も行えず、社長は代表を降りた。元々、事業成長と人のキャリア支援をある程度両立できていた状態からこうなるまで、半年もかからなかった。

私のところに話が来たときにはもはや事態が進みすぎていた。結局、1度は代表を降りた社長とともに、「なぜこの会社が存在するのか」という原点にまで立ち帰り、組織の理想と個人の理想が一致する「構造」をつくることに本気で同意し（崩壊の原因はここの本気度の甘さにあった）、再建に取り組んだ。

「会社のビジョンとバリューの整備」「採用・昇格要件の見極め」「個人が成長できる抜擢の仕組みづくり」「人事制度の設計・運用」「組織状況のモニタリングと改善のサイクル導入」などを行い、この企業は2年程をかけて、ようやく再成長へと向かっていった。

私が強調したいのは、社長も、新しい経営陣も、中間マネジャーも、若手も、誰も「悪者」はいなかったということだ。対話してみれば「いい人」がほとんどだった。組織を崩壊させようなどと思った人は、ただの1人もいなかった。
「個人」がよい組織にしようと思っていても、「組織全体」で見ると大きな問題が生まれてしまっている。私はこれを「組織の誤謬（ごびゅう）」と呼んでいる。

「変われない構造」を知り、「新しい構造」を組み込む

伝統ある企業でも同じことは起こる。小規模な組織では半年〜1年で起こることが、3年以上かけてじわじわ進行していく。

ただ、あえて加えるならば、伝統企業は、スタートアップのような「仕組みの未整備」ではなく、「仕組みの硬直化」という別のやっかいな問題が潜んでいる。

まず、ミッション・ビジョン・バリュー（以下「MVV」と略して表記）について言えば、会社創立時は今ほど重視されていなかったために、あっても形骸化していたり、そもそもが曖昧なところも多い。

経営陣の登用は、例外はあれど基本的に年功序列。経営側にいるメンバーが自らを脅かしかねないような「抜擢」を実施して、若手に成長機会を積極的に付与することもあまりない。

採用するのもあくまで既存の組織の延長線上で必要な人材であり、「本当の意味で今の組織を変革できる人材」をターゲットにしていない。サーベイにより自社の組織状況を可視化して

も、その内容が本気の変革につながらず、表面上の施策で終わってしまう。人事部主導での研修なども行われるが、すべてが「点」で、「面」にならない。

本来なら、外部環境がこれだけの速度で変わるなかで、変革がより求められるのは伝統ある企業のほうだ。しかし過去の成功体験をベースに、組織内のキーマンにとっては居心地のいい環境ができあがっているし、そもそも経営陣は変革せずとも逃げ切れてしまうため、摩擦を生むような抜本的対策には踏み込まない。まさに「ゆでガエル」状態だ。

その結果、若手は「ここでは成長できる機会が掴めない」と見切りをつけて外へ出る。結果的に事業そのものが縮小し、ついには大幅なリストラ・早期退職に走らざるをえなくなる。

いったん事業が縮小しはじめると、個人への機会提供もさらに行いづらくなるというバッドスパイラルに入る。事業の成長があってこそ、機会の量と質は担保できるのだ。

組織には、一種の「慣性」がある。理屈では「変わったほうがいい」とわかっていても、変われない。1人が「変えよう」と声をあげたところで、結局、影響力のある幹部層や、その他のマジョリティに流され、かき消されてしまう。仮に施策を1つ走らせることができたとして、慣性が強く働き、全体としてはすぐ元に戻ってしまうのだ。

あなたの組織でも、「同じような課題」がずっと指摘され続けているのに放置されたまま、ということはないだろうか。

組織に働く「慣性の法則」

本書は、キャリアづくりの本であって、組織変革の本ではない。ではなぜ、組織変革についてこれほど語るのか。シンプルに言えば、方法論を伝えるだけで理想の組織に変わるほど、組織の慣性は生易しいものではないからだ。

だからこそ、まず最初に「変われない構造」を背景から理解しなくてはならない。そして、そのうえで、「新しい構造」を組織に組み込んでいく必要がある。

「組織」という物体は存在しない。そこにいるのは、結局、人だ。「なぜ組織が変われないのか」は「なぜ人は変わりたがらないのか」ということでもある。

本能的に人は変化を嫌う。生存が脅かされていない状況で、あえて変化を望む人は少ない。変化には痛み、そして困難がともなうからだ。だからこそ、強い意志（目的への明確な動機づけ、強烈な危機感）を持ち続けないかぎり、簡単に元に戻ってしまう。ダイエットやランニングや英語の勉強、なんだってそうだ。

人の集合体である組織も同様だ。強い必然性をつくり、意志「だけ」に頼らない仕組み、構造づくりをしないかぎり、変わることはできない。楽なほう、現状維持のほうへと流される。「変えたい個人」と「変えたくない個人」が組織内にいた場合、基本は変えたくないほうが優勢となる。同じことを続けるほうは簡単だが、新しいことを始めるほうは、はるかに大きな力が、しかも持続的に必要となるからだ。

突破口は「腹」

人も組織も、基本的には変わらない。では、そこをどう突破するのか。方法は大きく3つだ。

- 極めて強い内発的動機づけ
- 「今のままでは死ぬ」と、危機を論理で理解する
- 強い外圧を受ける

「動機づけ」について。私は経営者と対話する際、多くの場合ライフラインチャートを書いてもらうところから始める。そこから「なぜそもそも事業を始めたのか」「どんな組織でありたいのか」にまで遡り、その創業者のWillの実現のために組織変革が必要だ、と「腹から」理解すれば、非常に強い「内発的動機づけ」となる。

「危機」について。本当に追い詰められ、深刻さに触れると人は変わる。倒産の危機や、解任

の危機。うまくいくケースでは、最終的に経営者自身が「事業を成功させるには組織の構造そのものを変えなければならない」と「腹から」理解している。事業の成功に対する思いが弱い経営者は少ないので、言い換えれば、「事業の成功」にとっての「組織・人づくり」の影響を小さく見積もっていたことになる。

あらためて、「キャリアづくりの支援」ができる組織づくりは、企業競争力に直結する「経営課題」だ。「個人が持続的に成長する組織」のみが、「事業全体が持続的に成長する組織」であり続けられる。人材の流動性がより高まるキャリア3・0時代、「組織・人づくり」が「危機」を生むほどの重要性を秘めていることは、今後より多くの人に理解されていくだろう。

最後の「強い外圧」も同様で、株主が人的資本についての情報公開を求めると、企業は応じざるをえない。しかしその背景に「人材が成長する企業のみが持続的に成長できる」というキャリア3・0時代の構造があることは、どこまで「腹から」理解されているだろうか（本書の読者には理解してもらえていることを願う）。

この「腹から」というのが非常に重要で、要は経営側が覚悟と意志を持てていることが、実際には非常に重要になる。どれだけテクニカルな制度を織り込んでも、そこに「魂」がこもっていなければ、どんな制度も次第に形骸化していってしまうのだ（精神論に聞こえるだろうが、「覚悟」「魂」としか言いようのないものが最終的な成否を分けるというのは、私の偽らざる実感だ）。

結局トップの問題なのだとしたら、経営と距離が遠い人は何もできないのかといえば、私はそうは思わない。たしかに、組織づくりの「初動」に関してはトップが行うのが有効なことは事実だ。ただ、現場の個人が起点となる事例も存在する。

あるチームが「そもそも今の会社のビジョンやバリューは自分たちにとってどんな意味を持つか」を自発的に対話し、そこから「自分たちのチームの目指す未来はどういう状態なのか、そのために何を重視するのか」まで議論を発展させ、マネジャーが、評価とも連動させて（報酬と直結せずとも、まずは表彰など）ありとあらゆる場面でバリューを体現した。それを見た隣のチームがその施策を取り入れ、部署全体にまで波及し、ついには、経営側が最初に動いたチームのマネジャーに依頼し、取り組みが全社にまで広がった。まさに個人、そしてチームが全社を動かしたのだ。

また、詳しくは触れないが、いちチームのマネジャーの立場の方が、経営側と差し違えるほどの「覚悟」で、上に意見をぶつけ続け、突破口が開いたこともある。

突破口として、先の3つ以外にもう1つ重要なのが「小さな成功体験」だ。

全社に波及した事例しかり、最初の「小さな成功体験」は強い意味を持つ。小さな変革が「ひょっとしたらいけるかも」という機運を生み、そこから雪だるま式に変革が進むこともある（現実的には改革に同意してくれそうなキーマンを巻き込んでおくことも重要となる）。

組織を司るのは「慣性」だ。慣性は、初動を生むときに壁になりやすいが、ひとたび動きが生まれるとその方向に進み出す。

実際のところ、組織変革は成功事例が増え始め、ある閾値を超えると、慣性を利用するかのように一気に進むことが多いのだ。

◉「点」ではなく「面」で変える

組織には、そう簡単に「変わらない構造」が埋め込まれている。だからこそ、「新しい構造」を組み込むには、最初は「点」から始まったとしても、主要な要素を連動させ「面」として進めることが有効となる。ひとたび主要な要素が複数ストップし始めると、慣性によって、現状維持に押し戻されてしまう。

ここから、いよいよキャリア3・0時代の理想の組織づくりについて具体の方法論に入っていく。ただし繰り返すが、方法論だけでは機能しない。

重要なのは、変革の必要性を「腹から」理解した個人（多くの場合、トップ）の存在、そして本格的な変革フェーズでは「点」ではなく「面」で進めること。読み進めるうえで、そのことを強く認識しておいてほしい。

構造1

ミッション・ビジョン・バリューの具体化と浸透

いよいよ、ここからは個人と組織の理想を両立できる「構造」づくりに入っていこう。

1つ目は、組織の「核」にあたるMVVだ。MVVは、組織の方向性の軸となる。目指す姿と、大事にする価値基準は何なのか。どんな目的のために集まった組織なのか。社会にどんな影響を及ぼしたいのか。

MVVがおろそかだと、「目的」が優秀な人材を集める時代において、ど真ん中の「核」が空洞状態になってしまう。それに、ビジョンが曖昧では社員のWillと重ねようもない。

「MVVなんてお飾りだよ」と感じている方もいるかもしれない。

たしかに、キャリア1・0〜2・0時代は、あまり意識してこなかった、あるいは形骸化していた会社も多かったと思う。終身雇用やメンバーシップありきの時代は、所属することそのものが1つの「目的」であり、個人も守られていたし、会社も、MVVなど掲げずとも看板の力で採用できていた。お互いに守られていた時代だ。

しかしキャリア3・0時代になり、大企業からスタートアップに至るまで、どの組織でも目的が重視されるようになった。今、組織のよりどころとなる軸があらためて問われている。

バリューは事業成長と連動させる

では、MVVをどう定めるのか。本書では、その方法論の細部にまでは立ち入らない（それだけで本1冊分になってしまう）。

ただ、ここも精神論に聞こえてしまうだろうが、1つだけ述べるならMVVは「本気度」の高いものである必要がある。創業者の原体験からの紐づけ。経営陣での本音の対話（わざわざ「本音」と書くのは、立場による忖度から十分に「腹から」理解しないままで対話が終わることも多いからだ。経営陣が表層的にしか理解していないようではまず全社に浸透しない）。本音の議論を経て策定されたMVVを打ち出すことこそ、経営陣にとっていちばんの責務だ。

ミッション、ビジョンに比べ、「バリュー」はまだあまりその重要度や設定方法が理解されていないと感じる。あらためて、バリューとは社員1人ひとりに求められる「価値基準」のことだ。その基準は経営者が好きなように決めるのか?答えは明確にNOだ。「事業の持続的な優位性につながるバリューかどうか」こそ重要となる。

事業の成長のドライバー（加速させる要素）は何か。そのドライバーのうち、特に個人の価値観や行動とつなげやすく、インパクトが高いものをバリューとして選定する。「日常に落とし込めれば、自然と事業の成長につながっていくこと」が大切だ。

たとえば、メルカリ社のマーケットプレイス（中古のフリマ市場）という事業領域は、Winner Takes Allの世界で1番以外はすべて負ける。だからこそ、経営陣から新入社員まで、ナンバーワンであり続けるために、「Go Bold（大胆にいこう）」をバリューの1番目に置いている。バリューを実践することが、事業の持続的成長に直結している。

最近、本書で論じてきたような「個人の成長支援」や、「キャリアづくりや機会提供」を、ビジョンやバリューに入れ込む会社が増えてきた（特にサービス業など、人の行動が顧客への提供価値と直結する企業）。「個人の成長なくして会社の成長なし」という認識は、社会に少しずつ広がってきている。

浸透こそ命

ＭＶＶの策定や言語化はあくまでスタート地点だ。実際には「どこまで組織に浸透させられるか」がすべてだと言っても過言ではない。ここも方法論の細部には入らないが、経営はもちろん、全社でＭＶＶをとにかく継続的に（継続という言葉は、言うのは簡単だが、実に重い）発信・共有・体現・評価していくしかない。採用時でも、日常業務でも、ありとあらゆる瞬間でだ。

もう少し細分化して言えば、

- 採用時の「誰を雇い、誰を雇わないか」のスクリーニング基準との連動
- 目標・評価・報酬制度との連動（バリューを発揮しているメンバーを昇格、していなければ降格）
- バリューを体現するメンバーの把握（360度評価などを用いる）と表彰など非金銭的報酬との連動
- カルチャー担当の「責任者（CHROなど）」と「部署（カルチャー浸透のためのチーム）」を設置
- ボトムアップでの対話型ワークショップの実施

このように、ハード・ソフト両面からの合わせ技が必要になる。

「実際に浸透しているか」のおおまかな判断基準としては、

- 自分の言葉でMVVの意味合いを伝えられるか（暗記ではなく、自分の言葉で説明できるか）
- 採用や評価の「基準」として組み込まれ、運用されているか（昇格基準が成果のみで、MVVと切り離されていないか）
- 経営の意思決定が、バリューに沿って行われていると思えるか（経営陣がバリューに沿って意思決定の経緯を説明でき、社内から納得感を得られるか）

このあたりができていれば、まずは合格点と言えるだろう。

◉大事なのは経営やリーダーの本気度

ただ、MVVの浸透において、制度や仕組みよりも最終的に重要となるのは「経営陣・リーダー陣による継続的な体現」だ。それにはまず「MVVがいかに経営と密接に関連したテーマか」、つまり重要な経営課題であるかの目線合わせができていることが前提となる。

MVVが形骸化する最大の要因は、経営陣・リーダーがそもそも腹落ちしていないパターンだ（反対もしないが、特に実践もしないなど。だからこそ策定にあたり「本音の議論」が必須となる）。人事部門任せで、経営が強くコミットしないままに策定されたMVVはまず浸透しない。

核としてのブレないMVVがあって初めて、組織のMust（やらなくてはいけないこと）と個人のWill-Can（やりたいこと・できること）を重ねた機会提供ができる。「お飾り」ではなく、本気で日々MVVの体現を目指す組織こそ、個人のキャリアづくりも支援でき、その結果、持続的に組織として成長していけるのだ。

制度設計・運用

MVVを組織全体で体現するために、制度の設計と運用は非常に重要となる。制度は「組織として何を重視しているのか」の社員に対する明確なメッセージになるからだ。制度ひとつによって、より多くの人数に共通のバリューを浸透させたり、行動を動機づけられたりできる。

制度は、組織づくりの観点から見れば「レバレッジが利く」ツールと言える。

さて、制度設計の要素はシンプルに言えば、何を評価し（評価対象）、何で報いるか（報酬）の2つしかない。

◉評価対象（何を評価するか）

個人の成果なのか、チームの成果なのか。結果指標なのか、プロセス指標なのか。定量的な成果なのか、バリューの体現なのか。評価の対象と重みづけに、組織の思想が現れる。

バリューが大事と言っておきながら、短期成果を出すだけでバリューは体現しない社員を評価すれば、組織は自然と短期成果志向に寄っていく。逆も然りだ。

キャリア3・0時代においては、私は、短期的・定量的な成果はもちろん大切なのだが、「バリュー（価値基準）」の体現も評価に組み込むことが望ましいと考えている。いや、組み込まないかぎりは、バリューの定着は極めて難しい（バリューの体現度の評価は360度など複眼の視点を取り入れることが望ましい）。

◉報酬（何で報いるか）

報酬の出し方にも、組織の思想が表れる。

金銭なのか、非金銭（表彰や賞賛）なのか。本人の意志に沿った機会の提供（異動や別プロジェクトアサイン）を報酬とする考え方もある。

またしても私見となるが、短期成果はできるだけ一時的な報酬で報い、バリューを体現していることを長期的な報酬、つまり昇格の要件にしたほうがよい（成果を出していることは前提）。

というのも、成果は出しているがバリューを体現していない人が上位者に滞留すると、「バリューが大事と言ってはいるものの、実際に大事なのは成果だ」というメッセージとして組織内に伝わってしまうからだ。とはいえ、短期成果が一切評価されないのもおかしい。そのため、賞与などの一時的な報酬で報いることだ。非金銭的報酬（表彰などの「心理的報酬」、クリエイティブジャンプなどの「機会的報酬」）の考え方は、小さなチームでも応用可能だろう。

◉運用

制度は「設計と運用」がセットになってはじめて機能する。マネジャーによるばらつきが出ないように、メンバーとの目標設定時点で妥当性を「複眼」で確認する機会を設けることが重要だ（評価時に「そもそも当初の目標設定がよくなかった」という失敗は多い）。

制度はどうしても、期初や期末にだけ振り返るものになりやすいが、大事なのは「日常への落とし込み」だ。本来は、期末だけではなく、前章で論じた定期的な1on1にも、MVVと連動した評価制度を軸に、密なコミュニケーションが取られている状態が理想といえる。

構造2

採用のマネジメント

「個人」と「組織」の理想を両立する組織の2つ目の構造は、「採用の仕組み」をつくり、関わる人を選ぶことだ。重要なのは採用時のスクリーニング。具体的に言えば、合わない人を採用しないこと。この影響は、実は絶大だ。実際に、経営者が組織運営の失敗例で「もっともインパクトが大きい」と口を揃えて挙げるのが、「カルチャーがマッチしていない上位ポジション人材の採用」なのだ。

スキルセットは高いのだが、ビジョンやバリューへの共感度が低く、カルチャーが一致していない。その結果、向かう方向がバラバラになり、行動の方針もブレ始める。組織のMVVは急激に薄まり、既存メンバーと新規メンバーとの間で軋轢(あつれき)が表面化。最終的には中核人材が次々と抜けていく。何百社もの組織崩壊に共通するパターンはこれだ。

とはいえ、どこの組織も人手不足で、採用数が目標数値として設定されることも多いなか、バリュー・カルチャーの不一致は構造的に起こりうる。どうすればよいだろうか。

採用しない勇気

原因は大きく2つ。そもそも「どんな人にきてほしいのか」の軸が曖昧なケース。そして、軸があっても採用時に見極められないケースだ。

具体的な対策としては、まずは組織としてのMVVや「目的」を力強く打ち出すこと。そこに「どんな人がきてほしいか」は自ずと表れる。そして、そのMVVを見て応募してきた人に、面接でも再度しっかりと伝達し、本人の志向と合っているかを確認することだ。ただ、それでもまだ伝えた「つもり」からくるミスマッチは防げない。

次は、採用基準を明確化・具体化し、社内で徹底して共有することだ。面接官も人間だ。ブレは発生する前提で、ビジョンやバリュー、カルチャーの目線や基準を言語化して統一し、その観点で採用時に必ず「評価」すること。特にビジョンやバリューの親和性は、表面上の仕事内容ではなく、本人のこれまでの生き方、意志決定の背景、プロセスなど仕事「以外」の部分から読み取れるケースが多い。面接時にも、それらを深掘りすることだ（面接の最後におもむろにバリューを伝え「合いそうですか？」と聞くだけだと、当然相手も「はい」と返すだけで、「伝えたつもり」は防げない）。

また、「ブレ」を織り込む意味でも「複眼」で見ることが重要だ。特に重要な上位ポジションは、組織責任者が対話して、少しでも見極めの精度を高めてほしい。

ただ現実には、面談のやり方が個人任せな組織は驚くほど多い。どこを見るかの「基準」、そして「見極め方」、加えて最低限の面接の「手順」については組織全体で共通認識を持てている状態をつくっておきたい。不採用にするにも勇気がいる。そこを個人任せにしないためにも、組織的な基準の統一が有効だ。

続いて、採用にミスマッチがあったとき、そのプロセスを闇に葬らないこと。面接にも改善サイクルが必要だが、そこまでできている企業はとても少ない（ということは、やれば、競争力に直結するということでもある）。

なお、「採用して終わり」にしないという意味では、オンボーディング（新しい仲間が順応しやすくする取り組み）も非常に重要だ。新卒には手厚いが、中途には手薄な企業も多い。実際はむしろ、中途のほうが大事と言ってもいいほどだ（第6章の内容を参考にしてもらいたい）。

最後に、「理屈はわかるが、そもそも採用基準に合う人の応募がない」と悩む組織もあると思う。ただ、もはや待っていていい採用ができる時代ではない。

具体的には、採用担当個人に任せっぱなしにするのではなく、「リファラル採用の促進（呼びかけ、インセンティブ制度設計など）」「採用メディア別の成果と要因の分析（流入ルート別の要因整理）」「有望候補者の紹介が多いエージェントの分析（自社理解の深さ、MVVへの共感、候補者に響く説明の仕方などどこに要因があるのか）と横展開」「エージェントと面談後に対話（候補者のどこに理想との差分があったのかを話し合い、精度を上げていく）」など組織側でできる取り組みは多くある。

ただ、「鶏が先か卵が先か」のようで悩ましいのだが、結局は打ち出しや見せ方だけでなく、「組織のあり方」をよくすることが、いちばんの採用力向上のドライバーであることは伝えておきたい（そのために本章がある）。

構造3

抜擢と部署横断の機会提供

続いては、抜擢だ。言い方を変えると、非連続な成長ができる人材開発を「構造」として組織に組み込むということでもある。

抜擢とは、単に役職登用だけを意味しない。本人のWillやCanをふまえて、現在の延長線上にない異動、新しいプロジェクトへのアサイン、つまりはクリエイティブジャンプの機会を提供することだ。年功序列、横並びの昇進が完全に過去のものになりつつある今、スタートアップだけでなく大企業まで、あえて偏りを許容し、ポテンシャルが見込まれる人材に集中的に機会を提供する組織は増えてきている。ただ、注意すべき点が大きく3つある。

抜擢の3要素：ルール、フォロー体制、撤退基準

まず、1点目は、「恣意的にならないよう抜擢のルールを設けておくこと」。「抜擢」とは、「同様の機会が提供されない人が組織内に多数生まれる」ことを意味する。だからこそ、どういった判断基準で、どういった意思決定プロセスで抜擢するのかのルールを明確化しておくこと。

抜擢ルールの開示は、それ自体が組織としての思想や物差しを社員に伝え、それらを浸透させる効果を持つ。また、こうした抜擢の文化自体が外部に知れ渡れば、採用の競争力にもつながるため、積極的に発信する企業も多い。なお、念のためだが、抜擢と言っても、本人のWillありきなことは言うまでもない。

2点目は「抜擢後の失敗を見越したフォロー体制を作っておくこと」だ。

たとえば、新しい事業やプロジェクトへの抜擢はクリエイティブジャンプとなるからこそ、当然、うまくいかないこともある。

組織としては、特に立ち上がりを短期的・重点的に支援する、セーフティーネットをつくっておく（たとえば、失敗しても現在のポジションへの復帰を約束する）などの形で、本人が居場所を失う事態を避けなければならない。

最後の3点目は、「撤退の基準をあらかじめ決めておくこと」。

結果が出なかった際、すぐ「ダメだったね」と見切っていては、成長は見込めない。一方、現実的には、成果が出ていない状態を延々と放置することも難しい。だからこそ、事前に基準を定めておき、それに沿って判断する。抜擢も撤退も、透明性が必要だ。

抜擢は「ふるい落とし」ではない。透明化された基準を満たすのであれば、いつでも、何度でも機会が開かれているのがキャリア3・0時代の理想の組織と言えるだろう。

ここまで抜擢について論じてきた。ただ、実際に組織づくりや人事に携わると、どうしてもトラブルなどの形で問題が顕在化し、早期の対応が必要な「課題ありメンバー」についての議論が多くなりがちだ。

もちろん、それも必要なことなのだが、その陰に隠れがちな「静かな活躍者」にもしっかりと目を向けよう。表彰されるような華々しい成果を出したメンバーに埋もれがちだが、目立たない形で、あるいは目立たないポジションで、組織に価値をもたらしているメンバーをすくい上げられる組織は、土台が強い。

経営陣が、部署横断で全体最適を設計する

抜擢について、最後に私が大事だと思う観点を伝えておきたい。

部署横断での機会提供だ。いわば組織のすべての力を結集し、機会提供できるかどうか。こ

こが、今後の組織力を分けると私は考えている。

期待する人材により早く成長してもらいたいとき（T型からH型への移行など）、所属部署内での機会提供を前提としてしまうとどうしても機会提供の幅が狭まる。

人材開発に長けたある企業は、半期に1回、全社横断で「人材開発会議」を行っている。この会議では、上長が担当している全メンバーのWill、Can、Mustを整理して、今後の成長プランを提出（中長期で、自部署内のみならず他部署での機会提供の可能性も視野に入れ、計画する）。そして、役職者以上で、その内容を個別に議論しながら、メンバー本人に、今後どういった機会を提供していけるとよいか、そのためにどうやって全社のリソースを確保し調整するか、複数人で真剣に議論し、決める（このプランニングができることがマネジャーの登用要件であり、できなければ降格となることもある）。

ただしマネジャーレベルだと、どうしても自部署のことを考え「総論賛成・各論反対」になりやすい。だからこそ、役員やCHROなどの経営陣が全部門横断での機会提供や能力開発、会議体の設計から運用、そして成長や登用などの数値目標にまで明確に責任を負う。ここまで徹底している企業が、実際に存在するのだ。

トップダウンだけでなく、ボトムアップで自律的な異動機会を設けることも有効だ。こちらのほうが、ハードルは低く始めやすい。

個人が自分の意志で異動を希望する「手挙げ」制度はその筆頭だが、導入するだけで形骸化するケースも多い。実態を伴ったものにするには、細かな配慮が必要だ。具体的には、他部署向けに「自部署の魅力やキャリアパス」をプレゼンする場を設けるのもいい。そもそも組織内にどんな機会があるのかが可視化されていない場合がほとんどだからだ。

また、応募する個人は直属の上長の承認不要とする。人事や希望部門との面談を先にし、通過した場合、最後に元々の所属上長との面談という形のルールを採る。直接の上長に伝わるようでは、なかなか手は挙げづらい。

これらの施策はいずれも、自社内に人材獲得競争を持ち込んでいることがポイントだ。

◉人の可能性を囲い込まない

「機会提供はしたいが、とはいえ自部署から優秀なメンバーが抜けられると困る」という数字責任を負ったマネジャーの台所事情も、とてもよくわかる。

ただ、成長を支援する能力こそが、キャリア3・0時代のマネジャーにもっとも求められることは、すでによくわかってもらえているはずだ。

少し視野を広げて言えば、私は、今後「個社で人材を抱え込む」のではなく「社会資本としての人材を、社会全体で育てる」という概念がもっと広まってほしいと思っている。人材は社会からの預かりもの。本人のキャリアジャーニーの中で自社に滞在してくれたなら、成長の機会を提供し、やがて社会に還していく（そのなかでまた成長し自社に戻ってくることもある）。逆に

「飼い殺し」にしてしまうことの社会的損失は極めて大きい。

理想論だと笑われるかもしれない。ただ、実現不可能なわけでは決してない。すでに人材輩出企業と呼ばれる組織は、明確に「抱え込まない」スタンスをとっている。逆説的だが、優秀な人材が次々と成長し、その後、別の会社でどんどん活躍することで、「あの会社に入ると成長できる」という評判を呼び、優秀な人材が集まりやすくなっているのだ。「いかに自社に優秀な人材を囲い込むか」という考え方自体を、私たちは手放さなければならない。

◉降格の適切な運用

抜擢について論じるにあたって、1つ触れておかなければならないことがある。ポジションの新陳代謝だ。

私は今後、昇格はもちろんだが、「降格運用」をより適切に行っていくことが重要になっていくと思う。成長のための機会提供を「抜擢」のような形で行うには、社内で柔軟に降格が運用される必要がある。シンプルに言えば、「1度昇格すれば降りることはない」という前提だと、抜擢しようにもポジションが埋まっていて機会がかぎられてしまう。

しかし、実態として日本企業では降格をあまりしない。ただし、最後まで面倒を見るかというとそうではなく、人件費に見合った働きをしないと判断すれば市場に放り出すという、ある意味では残酷なシステムで運用されている。

本来、足りない点があったり、期待役割に見合っていないのであれば、その都度適切にコミュニケーションをとるべきだ。それが本人にとって、成長を考えるきっかけにもなる。

降格のコミュニケーションがハードなことはわかる。だが、「なぜあの人が上のポジションなんだろう?」と、誰もが思う方がいる組織からは、いずれ競争力は失われる。機会提供の量と質も下がらざるをえない。

キャリア3・0時代において必然的に雇用が流動化するなか、社内のポジションだけが固定化されていることは矛盾を抱えている。この点は、もう少し強く認識されてよいように思う。

構造4

未来の組織図の設計

先ほどの「部門横断での機会提供」は、組織図をまたいだ「ヨコ」の設計だった。より難易度は上がるが、キャリア3・0時代において競争力を持つ企業は「タテ」、つまり時間軸における「未来」での「人」と「機会提供」の全体像も持っている。

イメージがわきづらいと思うので具体で言おう。

組織側の視点で言えば、事業戦略から逆算し、今後、「どんな能力要件の人材がどの程度の人数求められるのか」の青写真を設計する。そして、そのために、必要な能力が高まりやすい機会をどの程度の量、どのようにして提供するのか、「機会提供の量と質の見通し」を立てておく。

ここは組織側（需要）だけではなく、人材側（供給）からの視点も必要で、既存メンバーを育てていくのか、新規で採用するのか、「人材の量と質の見通し」の大枠も同時に設計しなければならない。

なかなか難しい「読み」だと思われたかもしれない。しかし、そもそも未来の事業や組織構成、必要人員のイメージがない状態では、個人への中長期視点での機会提供は設計しづらい。場当たり的な機会提供では、量も増えず質も高まらないだろう。

どの事業を伸ばして、どの職種がより増えていくのか（あるいは減っていくのか）がわからない状態では、組織としての機会提供枠の全体像が見えてこないのだ。

2〜3年後のポートフォリオを描く

完璧でなくてもかまわない。まずは、2〜3年後の組織図について、どのポジションにどのくらいの人数を配置していくのか、経営陣同士で目線を合わせること。そして、各ポジション

（職種×役職）に求められる能力要件を可視化していくことだ。

次いで、その青写真を見据えて、どんなキャリアパスを経て育ってもらうか、あるいは外部から採用するのかを、想定される離職数も織り込んで計画しておく。

そこまでできれば、「組織として用意しうる機会の枠」が見えてくる。これを、「個々人のキャリア希望」と照らし合わせることができれば、中期の機会提供のイメージが見えてくるはずだ。とはいえ、ここまで高いレベルでできている企業はほんの一握りだ。できていなくても、焦る必要はない。

その場合はまず、1年先の人員ポートフォリオとその人材をどう育てるか（採用するか）を議論するところから始めてみよう。これも、精緻でなくてもかまわない。

◉要件の可視化とコンピテンシー設定

未来の組織図の青写真を描くには、それぞれのメンバーの成長状況が可視化されている必要がある。そのためには「どのポジションにどんな能力要件が必要とされるのか」が、組織内で統一されていなければならない。でないと、現在の組織内に存在する能力と人数の全体像、現在値が把握できず、青写真との差分もわからない。

だが、実際はその基準が統一されていない場合も多い（基準はあっても、非常に曖昧だったりする）。そうすると、現場の各メンバーも、昇格への差分もわかりづらく、成長意欲も湧きづらい。公平性のためにも、各ポジションに求められる役割要件やバリュー要件（コンピテンシーという）はあらかじめ定義し、共有しておこう。もちろん、評価もコンピテンシーに則ることだ。ここも透明化が重要となる。

構造5

組織状況のモニタリングと改善のサイクル

組織はある意味で生ものだ。外部環境や内部環境に合わせて、常に変化し続けていく。だからこそ、事業と同様に、組織状況をタイムリーに把握し、いかに早期に手を打ち続けられるかが重要となる。

ただ、事業面では、課題の発見から解決まで高速でサイクルを回す企業が非常に多いのに、組織面では、驚くほど課題が放置されていることが多い。

要因としては、そもそも「理想の組織状態」のゴールイメージ、そしてゴールを見据えたマイルストーンが設定されていないことがまず挙げられる。事業と違って、組織イメージはどうしても抽象的になりやすい。組織のあり方について基本思想を共有し、この1年、半年後にどんな状態を目指すのかが、しっかりと具体で合意されている必要がある。

たとえば、組織で言えばeNPS（Employee Net Promoter Score＝自組織を友人に勧めたいか）が70％

以上であるなど。個人のキャリアづくりの観点だと、6ヶ月以内に「成長実感があるが60％以上」「不満が20％以内」、3ヶ月以内に「キャリアイメージができているが50％以上」などだ。その因子として「1on1の実施率が80％」「満足度80％」などとマイルストーンを置いていく（すべて数字は仮）。

サーベイなどのモニタリングの目的は、現状の課題を把握して、ゴールに近づくため施策を打ち続けること。だから、ワンショットでは意味がない。継続してデータを取り、改善し、推移を追い続けることこそが本質だ。「組織状況の改善サイクルを構造として組み込む」と言ってもいい。

なぜモニタリングが必要なのか。

キャリア支援の観点で例を出せば、上長から聞くかぎりは順調だったメンバーの成長が、メンバーからの視点ではまったくそうではなく、ある日突然（メンバーからすれば突然ではないのだが）「辞めようと思っています」と言われてしまう。

組織状況の把握を怠っている組織は、そこから慌てて「今後どんなキャリアや機会を望んでいるのか」などと対話しようとするが、もう遅い。もし常日頃からメンバーの状況をモニタリングできていたなら、離職を防ぐ手が打てたかもしれない。

細かな注意点だが、サーベイの回答は「本人の評価や処遇と関係しない」「直属の上長が結果をそのまま見ることはない」と明確に伝えること。忖度をなくし、実効性を保つことも、組織づくり側の重要な仕事の1つだ。

また、サーベイを乱発するケースもよく見られるが、過剰だと、特にエンゲージメントが低く、本来状況を把握しなければいけない人にかぎって回答を放棄したり、当たり障りのない数字をつけたりする（全部4など）。優先度付けが非常に重要だ。

きちんと測るために、むしろ減らす。「過去測っていたから測り続ける」はやめることだ。放っておくと項目はどんどん増えるため、減らし、シンプルにして継続する。

「将来のキャリアを描けているか」「成長実感があるか」などたった3問まで項目を絞り、月1回エンゲージメント調査を実施している組織もある。そして半年に1回は、もう少し広い項目でしっかりとデータを取る。運用面では、こういったメリハリも大事となる。

最後は「取りっぱなし」にせず、改善のサイクルを回すことだ。

特定の組織だけ低いなら、それはなぜか。上長のマネジメントスタイルに課題があるのか、そもそものリソース不足か。組織全体で低いなら、それはなぜか。成長機会が不足しているのか、ビジョンの体現が弱いのか。「定量調査の結果を、どこまで定性的に深掘りできるか」が重要となる。この深掘りが、打ち手の実効性を決める。

モニタリングの本質は、ゴールを定め、マイルストーンを置き、現在値を把握し、改善のサイクルを回し続けることだ。サーベイは単なる手段にすぎないことは常に意識してほしい。

構造6

個人の可能性を狭める制約の撤廃

会社には、「個人の可能性」を狭めてしまう働き方の制約が、いくつも生まれてしまいがちだ。それらの制約を組織側が意志をもって改善し、取り払うことで、個人のキャリアがひらけていくケースも多い。その積み重ねの結果として、優秀な方が「ここで働きたい」と思える「場」が生まれる。

キャリア3・0時代、個人の理想と組織の理想を両立するには、制約の撤廃、言い換えれば「サステナブルな働き方の設計」は欠かせない視点となる。

時間の制約

近年の労働時間規制により、過剰な長時間労働が強制されなくなったのは、とてもいい傾向だ。とはいえ、労働時間が減ったからといって、成果目標まで下がるわけではない。その状況で、単純に「残業時間を減らそう」と掛け声を発するだけでは、本質的な解決になっていないし、現場任せになりすぎる。

具体的な対策としては、まず、前提として「労働時間管理」をマネジャーのみに押し付けないこと。そもそも、有限のリソースを前提として、どの程度の成果を目指すのか。それは現実的なのか。本質的には、先んじてマネジャーとより上位の役職者の間で目線合わせができていることが重要だ。スタートの時点でマネジメントのムリを解消することがもっとも理想的であることは間違いない。

目標設定後は、仮に基準を超えそうなのであれば早めに超過の傾向を掴み、アラートを出す。超過が継続するようであれば、マネジャー本人だけではなく、マネジャーの上位の役職者に対してもアラートを出していく。メンバー個人でも、マネジャー個人でもない。組織課題として捉えることを、上位者まで巻き込んで解決することで体現していく。

過剰労働を解消する「山崩し」

過剰労働に対して、組織側ができる支援が「業務の効率化（ムダ、ムラ、ムリの削減）」だ。

まずは、ムダ。整理整頓の「整頓」に入る前に、やらなくてよいものをやめる。

過去には明確な目的があった業務も、環境が変わり、すでに目的が曖昧になっていることは多い。しかし、業務にも「慣性」が働くため、意志を持って構造を変えようとしないかぎりそのまま放置されてしまいがちだ。

あらゆる業務の「目的」に照らして、必要性・対象者・実施形態・頻度・時間などを評価し、思い切って断捨離する。これだけで、体感値で2〜3割は削れるはずだ。

会議体ひとつとっても、本当に全員が顔を突き合わせてやる必要があるか。メッセージングツールで目的を果たせないか。また、なんとなく30分、60分と設定するのではなく、より短い時間でできないか。

ただし、コミュニケーションや相互理解の機会は、特にリモートワークが一般的になった今、短期的には無駄に見えても、必要なことも多い。業務の効率化はむしろそういった「長期的には重要なもの」に時間を取るための断捨離と捉えよう。

次に、ムラだ。時期のムラと、人のムラに分けられる。

時期のムラは「山崩し」で対応する。「忙しい」といっても、分析してみれば特定時期のみ残業が劇的に増えるが、その分、比較的暇な時期があるケースは多い。その場合、その波を見極め、まずは偏りを平準化する。繁忙期に行っている業務のうち、閑散期にやれるものは前後に移し、山を崩す。

大きな山をいくつか崩せたら、より長い視点で、「通年」で業務の流れを見直してみる。季節性や時期による業務の繁閑は、洗い出して各月ごとに可視化すれば意外となだらかに設計できることも多い。追い込まれてから慌てて来期の予算策定やリソース設計に追われるのではなく、中長期の時間軸で設計し、動く。

人のムラは、部署内での各人ごとの業務時間の山を崩し、なだらかにしていく。多忙なメンバーとそうでないメンバーで、分担を割り振りメリハリをつける。「あれはあの人にしかできない属人的な業務だから難しい」と諦められがちだが、そういった場合はそもそも依存度を中長期目線で下げていく視点が必要だ。たとえば、次のようなものだ。

- 業務の標準化・型化
  □成果を出しているプレイヤーの失敗と成功のポイントを構造化し「型をつくり出す」
- 型化できない属人的スキルのナレッジシェア
  □言語化できるものは言語化しチーム内で共有会を開く
  □言語化できない暗黙知はWill-Canの志向性が重なるメンバーとペアを組んでスキルを移転する（スキルトランスファー）
- 情報共有制度の設計
  □「何をどこまでの粒度で情報共有するか」を設計し形骸化を防ぐ（アプローチ方法・成果・その成功要因は何か、など）

□「ベストナレッジシェア」を表彰する。プラスの評価を与えるなどのインセンティブ設計もセットで走らせ、「情報を共有すると有利になり、抱え込むと不利になる」構造をつくる

これらを構造に組み込めると、属人性も下がり、チーム全体のスキルも底上げされる。

やや具体に入ったが、「時期ごと、メンバーごとの業務量を俯瞰して可視化する」ことが「山崩し」の第1歩だ。

徹底する意識と広い視野があれば「受注後の後工程を営業から営業管理チーム、あるいはカスタマーサクセスチームに移管」「余力のあるチームに若手メンバーを多めに入れて、育成機能・負荷を分担」など、山は部分的にでも崩せることが多い。

また、全体として重要な考え方は、これらの「山崩し」をチーム任せにしすぎずに、一定は組織側も責任を持つことだ。組織横断で解決するために、タスクフォースを組んで、業務の効率化やナレッジシェアなどの非属人化に取り組んでいる組織もある。そこまでは難しくとも、中間管理職であるマネジャーを、さらに1つ上の上長が支援することは、どんな組織でも十分にできるだろう。

ここまでムダ、ムラの削減をすれば自動的にムリも減ってくるはずだ。

突発業務をなくす

ただし、何をもってムリと感じるかはメンバーにより差分がある。総労働時間のみならず、時間の「質」にまで目を向けられるとなおよい。

たとえば「突発業務」をいかに減らせるかも非常に重要だ。というのも、介護や子育てと向き合っているメンバーの場合、突発業務の対応は、精神的に大きな負荷になりやすい。前もってわかっていれば、親やシッター、ソーシャルワーカーなど周囲の方と連携し対応できる。しかし突発業務が生じると、カバーする周囲の側にも無理が生じ、結果的に本人が負担感を背負い込んでしまいやすい（特に子どもが小さい場合の負担感は多くの方が想像する以上に大きい）。このように、「突発業務」は時間としては同じ1時間だったとしても、質が異なるため、本人からすれば通常業務の1時間よりはるかに重たい（わかりやすく体感してもらうためプライベートに制約があるメンバーを例に出したが、どのメンバーにとっても突発業務は負担が大きい）。

まずは、突発業務の洗い出しからスタートだ。たとえば、顧客からの急ぎの問い合わせやクレーム、他部署からの締め切り間近の依頼など、さまざまな突発業務の「量」と「要因」をパターン化する。

構造が分析できれば、打つべき防止策も見えてくる。顧客からの問い合わせやクレームを、「納品までの工程整理」「コミュニケーションプロセスの設計」によって回避できないか。他部署からの依頼には「3日以上前に依頼することを原則とする」など、あらかじめ交通整理しておけないか。

ただ、それでも起こりうるイレギュラーな突発業務もある。

だからこそ、重要なのが「リスク管理体制の構築」だ。予想外の突発業務が生じたら、誰がどう受けるのか（あるいは受けないのか）、可能なかぎりフローや手順を定めておく。どのタイミングなら誰が対応できて、できないのかも可視化し、対応できるようにしておく。突発業務が「想定外」とならない構造づくりが重要だ。

重ねて大事になるのは、「社外への期待値調整」だ。

組織全体の方針として、あまりにも短納期で無理のある仕事を受けない（すべて断るのが現実的でない場合は、範囲や納期の調整などでメリハリをつける）といったことも有効だ。同じく、顧客や外部に、「深夜や過剰労働を前提とする対応はできない」と宣言しておく。「競争力が乏しいので自社では難しい」というビジネスのリアリティもあるだろうが、「小さな子どもがいるので返信は翌日になることもあります」と一言話すだけで先方にも理解してもらえ、仕事がやりやすくなる例も多い。これも思い込みの壁の1つかもしれない。

また、盲点になりがちなのが、社内打ち合わせが早朝や夜にセットされてしまうこと。役職者の予定が詰まっているなどの理由で設定されやすい。これも小さな子どもがいるメンバーなどを中心に特に負担感が大きいため、一律で全社ルールを設けている会社もある。

長期離脱の制約

不測の病気など、長期の離脱は誰にとっても起こりうる。なかでも、特に組織側が備えておきたいのは、社員の産休・育休取得による長期離脱だ。産休・育休が取りやすく、かつスムーズに復帰できる職場に優秀な人が集まりやすいことは、言うまでもないだろう。

まず、業務の属人性が高く、「自分がいないとチームの業務が回らない」という状況だと産休・育休「取得」の心理的ハードルも高くなるが、その解消方法は先ほど触れた。

また、「取得中」には、「浦島太郎」状態にならないために、定期的にコミュニケーションの機会を持ち会社の情報をアップデートできるといい。これもマネジャー任せにしないために、組織側で担当を持つケースも多い。

復帰当初の滑り出し

重要なのは、産休・育休（病気なども同様）からの「復帰時」の設計だ。昨今は、多様な働き方を選択できる会社が増えている。

産休・育休前と同じく100％稼働一択の場合、プライベートの制約が厳しいメンバーは

「ムリをするか、退職か」の2択になってしまうが、たとえば、50%、75%などの時短稼働を選べると、キャリアジャーニーもより自由に描けるはずだ。

「時短」をすでに導入している企業も多いが、運用に当たって大切なのは、「名ばかり時短」にならないこと。稼働を減らす場合は、目標設定もその分ムリのないものになっているだろうか。リモートでどこでも働けるようになったがゆえに、「業務量は他のメンバーとあまり変わらず時短で給与だけが下がった」というケースも多い。

「復帰直後の目標設定・業務量が妥当かどうか」は非常に重要で、できれば本人と直属の上長だけでなく、複眼で、かつ他のメンバーと横並びで比較し、確認できると望ましい。

次いで、復帰初期の配慮も重要だ（「浦島太郎」状態は転職者と状況が近いため、第7章の「転職後のキャリアづくり」も参考にしてほしい）。本人のWill次第ではあるが「強みが活きやすい」「短納期の業務が少ない」目標設定と期待役割の調整を意識するといいだろう。

長期休職明けは、どうしても不安が先行しやすい。培ってきた強みが活きやすく、負荷があまり高くない業務から入り、成果を出せている実感が得られると、心理的な負担は小さくなる。また、特に復帰初期は、引き続き「思ったようにいっているところ、いっていないところ」などの細やかな確認と、それをふまえたサポートができるとよい。

最後に、これはチームメンバー間でプライベートのことを相互に話せる関係性が築けていることが前提だが、お互いの状況を理解できる機会があるとより日々の業務がスムーズになる（子どもの発熱などで他のメンバーがサポートにあたるときなど、だいぶハードルが下がる）。

一定期間が経った後のギアチェンジ

さて、復帰直後の「浦島太郎」状態をいかにサポートするかに焦点を当ててきたが、一方で、しばらく経ったら再び働き方を本人に選んでもらう機会を設けることも重要だ。というのも、社外から「ロールモデル」として取材されるような女性が、実は「今までの経験値で『こなせる』仕事ばかりで成長が止まっている」と悩んでいた事例で紹介したとおり、あまりに長い期間、配慮されたままの立場でいることを本人が望まないこともあるからだ。

最初の6ヶ月や1年など区切りのタイミングで、あらためて、本人がいまどんな働き方を望んでいるのかヒアリングの場を持ちたい。どんなWillを持っているのか、その「ありたい姿」から考えてどんなCanを伸ばしていくべきか、そのためにどんな機会とサポートが提供できるか。基本に立ち返って上長と話し、本人がキャリアジャーニーを描き直せるようにしてほしい。一方で、「直属の上長に言いづらいことも相談できる第三者」として、人事側に相談窓口を設けておくとより万全だ。

最後に、ここまで産休・育休を中心に論じてきたが、過剰に復帰後の母親・父親だけを優遇すると、かえって不公平になりかねない。介護、病休明けなど、人生にはさまざまな困難がある。極力公平に接することも重要だという視点は忘れないでおいてほしい。

構造7

マネジャー（中間層）への支援

ここまで、「個人」と「組織」の理想を両立し続ける組織づくりのため、どう「構造」を組み込むかを紹介してきた。

しかし、ここまでの内容だけでは、まだ第7章の最後に触れた「中間層のサイレントペイン」は解消されていない。多くの業務がマネジャーに丸投げになっている組織はまだまだ多い。本書の最後に、このテーマを取り上げよう。というのも、私は、これが非常に大きな問題だと考えているからだ。

マネジャーがあまりに忙しいと、バーンアウトにつながるだけでなく、キャリア支援もおろそかになり、メンバーの成長をも妨げる。さらに言えば、そもそもそれほど忙しく、かつ経営陣ほど待遇面で報われるわけではないマネジャーに、メンバーは「なりたい」と思うだろうか。思えなければ、「成長したい」とも自然には思えないだろう。最近だと女性管理職の割合に頭を悩ませる会社も多いが、数合わせに頭を使うより、「中間層のサイレントペイン」を解決するほうが先決だ。

多くの人が、「自分もなりたい」「頑張ればなれそう」「なれてよかった」と思える、そんな「新しい管理職像」を打ち出せれば、大きく組織は変わる。成長のサイクルが回り出す。その先にしか日本の変化はないと感じるのは、私だけだろうか。

「なんでもできるマネジャー」幻想を捨てる

マネジャーの日常は忙しい。

高い数値目標をクリアする戦略を立て、MTGの隙間を縫って自らの業務をこなす。メンバーとは定期的に1on1を持ち、ときに成長を支援し、ときに悩みを聞き、ときにOJTで成長をサポートする。四半期や半期に1度はメンバーとのフィードバックの場を持ち、経営サイドからは全社戦略について情報を仕入れ、メンバーにうまく伝える……。

まるで、複数の皿を同時に回しながら、全速力で走っているようなものだ。キャリア面談や1on1などの仕組みを導入してもすぐ形骸化してしまう背景には、こういった構造がある。

実際、真面目なマネジャーの方ほど、すべてを自分1人でこなさないといけないと思い込んでしまいがちだ。しかし、これらを完璧にできるマネジャーは、ほぼいない。まず、この「なんでもできるマネジャー」という幻想を捨て去り、「新しい管理職像」を打ち立てるところから始めよう。

では、どうすればよいか。シンプルに「なんでもできるマネジャー」を管理職登用の条件とするのをやめることだ。そうではなく、強みに応じた多様なパターン、多様な機会をつくることを（マネジャー候補者側でなく）組織側の課題とする。

すべて90点を取れる人材でなくてもいい。何か1つが90点であれば、その得意分野を軸に活躍してもらい、60点の箇所はチーム全体でカバーする。あるいはその要素がそもそも必要ない役割をセットするなどやりようはいくらでもある。個々の強みや特性を活かし、活躍しうる機会を組織側がつくる。それが、結果的に本当の意味での多様性につながっていくはずだ。

1人でなんでもできなくていい。マネジャーに求められる要件を細分化しそれぞれのメンバーが補えば、メンバー側の成長すら速くなる。

「キャリア支援」の役割分担

メンバーのキャリア支援1つとっても、必ずしもマネジャーが全体を見なければいけないわけではない。たとえば、「実務の指導」と「キャリアづくり支援」のどちらかに完全にフォーカスし、もう片方は完全に他のメンバーに任せる選択肢もある。

マネジャーがキャリア支援をするにしても、支援するメンバーの数を減らし、他のメンバーを、マネジャーの1つ上の上長にサポートしてもらう。あるいは、自身の1つ下のレイヤーの次世代管理職候補人材に、さらにもう1レイヤー下の若手メンバーのキャリア支援を任せるパターンもある。さらには、部署の垣根を越え、他部署のマネジャーに自部署のメンバーをお願いするケースもある。

他部署だと直接の業務指揮下にないからこそ、相談に乗りやすい側面もある。「そんな相談や分担ができる先などいない、どこも忙しい」という方も、いったん上長や他の部署と相談してみるとよい。それらが「思い込み」にすぎず、実際に機能するケースも多々見てきた（ただし、もちろん難しいケースもあるので、やはり「マネジャー支援」は組織づくり側の課題でもあるのだ）。いずれにしても、マネジャーにすべてのメンバーと完全に対峙しようとさせないことだ。

その場合、具体的に「誰」が「誰」に対してキャリアづくりの支援を担うのか、「役割の明確化」が重要となる。「全員でキャリア支援をやろう」の掛け声だけだと、どうしても関与が曖昧になりやすい。

現実的に言えば、組織としての成果目標を追うなかで、マネジャー層にメンバーのキャリア支援を「どこまで」求めるのか（求めるか、求めないかの2択だと「求める」にしかならない）、より具体的には、全体のリソースの「どのくらいの割合」をキャリア支援に充てるのか。「稼働は全体の時間の○○%、評価におけるウェイトは△△%」と明確に線を引けるか。個人的には、キャリアの支援も、バリューの体現と同じく評価に組み込んでもらいたい。評価基準は、「半年～1年での担当メンバーの昇格有無」「チームのエンゲージメント指標」などの定量基準を基本としつつ、「○○さんが△△できる状態になる」などと定性も組み合わせるのがよい。

一方で「評価」というインセンティブのみで動かそうとしてしまうと、「評価のウェイトが低いとやらない」「評価になることしかやらない」になりがちなので、「そもそもメンバーのキャリア支援を行うことは、大切な組織カルチャーだ」という前提のすり合わせも大切になる。評価（インセンティブ）と本質論の両方を押さえよう。

「実務に近い短期の成長支援をするのはマネジャー」「2〜3年以上の中長期の成長支援を考えるのはキャリアメンター」と、明確に時間軸で役割を分けてしまうのもありだ。この場合、「キャリアメンター」は、組織横断視点が求められるため、マネジャーよりも上の人がアサインされることが望ましい。役員などのキャリアへの知見が深いメンターだとベストだが、難しければ「ナナメンター」に頼るのもよいだろう。

「キャリア支援」以外の業務分担

キャリア支援以外の業務においても、分担は有効だ。たとえば、今まで営業職のマネジャーに、「プレイヤーとしての売上達成」「新規戦略の立案」「既存主要顧客との折衝」「数値の進捗管理」「業務設計の管理」「トラブル対応」「リスク管理」「メンバーのマネジメント」のすべてを求めていたのをやめ、

・既存顧客対応と若手営業メンバーのマネジメントをするマネジャー

・新規戦略検討と中堅企画メンバーのマネジメントをするマネジャー
・数値の進捗、業務設計、リスク管理および業務委託先のマネジメントをするマネジャー

といった形で要件を分ける。こうすることで、特定の強みが活きる人材を登用しやすくなる。マネジャーは1部署に1人と決まっているわけではない。たしかに、正式な役職に当てはめることにこだわると人事制度にまで踏み込まなくてはならないが、たとえばマネジャーの下に「サブマネジャー」のような中間の役職をつくったり、それも難しければ、役職はなしで、その分、役割上の成果を評価対象とするなど、やりようはある。

この場合、「営業マネジャーに数字の細かい管理は負わせずに、横断の営業管理マネジャーがその役割を担う」など、組織の中でそれぞれの強みを活かして補完し合い、バックアップ体制を取る。このような分担型の考えは、昨今、特に管理職抜擢の場面などですでに急速に浸透してきている。

一方、あまりに致命的な欠点があるなかでの抜擢は本来するべきではないので、最低限の「赤点ライン」は設けておくことも、現実的には重要だ。

マネジャーの負担を減らすために、組織側ができること

組織づくりに注力する企業は、どこもOFF-JT（研修）でマネジャーの「キャリア支援・マネジメントスキル」を向上させている。マネジャーはそれらを体系的に学ぶ機会がない状態でメ

ンバーと対峙するのだから、あってしかるべきだろう。

また、組織側が「マネジメントがうまく機能しているか」の定点モニタリングも継続し、状況を把握している。加えてマネジャー同士で機会提供や成長支援の成功事例、失敗事例のナレッジを共有している。それぞれのマネジャーが同じ轍を踏まないようにするのも、組織側のできる大きな「支援」だ。

また、マネジャー側の育成負荷を下げるために、「育成を受ける側」であるメンバーのスキルやスタンスを、ある程度のレベルまで共通で底上げしておくのも、特に規模の大きい組織においては有効だ。

メンバー側が「支援してもらって当然」というスタンスではマネジャーもサポートしきれない。最近では、MVPなど活躍し表彰される若手を事例として扱い、必要となるスタンス、マインドセットの研修を行うところも増えてきている（ただの押し付けにならないよう、「スタンスを身につけること＝活躍」と紐づけて伝えるのが有効だ）。

そもそも、最低限の育成までマネジャーに丸投げしていいのだろうか。

なんでもかんでもＯＪＴではなく、キャリアづくりを支援されるメンバー側の「スタンス」は入社時研修で揃えておく、スキルセットも育成に特化した部署で集約して身につけさせるといった施策は、一定以上の規模の組織であれば行うべきだ。

「プレ管理職」でなだらかな組織をつくる

さて、ここまで書いたことを実践するだけでも、中間層は余裕が生まれいきいきし、若手から「早くああなりたい」と思われる存在となるのではないだろうか。

だが依然として、「管理職になる」ことの心理的ハードルは高い。そこで私は「新しい管理職像」として、いや厳密には管理職になるためのステップとして、「プレ管理職」をつくることを提唱してみたい。「プレ管理職」とは、正式な「中間管理職」の1つ下のレイヤーで、立場としても、業務内容としても、管理職を「体験」できるポジションのことだ（自らの強みによる価値発揮と1〜2人程度のマネジメントなど）。

「プレ管理職」は、産休・育休を希望するメンバーに対する1つの答えにもなりうる。

というのも、私はキャリアジャーニーにおける出産のタイミングについて「早く産んでよかったという声が多い」と紹介した（第4章）。一方で、「出産前に管理職になれると、自分の行動量に頼らずとも成果が出せるようになるため、復職後の自由度が高まる」とも伝えた。しかし、実は、この2つは両立しづらいこともある。特に伝統的な企業では、管理職登用が比較的遅い傾向にあるからだ。

登用が遅いのは、それだけ責任も重く、組織として重要なポジションだからだ。だからこそ「プレ管理職」を設け、その「1歩手前」を体験してもらうことは企業側にとってもプラスの効果がある。

管理職の育成に悩む企業も多いが、もし20代後半〜30代前半を「プレ管理職」に積極的に登用できれば、彼ら・彼女らは産休・育休に入る前にT型（幅広い経験と、一定のマネジメント経験）人材になることができる。T型になるということは、復職時に「価値発揮のよりどころ」があるということだ。実際に、産休・育休前に管理職になっていれば、その後の復帰率は明確に高まる（逆に、その機会を提供できなければ離職率が高まるということでもある）。

「プレ管理職」は本来1人で担っていたマネジャーの業務を複数人で分担するという意味で、つい先ほど例に出した営業職マネジャーの業務の一部を担う「サブマネジャー」とほぼ同じだ。負担が大きすぎる「中間管理職」の役割を解体し、再構築するという意味でサステナブルな働き方にも寄与する。

まとめれば、「プレ管理職」のステップを踏めば

・マネジメント側に回れるので、時間の制約が生じても、自分の行動量に頼らず成果が出せる
・責任の小さい立場から管理職のやりがいも感じられ、解像度も上がる
・中間管理職への業務の集中も防げる
・チーム全体でも個人依存の制約が小さくなる

など複数のプラスの効果が見込めるのだ。

実は、「プレ管理職」に近い流れは、すでにできはじめている。今までは「管理職要件を満たすレベルまで育ったら昇格」が主流だったのが、「ある程度早めに昇格させて経験を積んでもらいつつ、積極的に実務を支援する」という考え方をする会社が増えてきている。クリエイティブジャンプとなる機会を提供し、マネジメントスキルや実務を上長やチームが支援する。強みを活かしつつ、少しずつ階段をのぼっていくパターンだ。この例は全社の人事施策の一環だが、「プレ管理職」は、全社や人事部門と連動せずとも1チームから始められる。

まず、特定部署で、「マネジャー」と「その他メンバー」だった2階層の粗い区分を、規模に応じて中間層の役割を何段階か設ける。マネジャー要件を満たしていなくても、(支援とセットで)積極的に機会提供できるとよい。

昨今、日本の女性管理職の比率が低いことが問題視されている。その解決策として、管理職手前の女性だけ評価をゆるく(甘く)してなかば強引に昇格させるケースも散見されるが、これでは本末転倒だ。むしろゆるめるべきは、「管理職」が背負ってしまっている、役割としての、言葉としての重みのほうだろう。

「プレ管理職」をつくり、成長機会を提供し、実質的に成長し、管理職になってもらう。本章のテーマである「組織と個人の理想を両立し続けられる組織づくり」とも合致すると思うのだが、いかがだろうか。

人の可能性をひらくのは、あなたの1歩だ

キャリア3・0時代は、企業の理想と、個人の理想を両立「し続けられる」組織であることが競争力の源泉になる。

道のりは一朝一夕ではない。その過程においては、多くのエネルギーが必要となるだろうし、組織的な課題も次から次へと浮かび上がってくるだろう。それでも、変化の歩みを止めてしまえば、組織は慣性により元に戻り、その結果、個人は別の環境を選び去ってしまう。私はそれが悪いこととは思わない。むしろ、個人が、より理想を実現できる組織に移っていくことで、組織にも「強烈な危機感」が生まれる。そんな繰り返しを経て、個人が動き、組織が変わり、社会そのものも変わっていくはずだ。

冒頭にも述べたとおり、理想の組織に近づくには、個人の意志に頼らず「新しい構造」を組み込む必要がある。しかし矛盾するようだが、その「新しい構造」を創る一歩は個人の意志から生まれる。「組織」なる実態は存在しない。結局は1人ひとりが、新しい構造の組織を創っ

ていくのだ。

今はまだ途上だが、本章で論じた「個人のキャリアづくりを支援できる組織」が、「当たり前」になる世界がやってくることを願う。それが「人が本来持つ可能性を実現し合う世界」につながっていくと、私は信じている。

おわりに

今でも、思う。

人が「本来持つ可能性」を実現しえない、そんな社会は不健全だと。

時代の変化に呑み込まれ、一生懸命働いてきた個人が急に居場所を失くしてしまう、そんな世の中でいいのだろうかと。

私は、人や組織の「起点」に立ち会い続けてきた。

2万人を超える個人のキャリア支援に携わり、素晴らしい起点となるシーンを見守ることも多かったが、一方で会社という組織の矛盾もまた、数え切れないほど目にしてきた。

個人は、会社に命じられた業務を丁寧に、精いっぱいこなしてきたにもかかわらず、ある日突然、「あなたはもう不要だ」と言わんばかりに、会社の外に出されてしまう。その後、不遇のキャリアを歩まざるをえない人を、何度も、何度も繰り返し目にしてきた。

今も、あのとき出会った人たちが、「本来持つ可能性」を十分に発揮しきれていたらと思うと、悔しくてたまらない。

私に、何か誇れるものがあるわけではない。
もっと私に力があれば、個人も社会も、もっとよいものに変えていけたのかもしれない。
ただ、その悔しさを握りしめ、誰よりも不器用に、愚直にやってきた。そして経験を積めば積むほどに、個々人の意志と裏腹に、その「本来持つ可能性」を狭めてしまう社会構造への憤りはさらに強まっていった。

「個人」のキャリア、所属する「組織」の環境、それを取り巻く「社会」の構造に向き合うなかで、あらためて感じたことがある。

キャリアという、すべての人に必ず関わりがあり、そして人生に極めて影響の大きなこのテーマに誰もがまっすぐに向き合う世の中を、やはり創らなくてはいけないのではないかと。
それが、個人や社会にとって本当の意味での変化の「起点」、つまりターニングポイントになるのではないかと。

個人と組織の変化に「起点」をつくりたい。人の可能性をひらきたい。ひたすらにそう思い、1人の個人、1つの会社と向き合い続けるままに、気づけば20年近くが経っていた。私は、キャリアづくりと組織づくりから社会の構造を変えることに、人生を捧げてきたのかもしれない。

だからこそ、私の経験が、いや、私自身に閉じない多くの人々や組織との関わりからの学びが、それぞれの人生という旅（ジャーニー）を歩むみなさんへの何かしらの道しるべになればと思い、本書を執筆してきた。

1人ひとりの人生が異なるものである以上、キャリアに「絶対の正解」があるはずもない。ただ、どう未来を見据えて歩いていけばいいのか、その方法論すら習わずに社会に出た私たちが、自分なりの「キャリアジャーニー」を描けるようにと、私が伝えられるものはすべて詰め込んだつもりだ。本音もすべてさらけ出した。結果として、学生からベテランまで、人生のどのタイミングにおいても一生使えるものになったのではないかと思う。

正直、執筆には難儀した。すでに構想から5年以上が経っている。

その間にも、社会は変わっていった。だが、本書で扱っている内容の本質は、年月が経っても変わらなかった。むしろ時代が、この内容がこれからも通用することを保証してくれた部分すらあった。

ただし、執筆に時間がかかったのにはもう1つ大きな理由がある。「この本を誰とつくりたいか」に最後までこだわったからだ。

本書が世に出るずっと前から、私はこの本の編集担当であるNewsPicksパブリッシング編集長の井上慎平さんという方と、ぜひ本書をつくりたいと思っていた。誰よりも書籍という媒体を通し、人や社会に本気で向き合っている方だと心から思えたからだ。しかし一度対話する機会をいただいた際は、お互いの置かれている状況からして難しいという結論となった。

他の出版社で、他の編集者の方と、本を出すこともできた。出版のお声がけもいただいた。ただ、私は、世の中にいまだない、キャリア・社会を変える「起点」となる本は、どうしても井上さんとつくりたいという想いがあった。諦めたくなかった。

本書が世に出る、3年以上前の2020年の2月14日のバレンタインデーのことだ。何度もの打ち合わせを経て、あらためて「一緒に本をつくりましょう」、そう同意した。話し合うほどに、何か共鳴するものを互いが互いに感じとっていた。

しかし、その後井上さんが、（ご本人の意向により詳細に書くが）双極性障害を発症され、お休みされることになった。1年、また1年が経った。「いい加減、書きかけの原稿を他社に持ち込んだらどうか」と、周囲は言った。井上さんご自身も、そう推奨した。

だが私は断った。この本は、井上さんとつくるんだと決めていた。

そして、井上さんの障害が多少なりとも安定した頃、ご無理をいただきながらも、共同でつくり上げ、完成したのが本書だ。

こうした内容を世に伝えられるのも、井上さんはもちろん、前職のコンサルティングファームで関わりのあった諸先輩やクライアント企業の皆様、そして、エッグフォワードを共につくってきたクライアント企業・関係企業の皆様、関わった個人の皆様、そして、エッグフォワードの思想に共感してくれた社内の仲間のみんな、関係者の皆様がいたからこそ、だ（全員覚えているがここでは紙面の都合上、固有名詞が出せないことはご容赦頂きたい）。

特に、本書の執筆に多大な協力をいただいた腐れ縁であり戦友でもある渡部宏昌さん、エッグフォワードを支えてくれ、背中を預けられる関係をつくってくれた、リーダー陣である田村学さん、藤野里衣さん、三村泰弘さん、大島麻由美さん、創業初期から支えてくれている、服部裕子さん、池田慎一さん、小室葵さん、山本大策さん、渡部朝子さん、秘書の君島奈菜さん、未来の財産である新卒メンバーのみんな（鶴ちゃんや、三添、横山、高木の同期トリオほか）、エッグフォワードの仲間のみんな（本当は全員の名前を書きたいくらいだ）、外部アドバイザーの森本千賀子さん、高橋理人さん、守屋実さん、中尾隆一郎さん、村上未来さん、佐藤直樹さんをはじめとした皆様、関わっていただいたすべてのメンバー、もちろん家族にも、心から感謝を伝えたい。

そして、何より、本書を手に取って頂いた、読者の皆様に、心からの感謝を。

エッグフォワードのミッションは、
「いまだない価値を創り出し、人が本来持つ可能性を実現し合う世界を創る」だ。

私から読者のあなたにお願いがある。

本書を読んだうえで、どんな小さなことでもよいので、何か1つの行動を起こしてもらえないだろうか。少なくとも自身に1つ、そしてどんなことでもいい、周囲に対して1つ。

それが、今は小さくても、必ずいつか、いまだない価値の、人が本来持つ可能性の「起点」となる。その積み重ねが、あなたのキャリアにおけるターニングポイントとなり、次第に、波及・連鎖する。やがて、それらが周囲のみなさんのキャリアのターニングポイントとなり、個人、組織、そして社会までもが前向きに変わっていく。

あなたの行動が、あなたの未来のキャリアをつくる。あなたの行動が、他者のキャリアを切り拓くきっかけになる。

私1人の力では、社会は動かせない。でも、本書を手に取って頂いたみなさんとなら、少しずつでも、世の中に変化の兆しをつくることができるはずだ。私はそう信じている。

本来、人生という旅は、誰にとっても、とても尊いもののはずだ。

自らの望む未来に向けて、誰もが、自らの意志で進むべき道を描き、歩むことができる。

正解はない。ただ、ジャーニーは、何度だって描きなおすことができる。

あなたのキャリアジャーニーは、他の誰でもない「あなた」だけのものだ。

本書が、かけがえのないあなたの人生における、「ターニングポイント」になりますように。

エッグフォワード　代表　徳谷智史

著者紹介

徳谷智史（とくや・さとし）

エッグフォワード株式会社　代表取締役社長。

人材・組織／キャリア開発のプロフェッショナル。

京都大学卒業後、大手戦略コンサルティング会社に入社。国内プロジェクトリーダーを経験後、アジアオフィスを立ち上げ代表に就任。

「いまだない価値を創り出し、人が本来持つ可能性を実現し合う世界を創る」べく、エッグフォワードを設立。

業界トップ企業から、先進スタートアップまで数百社の企業変革や出資によるハンズオン支援を手がけると同時に、個人の可能性を最大化するべく、2万人以上のキャリア支援に従事。

NewsPicksキャリア分野プロフェッサー。PIVOT社長改造コーチ、東洋経済Online連載、Podcast『経営中毒～誰にも言えない社長の孤独』メインMC等を担当。

装幀・本文デザイン　竹内雄二
イラスト　HAL Horii
DTP　朝日メディアインターナショナル
校正　鴎来堂
営業　岡元小夜・鈴木ちほ
進行管理　中野薫・小森谷聖子
編集　井上慎平・的場優季
執筆協力　渡部宏昌

キャリアづくりの教科書

2023年 6 月28日　第1刷発行
2024年 7 月29日　第5刷発行

著者　徳谷智史
発行者　金泉俊輔
発行所　ニューズピックス（運営会社：株式会社ユーザベース）
〒100-0005 東京都 千代田区
丸の内2-5-2 三菱ビル
電話 03-4356-8988
FAX 03-6362-0600
※電話でのご注文はお受けしておりません。
FAXあるいは下記のサイトよりお願いいたします。
https://publishing.newspicks.com/
印刷・製本　シナノ書籍印刷株式会社

落丁・乱丁の場合は送料当方負担でお取り替えいたします。
小社営業部宛にお送り下さい。

ISBN 978-4-910063-22-5
本書に関するお問い合わせは下記までお願いいたします。
np.publishing@newspicks.com

希望を灯そう。

NEWS PICKS
PUBLISHING

「失われた30年」に、
失われたのは希望でした。

今の暮らしは、悪くない。
ただもう、未来に期待はできない。
そんなうっすらとした無力感が、私たちを覆っています。

なぜか。
前の時代に生まれたシステムや価値観を、今も捨てられずに握りしめているからです。

こんな時代に立ち上がる出版社として、私たちがすべきこと。
それは「既存のシステムの中で勝ち抜くノウハウ」を発信することではありません。
錆(さ)びついたシステムは手放して、新たなシステムを試行する。
限られた椅子を奪い合うのではなく、新たな椅子を作り出す。
そんな姿勢で現実に立ち向かう人たちの言葉を私たちは「希望」と呼び、
その発信源となることをここに宣言します。

もっともらしい分析も、他人事のような評論も、もう聞き飽きました。
この困難な時代に、したたかに希望を実現していくことこそ、最高の娯楽(エンタメ)です。
私たちはそう考える著者や読者のハブとなり、時代にうねりを生み出していきます。

希望の灯を掲げましょう。
1冊の本がその種火となったなら、これほど嬉しいことはありません。

令和元年
NewsPicksパブリッシング 編集長
井上 慎平